대혜보설

대혜보설

김태완 역주

침묵의 향기

『대혜보각선사어록(大慧普覺禪師語錄)』30권 전체를 한국학술진흥재단(현 한국연구재단)의 지원을 받아 번역하여 총 6권으로 출판한 것이 2011년이니 벌써 10년이나 지났다.

6권 가운데 선(禪)을 공부하는 사람들에게 가장 도움이 되는 내용을 가진 서장(書狀), 법어(法語), 보설(普說) 등 3권은 그동안 선원에서 법회 자료로 사용하면서 눈에 띄는 오역이나 어색한 표현을 바로잡아 왔다. 지금까지 그 양이 꽤 된다.

애초에 번역본 6권을 출간한 소명출판사에서는 오래전에 이 책을 절판하였으므로, 지금은 품절되어 시중에서 구하기도 어렵다.

이에 서장, 법어, 보설 등 3권만 다시 꼼꼼히 교정하여 침묵의 향기에서 새롭게 출간하기로 하였다. 그리하여 2018년 2월에 개정판 서장이 출간되었고, 2020년 2월에는 개정판 법어가 출간되었으며, 이번에는 다시 보설의 개정판을 내놓게 되었다.

서장은 대혜종고(大慧宗杲) 선사에게 선(禪) 공부에 관하여 묻는 편지를 보낸 재가 신도나 제자들에게 답장한 편지를 모은 글이고, 법어는 출가 제자나 재가 제자들에게 법에 관한 가르침을 글로 써서 보낸 '법에 관한 가르침'의 말씀이고, 보설은 신도들이 절에서 재를 지내거나 할 때에 특별히 부탁하여 법상에 올라 설법(說法)한 내용을 기록한 글이다.

서장과 법어는 선 공부에 대한 가르침이므로 대혜종고가 강조한 간화선(看話禪)의 가르침이 여기에 주로 담겨 있어서 간화선의 교과서라고 할 만하다. 보설은 불교와 선(禪)에 관한 대혜종고의 안목과 여러 부류의 사람들을 깨달음으로 인도한 일화들이 소개되어 있어서 역시 불교와 선을 공부하는 사람에게는 좋은 참고서가 될 만하다.

　이처럼 이 3권의 책은 대혜종고 선사의 깊은 안목을 가장 잘 살필 수 있는 내용이어서 역자 스스로도 공부에 큰 도움을 받았으니, 선을 공부하는 모든 사람에게 많은 도움이 되리라고 확신한다

2021년

무심선원 원장 김태완

머리말

대혜는 늘 배우는 사람들에게 말했다.

"죽비라고 부르면 사물을 따라가고, 죽비라고 부르지 않으면 사물을 무시한다. 말을 해서도 안 되고, 입을 다물고 있어서도 안 된다."

나와서 죽비를 빼앗는 것도 용납하지 않고
명쾌하게 풀이한 이치도 용납하지 않고
소매를 떨치고 곧장 나가는 것도 용납하지 않고
그럴듯한 한마디를 말하는 것도 용납하지 않고
합장하여 절하는 것도 용납하지 않고
가만히 앉아 있는 것도 용납하지 않고
한마디 말을 붙잡고 있는 것도 용납하지 않고
밤새워 좌선하는 것도 용납하지 않고
현묘한 도리를 내세우는 것도 용납하지 않고
공안을 제시하여 따지는 것도 용납하지 않고
묵묵히 마음을 관조함도 용납하지 않고
일 없이 한가하게 있는 것도 용납하지 않고
말 없이 그대로 받아들이는 것도 용납하지 않는다.

오직 그대가 참으로 깨달아 중생심에서 벗어나

그대 스스로가 모든 것의 증거가 되는 것만 용납한다.

참된 깨달음이 없으면 대혜에게 휘둘릴 수 밖에 없지만

참으로 깨달으면 도리어 대혜를 휘두르게 될 것이다.

2011년 3월

해운대 무심선원에서

김태완

1. 대혜종고의 생애와 공부[1]

(1) 출생과 성장

대혜종고(大慧宗杲; 1089-1163)는 임제종(臨濟宗) 양기파(楊岐派)의 선승으로, 자(字)는 담회(曇晦), 호(號)는 묘희(妙喜), 운문(雲門) 등이다. 안휘성(安徽省) 선주(宣州) 영국현(寧國縣) 출신으로 속성(俗姓)은 해(奚) 씨다. 어머니의 꿈에 신인(神人)이 한 승려를 데리고 왔는데 뺨이 검고 코가 오뚝하였다. 침실로 들어오기에 그 사는 곳을 물으니 북악(北岳)에 산다고 답하였다. 꿈에서 깨어나니 태기가 있었다. 대혜가 태어난 날에는 흰 빛줄기가 방을 투과하여 마을 사람들이 놀라고 이상하게 여겼는데, 바로 남송(南宋) 철종(哲宗) 원우(元祐) 4년 기사(己巳; 1089년)인 11월 10일 사시(巳時)였다.

대혜의 이름은 종고(宗杲)다. 나이 13세(1101년)에 향교(鄕校)에 들어갔다. 어느 날 함께 배우는 아이들과 놀다가 벼루를 던졌는데 그만 잘못하여 선생(先生)의 모자를 맞히고 말았다. 배상금으로 삼백 냥을 물어주고

---

1 대혜의 생애와 공부는 대혜의 제자인 혜연(慧然)이 기록하고 속가제자인 정지거사(淨智居士) 황문창(黃文昌)이 중편(重編)한 『서장(書狀)』에 실린 '대혜선사행장(大慧禪師行狀)' 과 『대혜보각선사연보(大慧普覺禪師年譜)』의 내용을 바탕으로 하여 좀 더 자세한 내용을 부가한 것이다.

돌아와서는 말하기를, "세간의 책을 읽는 것이 어찌 출세간의 법(法)을 궁구(窮究)함만 하겠는가?" 하였다.

(2) 출가와 공부

16세(1104년)에 동산(東山)의 혜운원(惠雲院)에서 혜제대사(惠齊大師)에 의지하여 출가하였다. 17세에 머리를 깎고 구족계(具足戒)를 받았다. 19세(1107년)에 여러 곳을 돌아다니다가 태평주(太平州)에 있는 은적암(隱寂庵)에 당도하니 암주(庵主)가 매우 환대하며 말하기를 "어제 저녁 꿈에 가람신(伽藍神)이 말하기를 '내일 운봉열(雲峰悅) 선사(禪師)가 절에 올 것이다.'라 하였는데, 당신이 맞습니까?" 하고는 곧 운봉열 선사의 어록(語錄)을 보여 주었다. 대혜가 한 번 보고는 바로 외워 버리니, 이로부터 사람들은 대혜를 운봉의 후신이라고 말하였다.

다시 서죽소정(瑞竹紹珵) 화상에게 의지하였는데, 그는 낭야혜각(瑯琊慧覺)의 적손(嫡系)이었다. 이에 설두(雪竇)의 염고(拈古)와 송고(頌古)²를 가르쳐 달라고 부탁하자, 소정(紹珵)은 스스로 보고 스스로 말하라고 시켰다.

---

2 운문종(雲門宗)의 선승(禪僧)인 설두중현(雪竇重顯; 980–1052)이 지은 『염고집(拈古集)』과 『송고집(頌古集)』. 염고(拈古)란 고칙공안(古則公案)에 대하여 자신이 평가하는 말을 붙이는 것이고, 송고(頌古)란 고칙공안에 대하여 자신이 평가하는 말이나 느낌을 시(詩)의 형식으로 붙인 것이다. 설두중현이 『경덕전등록(景德傳燈錄)』을 중심으로 고칙(古則) 100여 가지를 뽑아 여기에 송고(頌古)를 지어 붙인 『설두송고(雪竇頌古)』가 기원이고, 뒤에 원오극근(圜悟克勤)이 여기에다 평창(評唱)·착어(著語) 등을 붙여 『벽암집(碧巖集)』을 만들었다.

스님이 그 미묘한 뜻에 통달하니, 소정이 대중에게 말했다. "고상좌(杲上座)는 분명 환생(還生)한 사람이로구나."

20세(1108년)에 행각(行脚)할 때에 동산(洞山)³의 미(微) 선사(禪師)를 찾아가서 2년 동안 조동종(曹洞宗)의 종지(宗旨)를 모두 공부하여 그 취지를 다 얻었지만 만족하지 못했다. 대혜는 뒷날 방부문(方敷文)을 위한 보설(普說)에서 이렇게 말했다.

"미(微) 화상은 도리어 깨달음에 입문(入門)한 바 있었으나, 다만 공훈오위(功勳五位)·편정회호(偏正回互)·오왕자(五王子) 등 여러 가지 조동종의 가문(家門)에 전해 오는 것들과 계합하지 못하고 있을 뿐이었다. 내가 한 번 이들을 전해 주자, 그는 종이에다 그것을 적어서 승당 앞에다 붙여 놓았다. 대장부가 선에 참(參)하면서 어찌 종사(宗師)의 입가로 나아가 여우가 흘린 침을 기꺼이 핥아먹는가? 모두가 염라대왕 앞에서 쇠몽둥이를 맞을 짓이다."

휘종(徽宗) 대관(大觀) 3년 기축(己丑; 1109년) 대혜 나이 21세에 담당문준(湛堂文準)⁴을 찾아가 7년 동안 시봉하였다. 26세(1114년)에 담당이 여러 차

---

3 동산(洞山) : 강서성(江西省) 예장(豫章) 균주(筠州) 고안(高安)에 있는 산. 동산양개(洞山良价)가 머물던 보리원(普利院)이 있음.

4 담당문준(湛堂文準) : 1061-1115. 늑담문준(泐潭文準)·보봉문준(寶峯文準)이라고도 불린다. 임제종(臨濟宗) 황룡파(黃龍派). 자는 담당(湛堂). 섭서성 흥원부(興元府) 출신. 속성은 양씨(梁氏). 위산(潙山)의 진여모철(眞如慕喆)을 참학하다가 계합하였지만, 뒤에 구봉(九峰)과 늑담(泐潭)에서 진정극문(眞淨克文)에게 배우고 그의 법을 이었다. 강서성 예장(豫章)의 운암사(雲巖寺)에서 법을 열다가, 강서성 융흥부(隆興府)의 늑담보봉사(泐潭

례 대혜의 공부를 점검한 뒤에 어느 날 물었다.

"고상좌(杲上座), 나의 여기의 선(禪)을 너는 일시에 이해하여, 너에게 설법(說法)을 시켜도 너는 설법을 해내고, 너에게 염고(拈古) · 송고(頌古) · 소참(小參)[5] · 보설(普說)[6]을 시켜도 너는 모두 해낸다. 그렇지 않은 일이 단지 하나 있으니, 너는 알겠느냐?"

대혜가 말했다.

"무슨 일입니까? 저는 알지 못하겠습니다."

담당이 말했다.

"흠! 너는 이 하나를 풀지 못하고 있다. 내가 방장에서 너에게 말할 때에는 곧 선(禪)이 있다가도 방장을 나오자마자 곧 없어져 버리고, 깨어서 생각할 때에는 곧 선이 있다가도 잠이 들자마자 곧 없어져 버린다. 만약 이와 같다면 어떻게 삶과 죽음에 맞설 수 있겠느냐?"

대혜가 말했다.

寶峰寺)로 옮겼다. 『담당준화상어요(湛堂準和尚語要)』(1권)이 『속고존숙어요(續古尊宿語要)』 제1권에 수록되어 있다.

5 소참(小參) : 참(參)은 대중을 모아 법을 말하는 것. 정식의 설법인 상당(上堂)에 대하여, 해가 저물 때 장소를 정하지 않고, 혹은 임시로 침당(寢堂) · 법당 · 방장(住持)의 거실에서 법좌(法座)에 올라 설법하는 것. 수시수처(隨時水處)에 주지가 설법하는 것. 원래는 침당에서 약식으로 행해지는 주지의 설법 및 그에 수반되는 문답상량(問答商量)이었음. 그러나 남송(南宋) 때가 되면서 의식적, 정기적인 것으로 되었음. 대참(大參)의 반대.

6 보설(普說) : 선문(禪門)에서 쓰는 말로 널리 정법(正法)을 말하여 사람들에게 보인다는 뜻이다. 한 사람 한 사람에 대하여 개별적으로 말하는 입실(入室)과 상대적인 말이다. 다수의 승중(僧衆)을 일당(一堂)에 모아 행하는 설법을 말한다. 상당(上堂)과는 달리 필요에 응하여 수시로 행하는 약식의 설법이다. 법의(法衣)를 따로 착용하지도 않고 상당설법의 형식을 다 갖추지도 않는다.

"바로 제가 의심하던 것입니다."

27세인 1115년 늦여름에 담당(湛堂)이 병세를 보이더니 곧 위중하게 되었다. 대혜가 물었다.

"스님께서 만약 이 병석에서 일어나지 못하시면, 저는 누구에게 의지하여 큰일을 마칠 수 있겠습니까?"

담당이 잠시 말없이 있더니 말했다.

"천근(川勤)[7]이라는 분이 있는데, 나도 그를 알지 못한다. 네가 만약 그를 만난다면 반드시 이 일을 성취할 수 있을 것이다. 만약 그를 만나지 못한다면, 곧장 수행하고, 내세에 태어나서 참선(參禪)하여라."

대혜는 선화(宣和) 4년 임인(壬寅; 1122년) 나이 34세에 원오극근을 찾아가려고 하였으나, 그때 원오가 멀리 장산(蔣山)에 있었던 까닭에 우선 태평사(太平寺)의 평보융(平普融) 회하(會下)에 의지하였다.

(3) 깨달음

『대혜어록』에서 대혜가 스스로 말하는 자신의 깨달음의 체험은 다음의 3가지다.

---

7   천근(川勤): 원오극근(圜悟克勤)을 가리킨다. 원오극근이 사천성(四川省) 출신이기 때문에 천근(川勤)이라 함.

• 첫 번째 깨달음

대혜는 선화(宣和) 7년 을사(乙巳; 1125년) 나이 37세에 비로소 변경(汴京)
의 천녕사(天寧寺)로 원오극근을 찾아갔다. 겨우 40일이 지났는데, 하루는
원오가 법당에 올라 말하였다.

"어떤 중이 운문(雲門)에게 묻기를 '어떤 것이 모든 부처가 몸을 드러내
는 곳입니까?' 하고 묻자 운문은 '동산(東山)이 물 위로 간다.'고 하였다.
나라면 그렇지가 않아서 다만 그에게 '훈풍이 남쪽에서 불어오니 절 지붕
의 모퉁이가 조금 서늘해지는구나.'라고 말할 것이다."

대혜는 그 말을 듣고서 홀연 앞뒤의 시간이 끊어졌다. 이에 원오는 대
혜를 택목당(擇木堂)에 머물게 하고 시자(侍者)의 일에는 조금도 힘쓰지 말
고 보림(保任)에 몰두하도록 하였다.

이 경험에 관한 대혜 자신의 언급이 『대혜보각선사서(大慧普覺禪師書)』
제29권 '향시랑(向侍郞) 백공(伯恭)에 대한 답서'에 다음과 같이 나와 있다.

보내신 편지의 질문을 보니 바로 제가 36세 때에 의심했던 것이더군
요. 읽어 보니 자신도 모르게 가려운 곳을 긁는 것 같았습니다. 저 역시
일찍이 이 문제를 가지고 원오(圜悟) 선사(先師)에게 물었습니다. 이에 대
하여 원오 선사는 다만 손으로 가리키며 말씀하셨습니다.

"그만, 그만 하고, 망상을 쉬어라. 망상을 쉬어라."

제가 다시 말했습니다.

"제가 아직 잠이 들기 전에는 부처님이 칭찬하신 것에 의지하여 행하고 부처님이 비난하신 것을 감히 범하지 않으며, 이전에 스님들[8]에게 의지하고 또 스스로 공부하여 조금 얻은 것을 또렷하게 깨어 있을 때에는 전부 마음대로 쓸 수 있습니다. 그러나 침상에서 잠이 들락말락 할 때에 벌써 주재(主宰)하지 못하고, 꿈에 황금이나 보물을 보면 꿈속에서 기뻐함이 한이 없고, 꿈에 사람이 칼이나 몽둥이로 해치려 하거나 여러 가지 나쁜 경계를 만나면 꿈속에서 두려워하며 어쩔 줄 모릅니다. 스스로 생각해 보면 이 몸은 오히려 멀쩡하게 있는데도 단지 잠 속에서 벌써 주재할 수가 없으니, 하물며 죽음에 임하여 육체를 구성하는 지수화풍(地水火風)이 흩어지며 여러 고통이 걷잡을 수 없이 다가올 때에 어떻게 경계에 휘둘리지 않을 수가 있겠습니까? 여기에 이르게 되면 마음이 허둥지둥 바빠집니다."

원오 선사께서는 이 말을 듣고 다시 말씀하셨습니다.

"네가 말하는 허다한 망상이 끊어질 때, 너는 깨어 있을 때와 잠잘 때가 늘 하나인 곳에 저절로 도달할 것이다."

처음 이 말을 들었을 때에는 믿지 않고 매양 말하였습니다.

"나 스스로를 돌아보면, 깨어 있음과 잠들어 있음이 분명히 둘인데, 어떻게 감히 입을 크게 벌려 선(禪)을 말하겠는가? 다만 부처님께서 설하신 깨어 있음과 잠들어 있음이 늘 하나라는 말이 망령된 말이라면 나의 이 병을 없앨 필요가 없겠지만, 부처님의 말씀이 진실로 사람을 속이지 않

---

8 이전에 의지했던 여러 스승들이란, 보봉(寶峯)의 담당문준(湛堂文準)을 비롯하여 청량덕홍(淸涼德洪) 등 여러 스님을 가리킨다.

는다면 이것은 곧 나 스스로가 아직 깨닫지 못한 것이다.”

뒤에 원오(圜悟) 선사(先師)께서 “모든 부처님이 나타나는 곳에 따뜻한 바람이 남쪽에서 불어온다.”고 하시는 말을 듣고서 홀연 가슴에 걸려 있던 것이 내려갔습니다. 그리하여 비로소 부처님의 말씀이 진실한 말이며, 있는 그대로의 말이며, 속이지 않는 말이며, 망령되지 않은 말이며, 사람을 속이지 않는 참으로 커다란 자비로서, 몸을 가루로 만들어 목숨을 버리더라도 갚을 수가 없음을 알았습니다. 가슴에 걸려 있던 것이 없어지고 나서야, 비로소 꿈꿀 때가 바로 깨어 있는 때이며 깨어 있는 때가 바로 꿈꾸는 때라는 것을 알았으며, 비로소 부처님이 말씀하신 깨어 있을 때와 잠잘 때가 늘 하나라는 것을 저절로 알았습니다. 이러한 도리는 집어내어 남에게 보여 줄 수도 없고, 남에게 말해 줄 수도 없습니다. 마치 꿈속의 경계와 같아서 취할 수도 없고 버릴 수도 없습니다.

• 두 번째 깨달음

뒤에 원오의 방에서, 유구(有句)와 무구(無句)가 등나무 덩굴이 나무에 기대어 있는 것과 같다는 말을 듣고서 대혜가 원오에게 물었다.

“듣자 하니 스님께서 오조(五祖) 스님 회하에 계실 때에 이 말을 물었던 일이 있다고 하던데, 어떻게 말씀하셨는지 모르겠습니다.”

원오는 웃기만 하고 대답을 하지 않았다. 대혜가 다시 말했다.

“스님은 이미 여러 번 물음에 답하셨는데, 이제 말한들 무슨 상관이 있겠습니까?”

원오가 마지못하여 말했다.

"내가 오조 스님에게 '유구와 무구가 등나무 덩굴이 나무에 기대 있는 것과 같다는 뜻이 무엇입니까?' 하고 물으니, 오조 스님은 '그리려고 하여도 그리지 못하고, 말하려고 하여도 말하지 못한다.'고 하셨다. 다시 내가 '나무가 쓰러지고 등나무 덩굴이 말라 버릴 때에는 어떻습니까?' 하고 물으니, 오조 스님이 '서로 따라온다.'고 말씀하셨다."

대혜는 그 자리에서 마음이 탁 트이며 크게 깨닫고는 말했다.

"제가 알겠습니다."

원오가 차례차례 여러 인연을 가지고 물어보니, 대혜는 모두 답하여 막힘이 없었다. 이에 원오가 기뻐하며 말하기를 "내가 너를 속일 수가 없구나." 하고는, 『임제정종기(臨濟正宗記)』를 부촉하고는 기실(記室)[9]을 담당하게 했다.

이 깨달음에 관한 대혜 자신의 언급이 『대혜보각선사보설(大慧普覺禪師普說)』 제17권 '예시자 단칠이 청한 보설'에 다음과 같이 나와 있다.

하루는 방장실에 들어갔는데, 노스님께서 말씀하셨다.

"그대가 이런 경지에 이른 것도 물론 쉽지는 않지만, 그대는 죽어 버리고 살아날 줄을 모르니 안타깝구나. 언구(言句)를 의심하지 않는 것이 곧 큰 병이다. 듣지도 못했느냐? '절벽에 매달려 손을 놓아, 스스로 기꺼이 받아들여, 죽었다가 다시 살아난다면, 그대를 속일 수 없을 것이다.' 반드

시 이런 도리가 있음을 믿어야 한다."

나는 혼자 말했다.

"나는 다만 지금 얻은 곳에 의지하여 편하게 지낼 뿐, 다시 깨닫지는[10] 못하고 있구나."

노스님께선 다시 나를 택목료(擇木寮)[11]에 머물게 하시고, 자잘한 시자의 일을 시키지는 않으셨다. 매일 사대부들과 함께 서너 번 입실(入室)[12]하였는데, 노스님께선 다만 "있다는 구절과 없다는 구절은 마치 등나무 덩굴이 나무에 기대어 있는 것과 같다."는 말을 꺼내어 질문하셨는데, 내가 말을 꺼내자마자 노스님께선 곧 "아니다."라고 말씀하셨다. 이와 같이 반 년 동안 나는 다만 참(參)하고 있었다.

하루는 여러 관원들과 함께 방장실에서 저녁밥[13]을 먹을 때에, 나는 젓가락을 손에 쥐고 있을 뿐 먹을 생각을 까맣게 잊고 있었다. 노스님께서 말씀하셨다.

"이 자는 황양목선(黃楊木禪)[14]에 참여하더니 도리어 움츠러들어 버렸구

---

10 이회(理會) : 이해(理解)하다. 깨닫다. 알아차리다. 따지다. 헤아리다. 처리하다. 요리하다.
11 택목료(擇木寮) : =택목당(擇木堂). 절을 방문한 관리(官吏)들이 머물며 쉬는 집.
12 입실(入室) : 학인이 방장이나 조실의 방에 들어가 공부를 점검받는 것.
13 약석(藥石) : 총림에서 쓰는 말. 저녁밥. 본래 오후에는 먹지 않는 법이나 배고픈 병을 고친다는 뜻으로 저녁밥을 약석이라 함.
14 황양목선(黃楊木禪) : 황양목(黃楊木)은 회양목이다. 회양목은 자라는 것이 극히 느려서 1년에 손가락 한 마디 길이도 자라지 않다가, 윤년(閏年)에는 도리어 한 마디 정도가 줄어든다고 한다. 황양목선이란 깨달은 자리에 머물러서 공부가 더 이상 나아가지 않고 머물러 있는 것을 가리킨다. 즉, 깨달은 곳에 주저앉아서 자유롭게 활용하는 능력이 없는 경우를 꾸짖는 말이다.

나.”

나는 드디어 하나의 비유를 말씀드렸다.

“스님! 이 도리는 마치 강아지가 뜨거운 기름 솥을 보고 있는 것과 같아서 핥고 싶어도 핥을 수가 없고 버리고 싶어도 버릴 수가 없습니다.”

노스님이 말씀하셨다.

“그대의 비유는 지극히 좋구나! 다만 이것이 곧 금강권(金剛圈)[15]이요, 율극봉(栗棘蓬)[16]이니라.”

하루는 노스님에게 물었다.

“스님께서 그때 오조산(五祖山)에서 오조(五祖)[17] 스님에게 이 이야기를 질문하셨던 적이 있다고 들었습니다. 오조 스님은 어떻게 답하셨습니까?”

---

15 금강권(金剛圈) : 금강(金剛)은 결코 부서지지 않는 견고한 것이고, 권(圈)은 울타리를 나타내는 말이니, 금강권은 결코 부서지지 않는 울타리나 장벽을 뜻한다. 즉, 분별심으로는 결코 부술 수 없는 언어를 방편으로 시설하여 두고, 배우는 자가 그 언어의 장벽을 스스로 뚫고 나가기를 바라는 것. 선사(禪師)가 학인(學人)을 인도할 때 사용하는 방편. 율극봉(栗棘蓬)과 같은 뜻.

16 율극봉(栗棘蓬) : 가시투성이인 밤송이. 밤송이라는 뜻의 율봉(栗蓬)에 가시를 강조하여 율극봉(栗棘蓬)이라 함. 입 안에 밤송이를 넣으면, 삼키려고 해도 가시가 찔러 아프고, 뱉으려고 해도 가시가 찔러 아프니, 삼킬 수도 없고 뱉을 수도 없는 진퇴양난의 상태를 가리킨다. 사가(師家)가 학인에게 율극봉 같은 화두(話頭)를 시설해 놓고 분별로 이해하지도 못하게 하고 버리지도 못하게 하는 것, 혹은 마치 쥐가 덫에 빠진 것처럼 학인의 공부가 나아갈 수도 없고 물러설 수도 없는 상태에 봉착한 것을 가리킴. 금강권(金剛圈)과 같은 것. 『원오불과선사어록(圓悟佛果禪師語錄)』제2권에 “율극봉을 삼키고, 금강권을 뛰어넘어서, 분수 밖에서 가풍을 펼친다.(吞底栗棘蓬, 跳底金剛圈, 分外展家風.)”는 구절이 있다.

17 원오극근의 스승인 오조법연(五祖法演).

스님은 말씀하시지 않으려 하셨다. 내가 말씀드렸다.

"스님, 그때 혼자서 질문하신 것이 아니고 대중 앞에서 질문하셨을 터인데, 지금 다시 말씀하신다고 무슨 거리낄 일이 있겠습니까?"

노스님께서 이에 말씀하셨다.

"내가 '있다는 구절과 없다는 구절이 마치 등나무가 나뭇가지에 기대어 있는 것과 같을 때에는 어떻습니까?' 하고 물으니, 오조께서 말씀하셨다. '말해도 말이 되지 않고, 그려도 그림이 되지 않는다.' 내가 다시 물었다. '문득 나무가 넘어져 등나무가 말라 죽을 때에는 어떻습니까?' 오조께서 말씀하셨다. '서로 뒤따른다.'[18]"

나는 그 말을 듣자마자 곧 알아차리고는 말했다.

"제가 알겠습니다."

노스님이 말씀하셨다.

"다만 그대가 공안(公案)[19]을 아직 뚫고 벗어나지 못했을까 봐 걱정이

---

18 상수래(相隨來) : 서로 뒤쫓는다. 상축(相逐)과 같은 말. 서로 뒤따르다. 서로 의지하고 있다. 서로 뗄 수 없는 한 물건이다.

19 공안(公案) : 본래 공무(公務)에 관한 문안(文案), 즉 관청에서 결재(決裁)되는 안건(案件)인 공문서(公文書)를 가리키는 말인데, 선문(禪門)에서는 부처와 조사가 말한 불법(佛法)을 뜻한다. 공안은 당대(唐代) 선승들의 문답에서 비롯되었는데, 송대(宋代)에 이르자 앞 시대 선승들의 어록(語錄)에 기록된 문답들이 선공부에서 참구(參究)하는 자료로 활용되면서 많은 공안이 만들어졌다. 공안은 화두(話頭), 고칙(古則)이라고도 한다. 1,700 공안이라는 말은 『경덕전등록』에 대화가 수록된 선승의 숫자가 1,701명이었던 것에서 유래하였다. 최초의 공안집(公案集)은 운문종(雲門宗)의 설두중현(雪竇重顯; 980-1052)이 화두 100칙(則)을 모아 만든 『설두송고(雪竇頌古)』이며, 여기에 원오극근(圜悟克勤; 1063-1135)이 다시 수시(垂示), 착어(著語), 평창(評唱) 등을 붙여서 『벽암록(碧巖錄)』을 만들었다. 무문혜개(無門慧開; 1183-1260)는 고칙공안 48칙을 모아 평창(評唱)과 송(頌)을 붙여 『무문관(無門觀)』을 저술하였다. 『벽암록』과 『무문관』은 임제종(臨濟宗)의 공안집이다. 한

20

다."

내가 말씀드렸다.

"스님께서 한번 공안을 말씀해 보십시오."

노스님께선 이에 연달아 몇몇 까다롭고 난해한 공안을 말씀하셨는데, 나는 두 번 세 번 끊어 버리고, 마치 태평하여 일 없는 때에 길에 들어서 곧장 가는 것과 같이 다시는 막힘이 없었다. 노스님께서 말씀하셨다.

"내가 너를 속일 수 없음을 이제 비로소 알겠구나."

• 세 번째 깨달음

대혜가 원오의 제자가 된 후 얼마 지나지 않아서 원오가 촉(蜀)으로 되돌아가자, 대혜는 자신을 숨기고 암자를 만들어 머물렀다. 뒤에 하호구사(夏虎丘寺)로 건너가 『화엄경(華嚴經)』을 열람하다가 제칠지보살(第七地菩薩)이 무생법인(無生法忍)을 얻는 곳에 이르러 홀연 담당(湛堂)이 보여 준, 앙굴리마라가 발우를 들고 임산부(姙産婦)를 구원한 인연을 밝게 꿰뚫어 알았다.

여기에 관한 대혜 자신의 언급이 『대혜보각선사보설(大慧普覺禪師普說)』 제15권 '전계의가 청한 보설'에 다음과 같이 나타나 있다.

편, 굉지정각(宏智正覺; 1091-1157)이 화두 100칙에 송(頌)을 붙인 것에 만송행수(萬松行秀; 1165-1246)가 평창을 붙여 간행한 『종용록(從容錄)』은 조동종(曹洞宗)의 종풍을 거양한 공안집이다. 우리나라의 공안집으로는 고려시대 진각혜심(眞覺慧諶; 1178-1234)이 고칙 1,463칙을 모아 편찬한 『선문염송(禪門拈頌)』이 있다.

일찍이 가르침 가운데 있던 다음과 같은 하나의 인연을 생각해 본 적이 있다. 앙굴마라(殃崛摩羅)는 1,000명의 사람의 손가락을 잘라 화관(花冠)을 만들어 왕의 자리에 오르려고 하였다. 이미 999명의 손가락을 탈취하고 다만 한 개 손가락이 부족하자 자기 어머니의 손가락을 잘라 1,000개를 채우려고 하였다. 부처님께선 그의 인연이 익은 것을 보시고는 그를 교화하러 그의 집으로 가셨다. 앙굴마라가 칼을 꺼내어 어머니의 손가락에 대려고 할 때에 문득 석장(錫杖) 흔드는 소리를 듣고는 어머니의 손가락을 놓고 부처님께 한 개 손가락을 교화하실지를 물었다.

"이미 고오타마께서 여기에 오셨으니 저에게 손가락 한 개를 보시하셔서 제가 원하는 바를 채우도록 해 주십시오."

그러고는 칼을 막 드는데 세존께서는 그곳을 벗어나 곧장 가셨다. 세존께선 천천히 가셨지만 앙굴마라는 급하게 뒤쫓았으나 따라잡을 수가 없었다. 이에 큰 소리로 고함을 질렀다.

"멈추시오! 멈추시오!"

세존이 말씀하셨다.

"나는 멈춘 지 오래되었는데, 너는 멈추지 못하고 있구나."

앙굴마라는 여기에서 문득 깨닫고는 세존에게 의지하여 출가하였다.

세존께서 앙굴마라를 시켜 발우를 들고 어떤 장자(長者)의 집으로 찾아가도록 하셨다. 그 집 부인이 마침 산고(産苦)를 겪고 있었는데, 장자가 말했다.

"고오타마의 제자시여! 당신은 위대한 성자이시니 마땅히 어떤 법을 가지고 산고의 어려움을 면하게 해 주시겠습니까?"

앙굴마라는 말했다.

"저는 금방 입도(入道)하였으니 아직 이 법을 알지 못합니다. 제가 돌아가 세존께 여쭈어 보고 다시 돌아와 알려 드리겠습니다."

앙굴마라가 돌아와 부처님께 그 일을 말씀드리니, 부처님께서 앙굴마라에게 말씀하셨다.

"너는 속히 가서 이렇게 말하거라. '나는 성인의 법을 따른 이래 아직 살생(殺生)을 한 적이 없다.'"

앙굴마라는 곧 부처님의 말씀을 받들어 그 집으로 가서 그대로 말했다. 그 부인은 그 말을 듣더니 곧 산고의 어려움에서 벗어났다.

내가 담당(湛堂) 스님에게 이 이야기를 물었을 때, 담당 스님께서 말씀하셨다.

"네가 나의 가려운 곳을 긁는구나. 이 이야기는 금시법(金屎法)[20]이니, 알지 못하면 금(金)과 같지만 알고 나면 똥과 같다."

내가 말했다.

"어찌 방편이 없겠습니까?"

담당 스님께서 말씀하셨다.

"나에게 한 개 방편이 있지만, 네가 알지 못할 뿐이다."

내가 말했다.

---

20   금시법(金屎法) : 선(禪)을 알지 못할 때에는 황금처럼 특별하고 귀중하게 여기지만, 알고 보면 똥처럼 일상생활의 평범하고 흔한 일이다. 깨닫기 전에는 진리를 특별한 것이라고 분별하지만, 깨닫고 보면 매일매일의 삶이 전부 진리 아님이 없어서 따로 진리라 할 것이 없다.

"스님께서 자비를 베풀어 주십시오."

담당 스님께서 말씀하셨다.

"앙굴마라가 '저는 금방 입도(入道)하였으니 아직 이 법을 알지 못합니다. 제가 돌아가 세존께 여쭈어 보고 다시 돌아와 알려 드리겠습니다.'라고 말했는데, 앙굴마라가 부처님 계신 곳에 도착하기도 전에 그 부인이 아이를 낳았다면 어쩔 거냐? 또 부처님께서 '나는 성인의 법을 따른 이래 아직 살생(殺生)을 한 적이 없다.'고 하셨는데, 앙굴마라가 이 말씀을 가지고 그 장자의 집에 도착하기도 전에 이미 아이를 낳았다면 어쩔 거냐?"

나는 그때에는 알아차리지 못했는데, 뒷날 호구(虎丘)에서[21] 『화엄경』을 보다가 보살이 제7지에 올라 무생법인(無生法忍)[22]을 깨달은 곳에 이르자 이런 말이 있었다.

"불자(佛子)여! 보살이 이 인(忍)을 성취하면 즉시 보살의 제8부동지(不動地)[23]에 들어가 심행보살(深行菩薩)이 되어, 알기도 어렵고, 차별도 없고,

---

21 『대혜보각선사연보(大慧普覺禪師年譜)』에 의하면 대혜가 40세인 1128년의 일이다.

22 무생법인(無生法忍) : 불생불멸(不生不滅). 『유마경(維摩經)』 중권(中卷) 「입불이법문품(入不二法門品)」 제9에 "생멸(生滅)은 이법(二法)이지만, 법(法)은 본래 생하지 않는 것이어서 지금 멸하지도 않습니다. 이러한 무생법인(無生法忍)을 얻는 것이 바로 불이법문(不二法門)에 들어가는 것입니다."(生滅爲二, 法本不生今則無滅. 得此無生法忍, 是爲入不二法門.)라 하고 있다.

23 제8부동지 : 보살의 수행단계인 십지(十地) 중 여덟 번째 단계. 이 지위에 오른 보살은 수행을 완성하여 흔들림이 없다. 부동(不動)이란 명칭은 바로 여기에서 유래한다. 이곳의 보살은 깊이 있는 실천을 하므로 심행(深行) 보살이라고도 부른다. 세속의 집착에서 완전히 벗어나 성문(聲聞)이나 연각(緣覺)의 무리들은 전혀 깨트릴 수 없는 경지에 머문다. 달리 무공용지(無功用地)라고도 하는데, 무공(無功)은 곧 어떤 의도나 목적이 없다는 뜻이다. 그저 자연의 흐름대로 순리대로 또한 중생의 생김새에 따라 중생을 제도한다.

모든 모습을 벗어나고, 모든 생각을 벗어나고, 모든 집착을 벗어나, 헤아릴 수도 없고 끝도 없게 되니, 모든 성문(聲聞)이나 벽지불(辟支佛)은 미칠 수가 없게 되고, 모든 시끄러운 다툼을 벗어나 적멸(寂滅)이 앞에 나타난다. 비유하면, 비구(比丘)가 신통(神通)을 다 갖추고서 마음의 자재(自在)를 얻고 차례를 밟아 멸진정(滅盡定)에 들어가게 되면 모든 움직이는 마음과 기억과 생각과 분별이 전부 멈추어 사라지듯이, 이 보살도 마찬가지로 부동지(不動地)에 머물면 모든 공용(功用)[24]하는 행위를 버리고 공용 없는 법을 얻어 신구의(身口意)의 삼업(三業)을 생각하고 행하는 일이 모두 쉬어지고 보행(報行)[25]에 머문다. 비유하면, 어떤 사람이 꿈속에서 큰 강물 속에 떨어져서 그 강을 건너려 하기 때문에 큰 용맹을 내고 큰 방편을 베풀었는데, 이 큰 용맹과 베푼 방편 덕분에 곧 꿈에서 깨어나지만 깨어난 뒤에는 행한 일이 모두 쉬어지는 것과 같다. 보살도 역시 그러하여, 중생이 사류(四流)[26] 속에 떨어져 있음을 보고는 구해 내려고 하기 때문에 큰 용맹을 내고 큰 정진(精進)을 일으키는데, 용맹과 정진 덕분에 이 부동지에 도달하고, 이곳에 도달한 뒤에는 모든 공용(功用)이 모조리 쉬어지고, 이행(二行)[27]과 상행(相行)[28]이 모두 나타나지 않는다. 이 보살에게는 보살의 마음도, 부처의 마음도, 깨달음의 마음도, 열반의 마음도 오히려 나타나지

---

24 공용(功用) : 몸·입·뜻으로 애써 행하는 행위. 곧 유위행(有爲行).

25 보행(報行) : 과보(果報)로 이루어지는 행위.

26 사류(四流) : 사폭류(四暴流)와 같음. 폭류는 홍수가 나무가옥 따위를 떠내려 보내는 것처럼, 선(善)을 떠내려 보낸다는 뜻에서 번뇌를 가리킨다.

27 이행(二行) : 번뇌장(煩惱障)과 소지장(所知障)의 둘이 나타나 행해지는 것.

28 상행(相行) : 신구의(身口意) 삼업(三業)의 모습을 가진 행위.

않는데, 하물며 세간(世間)의 마음이 나타나겠느냐?'"

여기에 이르자 문득 장애가 사라지고, 담당 스님께서 나에게 말씀해 주셨던 방편이 문득 앞에 드러났으니, 비로소 참된 선지식이 나를 속이지 않았음을 알았던 것이다. 참된 금강권(金剛圈)이란 바로 장식(藏識)[29]임이 밝혀져야 비로소 벗어날 수 있다.

(4) 스승 원오의 죽음

소흥(紹興) 7년(1137년)에 조칙을 받아 쌍경사(雙徑寺)에 머물렀는데, 어느 날 스승 원오의 부음(訃音)이 당도하였다. 대혜는 스스로 제문(祭文)을 지어 제사를 지내고, 그날 저녁 소참법문(小參法門)에서 말했다.

"어떤 중이 장사(長沙) 스님에게 묻기를 '남전(南泉) 스님은 돌아가신 뒤 어디로 가십니까?' 하고 물었는데, 장사 스님이 말하길 '동촌(東村)에서는 당나귀가 되고 서촌(西村)에서는 말이 되느니라.' 고 하였다. 이에 그 중이 말하길 '그 뜻이 무엇입니까?' 하니, 장사 스님이 말하길 '올라타고자 하면 바로 올라타고, 내리고자 하면 바로 내려라.' 고 하였다. 만약 나 경산(徑山)[30]이라면 그렇지 아니하다. 만약 누가 '원오선사(圓悟禪師)가 돌아가셔서 어디로 가시는가?' 하고 묻는다면, 그에게 말하길 '큰 아비지옥(阿鼻

29　장식(藏識) : 제8아뢰야식(阿賴耶識). 진제삼장(眞諦三藏)은 이 식이 중생의 근본 심식(心識)으로 결코 없어지거나 잃어버릴 수 있는 것이 아니라는 뜻에서 무몰식(無沒識)이라 번역하고, 현장(玄奘)은 능장(能藏)・소장(所藏)・집장(執藏)의 세 뜻이 있으므로 장식(藏識)이라 번역하였다.

30　대혜종고(大慧宗杲) 자신을 가리킨다.

地獄)으로 간다.'고 하겠다. 그 뜻이 무엇이냐고 묻는다면, '배고프면 구리를 먹고 목마르면 쇳물을 마신다.'고 하리라. 이렇게 하여 사람을 구제할 수가 있겠는가? 구할 사람이 없는데 어떻게 구할 수 있겠는가? 이것이 바로 이 노인의 평소 생활이니라."

(5) 귀양살이와 그 후의 활동

소흥(紹興) 11년(1141년) 5월에 간신인 진회(秦檜)가 대혜를 장구성(張九成)과 일당이라 모함하여 승복(僧服)과 도첩(度牒)을 박탈하고 형주(衡州)로 15년 동안이나 귀양 보내게 하였다. 15년이 지난 뒤 소흥 26년(1156년) 10월에 조칙(詔勅)으로 매양(梅陽)으로 옮기게 하고 오래 지나지 않아 자격을 회복시켜서 돌아가게 하였다. 그해 11월에 칙명(勅命)으로 아육왕사(阿育王寺)의 주지를 맡게 하다가, 28년(1158년)에는 성지(聖旨)를 내려 다시 경산사(徑山寺)의 주지를 맡게 하였다. 당시 대혜가 원오의 종지(宗旨)를 크게 선양하여 도법(道法)의 성함이 세상을 뒤덮으니, 따르는 무리가 2,000여 명에 이르렀다. 대혜는 신사(辛巳)년(1161년) 봄에 물러나 명월당(明月堂)에 머물렀다. 다음 해인 임오(壬午)년(1162년)에 황제가 대혜선사(大慧禪師)라는 호를 내렸다.

(6) 입멸

효종(孝宗) 융흥(隆興) 원년(元年; 1163년) 계미(癸未)에 명월당에 머물고 있는데, 대중들이 보니 어느 날 저녁 별 하나가 절의 서쪽으로 떨어지는데 흐르는 빛이 붉게 빛났다. 대혜는 얼마 지나지 않아 약간의 병세를 보이더니 9월 9일에 대중들에게 말하였다.

"내가 내일 갈 것 같다."

이날 저녁 다섯 개의 북에다가 손수 유표(遺表)를 쓰고 더불어 후사(後事)를 부탁하였다. 승려 요현(了賢)이 게송(偈頌)을 청하자, 대혜는 성난 목소리로 말했다.

"게송이 없으면 죽지도 못하겠구나!"

그러고는 크게 썼다.

"살아도 다만 이렇고
죽어도 다만 이렇다.
게송이 있든 게송이 없든
무슨 대단한 일이랴!"

(生也只恁麽, 死也只恁麽. 有偈與無偈, 是甚麽熱大!)

그러고는 기꺼이 눈을 감았다. 세수(世壽)는 75세요, 법랍(法臘)은 58세였다. 황제가 크게 슬퍼해 마지않으며 시호(謚號)를 보각(普覺)이라 내리고 탑호(塔號)를 보광(普光)이라 하였다. 오늘날 살아 있을 때의 호와 시호를 합하여 대혜보각(大慧普覺)이라 하는 것은 남악회양(南岳懷讓) 역시 대혜(大慧)라는 호를 사용하기 때문에 그것을 분별하기 위한 것이다. 어록(語錄) 30권이 대장경(大藏經)을 따라 전해지며, 법을 이어받은 자가 83인이다.

2. 대혜의 사승(師承) 관계와 문하(門下)

대혜가 원오극근(圜悟克勤)의 법을 이은 제자이기 때문에 대혜는 임제종(臨濟宗) 양기파(楊岐派)에 속한다. 임제종의 개조인 임제의현(臨濟義玄)에서 대혜종고까지의 계보는 다음과 같다.

임제의현(臨濟義玄; ?-867)-흥화존장(興化存獎; 830-888)-남원혜옹(南院慧顒; 860-930)-풍혈연소(風穴延沼; 896-973)-수산성념(首山省念; 926-993)-분양선소(汾陽善昭; 947-1024)-자명초원(慈明楚圓; 986-1039)-양기방회(楊岐方會; 992-1049)-백운수단(白雲守端; 1025-1072)-오조법연(五祖法演; 1024-1104)-원오극근(圜悟克勤; 1063-1125)-대혜종고(大慧宗杲; 1089-1163)

대혜종고의 문하는 대혜파(大慧派)라고 불리며 같은 원오극근의 제자인 호구소륭(虎丘紹隆) 문하의 호구파(虎丘派)와 쌍벽을 이루며 번창하였다. 법을 이은 제자로는 졸암덕광(拙庵德光)·만암도안(卍庵道顔)·나안정운(懶安鼎雲) 등 90여 명이 되었고, 그 가운데 졸암의 법계가 가장 번성하여 그 문하에서 묘현지선(妙玄之善)·북석간거간(北石間居簡)·절옹여염(浙翁如琰) 등이 이름을 떨쳤다. 원(元) 대덕(大德) 연간(年間; 1297-1307)에 성종(成宗)이 묘현지선의 법손인 원수행단(元叟行端)에게 귀의하면서 혜문정변선사(慧文正辯禪師)라는 호를 내렸다. 원수는 그 뒤 경산(徑山)에 머물면서 대혜의 종풍(宗風)을 크게 떨쳤다. 원수의 문하에 뛰어난 선사들이 많이 나왔는데, 그 가운데 초석범기(楚石梵琦)는 복진사(福臻寺)·영조사(永祚寺)·본각사(本覺寺) 등에 머물면서 교선일여(敎禪一如)를 주장하였고, 문종(文宗)에게 불일혜변선사(佛日慧辯禪師)라는 호를 하사받았다. 북석간거간의 문하에는 물초대관(物初大觀) · 회기원희(晦機元熙) 등이 있다. 대혜파의 문인들 가운데 염상(念常)은 『불조역대통재(佛祖歷代通載)』를, 각안(覺岸)은 『석씨계고략(釋氏稽古略)』을, 보제(普濟)는 『오등회원(五燈會元)』을 지었다. 한편 이참정(李參政)을 비롯한 수많은 거사들이 대혜의 지도 아래 공부하여 깨달음을 얻었고, 진국태부인(秦國太夫人)을 비롯한 몇몇 여성도 이 대열에 동참하였다.[31]

3. 대혜의 저서와 관련 자료

(1) 대혜의 저서

① 『정법안장(正法眼藏)』 3권 : 종사의 말씀 661칙을 뽑아 평창(評唱) 또는 착어(着語)를 붙이고 마지막에 자신의 시중(示衆)을 붙여 대혜가 직접 저술한 공안집(公案集). 1147년 작. 『신판속장경(新版續藏經)』(대만판) 118 pp. 1–155, 『구판속장경(舊版續藏經)』(일본판) 2–23 pp. 1a–78b에 수록.

② 『대혜보각선사어록(大慧普覺禪師語錄)』 30권 : 대혜의 시중설법(示衆說法) · 보설(普說) · 게송(偈頌) · 찬(讚) · 법어(法語) · 서(書) 등을 모아 온문

---

31 『가산불교대사림(伽山佛教大辭林)』 제4권(지관(智冠) 편저. 서울 가산불교문화연구원. 1998년–2009년.) 대혜파(大慧派) 항목 참조.

(蘊聞)이 편집한 어록. 남송 건도(乾道) 7년(1171)에 편찬.『신판속장경』121 pp. 47-102,『구판속장경』2-26 pp. 24a-51d,『대정신수대장경(大正新修大藏經)』47 No. 1998A에 수록.

③『대혜선종잡독해(大慧禪宗雜毒海)』2권 : 대혜의 제자인 법굉(法宏)과 도겸(道謙)이 편찬한 것으로 온문의 『대혜보각선사어록』에 없는 내용도 들어 있다. 1131년경 편찬. 보각종고선사어록(普覺宗杲禪師語錄)·대혜보각선사어록(大慧普覺禪師語錄)이라고도 함.『신판속장경』121 pp. 47-102,『구판속장경』2-26 pp. 24a-51d에 수록.

④『종문무고(宗門武庫)』2권 : 대혜가 말했던 고덕(古德)의 공부에 관한 일화를 대혜의 사후 제자 도겸(道謙)이 엮은 책.[32] 1186년경 편찬. 대혜종문무고(大惠宗門武庫)·대혜무고(大慧武庫)·대혜보각선사종문무고(大慧普覺禪師宗門武庫)·대혜선사종문무고(大慧禪師宗門武庫)라고도 함.『신판속장경』142 pp. 920-949,『구판속장경』2乙-15 pp. 460c-475b,『대정신수대장경』47 No. 1998B에 수록.

⑤『운와기담(雲臥紀談)』: 대혜와 관련된 일화를 제자인 효영중온(曉瑩仲溫)이 엮은 책. 1183년경 편찬. 운와기담(雲臥紀譚)·감산운와기담(感山雲臥紀譚)이라고도 함.『신판속장경』148 pp. 1-51,『구판속장경』2乙-21 pp. 1a-26a에 수록.

---

32 대혜 관련 선적(禪籍)에 관한 자세한 사항은『新纂禪籍目錄』(駒澤大學圖書館 編集, 發行. 昭和 37年.) 191쪽, 288-289쪽 참조.

한편 대혜의 문인 황문창(黃文昌)과 도겸(道謙) 등에 의하여 어록(語錄),
보설(普說), 법어(法語), 서(書) 등이 각각 따로 편찬되어 유통되기도 하였
다.[33] 이 가운데 대혜서(大慧書)는 본래의 명칭『대혜보각선사서(大慧普覺
禪師書)』이외에『대혜서장(大慧書狀)』·『대혜서(大慧書)』·『대혜서문(大慧書
問)』·『서장(書狀)』등의 명칭으로 불리며 특히 우리나라에서 고려시대 이
후로 많이 간행되었는데, 그것은 보조지눌(普照知訥)이『대혜서장』에 의지
하여 공부해서 깨달았다고 하였기 때문이다.『대혜서장』은 1387년 불봉
사판(佛峯寺版)·1604년 쌍계사판(雙溪寺版)과 송광사판(松廣寺版)·1630년
영천사판(靈泉寺版)·1681년 운흥사판(雲興寺版)·1701년 봉암사판(鳳巖寺
版) 등 여러 차례 간행되었고, 연담유일(蓮潭有一)의『서장사기(書狀私記)』(1
권)와 인악의소(仁岳義沼)의『서장사기』(1권) 등의 주석서들도 있으며, 지금
까지도 불교강원(佛敎講院)에서는『대혜서장』을 필수과목으로 공부하고
있다.[34]

(2) 대혜 관련 자료의 소재

『연등회요(聯燈會要)』제17권,『가태보등록』제15권,『오등회원(五燈會元)』
제19권,『불조역대통재(佛祖歷代通載)』제20권,『석씨계고략(釋氏稽古略)』제
4권,『속전등록(續傳燈錄)』제27권,『속선림승보전(續禪林僧寶傳)』제6권,『대
명고승전(大明高僧傳)』제5권.

---

33 대혜 관련 문헌의 간행사(刊行史)에 관해서는『韓國看話禪의 源流』(정영식 지음. 서울. 한
    국학술정보. 2007년.) 30−43쪽 참조.
34 자세한 사항은『韓國佛敎所依經典硏究』(李智冠 저. 海印寺. 1973년.) 55−87쪽 참조.

4. 대혜종고의 간화선

간화선의 제창자로 불리는 대혜종고 선사가 말하는 간화선이 어떤 것인지 자세한 내용은 역자가 침묵의 향기에서 출간한『간화선 창시자의 선(禪)』상,하권을 보기 바란다. 여기에선 대혜가 말하는 간화선의 요점만 간단히 살펴보겠다.

간화선은 조사선(祖師禪)을 대혜가 응용하여 수행의 방편으로 만든 것이다. 주지하다시피 조사선은 스승의 직지인심(直指人心)에 반응하여 제자가 견성성불(見性成佛)하는 공부다. 모양도 없고 알 수도 없으나 사람이라면 누구에게나 다 갖추어져 있는 마음을 곧장 가리키는 것이 조사선의 스승들이 행하는 가르침이다. 마음을 곧장 가리킨다는 것은 마음을 설명하여 이해시키는 것이 아니라, 설명할 수도 없고 이해할 수도 없는 살아 있는 마음을 직접 바로 가리키는 것이다.

마음을 직접 가리키는 것은 "똥막대기."라든가 "삼베 서 근."과 같이 말로써 행할 수도 있고, 손가락을 세우거나 주장자로 법상을 치거나 귀를 잡아당기거나 하는 것처럼 행동으로 보여 줄 수도 있다. 마음을 설명하는 것이 아니라 이렇게 곧장 가리킴으로써 제자의 분별심을 막아 버리면 제자는 마음이 무엇인지를 분별심으로 헤아리는 것이 아니라, 마음에서 마음으로 바로 통하는 이심전심(以心傳心)의 깨달음을 얻을 수 있는 것이다. 분별할 수 없는 불이법(不二法)인 마음을 곧장 깨닫는 것을 일러 견성성불이라고 한다. 이것이 조사선이다. 그러므로 조사선에선 오직 분별을 벗어난 불이법만 가리키고 문득 불이법에 통하는 깨달음이 있을 뿐이고,

달리 수행의 방편을 제공하지는 않는다.

　조사선에서 행하는 '스승에 의한 직지인심'을, 공부하는 사람이 직접 자기에게 행하라고 하는 것이 곧 대혜가 말하는 간화선이다. 대혜가 보설에서 밝히고 있듯이 화두(話頭)는 곧 직지(直指)다. "똥막대기."라든가 "삼베 서 근."과 같이 직지인심 하는 말들이 곧 화두인데, 이 화두를 스스로 자기에게 직접 가리켜 보여서 스스로가 깨닫도록 하라는 것이 대혜의 간화선인 것이다.

　비록 화두를 살펴보라는 뜻인 간화(看話)라는 이름을 쓰지만, 실제로 대혜가 말하는 방법은 화두를 자기에게 제시(提撕)하고 거각(擧覺)하라는 것이다. 제시(提撕)는 '보여 주어서 일깨운다'는 뜻이고, 거각(擧覺)은 '말해 주어서 일깨운다'는 뜻으로서 사실상 동일한 뜻이다. 때때로 자신에게 화두를 스스로가 직접 보여 주어서 자신을 일깨우고, 스스로가 직접 말해 주어서 자신을 일깨우라는 것이 곧 대혜가 말하는 간화선이다.

　조사선에선 스승에 의한 직지인심의 자극에 제자의 마음이 문득 견성성불하는 이심전심의 공부인 데 반하여, 간화선에선 공부하는 사람이 홀로 자신에게 직지인심 하여 자신이 문득 깨닫도록 하는 공부인 것이다. 즉, 간화선은 조사선의 이심전심이 빠지고 직지인심과 견성성불만 있는 공부다. 이 점이 간화선과 조사선의 차이다. 또 간화선에서 자기가 자기에게 화두를 직지하여 자기를 일깨우려는 행위에는 스스로 노력하여 깨달으려고 하는 수행(修行)의 측면이 분명히 있다. 이 점이 또한 간화선이 조사선과는 다른 점이라고 할 수 있다.

　조사선은 스승이 언제나 분별을 벗어난 불이법만을 말하고 가리켜 제자의 분별심을 막아서 끊어 버림으로써 제자가 문득 깨달음을 얻도록 행하는 가르침이니, 가르침의 능동적 주도권은 스승에게 있다. 제자는 습관대로 분별심을 가지고 공부하려고 하지만 스승의 직지에 분별심이 무너지고 자기도 모르게 불이법에 통하는 것이니, 제자는 수동적으로 스승에게 이끌려 깨달음 속으로 들어오는 것이다.

반면에 간화선에선 스승의 직지와 제자의 견성을 공부인이 스스로 홀로 해내야 하는 점에서 공부가 잘못될 위험성이 있다. 이미 불이법 속에 있는 스승이 제자의 분별심을 막아서 끊어 주기는 쉽지만, 아직 분별심 속에 있는 공부인이 자신의 분별심을 막아서 끊기는 사실 매우 어렵다. 그러므로 대혜는 간화선을 수행함에 있어서 주의해야 할 점을 열 몇 가지나 말하고 있는데, 주의점 모두에 공통되는 내용은 분별하지 마라는 것이다.

이로써 보면 간화선은 조사선에 비하여 결점이 있는 공부법이다. 아마도 대혜가 간화선을 제창한 이유는, 불이법에 철두철미한 스승을 만나기 어려운 시절의 공부인들에게 자신의 노력으로 불이법문에 들어가는 길을 제시한 것이라고 여겨진다.

사실 선(禪)에서 깨달음을 이루느냐 망상(妄想)에서 벗어나지 못하느냐의 갈림길은, 마음에서 분별심이 가로막혀서 작동하지 못하게 만들 수 있느냐 아니냐에 달렸다. 분별심이 가로막혀서 작동하지 못하는 경우를 일러 선사(禪師)들은 금강권(金剛圈)이니 율극봉(栗棘蓬)이니 의단(疑團)이니 쥐가 쥐덫 속에서 꼼짝도 못하느니 하고들 말한다. 그러므로 공부인이 화두를 보고 곧장 분별심이 가로막혀서 그 마음이 마치 쥐덫 속의 쥐처럼 될 수만 있다면, 간화선도 효과적인 공부 방법일 것이다.

1. 판본 소개

본 번역에 사용한 『대혜보각선사어록』의 판본(板本)은 『대정신수대장경』 제47권에 실려 있는 것이다. 여기에 실린 판본은 일본(日本) 동경(東京) 증상사(增上寺) 보은장(報恩藏)의 명본(明本)을 저본(底本)으로 한다고 되어 있다. 명본은 곧 가흥장(嘉興藏) 혹은 경산장(徑山藏)이라고 부르는 것으로서, 명(明) 신종(神宗) 만력(萬曆) 7년(1579)에 밀장환여(密藏幻余)가 발원(發願)하여, 만력 17년(1589)에 경산적조암(徑山寂照庵)과 흥성만수사(興聖萬壽寺)에서 처음 간행된 것이다.

또 여기에서 들고 있는 대교본(對校本)은 일본 궁내성(宮內省) 도서료장(圖書寮藏)의 오산판(五山版)과 덕부저일랑씨장(德富猪一郞氏藏)의 오산판(五山版)이다. 여기에서는 궁내본(宮內本)과 덕부본(德富本)으로 약칭하여 표시하였다.

한편 원문을 교정함에는 명(明) 태조 영락(永樂) 8년(1410)에 시작하여 영종(英宗) 정통(正統) 5년(1441)에 완성한 『영락북장(永樂北藏)』 제156책(冊)에 수록된 『대혜보각선사어록(大慧普覺禪師語錄)』(북장본(北藏本)으로 약칭)과 1994년 대만에서 간행된 『불광대장경(佛光大藏經)』 「선장(禪藏)」 어록부(語錄部)의 『대혜선사어록(大慧禪師語錄)』(불광본(佛光本)으로 약칭)을 참고하였다.

『불광대장경』의 『대혜선사어록』은 『명판가흥대장경(明版嘉興大藏經)』(가흥본(嘉興本)으로 약칭)에 실린 『대혜보각선사어록』을 저본으로 하고, 『대정신수대장경』(대정본(大正本)으로 약칭)과 『대일본교정훈점대장경(大日本校訂訓點大藏經)』을 대교(對校)하여 표점(標點)을 찍고, 현대에 잘 사용되지 않는 이체자(異體字)는 동일한 뜻을 가진 글자로 바꾸어 읽기 쉽도록 편집한 것이다.

본 번역에서 사용한 판본은 『대정신수대장경』의 『대혜보각선사어록』을 저본으로 하고, 『영락북장』과 『불광대장경』의 『대혜보각선사어록』을 대교본(對校本)으로 하여 교정한 것이다. 대정본과 불광본에서 이미 교정한 내용을 주석으로 나타낸 것을 여기에서도 동일하게 각주에서 나타내 주었고, 대정본과 다른 내용이 불광본에 있을 경우에는 역시 '불광본'으로 표시하여 주었다.

판본의 약칭

- 북장본(北藏本) : 명판영락북장(明版永樂北藏) 제156책(冊)에 실려 있는 것.(1421~1440년 판각)

- 가흥본(嘉興本) : 중국 명판가흥대장경(明版嘉興大藏經). = 대정본과 불광본의 저본.(1589~1676년 판각)

- 대정본(大正本) : 일본 대정신수대장경(大正新修大藏經) 제47권에 실려 있는 것.

- 불광본(佛光本) : 대만 불광대장경(佛光大藏經) 선장(禪藏) 어록부(語錄部).

- 궁내본(宮內本) : 일본 궁내성(宮內省) 도서료장(圖書寮藏)의 오산판(五山版).

• 덕부본(德富本) : 일본 덕부저일랑씨장(德富猪一郞氏藏)의 오산판(五山版).

2. 번역에서 둔 주안점

이 책은 중국 송대 속어(俗語)인 백화문(白話文)으로 쓰인 것이므로, 당송대(唐末代) 백화문 사전(詞典)을 일차적인 참고로 하여 한어사전(漢語詞典)·선어사전(禪語辭典)·불교사전·중국어사전 등 현재 입수할 수 있는 모든 사전을 참고로 하여 번역의 오류를 줄이려고 노력하였다. 특히 불경(佛經)이나 앞선 선사들의 어록에서 인용한 문장들이 수없이 나오는데, 빠짐없이 그 원전을 찾아보고 확인하여 번역의 정확성을 도모하였다. 또 번역의 편의를 위하여 사전이나 참고문헌에서 찾아본 모든 용어를 애초부터 사전으로 만들면서 번역 작업을 진행하였다. 번역에서 둔 주안점들은 다음과 같다.

① 번역문의 편집 체제는 〈번역문 + 원문〉으로 하고 한 단락씩 대역(對譯)하는 형식을 취하였다. 단, 내용이 긴밀히 연결되는 경우에는 2, 3단락을 합하여 편집하기도 하였다.

② 문법적 사항, 불교 용어, 선 용어, 인명, 지명 등에 관한 주석은 번역문에 달았고, 원문 판본의 교감(校勘)에 관한 주석은 원문에 달았다.

③ 주석은 가능한 한 자세히 달아서 읽는 사람이 따로 사전을 찾는 번거로움을 줄였다.

④ 번역본 각 권의 내부에서 몇 번씩 반복하여 등장하는 용어의 주석은 처음은 상세히 해설하고, 다음부터는 조금 간략히 설명하였다. 책의 특성상 순서대로 읽어 나가는 책이 아니므로, 앞에 한 번 나온 주석이라 하여 뒤에서 모두 생략하지는 않고 필요에 따라 다시 간략히 달았다.

⑤ 원문이 고전한문이나 현대중국어와는 다른 송대(宋代) 백화문(白話文)인 까닭에 조금이라도 의심나는 글자나 단어는 가능한 한 다양한 사서(辭書)를 이용하여 거듭 확인하여 번역하였고, 각주에 그 뜻을 밝혔다. 극히 드물게 사서에 나오지 않는 단어의 경우『대일본속장경(大日本續藏經)』과『대정신수대장경(大正新修大藏經)』등에 실려 있는 당송대(唐宋代) 선어록(禪語錄)과 논서(論書) 및 송대(宋代) 유학자(儒學者)들의 어록(語錄) 등을 검색하여 그 사용된 사례에서의 뜻을 참고하여 번역하였다.

⑥ 모든 인용문은 인용했으리라 짐작되는 경전(經典), 선적(禪籍), 경서(經書) 등을 찾아서 밝혔다. 경전의 경우에는『대정신수대장경(大正新修大藏經)』을 검색하였고, 선어록(禪語錄)의 경우에는 대혜종고(1115-1163년) 이전 혹은 생존시에 출판된『조당집』(952년),『경덕전등록』(1004년),『천성광등록』(1036년),『사가어록』(1066년),『건중정국속등록』(1101년),『고존숙어요』(1138-1144년경) 등을 위주로 검색하고, 이들에 없는 것은 대혜종고 사후 가까운 시기에 출판된『연등회요』(1183년),『가태보등록』(1204년),『오등회원』(1252년),『고존숙어록』(1267년) 등에서 찾고, 이들에도 없는 경우에는『대일본속장경(大日本續藏經)』과『대정신수대장경(大正新修大藏經)』에 실려 있는 선어록(禪語錄)들에서 검색하였다.

⑦ 난해한 부분의 경우 이해를 돕기 위하여 주석에서 역자의 견해를

간략히 밝혔다.

⑧ 번역은 최대한 현대 한글로 옮기되, 불교에서 일반적으로 사용하는 용어(用語), 고유명사 및 적절한 역어(譯語)가 없는 당시의 상용어(常用語)는 그대로 두었다.

⑨ 원문의 표점은 원칙적으로 한문 원문의 일반적인 표점 방식을 따라 찍되, 번역문과 어긋남이 없도록 하였다.

⑩ 각주에서 인용문이 등장할 경우에도 가능한 원문을 함께 첨부하였다.

3. 번역에 사용한 공구서

① 『송어언사전(宋語言詞典)』 원빈(袁賓) 등 4인 편저. 상해교육출판사. 1997년.

② 『당오대어언사전(唐五代語言詞典)』 강람생(江藍生), 조광순(曹廣順) 편저. 상해교육출판사(上海敎育出版社). 1997년.

③ 『중한대사전(中韓大辭典)』 고대민족문화연구소 중국어대사전편찬실 편. 고려대학교민족문화연구소. 1995년.

④ 『한한대사전(漢韓大辭典)』 단국대학교 동양학연구소 편찬. 단국대학교출판부. 2000-2008년.

⑤ 『한어대사전(漢語大詞典)』 한어대사전편집위원회 편찬. 상해(上海) 한어대사전출판사. 1994-2001년.

⑥ 『신판선학대사전(新版禪學大辭典)』 구택대학(駒澤大學) 선학대사전편

찬소 편. 동경(東京) 대수관서점(大修館書店). 1985년.

⑦『불교대사전(佛敎大辭典)』길상(吉祥) 편. 서울 홍법원(弘法院). 1998년.

⑧『가산불교대사림(伽山佛敎大辭林)』지관(智冠) 편저. 서울 가산불교문화연구원. 1998년-2009년.

⑨『선어사전(禪語辭典)』고하영언(古賀英彦) 편저. 경도(京都) 사문각출판(思文閣出版). 1991년.

⑩『선종사전(禪宗詞典)』원빈(袁賓) 편저. 호북인민출판사(湖北人民出版社). 1994년.

⑪『송원어록사전(宋元語錄辭典)』용잠암(龍潛庵) 편저. 1985년.

⑫『선종저작사어안석(禪宗著作詞語案釋)』

『주해어록총람(註解語錄總覽)』이동술 편집. 서울 여강출판사. 1992년.

⑬『중국고금지명대사전(中國古今地名大辭典)』사수창(謝壽昌) 외 6인 편집. 대북(台北) 대만상무인서관(臺灣商務印書館). 1983년.

⑭『중국역대관칭사전(中國歷代官稱辭典)』조덕의(趙德義), 왕흥명(汪興明) 주편(主編). 북경(北京) 단결출판사(團結出版社). 2002년.

⑮『송대관제사전(宋代官制辭典)』공연명(龔延明) 편저. 북경(北京) 중화서국출판(中華書局出版). 1997년.

⑯『중국불교인명대사전(中國佛敎人名大辭典)』진화법사(震華法師) 편. 상해(上海) 상해사서출판사(上海辭書出版社). 2002년.

⑰『중국역대인명대사전(中國歷代人名大辭典)』장휘지(張撝之) 외 2인 주편(主編). 상해(上海) 상해고적출판사(上海古籍出版社). 1999년.

⑱『중국인명이칭대사전(中國人名異稱大辭典)』상항원(尚恒元) 외 1인 주

편. 태원(太原) 산서인민출판사(山西人民出版社). 2003년.

⑲『중국역사지도집(中國歷史地圖集)』 담기양(譚其驤) 주편. 북경(北京) 중국지도출판사(中國地圖出版社). 1996년.

⑳『조정사원(祖庭事苑)』 목암선경(睦庵善卿) 편(編). 1108년.

4. 대혜보각선사어록 총 목차

〔제1권〕

온문(薀聞)의 주차문(奏箚文).

덕잠(德潛)의 입장제문(入藏題文).

제1-4권 : 경산(徑山) 능인선원(能仁禪院)에서의 어록(語錄).

제5권 : 육왕산(育王山) 광리선사(廣利禪寺)에서의 어록.

제6권 : 다시 경산(徑山) 능인선원(能仁禪院)에 머물 때의 어록. 위국공(魏國公)인 장준(張浚)이 쓴 '대혜보각선사탑명(大慧普覺禪師塔銘)' 첨부.

〔제2권〕

제7권 : 강서(江西) 운문암(雲門菴)에서의 어록.

제8권 : 복건성(福建省) 복주(福州) 양서암(洋嶼菴)에서의 어록, 복건성 천주(泉州) 소계(小溪) 운문암(雲門菴)에서의 어록.

제9권 : 운거(雲居)의 수좌료(首座寮)에서 불자(拂子)를 들고 설법함, 실중기연(室中機緣).

제10권 : 송고(頌古).

제11권 : 게송(偈頌).

제12권 : 부처와 조사를 찬양함.

〔제3권〕

제13-18권 : 대혜보각(大慧普覺) 선사(禪師) 보설(普說).

〔제4권〕

제19-24권 : 대혜보각 선사 법어(法語).

〔제5권〕

제25-30권 : 대혜보각 선사 서(書).

대혜선사어록을 입장(入藏)토록 내려 주신 은혜에 감사드리는 주차문(奏箚文).

차례

대혜보설

1. 설봉에서 보리회 만들 때의 보설

대혜가 설봉(雪峰)³⁵에 도착하자, 마침 보리회(菩提會)를 만들고 있었는데, 보설³⁶을 청하였다. 묻는 말이 끝나자 대혜가 말했다.

"보리(菩提)³⁷라는 노련한 장수(將帥)가 겹겹으로 에워싸 앉아 있으니,
무상하게 흘러가는 시간 밖에서³⁸ 나무 말의 울음소리가 들린다.³⁹

---

35 설봉산(雪峰山) 설봉사(雪峰寺)를 가리킨다. 설봉산은 복건성(福建省) 복주(福州)에 있는 상골산(象骨山)의 다른 이름. 겨울에 눈이 맨 먼저 내린다고 하여 설봉산(雪峰山)이라 한다. 이 산에 설봉의존(雪峰義存; 822-908)이 머물렀던 응천설봉사(應天雪峰寺)가 있다.

36 보설(普說) : 선문(禪門)에서 쓰는 말로 널리 정법을 설하여 사람들에게 보인다는 뜻이다. 한 사람 한 사람에 대하여 개별적으로 설(說)하는 입실(入室)과 상대적인 말이다. 다수의 승중(僧衆)을 일당(一堂)에 모아 행하는 설법을 말한다. 상당(上堂)과는 달리 필요에 응하여 수시로 행하는 약식의 설법이다. 법의(法衣)를 따로 착용하지도 않고 상당설법의 형식을 다 갖추지도 않는다. 이 보설은 1134년(대혜 46세) 3월에 행한 보설이다.

37 보리(菩提) : bodhi. 도(道) · 지(智) · 각(覺)이라 번역. 2개의 뜻이 있다. ①불교 최고의 이상(理想)인 부처님의 정각(正覺)의 지혜. 깨달음. ②부처님의 정각의 지혜를 얻기 위하여 닦는 도(道). 깨달음에 이르는 길.

38 겁외(劫外) : 겁(劫)은 성주괴공(成住壞空)의 무상한 흐름을 가리키니, 겁외(劫外)는 성주괴공(成住壞空)의 변화를 벗어난 시간의 밖. 불생불멸(不生不滅)이고 여여부동(如如不動)인 진여(眞如)를 가리키는 말.

39 목마시(木馬嘶) : 나무 말의 울부짖음. 나무로 만든 말이 울부짖는다는 것은 헛된 모습에 깃들어 있는 살아 있는 법을 가리킨다. 중국 선사들이 법을 나타내기 위하여 하는 상투적인 말 가운데 하나. 몇 개를 소개한다. 물었다. "종문 속에서 말씀해 주십시오." 숭혜 선사가 말했다. "돌 소의 긴 울부짖음은 진공(眞空) 밖으로 나가고, 나무 말이 울 때 달빛이 산을 감춘다."(問: 宗門中請師擧唱." 師曰: "石牛長吼眞空外, 木馬嘶時月隱山.") (『경덕전등록』 제4권 '서주천주산숭혜선사(舒州天柱山崇慧禪師)') 물었다. "어떤 것이 도(道)입니까?" 월륜 선사가 말했다. "돌 소는 봄철의 안개를 자꾸 토하고, 나무 말이 우는 소리가 길을

한 뼘의 칼날도 보여 주지 않았는데도 마귀는 간담이 부서져,

소문만 듣고도[40] 벌써 항복의 백기(白旗)를 세우네.

설봉(雪峰)[41]의 법굴(法窟)[42]이요 진헐(眞歇)의 도량(道場) 속에는 사람마다 모두 부처님과 조사(祖師)께 보답할 마음을 가지고 있고, 각자가 나라와 가정을 편안하게 할 지략을 품고 있으니, 그 지혜는 사리불[43]과 같고 그 말솜씨는 부루나[44]와 같구나. 내[45]가 오늘 여기에 오니 다만 말문이 막혀

뒤덮었다."(問: "如何是道?" 師曰: "石牛頻吐三春霧, 木馬嘶聲滿道途.")(『경덕전등록』 제16권 '무주황산월륜선사(撫州黃山月輪禪師)') 물었다. "어떤 것이 운문의 나무 말이 우는 것입니까?" 문언 선사가 말했다. "산과 강이 달린다."(曰: "如何是雲門木馬嘶?" 師曰: "山河走.") (『경덕전등록』 제19권 '소주운문산문언선사(韶州雲門山文偃禪師)')

40 망풍(望風) : 몰래 동정을 살피다. 소문을 듣다. 명망을 듣고 흠모하다. 망을 보다.

41 설봉진헐(雪峯眞歇; 1088-1151) : 진헐청료(眞歇淸了)를 가리킨다. 송대(宋代)의 스님으로 조동종 계통이다. 속가의 성은 옹(雍) 씨이며, 좌면(左綿, 四川省) 안창(安昌) 출신이다. 18세에 구족계를 받았고, 성도(成都) 대자사(大慈寺)에서 경론을 수학하였다. 그 후에 단하자순(丹霞子淳)을 만나서 참학하여 그의 법을 이어받았다. 이후 보타(補陀) · 천봉(天封) · 설봉(雪峰) · 자녕(慈寧) 등에서 머물렀다. 64세에 황태후의 명으로 숭선현효사(崇先顯孝寺)를 개산하여 종풍을 널리 선양하였다. 소흥(紹興) 21년 10월에 입적하였는데, 그때 세수가 63, 법랍이 45였다. 저술로는 『신심명염고(信心銘拈古)』 1권과 문인들이 편집한 『장로요화상겁외록(長蘆了和尙劫外錄)』 1권이 있다. 법제(法弟)인 굉지정각(宏智正覺)이 〈숭선진헐료선사탑명(崇先眞歇了禪師塔銘)〉을 지었다

42 법굴(法窟) : 불법(佛法)을 수행하는 도량(道場).

43 추자(鶖子) : 사리불(舍利佛)을 가리킨다. 부처의 십대 제자 가운데 한 사람으로, 지혜 제일로 일컬어진다.

44 만자(滿慈) : 부루나(富樓那)를 가리킨다. 말솜씨가 훌륭하여 불제자 가운데 설법제일(說法第一)로 알려졌다.

45 운문(雲門)은 대혜종고를 가리키는 말. 대혜가 강서성 해혼(海昏)의 운문암(雲門庵)에 머물렀기 때문에 자신을 이렇게 지칭한다.

입을 다물고[46] 있을 수밖에 없구나. 그러나 공적으로는 바늘도 용납하지 않지만 사적으로는 말과 수레도 통하는 것이라 하므로,[47] 이왕 여기에 왔으니 헛되이 갈 수가 없겠다. 잠시 주인의 위광(威光)을 빌려[48] 여러분에게 이 때[49]를 알려 주겠노라."

師到雪峰, 値建菩提會, 請普說. 問話畢, 乃云 : "菩提宿將坐重圍, 劫外時聞木馬嘶, 寸刃不施魔膽碎, 望風先已豎降旗. 雪峰法窟, 眞歇場中, 人人懷報佛報祖之心, 箇箇抱安國安家之略, 智如鶖子, 辯若滿慈. 雲門今日到來, 只得結舌有分. 然官不容針, 私通車馬. 旣到這[50]裏, 不可徒然, 略借主人威光, 與大衆赴箇時節."

이윽고 주장자를 들며 말했다.

---

46 결설(結舌) : (두렵거나 논리가 궁하여) 말문이 막히다. 혀가 굳어지다.

47 관불용침사통거마(官不容針私通車馬) : 공적(公的)으로는 바늘 하나도 용납하지 않지만, 사적(私的)으로는 수레나 말도 통과시킨다. 제일의(第一義)에서는 한마디의 말도 용납하지 않으나, 방편으로는 말로 표현하는 것을 허용한다는 뜻. 『임제록(臨濟錄)』에 위산과 앙산의 다음 대화가 있다 : 위산이 앙산에게 물었다. "부싯돌 빛처럼 재빨라도 미치지 못하고 번갯불처럼 밝아도 통하지 못한다고 하니, 예부터 성인들은 무엇을 가지고 사람들을 위하였는가?" 앙산이 말했다. "스님 생각은 어떻습니까?" "말을 하면 전혀 진실한 뜻이 없네." "그렇지 않습니다." "그럼, 그대 생각은 어떤가?" "공적(公的)으로는 바늘도 용납되지 않으나, 사사(私事)로이는 수레와 말도 지나갑니다.(潙山問仰山: "石火莫及, 電光罔通,' 從上諸聖, 將什麼爲人?" 仰山云: "和尙意作麼生?" 潙山云: "但有言說, 都無實義." 仰山云: "不然!" 潙山云: "子又作麼生?" 仰山云: "官不容針, 私通車馬.")

48 약차(略借) : 잠시 ─에 의지하다. 잠시 ─을 빌리다.

49 개시절(箇時節) : =개시(箇時). 이 때.

50 '저(這)'는 궁내본과 덕부본에서는 모두 '차(遮)'로 되어 있다. 이하 동일.

"잘 알겠는가? 하늘이 높으니 온갖 모습이[51] 바르고, 바다가 넓으니 온갖 냇물이 모여든다."

遂拈起拄杖云 : "還委悉麼? 天高群象正, 海闊百川朝."

아래를 한 번 내리쳐 세우고는 다시 말했다.

"무릇 배우는 사람이라면, 모름지기 본분[52]을 깨달은 사람을 만나야 한다. 만약 본분을 깨달은 사람을 만나지 못하면 단지 하나의 허풍선이[53]가 될 뿐이다. 예컨대 아까 상좌(上座)가 질문한 파초(芭蕉)의 주장자 이야기[54] 같은 것은, 본분으로 그에게 답하였지만 도리어 도리(道理)를 깨닫지 못하였으니, 지금 여러 곳에서 얼마나 잘못 따지고 있는가?

배우는 사람이 이미 눈이 밝지 못하면서 앞으로 나와 하나의 질문을

---

51 군상(群象) : =군상(群像). 온갖 모습들. 삼라만상(森羅萬象).

52 본분(本分) : 본래부터 부여받아 타고난 본성(本性). 우리가 타고난 본성은 불이중도(不二中道)이다. 실상(實相) 혹은 진여문(眞如門)이라고도 하며, 시간과 공간이 없는 불이(不二)의 세계. 금시(今時)의 상대어(相對語).

53 약허(掠虛) : 큰소리를 뻥뻥 치다. 말로만 큰소리치다. 헛소리하다. 실속은 없고 말로써 사람을 놀리다.

54 『선문염송』제1192칙 : 영주(郢州) 파초산(芭蕉山) 혜청(慧情) 선사가 시중(示衆)하였다. "그대에게 주장자가 있으면 내가 그대에게 주장자를 주겠고, 그대에게 주장자가 없으면 나는 그대에게서 주장자를 빼앗으리라."(古則(1192)郢州芭蕉山慧情禪師示衆云 : "你有拄杖子 我與你拄杖子, 你無拄杖子 我奪你拄杖.")

55 선상(禪床) : ①승당(僧堂) 안에서 좌선을 할 때 앉는 의자(椅子). ②법당(法堂)에서 상당설법(上堂說法)할 때 앉는 의자.

던지면, 선상(禪床)[55] 위에 있는 눈먼 자는 그럴듯한 말[56]로써 응대하여[57] 곧 말하기를 '짚고서 다리 끊어진 냇물을 건너, 함께 달 밝은 마을로 돌아 간다네.'[58]라 하면서 한 구절씩 주고받고는, 나의 답은 현(玄)함을 얻었고 묘(妙)함을 얻었다고들 말한다. 배우는 사람이 좋고 나쁨을 알지 못하면, 머릿[59]속에 마구 집어넣고서 이르는 곳마다 맞추어 보고, 맞으면 종사(宗師)[60]라고 인가[61]하고, 맞지 않으면 이러한 진실하지도 않고 깨끗하지도 않은 것들을 가슴속에다 쌓아 놓고서 훌륭한 사람을 업신여기며 지옥에 떨어질 업(業)을 짓는 것이다.

---

56 합두어(合頭語) : 이치에 맞는 말. 부합하는 말. 그럴듯한 말. 합두(合頭)는 '상응(相應) 하다. 서로 부합(附合)하다.'는 뜻.

57 지대(秪對) : = 지대(只對). 응대하다. (공경하게) 응대하다.

58 부과단교수반귀명월촌(扶過斷橋水伴歸明月村) : 『건중정국속등록(建中靖國續燈錄)』 제6 권 '항주영은산운지자각선사(杭州靈隱山雲知慈覺禪師)'에 다음 내용이 나온다 : 상당하여 말했다. "해와 달과 구름과 노을은 하늘의 표시이고, 산과 내와 풀과 나무는 땅의 표시이 고, 어진 선비를 초빙함은 덕의 표시이고, 한가하게 머물며 고요함을 즐기는 것은 도의 표시다." 이어서 주장자를 집어 들고 말했다. "말해 보아라. 이것은 무엇의 표시인가? 알 겠는가? 집어 들면 무늬가 드러나고, 내려놓으면 툭 부딪친다. 곧장 집어 들지도 않고 내 려놓지도 않는다면 또 어떻느냐?" 잠시 묵묵히 있다가 말했다. "짚고서 다리 끊어진 물을 건너, 달 밝은 마을로 함께 돌아간다네."(上堂云 : "日月雲霞爲天標, 山川草木爲地標, 招賢納 士爲德標, 閑居趣寂爲道標." 乃拈拄杖云 : "且道. 遮箇是什麼標? 會麼? 拈起則有文有彩, 放下則磕 磕磕磕. 直得不拈不放, 又作麼生?" 良久云 : "扶過斷橋水, 伴歸明月村.")

59 피대(皮袋) : 가죽 자루. 육체를 가리키는 말 혹은 마음을 천하게 가리키는 말. =피대 자.

60 종사(宗師) : 일반적으로 종지를 체득하여 만인의 사범(師範)이 될 만한, 학덕(學德)을 겸비한 고승을 의미한다. 이에 더하여 경・율・논 삼장을 닦아 체득한 자를 법사(法師)・ 율사(律師)・논사(論師) 등으로 칭하는 것에 대해, 선문(禪門)의 종지를 체득한 사람을 종 사(宗師), 종사가(宗師家), 종장(宗匠)이라고 하기도 한다

61 인가(印可) : 인가(認可)하다. 인증(認證)하여 허가(許可)하다. 인정(認定)하다.

卓一下, 復云: "大凡參學之士, 須遇本分人始得. 若不遇本分人, 只是箇掠虛漢. 只如適來上座問芭蕉拄杖子話, 本分答佗, 卻理會不得, 如今諸方多少錯商量? 學家旣眼不明, 出來伸一問, 禪床上瞎漢將合頭語祇對, 便道: '扶過斷橋水, 伴歸明[62]月村.' 一句來, 一句去, 道我答得玄, 答得妙. 學者不識好惡, 堅向皮袋裏將去, 到處合, 合得著, 則倒來印可宗師, 合不著, 便將這般不村[63]不淨蘊在胸襟, 輕薄好人, 作地獄業.

그대들은 저 진헐(眞歇) 스님께서 선(禪)을 말씀하시면서 전혀 헤아리지 않음을 보아라. 학인이 묻는 곳에 따라서 입에서 나오는 대로 곧장 말하며[64] 전혀 머뭇거림이 없다. 마치 바람이 물 위에 불듯이 자연스러우니, 그분이 진실로 보고 진실로 말씀하시기 때문이다. 마치 보현보살(普賢菩薩)이 불화장엄삼매(佛華莊嚴三昧)에서 일어나자, 보혜보살(普慧菩薩)이 구름이 일어나듯 200개의 질문을 던졌는데, 보현보살은 병에서 물을 쏟아붓듯이 2,000개의 답변을 하는 것[65]과 같으니, 어찌 생각하고 헤아린 적이 있었겠는가? 모두 법(法)의 자재(自在)함을 얻어, 법성(法性)[66]에 알맞게

---

62 '명(明)'은 궁내본에서는 '무(無)'. 명(明)일 경우에는 '달 밝은 마을'이라는 뜻이 되고, 무(無)일 경우에는 '달 없는 마을'이라는 뜻이 된다.

63 '촌(村)'은 궁내본에서는 '재(材)'. 촌(村)은 '촌스럽다, 상스럽다, 속되다, 성실하고 진지하다, 진실하고 온후하다'는 뜻이고, 재(材)는 '재주 있다'는 뜻이다. 여기에서는 '진실하고 진지하다'는 뜻의 촌(村)이 문맥에 알맞다.

64 신구(信口) : 입에서 나오는 대로 (함부로) 말하다.

65 『대방광불화엄경』(80권) 제53권 「이세간품(離世間品)」 제38-1에 나오는 내용.

66 법성(法性) : Dharmatā. 항상 변하지 않는 법의 법다운 성(性). 모든 법의 체성(體性), 곧 만유의 본체. 진여(眞如)·실상(實相)·법계(法界) 등이라고도 함.

말씀하시는 것이다.

지금 사람들은 직접 증험(證驗)하고 직접 깨달은 적이 없으니, 다만[67] 백 가지 천 가지로 헤아리기만 한다. 내일 법좌(法座)[68]에 오르고자 하면, 밤새 잠도 자지 않고 이 책에서 한두 구절 기억하고 저 책에서 한두 구절 기억해서 이리저리 짜맞추어[69] 말하는 한 편의 이야기가 마치 꽃 같고 비단 같이 보이지만, 눈 밝은 사람이 냉정하게 본다면 단지 한바탕 웃음거리일 뿐이다.

삼가 여러분께 권하노니, 눈 밝은 종사를 만나기 매우 어려움을 알아야 한다. 만일 이미 만났다면, 마치 한 개 수미산[70]에 의지한 듯하여야 한다. 곧장 한 발 물러나 나와 남이라는 수많은 분별과 무명(無明)[71]의 어리

---

67 지관(只管) : 단지, 오로지.

68 법좌(法座) : 선승(禪僧)이나 법사(法師)가 올라앉아 설법(說法)하는 좌석. 설법을 행하는 법당(法堂)에 설치되어 있다.

69 투주(鬪湊) : 한곳에 끌어모으다. 이리저리 짜맞추다.

70 수미산(須彌山) : 고대 인도의 우주관에서 세계의 중심에 있다는 상상의 산. 수미(須彌)·소미루(蘇迷漏) 등은 산스크리트의 수메루(Sumeru)의 음사(音寫)이며, 묘고(妙高)·묘광(妙光) 등으로 번역한다. 이것이 불교에 도입되었다. 세계의 최하부를 풍륜(風輪)이라 하고 그 위에 수륜(水輪)·금륜(金輪:地輪)이 겹쳐 있으며, 금륜 위에 구산팔해(九山八海), 즉 수미산을 중심으로 그 주위를 9개의 큰 산이 둘러싸고 있고, 산과 산 사이에는 각각 대해(大海)가 있는데 그 수가 8개라고 한다. 또한 가장 바깥쪽 바다의 사방에 섬이 있는데, 그중 남쪽에 있는 섬인 남염부제(南閻浮提)에 인간이 살고 있다고 한다. 수미산은 황금·백은(白銀)·유리(瑠璃)·파리(玻) 등 보석으로 이루어졌고, 중허리의 사방에 사천왕(四天王)이 살고 있으며, 정상에는 제석천(帝釋天)이 다스리는 33천(天)의 궁전이 있고, 해와 달은 수미산의 허리를 돈다고 한다.

71 무명(無明) : 밝은 지혜가 없이 망상(妄想)의 어둠 속에 있는 것. 현상계의 모든 사물이 무상(無常)·무아(無我)임을 모르고 갈애(渴愛)를 일으켜 윤회(輪廻)·상속(相續)의 원인이 되는 것을 말한다. 그러므로 무명은 가장 근본적인 번뇌(煩惱)이다. 『대승기신론(大乘

석음과 이제까지 책을 보고 배우고 기억한 것들을 내려놓아서 한쪽으로 밀쳐놓되, 억지로 주인 노릇 하려고 하지는 말아야 한다. 뒷날 염라대왕이 마귀를 내쫓을[72] 때는 이렇게 억지로 주인 노릇 하는 자를 즉시 내쫓을 것이다.

看佗眞歇說禪都不計較. 據學人問處, 信口便說, 更無滯礙. 自然如風吹水, 只爲佗實見實說. 如普賢菩薩從佛華莊嚴三昧起, 普慧菩薩如雲興致二百問, 普賢菩薩如甁㵼以二千酬, 又何曾思量計較來? 蓋得法自在, 稱法性說. 如今人不曾親證親悟, 只管百般計較. 明日要陞座, 一夜睡不著, 這箇冊子上記得兩句, 那箇冊子上記得兩句, 鬪鬪湊湊說得一片, 如華似錦, 被明眼人冷地覷見, 只成一場笑具. 奉勸諸人, 明眼宗師難逢難遇. 旣得遭逢, 如靠一座須彌山相似. 直須退步, 放下許多人我·無明, 從前冊子上記持學得底, 撥置一邊, 不要彊作主宰. 佗時異日閻羅老子打鬼骨臀, 便是打這般彊作主宰底.

내가 여러분을 속이는 것이 아니라, 이러한 말로써 부탁하려는 것이 있다. 눈앞에 여러분 1,500분의 선지식[73]을 모셔 놓고서, 여러분들에게

起信論)』에서는 진여법(眞如法)이 본래 평등일미(平等一味)·무차별(無差別)임을 알지 못하기 때문에 망상심(妄想心)이 생기며 그것이 업(業)이라 하였다. 이 망상심을 근본무명(根本無明)이라 하며, 이 근본무명에서 파생된 것을 지말무명(枝末無明)이라 한다. 그러나 모든 존재에 불성(佛性)이 있다고 하듯이 무명과 불성은 얼음과 물의 관계처럼 일체 번뇌의 근본인 무명의 실체가 사실은 청정한 불성이다.

72 타귀(打鬼) : 귀신을 물리치다. 마귀를 퇴치하다.

73 선지식(善知識) : 범어 kalyāṇamitra의 번역. 바른 도리를 가르치는 자를 선지식(善知識)·선우(善友)·친우(親友)·승우(勝友)·선친우(善親友) 등이라 하고, 그릇된 길로 인도하는

증거가 되려고 하는데, 여기에서 말하지 않고 또 어디에서 말하겠는가? 그러므로 이 일은 결코 언어 위에 있는 것이 아니다. 만약 언어 위에 있다면, 일대장교(一大藏敎)[74]와 제자백가(諸子百家)[75]가 온 하늘과 땅에 가득한데, 어찌 말이 없겠느냐? 또 달마 대사[76]께서 서쪽에서 오셔서 곧장 가리키신[직지(直指)][77] 일이 왜 필요하겠느냐? 결국 어디가 곧장 가리키신

자를 악지식(惡知識)·악우(惡友)·악사(惡師)라 한다. 단지 지식(知識)이라고 할 때는 선지식(善知識)을 뜻한다.

74 일대장경(一大藏經): =일대장교(一代藏敎). 불교 경전 전체를 가리키는 말. 경(經)·율(律)·론(論) 삼장(三藏)을 가리키는데, 일대시교(一代時敎)라고도 한다.

75 제자백가(諸子百家): 중국 춘추(春秋) 시대 말기부터 전국(戰國) 시대에 걸친 여러 학자 및 여러 학파를 통틀어 이르는 말. 유가(儒家)인 공자·맹자·순자, 묵가(墨家)인 묵자, 법가(法家)인 한비자·상앙, 명가(名家)인 공손룡, 도가(道家)인 노자·장자, 병가(兵家)인 손자, 종횡가(縱橫家)인 소진·장의, 음양가(陰陽家)인 추연(鄒衍) 등이 있다.

76 보리달마(菩提達磨): Bodhidharma. ?-528. 중국 선종의 초조(初祖). 인도의 제28대 조사이자, 중국의 제1대 조사. 배를 타고 중국으로 향하여 520년(양나라 보통 1) 9월에 광주 남해군에 이르렀다. 10월에 광주 자사 소앙의 소개로 금릉(金陵)에 가서 궁중에서 양무제(梁武帝)와 문답하였으나 무제는 달마의 말을 알아듣지 못했다. 낙양으로 가서 숭산 소림사에 머물면서 사람들을 만나지 않았기 때문에 세상에서는 그를 벽관바라문(壁觀婆羅門)이라 불렀다. 이락(伊洛)에 있던 신광(神光)이 달마의 풍성을 사모하고 찾아와 밤새도록 눈을 맞고 밖에 섰다가 팔을 끊어 구도(求道)의 정성을 표하니 드디어 곁에서 시봉하도록 허락하고, 혜가(慧可)라 이름을 지어 주었다. 소림사에서 9년 동안 있다가 혜가에게 종지(宗旨)와 신표로서 가사(袈裟)·발우(鉢盂) 및 『능가경』을 전하고, 우문(禹門)의 천성사로 갔다가 영안 1년 10월 5일에 죽었다. 당나라 대종(代宗)이 원각대사(圓覺大師)라고 시호(諡號)하였다.

77 직지인심(直指人心)과 견성성불(見性成佛)은 조사선(祖師禪)의 특징을 잘 나타내는 문구이다. 조사가 전한 중국선(中國禪)의 특징을 간단히 요약하면, 문자(文字)를 수단으로 삼지 않고[불립문자(不立文字)], 가르침의 말씀 밖에서 따로 진리를 전하니[교외별전(敎外別傳)], 마음을 가지고 마음을 직접 전하는 것이라[이심전심(以心傳心)], 마음을 바로 가리켜서[직지인심(直指人心)], 마음의 본성을 보아 깨닫게 한다[견성성불(見性成佛)]라

57

곳인가? 그대들이 마음으로 헤아리려고 하면, 벌써 굽어[78] 버렸다.

예컨대 한 승려가 조주(趙州)에게 물었다.

'무엇이 조사께서 서쪽에서 오신 뜻입니까?'

조주가 말했다.

'뜰 앞의 측백나무[79]다.'

이것이 확실히[80] 곧장 (가리키신 것)이다.

또 어떤 승려가 동산(洞山)에게 물었다.

'어떤 것이 부처님입니까?'

동산이 말했다.

'삼이 서 근이다.'

또 어떤 승려가 운문(雲門)에게 물었다.

'어떤 것이 부처님입니까?'

는 것이다. 조사선 이전까지의 불교는 문자언어를 달을 가리키는 손가락으로 삼아 문자
언어인 경전을 방편(方便)으로 하여 불교의 진리를 전하였는데, 조사선은 애초에 방편을
세우지 아니하고 이 자리에서 바로 즉각 진리인 마음을 가리켜 깨닫게 만드는 것이다. 경
전을 통한 방편의 불교가 둘러 가는 먼 길이라면, 조사선은 질러가는 지름길이다.

78 '굽다'는 곡(曲)은 '어긋나다'는 뜻이고, '바르다' '곧다'는 직(直)은 '어긋남이 없다'는 뜻이
다.

79 백수자(柏樹子) : 측백나무. 자(子)는 명사 뒤에 붙는 접미사.

80 특살(忒殺) : 매우. 대단히. 아주.

운문이 말했다.

'똥 닦는 막대기[81]다.'

이것들이 확실히 곧장 (가리키신 것)이다.

그대들이 일부러[82] 들어맞으려[83] 한다면, 그것은 더욱 굽게 된다. 법(法)에는 본래 굽음이 없지만, 단지 배우는 자들이 굽은 마음을 가지고 배우기 때문이다. 비록 현묘(玄妙)한 가운데 더욱 현묘한 것을 배운다고 하더라도, 저 생사(生死)의 문제와는 끝내 맞설 수 없고, 그저 말이나 배우는 부류가 될 것이다. 본래 하나의 일 없는 사람인데, 도리어 마음[84]속에 있는 이 조그마한 악독(惡毒)[85]이 장애가 되어 자재하게 되지 못하는 것이다.

不是雲門謾你諸人, 這話有分付處. 面前頓卻一千五百人善知識, 爲你作證, 不向這裏說, 更向何處說? 所以此事決定不在言語上. 若在言語上, 一大藏敎·諸子百家, 偏天偏地, 豈是無言? 更要達磨西來直指作麽? 畢竟甚麽處是直指處? 你擬心早曲了也. 如僧問趙州 : '如何是祖師西來意?' 州云 : '庭前柏樹子.' 這箇忒殺直. 又僧問洞山 : '如何是佛?' 山云 : '麻三斤.' 又僧問雲門 : '如何是佛?' 門云 : '乾屎橛.'

---

81 간시궐(乾屎橛) : 똥 닦는 막대기. 작은 대나무 조각으로서, 변소에 두고 똥을 닦는 데 사용하는 물건. 측주(厠籌)와 같음.

82 장심(將心) : 일부러. 고의로. 마음먹고. 의도적으로. 존심(存心)과 같음.

83 주박(湊泊) : ①결합하다. 응집하다. 맺히다. 달라붙다. ②들어맞다. 깨닫다.

84 심식(心識) : ①영혼. ②마음. ③의식.

85 마음속의 악독(惡毒)은 망상(妄想)을 일으키는 분별심(分別心)이다.

這箇忒殺直. 你擬將心湊泊, 佗轉曲也. 法本無曲, 只爲學者將曲心學. 縱學得玄中又玄, 妙中又妙, 終不能敵佗生死, 只成學語之流. 本是箇無事人, 卻返被這些惡毒在心識中作障作礙, 不得自在.

그러므로 교(敎)[86]에서 말한다. '법(法)은 볼 수도 들을 수도 느낄 수도 알 수도 없다. 만약 보고 듣고 느끼고 안다면, 이것은 보고 듣고 느끼고 아는 것일 뿐, 법을 찾는 것이 아니다.[87] 비유하자면, 어떤 사람이 (성(城) 안의 길에 서서) 묻기를 '성 안의 길은 어디로 가야 합니까?' 하였는데, 가리키며 답하기를 '여기로 갑니다.'라고 하였다고 하자, 묻는 사람이 그 말을 듣고서 곧장 간다고 하여도 벌써 굽어 버린 것이다.

이것을 어떻게 지견(知見)·이해·헤아림·얻고 잃음·현묘·옳고 그름 등의 마음을 가지고 배울 수 있겠는가? 그대들이 진실하게 공부하려고 한다면, 다만 모든 것을 놓아 버리고, 마치 완전히 죽은 사람처럼 아무것도 알지 못하고 아무것도 이해하지 못해야 한다. 알지도 못하고 이해하지도 못하는 곳에서 문득 이 한 생각이 부서지게 되면, 부처님도 그대들을 어찌하지 못할 것이다.[88] 보지도 못하였느냐? 옛사람이 말하였다. '절벽에 매달려 손을 놓아 버리고 스스로 기꺼이 받아들여 죽었다가 다시 살아난 것과 같으면, 그대를 속일 수가 없을 것이다.[89]

---

86 교(敎): 경론(經論)의 가르침.

87 『유마힐소설경』「불사의품(不思議品)」제6에 나오는 구절.

88 '나'라거나 '내 것'이라고 할 한 물건도 없고 아무런 할 일이 없기 때문에.

89 『경덕전등록』제20권에 나오는 소주(蘇州) 영광원(永光院) 진(眞) 선사의 상당법어(上堂法語).

所以敎中道:'法不可見聞覺知. 若行見聞覺知, 是則見聞覺知, 非求法也.' 喩似有
人問:'城中路從甚麼處去?' 指云:'從這裏去.' 聞說便行, 早曲了也. 這箇如何將知
見解會計較得失玄妙是非底心去學得? 你要眞箇參, 但一切放下, 如大死人相似,
百不知, 百不會, 驀地向不知不會處得這一念子破, 佛也不奈你何. 不見? 古人道:
'懸崖撤手, 自肯承當, 絶後再穌, 欺君不得.'

여러분은 이미 설봉[90]을 찾아와 참선(參禪)을 하고 있으니, 결코 대강대
강[91] 해서는 안 된다. 이분은 눈 밝은 종사이시니 의지할 만한 분이시고,
법식(法式)[92]을 감당할 만한 분이시다. 어떤 사람은 진헐 스님이 사람들에
게 보리심[93]을 내라고 권하는 것을 보고는 이렇게 비방하는 말을 한다.

'이미 선사(禪師)라고 불린다면 본래 종문[94]의 본분사[95]가 있는 것인데,
그저 시끄럽게만 하고 있으니[96] 도리어 좌주(座主)[97]와 같구나.'

나는 그에게 묻고자 한다.

'무엇이 본분사인가?'

---

90 설봉(雪峰)은 설봉산(雪峰山) 설봉사(雪峰寺)의 주지(住持)인 진헐청료(眞歇淸了)를 가
    리킨다.
91 용이(容易) : 경솔하다. 신중하지 않다. 둔하다. 힘들이지 않다. 대강대강.
92 법식(法式) : 법회(法會)를 열어 행하는 작법(作法)의 의식(儀式).
93 보리심(菩提心) : 보리(菩提)는 곧 깨달음. 깨달음으로 향하는 마음. 깨달음을 구하려는
    마음. 깨달음을 원하는 마음. 무상정등각심(無上正等覺心). 도심(道心).
94 종문(宗門) : 선종(禪宗)을 일러 종문이라고 하며, 모든 것의 근본인 문(門)이라는 뜻.
95 본분사(本分事) : 본분의 일. 본분은 본래 타고난 본성을 가리키는데, 본성의 실상(實
    相)은 곧 불이중도(不二中道)의 진여(眞如)이다.
96 노양(勞攘) : 번뇌하다. 번민하다. 시끄럽다.
97 좌주(座主) : 경론(經論)을 강의하는 강사(講師).

안타깝구나! 스스로는 잘하지도 못하면서 도리어 남이 잘하고 있는 것을 비웃다니. 이런 사람은 나와 남·삶과 죽음·질투 등을 없애지 못했으면서 제멋대로 옳다고 여기는 자다. 선지식이 이미 사람들에게 보리심을 내라고 권하지 않는다면, 사람을 죽이고 불을 지르라고[98] 할 수도 없다.

諸人旣來雪峰參禪, 切不得容易. 此是明眼宗師, 可以依附, 堪爲法式. 或者見眞歇勸人發菩提心, 生謗議云: '旣稱禪師, 自有宗門本分事, 只管勞攘[99], 却如箇座主相似.' 我且問你: '那箇是本分事?' 苦哉! 自旣不能爲善, 返笑佗人爲善, 這般底, 人我·生滅·嫉妒不除, 自是其是. 善知識旣不勸人發菩提心, 不可敎人殺人放火去.

이 곡록상(曲彔床)[100] 위는 그대들이 명성과 이익을 추구하는 곳도 아니고, 질투하고 생멸하는 허망한 마음이 있는 곳도 아니다. 도안(道眼)[101]으로 본다면, 마치 끓는 기름솥과 시뻘건 숯불 속과 같고 칼날이 숲처럼 나 있는 칼산[102]과 같다.[103] 법고(法鼓)[104]를 쳐서 울리면 모든 천룡(天龍)과 귀

---

98 여기에서 사람을 죽이고 불을 지르는 것은 곧 번뇌망상을 소멸하는 것을 가리킨다.

99 '양(攘)'은 궁내본에서 '양(養)'. 노양(勞攘)이 맞는 단어이다.

100 곡록상(曲彔床): 휘어진 나무로 만든 의자. 선상(禪床)과 같음. 여기에서는 방장이나 주지가 법당(法堂)이나 승당(僧堂; 선방)에서 설법할 때 앉는 의자를 가리킨다.

101 도안(道眼): 도(道)를 보는 눈, 즉 안목(眼目).

102 도산(刀山): 칼산. 지옥에 있는 산으로서 칼날이 숲처럼 나 있는 산. 죄인은 이 산을 기어 올라간다고 한다.

103 숯불과 칼산은 모두 지옥의 형벌을 가리킨다. 법상 위에선 말 한마디 잘못하면 바로 지옥에 떨어진다.

104 법고(法鼓): 선사(禪寺)에서 법당의 동북쪽에 달아 놓은 큰 북. 주지의 상당(上堂), 소

신이 고루 모인다. 도안이 밝지 못하다면 모든 천룡과 귀신이 그대들을 보고 입에서 검은 연기를 토해 낼 것이니, 어찌 두렵지 않겠는가?

경전 속의 말을 보지도 못했는가?

'깨닫지도 못했으면서 깨달았다고 말하는 자는 곧 증상만[105]이니, 대반야(大般若)[106]를 비방하는 사람이어서 참회도 할 수가 없다. 비유하면, 마치 가난한 사람이 망령되이 제왕(帝王)을 참칭하다가 스스로 죽음을 불러오는 것과 같으니, 하물며 법왕(法王)[107]을 어떻게 망령되이 도둑질할 수 있겠는가?'[108]

원인이 진실하지 못하면 결과도 잘못되니, 모름지기 진실해야 하는 것이다.

這箇曲彔木床上不是 討名討利, 嫉妬生滅之處. 以道眼觀之, 如鑊湯鑪炭·劍樹刀山一般. 擊動法鼓, 諸天龍神齊集. 道眼不明, 諸天龍神見 口吐黑煙, 寧不怖畏? 豈不見教中道: '未得謂得者, 是增上慢, 謗大般若人, 不通懺悔.' 譬如窮人妄號帝王, 自取誅滅, 況復法王, 如何妄竊? 因地不眞, 果招紆曲, 須是眞實始得.

참(小參), 보설(普說), 입실(入室) 등의 법요 의식에 쓰는 것.

105 증상만(增上慢) : 깨달음을 얻지 못하고서 얻었다고 생각하여 잘난 체하는 거만함. 분별하고 이해하여 개념으로 불법을 아는 사람을 가리킴.

106 대반야(大般若) : 큰 지혜. 부처님의 깨달음. 반야(般若)는 prajñā의 음역으로, 지혜(智慧)라 번역한다. 깨달음의 지혜이니 곧 깨달음이다.

107 법왕(法王) : 부처님. 부처님은 법에 있어서 자재하고 법을 자유로이 지배하며 부려서 삼계(三界)의 위대한 스승이 되기 때문에 법왕이라 한다.

108 어떤 경전의 구절인지 알 수가 없다. 『대혜어록』 이외에 『대정신수대장경』에서도 『대일본속장경』에서도 찾을 수 없는 구절이다.

무릇 선지식이라고 불린다면, 모든 중생을 이끌어 불성(佛性)을 보게 함에, 근기[109]를 보아 가르침을 펼치고 병에 맞추어 약을 써야 한다. 두서너 집뿐인 촌구석에 사는 시골 사람을 대하여 '주장자가 아침에 인도[110]에 갔다가, 저녁에 중국으로 돌아온다.'[111]고 하거나 '부채가 풀쩍 뛰어 33천(天)[112]으로 올라가 제석천(帝釋天)의 코를 쥐어박고,[113] 동해의 잉어를 한 방망이 때리자 물동이를 쏟아붓듯이 비가 내린다.'[114]는 등의 말을 해서는 안 된다. 이것이 비록 본분의 말이긴 하나, 이런 말을 가지고 그가 어떻게 이 (진헐) 노인네를 알아차리도록 하겠는가?

그대들 선객(禪客)조차도 스스로 자신의 허점[115]을 찾아낼 수 없는데,

---

109 근기(根器) : 근(根)은 근성(根性). 중생은 그 근성에 따라 제각기 법을 받아들이므로 기(器)라 함. =근기(根機). 타고난 품성이나 기질. 그릇.

110 서천(西天) : 인도. 중국의 서쪽에 있는 천축국(天竺國)이므로 이렇게 이름.

111 『건중정국속등록(建中靖國續燈錄)』제5권 '온주평양보경자환선사(溫州平陽寶慶子環禪師)'에 다음의 말이 나온다 : 스님이 주장자를 들고서 말했다. "아침에 서천에 당도했다가 저녁에는 동토로 되돌아온다는 것이라면 우선 놓아두고, 길목을 장악하는 한마디 말은 어떻게 말하는가? 말할 수 있다면 문밖으로 나가지 않고도 천하를 알 것이고, 말하지 못한다면 주장자가 그대들을 비웃을 것이다." 선상을 한 번 내리쳤다.(師拈拄杖云 : "朝到西天, 暮歸東土, 卽且致, 把斷要津, 一句作麼生道? 若也道得, 不出門知天下, 若道不得, 拄杖子笑汝." 擊禪床一下.)

112 삼십삼천(三十三天) : 욕계(欲界)의 6천의 제2천인 도리천(忉利天)을 가리키는 이름. 도리천은 범어 Trāyastriṃśa의 음역. 욕계 6천 중의 하나. 수미산(須彌山) 정상의 33천을 말함. 그 세계의 왕을 제석천(帝釋天)이라고 한다.

113 축착(築著) : 축(築)은 '부딪치다' 또는 '단단히 다지다'는 뜻. 착(著)은 조사(助詞). 들이받다. 부딪치다. 쥐어박다. 치다. 때리다. 늑찰파(拶破). 괵(摑). 일설(一說)에는 축(築)은 축(塹)과 같은 뜻으로서, '틀어막다, 채우다'는 뜻이라고도 함.

114 『운문광진선사광록(雲門匡眞禪師廣錄)』중권(中卷)에 나오는 운문문언(雲門文偃)의 말.

115 봉하(縫罅) : 틈. 틈새. 허점.

하물며 번뇌망상(煩惱妄想)에 몸을 두고서 무명(無明)을 드러내고 있는 저 속인(俗人)들이겠는가? 만약 뛰어난 방편(方便)으로 그들을 이끌어 익숙하도록[116] 만들지 않는다면, 그들이 어떻게 곧장 깨달을 수 있겠는가?

夫稱善知識者, 引導一切衆生, 令見佛性, 當須觀根設教, 應病與藥. 不可對三家村裏人說 '拄杖子朝到西天, 暮歸東土.' '扇子[117]跳上三十三天, 築著帝釋鼻孔, 東海鯉魚打一棒, 雨似盆傾' 去也. 雖是本分說話, 教佗如何理會這老漢? 禪和子尙自覺佗縫罅不得, 況佗俗人處身塵網現行無明? 若無善巧方便接引令其純熟, 如何便領會得?

이 모임에는 모두들 10-20정(程)[118]씩 집을 버리고 멀리서 왔지만, 한 사람이라도 보사(保社)[119]에 가입하여 마음을 낸다면, 많은 사람을 거듭 교화하여 선(善)하게 할 것이니, 어찌 이익이 없겠는가? 이것은 바로 선지식의 본분으로 응당 해야 할 일이니, 어찌 억지로 하는 것이랴?

此會盡是一二十程抛家遠來, 一人入社發心, 轉化多人爲善, 寧無利益? 這箇是善

---

116 순숙(純熟) : 능수능란하다. 매우 익숙하다. 능숙하다.

117 '跸'는 궁내본에서 '발(敎)', 뜻은 모두 '우쩍 일어나다'로 같다

118 정(程) : 거리의 단위. 역참(驛站) 등 머물러 쉬는 곳을 기준으로 하여 정한 노정(路程)의 길이. 보통 일일정(一日程)이라 할 때는 걸어서 하루 정도 걸리는 거리를 말함

119 보사(保社) : 사(社)는 곧 보사(保社). 옛날 시골에 있었던 민간 조직의 하나. 서로 의지하고 보호하는 단체라는 뜻. 사찰을 보호하는 단체 역시 보사라 하고, 또 사찰 자체를 가리키기도 한다. 다섯 집을 보(保)라 하고, 5보(保)가 1사(社)다. 여기에서는 지금 결성하고 있는 보리회(菩提會)를 가리킨다.

知識本分合做底事, 豈是彊爲?

　나는 이번 여름에 광인(廣因)에서 등(燈)의 심지[120]를 파는 가게 하나를 열고 집안 살림살이의 형편에 따라서 약간의 보잘것없는 선(禪)을 말하였 는데, 실중(室中)[121]에서 배우는 자들에게 한마디를 물어보니 마치 생각으로 헤아리지 않는 것처럼 자연스레 한마디를 말하더구나. 이에 다시 한 번 몰아붙였더니, 머뭇거리지 않고 등짝을 한 대 후려갈기는데 섬세함이 [122] 전혀 없었다. 문득 한 사람이나 반 사람[123]이라도 찾아냈더라면, 다시 설봉으로 올라오게 하여 커다란 대장간으로 데리고 가서 같은 집안의 일 을 하였을 것이다.

　雲門今夏在廣因開箇燈心皂角鋪子, 隨家豐儉, 說些罏禪, 室中問學者一句子, 如不思量計較, 天眞自然道得一句. 更與一拶, 擬議不來, 劈脊一棒, 別無細膩. 忽然打發一箇半箇, 卻敎上來雪峰, 就大鑪[韋+犕－牛], 事同一家.

120　조각(皂角) : 검은 뿔처럼 생긴 등불의 심지. 등불을 밝히는 데 중심이 되는 근원으로 서, 반야의 등불을 밝히는 근원인 본성(本性)을 가리키는 말이다.

121　실중(室中) : 실내(室內). 종사(宗師)와 학인(學人)이 개별적으로 실내에서 만나는 것. 주로 학인이 종사가 거처하는 조실(祖室)이나 방장(方丈)을 찾아가 이루어지는 만남이 다.

122　세니(細膩) : ①보드랍다. 매끄럽다. ②섬세하다. 세밀하다.

123　일개반개(一箇半箇) : 한 사람 반 사람. 많은 사람 속에서 골라낸 능력 있는 한두 사람 을 가리킴. 진(秦)의 임금인 부견(付堅)이 진(晋)을 정벌하여 도안(道安)과 습착치(習鑿 齒)를 얻고는 돌아와서 "나는 10만의 병력을 가지고 양양(襄陽)을 정벌하여 한 개와 반개 를 얻었다."라고 말한 데에서 비롯된 것이다. 반개라는 말은 습착치가 한쪽 다리가 없는 사람이었기 때문에 한 말이다.

일찍이 진헐 스님이 인용하여 말씀하셨다.[124]

'세존께서 사위국의 큰 성으로 들어가 걸식을 하시고, 밥을 다 잡수신 뒤에 발우를 거두어 두시고, 발을 씻고서 자리를 펴고 앉으셨다. 이때 수보리가 대중 속에서 나와 절을 하고는 말하였다. 〈희유(希有)하십니다. 세존이시여!〉'[125]

이에 대하여 진헐 스님이 말씀하셨다.

'석가모니는 원래[126] 섭섭하였는데,[127] 수보리가 나와서 〈희유하다〉는

---

124 거(擧) : 말하다.(『廣韻, 語韻』 擧, 言也. 『正字通, 曰部』 擧, 稱引也. 『禮記, 雜記下』 過而擧君之諱則起.「鄭玄注」擧, 猶言也. 唐, 韓愈『原道』 不惟擧之于其口, 而又筆之于其書.) 말해 주다. 예를 들다. 일화를 말하다. 인용하여 말하다. 제시(提示)하다. 기억해 내다.(=기득(記得)) 거(擧)는 이전의 이야기나 남의 말을 그대로 인용하여 타인에게 말해 준다는 뜻. 종사(宗師)가 상당하여 설법할 때 경전의 이야기나 옛 조사나 종사의 인연(因緣) 혹은 공안(公案)을 끄집어내어 인용하여 말해 주는 것을 그 설법을 기록하는 자가 거(擧)라는 말로써 표현하였다. (예) 묘지확(妙智廓)이 상당하여 이 이야기를 들어 말하였다. "말해 보아라. 이 한 사람의 존자에게 무슨 뛰어남이 있는가?"(妙智廓上堂擧此話云: "且道. 這一尊者, 有甚長處?") 종사 자신이 스스로 말할 때는 '내가 기억하기로는'(記得)라는 표현을 쓴다. (예) 운문고(雲門杲)가 보설(普說)하였다. "기억하건대, 이조(二祖)가 달마에게 물었다. … '너의 마음을 편안하게 해 주었구나.'"(雲門杲普說云: "記得二祖問達磨. (至)'與汝安心竟.'") 김태완 『간화선 창시자의 선』 하권(침묵의 향기) 부록 간화용어의 번역에 관하여 참조.

125 『금강경(金剛經)』의 첫머리 부분이다.

126 행자(幸自) : 본시(本是). 원래(原來). 본래(本來). =행시(幸是).

127 가련생(可憐生) : 가련(可憐)과 같음. 생(生)은 어조사. 가련(可憐)은 다음의 뜻이 있다 = ①귀엽다. 사랑스럽다. 즐겁다. 기쁘다. 반갑다. 만족스럽다. ②부럽다. 진귀하다. 귀중하다. 소중하다. ③섭섭하다. 아깝다. 아쉽다. 애석하다. 불쌍하다. 가련하다. ④이상하다. 괴상하다. 한탄스럽다. 여기선 '섭섭하다'는 뜻으로 본다. 석가모니는 자신의 법을 알아주는 사람이 없어 섭섭하였는데, 수보리가 먼저 "희유하십니다."는 한마디를 말하여 얼음이 녹고 기와가 부서지듯이 그 섭섭함이 사라졌기 때문이다.

67

한마디를 하자 그 즉시 얼음이 녹고 기와가 깨지는[128] 것 같았다.'

자, 여러분! 석가 노인네가 아직 한마디도 말하지 않았는데, 수보리는 무엇을 보고서 '희유하다'고 곧장 말하였을까? 여러분은 알고자 하는가? 다만 진헐 스님이 말씀하신 얼음이 녹고 기와가 깨지는 곳을 보아라. 문득 볼 수 있게 되면,[129] 일생의 공부는 끝날 것이다.

早來眞歇擧 : '世尊入舍衛大城乞食, 飯食訖, 收衣鉢, 洗足已, 敷座而坐. 須菩提出 衆作禮曰 : 希有世尊!' 眞歇云 : '釋迦老子幸自可憐生, 被須菩提出來道箇希有, 當 下冰銷瓦解.' 好, 大衆! 釋迦老子未曾說一字, 須菩提見箇甚麼便道希有? 諸人要 會麼? 但向眞歇冰銷瓦解處看. 忽然看得破, 一生參學事畢.

그런데 진헐 스님께선 배우는 사람들이 흔히 눈앞에 드러난 분별의식 [130]을 인정하고서 지견을 찾고 이해를 구하며 쉬지 않는 모습을 보시고

---

128 빙소와해(冰銷瓦解) : =와해빙소(瓦解冰銷). ①계획이나 조직 따위가 산산이 무너지다. 와해되다. ②(의혹, 오해, 고통 따위가) 사라지다. 해소되다.

129 간파(看破) : 보아 내다. 볼 수 있게 되다. 보다. 파(破)는 '요(了), 득(得), 재(在)'와 같이 동사 뒤에서 완료나 발생 장소를 나타냄.

130 감각(鑑覺) : 분별의식(分別意識). "마음으로써 감각(鑑覺)할 수 있음을 일러 안다(지(知)]고 한다."(以心能鑑覺, 但名爲知.)(『수능엄의소주경(首楞嚴義疏注經)』 제1권 2) "삶과 죽음에서 헤매는 가운데 본래의 지혜가 아직 드러나진 않았지만, 의식(意識)으로 분별하니 감각(鑑覺)이 있는 듯하다."(生死迷中, 本智未顯. 意識分別, 似有鑑覺.)(『금강경찬요간정기(金剛經纂要刊定記)』 제7권)

131 겁외(劫外) : 겁(劫)은 성주괴공(成住壞空)으로 흐르는 시간을 가리키니, 겁외(劫外)는 성주괴공(成住壞空)의 변화를 벗어나 불생불멸(不生不滅)로 여여부동(如如不動)함을 말한다. 분별을 벗어난 불가사의한 불이중도(不二中道)를 가리킴.

는, 어쩔 수 없이 사람들에게 '시간 밖에서[131] 떠맡아야[132] 한다'고 가르치
셨다. 사실을 말하자면, 이 한마디도 벌써 지나치게 많은 것이다. 이것은
한때의 방편으로서 마치 사람에게 달을 가리켜 주는 것과 같으니, 응당
달을 보아야지 손가락을 알아서는 안 된다. 요즈음 사람들은 알아차리
지 못하고서 진실로 이런 일이 있다고 여기는데, 이것은 조사가 말씀하
신 '잘못 아는 것'이니 어찌 방편을 이해한 것이겠는가? 이미 방편의 말씀
을 알지 못한다면, 곧 연등불(然燈佛)[133]의 뱃속에 자리 잡고[134] 검은 산 아
래의 귀신굴 속에서[135] 움직이지 않으며 엉덩이에 굳은살이 박이도록 앉

---

132 승당(承當) : 맡다. 담당하다. 받들어 지키다. 수긍하고 인정하다. 불조(佛祖)에게서 전
   해져 온 정법(正法)을 받아 지킨다는 뜻으로서, 종지(宗旨)를 깨달아 체득하는 것을 가리
   키는 말.

133 연등불(然燈佛) : 산스크리트로는 Dīpaṅkara-buddha이고, 정광불(錠光佛) · 정광불(定
   光佛) · 보광불(普光佛) · 등광불(燈光佛) 등으로 음역한다. 과거불(過去佛)의 하나. 석존이
   보살로서 최초로 깨달아 부처가 될 것이라는 예언을 받았던 것은 바로 이 연등불 때였다
   고 한다. 그때 석존은 바라문 청년의 선혜(善慧)였는데, 연등불에게 연꽃을 받들어 올리
   고 진흙길에 자신의 머리칼을 펼쳐 연등불이 지나가게 하였다. 그 행위로 인해 연등불로
   부터 장차 석가모니불이 될 것이라는 수기(授記; 예언)를 받게 되었다.

134 연등불의 뱃속에 자리잡는다는 말은, 미래에 성불(成佛)하기를 바라고 수행을 하고 있
   다는 뜻. 미래에 성불하기를 바라는 것이 바로 생각이고, 분별망상이다. 실상(實相)은 언
   제나 당처(當處)요 당체(當體)여서 입처개진(立處皆眞)이요 수처작주(隨處作主)이니, 과
   거 · 현재 · 미래가 없고, 부처와 중생이 없다. 『서장(書狀)』에서 대혜는 화두(話頭)를 붙잡
   되 절대로 깨달음을 기다리지는 말라고 거듭 당부하고 있다.

135 흑산하귀굴(黑山下鬼窟) : 검은 산 아래의 귀신 소굴. 까마득히 정식(情識)을 잊고 아
   득한 어둠 속에 빠져 있는 것을 삼매(三昧)니 적멸(寂滅)이니 하고 부르며 공부라고 착각
   하는 것. 『대혜보각선사서(大慧普覺禪師書)』 제26권 '부추밀(富樞密) 계신(季申)에 대한 답
   서(2)'에 다음 구절이 있다 : "오로지 공(空)에만 빠진다든지 고요함으로만 나아가는 짓은
   절대로 하지 마십시오. 옛사람은 이것을 일컬어 검은 산 아래 귀신굴의 살림살이라고 했
   습니다."(切不可一向沈空趣寂. 古人喚作黑山下鬼家活計.)

69

아 있더라도 입 속에는 침만 홍건히 고이고 뱃속은 여전히 캄캄하니, 나
귀해가 된다고 한들 꿈에라도 깨닫겠는가?

只如眞歇尋常見學者多認目前鑑覺, 求知見, 覓解會, 無有歇時, 不得已, 教人向劫
外承當. 據實而論, 這一句已是多了. 此是一期方便, 如指月示人, 當須看月, 莫認
指頭. 如今人理會不得, 將謂實有恁麽事, 祖師所謂錯認, 何曾解方便? 既不識方便
語, 便向燃燈佛肚裏座, 黑山下鬼窟裏不動, 坐得骨臀生, 口裏水漉漉地, 肚裏依前
黑漫漫地, 驢年夢見麽?

나는 오늘 저녁 인간세계와 하늘세계에 사는 중생의 무리를 앞에 놓고
모든 성인(聖人)의 말씀을 끌어모았지만, 각자는 말이 많으면 도(道)로부
터는 더욱 멀어진다는 것을 잘 기억하라. 아까 진헐 스님께서 밝히지 않
으신 한 개 공안(公案)[136]이 있으니, 내가 그분을 위하여 결말을 짓겠다.

136 공안(公案) : ①공무(公務)에 관한 문안(文案). 관청에서 결재(決裁)되는 안건(案件).
    공문서(公文書). ②쟁송(爭訟) 중인 안건. 쟁점이 되고 있는 안건. ③공무를 처리할 때 사
    용하던 큰 책상. ④선문(禪門)에서는 부처와 조사가 열어 보인 불법(佛法)의 도리를 가리
    키는 말을 뜻한다. 공안은 당대(唐代) 선승들의 문답에서 비롯되었는데, 송대(宋代)에 이
    르자 앞시대 선승들의 어록(語錄)에 기록된 문답들이 선 공부에서 참구(參究)하는 자료
    로 활용되면서 많은 공안이 만들어졌다. 공안은 화두(話頭), 고칙(古則)이라고도 한다.
    1,700공안이라는 말은 『경덕전등록』에 대화가 수록된 선승의 숫자가 1,701명이었던 것
    에서 유래하였다. 최초의 공안집(公案集)은 운문종(雲門宗)의 설두중현(雪竇重顯; 980-
    1052)이 화두 100칙(則)을 모아 만든 『설두송고(雪竇頌古)』이며, 여기에 원오극근(圜悟克
    勤; 1063-1135)이 다시 수시(垂示), 착어(著語), 평창(評唱) 등을 붙여서 『벽암록(碧巖錄)』
    을 만들었다. 무문혜개(無門慧開; 1183-1260)는 고칙공안 48칙을 모아 평창(評唱)과 송
    (頌)을 붙여 『무문관(無門觀)』을 저술하였다. 『벽암록』과 『무문관』은 임제종(臨濟宗)의 공
    안집이다. 한편, 굉지정각(宏智正覺; 1091-1157)이 화두 100칙에 송(頌)한 것에 만송행

옛날 한 분의 노숙(老宿)[137]이 임제(臨濟)[138]를 방문하여, 만나자마자 곧 방석[139]을 들고서 말했다.

'절을 해야 합니까? 절을 하지 말아야 합니까?'

임제가 '악!' 하고 일할(一喝)[140]을 하자, 노숙은 곧 절을 하였다. 임제가 말했다.

'이 도둑놈아!'[141]

노숙은 '도둑놈! 도둑놈!' 하고 말하면서 바로 나가 버렸다. 임제가 말했다.

'아무 일 없다고 말하지 않는 게 좋을 것이다.'[142]

곁에서 모시고 서 있는 수좌(首座)에게 임제가 물었다.

'허물이 있느냐?'

수좌가 말했다.

수(萬松行秀; 1165-1246)가 평창을 붙여 간행한 『종용록(從容錄)』은 조동종(曹洞宗)의 종풍을 거양한 공안집이다. 우리나라의 공안집으로는 고려 시대 진각혜심(眞覺慧諶; 1178-1234)이 고칙 1,463칙을 모아 편찬한 『선문염송(禪門拈頌)』이 있다.

137 노숙(老宿) : 노년숙덕(老年宿德)의 약어로 덕을 쌓은 노인이라는 뜻이다. 덕망 있는 스님에 대한 경칭으로 사용된다.

138 임제의현(臨濟義玄) : ?-867. 당대(唐代) 남악하(南岳下). 임제종(臨濟宗) 개조(開祖).

139 좌구(坐具) : =좌구(座具). 절을 하거나 앉을 때 쓰는 도구, 즉 돗자리나 방석 등을 말한다. 비구가 소지하는 6물(物) 중의 하나. 베를 가지고 사각형 모습으로 만든 자리 깔개.

140 일할(一喝) : "악!" 하고 한 번 고함을 지르다. 일할(一喝)은 온갖 분별망상을 일시에 부수는 역할을 한다.

141 임제에게 질문하여 임제가 분별망상을 일으키도록 만들어 임제의 바른 법안을 훔치기 위하여 찾아왔으므로 도둑이라고 함.

142 막도(莫道)-호(好) : -라고 말하지 않는 것이 좋다. 일 없다고 말하지 않는 것이 좋다는 말은 네가 이미 허물을 스스로 드러냈다는 말.

'있습니다.'

임제가 물었다.

'손님에게 허물이 있느냐? 주인에게 허물이 있느냐?'

수좌가 말했다.

'두 분 모두에게 허물이 있습니다.'

임제가 물었다.

'허물이 어디에 있느냐?'

수좌가 곧장 나가 버리니, 임제가 말했다.

'아무 일 없다고 말하지 않는 게 좋을 것이다.'[143]"

雲門今夜對人天衆前, 合諸聖說話, 各自記取, 言多去道轉遠. 適來眞歇有一段公
案未了, 雲門爲佗結絶却. 昔有一老宿訪臨濟, 纔相見, 提起坐具云 : '禮拜卽是? 不
禮拜卽是?' 臨濟喝, 宿便禮拜. 濟云 : '這賊!' 宿云 : '賊! 賊!' 便出. 濟云 : '莫道無事
好.' 首座侍立次, 濟云 : '還有過也無?' 座云 : '有.' 濟云 : '賓家有過? 主家有過?' 座
云 : '二俱有過.' 濟云 : '過在甚麼處?' 座便出, 濟云 : '莫道無事好.'"

대혜가 말했다.

"임제는 어둠 속에서 한 수 손해를 보았으나, 다시 밝음 속에서 한 수
이익을 보았다.[144] 비록 손해도 있고 이익도 있으며 어둠도 있고 밝음도

---

143 『사가어록』 「임제록」과 『오등회원』 제11권 '진주임제의현선사(鎭州臨濟義玄禪師)'에 나
     오는 이야기.
144 어둠은 분별망상이고 밝음은 불이법(不二法). 분별망상을 버렸으니 손해이고, 불이법
     을 살렸으니 이익이다.

있지만, 구경꾼이 욕하는[145] 것을 어찌하랴? 말해 보아라. 누가 구경꾼인가?"

師云 : "臨濟暗中輸了一籌, 卻向明中贏得一著. 雖然有輸有贏, 有明有暗, 爭奈傍觀者醜. 且道. 誰是傍觀者?"

잠시 말없이 있다가 말했다.
"여러 곳으로 가거든 말을 잘못 전하지 마라."

良久, 云 : "若到諸方, 不得錯擧."

---

145 임제가 비록 분별망상을 잘 깨뜨렸으나 '아무 일 없다고 말하지 않는 것이 좋을 것이다.'라고 하여 분별망상을 깨뜨리는 것에 집착하는 허물이 있으므로, 구경꾼의 입장에선 바늘 하나도 용납하지 않을 수 있기 때문에 욕을 할 수가 있다. 그러나 방편으로는 우마차도 허용함도 알아야 한다.

2. 정광 대사가 청한 보설[146]

정광(定光) 대사가 청한 보설(普說)에서 한 승려가 물었다.

"한 법(法)이라도 있으면 비로자나불이 범부(凡夫)로 떨어지고, 만약 어떤 법도 없으면 보현보살이 그 경계를 잃습니다. 이 두 길을 떠나서, 얼른 말씀해 주십시오."

대혜가 말했다.

"껍질을 벗은[147] 거북[148]이 하늘로 날아오르는구나."[149]

승려 : "스님의 가르침을 또렷이[150] 받고 보니, 한마디도 사사로움 없이 중생을 이롭게 하시는군요."

대혜 : "어떤 것이 또렷한 것이냐?"

승려 : "어젯밤에는 맑은 바람이 온 우주에 일어나더니, 오늘 아침에는

---

146 1134년(대혜 46세)에 행한 보설.

147 탈각(脫殼) : 허물을 벗다. 구속에서 벗어나다.

148 오구(烏龜) : 거북.

149 『연등회요』 제14권에 의하면 이 구절은 본래 담주(潭州) 도오오진(道吾悟眞; 11세기. 대혜보다 시기적으로 조금 앞선다) 선사의 게송에 등장하는 것이다. 도오 선사가 법당에 올라 동산(洞山)의 말을 인용하였다. "오대산 위에는 구름이 밥을 찌고, 불전(佛殿) 계단 앞에선 개가 하늘로 오줌을 갈기네. 깃대 꼭대기에서 찐 떡을 굽고, 세 마리 원숭이가 밤중에 돈을 뿌린다." 도오가 말했다. "나는 그렇지 않다. 얼굴 셋인 고양이는 발로 달을 밟고, 머리 둘인 흰 소는 손으로 연기를 붙잡는다. 모자 쓴 푸른 토끼는 마당에 측백나무처럼 서 있고, 껍질 벗은 거북이는 하늘로 날아오른다."(師上堂, 擧洞山云: "五臺山上雲蒸飯, 佛殿階前狗尿天. 幡竿頭上煎餲子, 三箇猢猻夜播錢." 師云: "老僧卽不然. 三面狸奴脚踏月, 兩頭白牯手擎煙. 戴冠碧兔立庭柏, 脫殼烏龜飛上天.") 동산(洞山)의 게송이나 도오(道吾)의 게송이나 모두 분별을 벗어난 불가사의한 법을 나타내는 말이다.

150 친절(親切) : ①가깝다. ②또렷하다. 분명하다.

75

흐르는 물이 앞 골짜기에 넘칩니다."

대혜 : "하마터면[151] 묻지 않고 지나갈 뻔했구나."

定光大師請普說, 僧問: "一法若有, 毘盧墮在凡夫; 萬法若無, 普賢失其境界. 去此

二塗, 請師速道."

師云 : "脫殼烏龜飛上天."

進云 : "親切已蒙師指示, 一句無私利有情."

師云 : "作麼生是親切處?"

進云 : "昨夜淸風生八極, 今朝流水漲前谿."

師云 : "不問過."

이어서 대혜가 말했다.

"모든 부처님은 원래 세상에 나오신 적이 없고, 또한 반열반(般涅槃)[152]
에 드신 일도 없다. 본래 자재한 대원력(大願力)[153]으로써 가없이 희유한
법을 드러내 보이시니, 이 법은 사유(思惟)로써 알 수도 없고, 마음으로
행하는 것도 아니다. 이미 마음으로 행하는 것이 아니라면, 희유한 법도

---

151   계(洎) : 거의. 하마터면. (기호(幾乎)와 같음)

152   반열반(般涅槃) : 산스크리트 parinirvāṇa의 음역. 원적(圓寂)이라 번역한다. 완전한 소
     멸이란 뜻이다. 석가세존의 살아생전의 깨달음을 유여열반(有餘涅槃)이라고 하고 육체가
     사라지는 것을 무여열반(無餘涅槃)이라고 하는데, 무여열반을 보통 반열반이라 한다. 그
     러므로 반열반은 육체의 죽음을 가리키기도 한다.

153   대원력(大願力) : 본원력(本願力) · 숙원력(宿願力) · 대원업력(大願業力)이라고도 함.
     본원의 힘이란 뜻. 부처님이 보살이던 때 세운 본원(本願)이 완성되어 그 힘을 나타내는
     것.

아니다. 이미 희유한 법이 아니라면, 이 법은 진실하지도 않고 허망하지도 않다. 이미 진실하지도 않고 허망하지도 않다면, 있다고도 할 수 없고, 없다고도 할 수 없고, 있기도 하고 없기도 하다고도 할 수 없고, 있는 것도 아니고 없는 것도 아니라고도 할 수 없고, 있는 것도 아닌 것이 아니고 없는 것도 아닌 것이 아니라고도 할 수 없다.[154]

乃云 : "諸佛本不曾出世, 亦復無有般涅槃. 以本自在大願力, 示現無邊希有法, 是法不可以思惟究竟, 非心所行處. 旣非心所行, 卽非希有法. 旣非希有法, 此法無實亦無虛. 旣無虛實, 喚作有亦不得, 喚作無亦不得, 喚作亦有亦無亦不得, 喚作非有非無亦不得, 喚作非非有非非無亦不得.

보지 못했는가? 아까 한 선객이 물었다.

'한 법(法)이라도 있으면 비로자나불이 범부로 떨어지고, 만약 어떤 법도 없으면 보현보살이 그 경계를 잃습니다. 이 두 길을 떠나서, 얼른 말씀해 주십시오.'

나는 그에게 답했다.

'껍질을 벗은 거북이 하늘로 날아오른다.'

여러분은 어떻게 밝혀내겠는가? 있는가? 없는가? 허망한가? 진실한가? 한 번 나와서 말해 보아라. 만약 말할 사람이 없다면, 다시 약간의 망상[155]을 하겠다.

---

154 이른바 사구백비(四句百非)이니, 모든 언어를 벗어났다는 뜻.

155 말 : 갈등(葛藤)은 칡과 등나무 넝쿨이 얽혀 있는 것이지만, 선(禪)에서는 분별망상(分別妄想), 망상번뇌(妄想煩惱), 혹은 분별(分別)된 개념(槪念)인 언어문자(言語文字)를 가

不見? 適來禪客問:'一法若有, 毘盧墮在凡夫; 萬法若無, 普賢失其境界. 去此二塗, 請師速道.' 雲門答佗道:'脫殼烏龜飛上天.' 諸人且作麼生辨明? 爲是有耶? 是無耶? 是虛耶? 是實耶? 試出來道看. 如無, 更引些葛藤.

그러므로 앞서 성인께서 말씀하셨다.

'어떤 때는 상대방의 태도를 먼저 살펴보고 뒤에 상대방에게 대응하며, 어떤 때는 먼저 상대방에게 대응하여 행동하고 뒤에 상대방의 태도를 살펴보며, 어떤 때는 태도를 살펴봄과 대응을 동시에 하며, 어떤 때는 태도를 살펴봄과 대응을 동시에 하지 않는다.'[156]

리킴. 언어문자는 학인을 지도하는 수단이지만, 동시에 학인을 묶어서 공부를 막는 장애가 되므로 갈등이라고 한다.

156 조용(照用) : 임제의현(臨濟義玄)이 학인을 대하여 가르치던 수단으로, 네 가지가 있다. 조(照)는 상대방이 어떤 태도로 나오는지를 살펴보는 것이고, 용(用)은 상대방의 태도에 대응하는 행위다. 조(照)는 알아차리는 것이고, 용(用)은 행동하는 것이다. 『임제록(臨濟錄)』 가운데 사조용(四照用)을 언급한 부분은 다음과 같다 : 나는 어떤 때는 먼저 알아차리고 뒤에 행동하며, 어떤 때는 먼저 행동하고 뒤에 알아차리며, 어떤 때는 알아차림과 행동을 동시에 하며, 어떤 때는 알아차림과 행동을 동시에 하지 않는다. 먼저 알아차리고 뒤에 행동하는 때는 사람이 있을 뿐이고, 먼저 행동하고 뒤에 알아차릴 때는 법(法)이 있을 뿐이다. 알아차림과 행동을 동시에 할 때는 밭가는 사내의 소를 몰고 가고, 배고픈 사람의 밥을 빼앗으며, 뼈를 두드려서 골수를 뽑아내고, 침으로 아프게 찌르는 것이다. 알아차림과 행동을 동시에 하지 않을 때는 물음도 있고 대답도 있고, 주인도 있고 손님도 있으며, 물에 들어가고 진흙에 빠지면서 근기(根機)에 따라서 교화를 펼친다. 테두리를 벗어난 대근기라면, 말을 꺼내기도 전에 일어나서 곧장 가 버릴 것이니, 이래야 비로소 조금은 괜찮은 것이다. (我有時先照後用, 有時先用後照, 有時照用同時, 有時照用不同時. 先照後用有人在, 先用後照有法在. 照用同時 驅耕夫之牛奪飢人之食, 敲骨取髓, 痛下鍼錐. 照用不同時 有問有答, 立賓立主, 合水和泥, 應機接物. 若是過量人, 向未舉已前撩起便行, 猶較些子.)
(『사가어록』 임제록(臨濟錄) 시중(示衆))

78

만약 먼저 상대방의 태도를 살펴보고 뒤에 상대방에게 대응한다면, 모든 사람의 눈을 멀게 할 것이다. 만약 먼저 상대방에 대응하여 행동하고 뒤에 그 태도를 살펴본다면, 모든 사람의 눈을 뜨게 할 것이다. 만약 상대방의 태도를 살펴봄과 대응하는 행동을 동시에 한다면, 눈을 절반쯤 멀게도 하고 절반쯤 뜨게도 할 것이다. 만약 상대방의 태도를 살펴봄과 그에 대응하는 행동을 동시에 하지 않는다면, 눈을 온전히 뜨게도 하고 온전히 멀게도 할 것이다. 이 네 마디 말에는, 어떤 것에는 손님은 있지만 주인이 없고, 어떤 것에는 주인은 있지만 손님이 없고, 어떤 것에는 주인도 손님도 모두 없고, 어떤 것에는 주인과 손님이 다 있다.

所以先聖道 : '有時先照後用, 有時先用後照, 有時照用同時, 有時照用不同時.' 若也先照後用, 則瞎一切人眼. 若也先用後照, 則開一切人眼. 若也照用同時, 卽[157]半瞎半開. 若也照用不同時, 則全開全瞎. 此四則語, 有一則有賓無主, 有一則有主無賓, 有一則賓主俱無, 有一則全具賓主.

지금 대중 속에서 만약 남의 말에 속지 않는 사람이 있어서 앞으로 나와 말하기를 '여기에 무엇이 있다고 있음을 말하고 없음을 말하며, 헛됨을 말하고 진실을 말하며, 살펴봄을 말하고 대응하는 행동을 말하며, 손님을 말하고 주인을 말하는가?'라고 하고는, 나의 앞을 가로막고 서서 멱살을 쥐고 선상(禪床) 아래로 끌어내려서 나를 한 대 아프게 때린다고 하여도, 그를 이상하게 여기지 않을 것이다. 그런 사람이 있느냐? 만약 없

---

157 '즉(卽)'은 궁내본에서는 '즉(則)'. 뜻은 동일.

다면, 고삐는 도리어 나의 손아귀에 있다.

제멋대로 놓아두든 꼼짝 못 하게 붙잡든,[158] 있음을 말하든 없음을 말하든, 헛됨을 말하든 진실을 말하든, 살펴봄을 말하든 대응하는 행동을 말하든, 손님을 말하든 주인을 말하든, 모두 여기에서 말미암는다. 말해 보아라. 지금 놓아두는 것이 좋은가? 꼼짝 못 하게 붙잡는 것이 좋은가?"

卽今衆中或有箇不受人謾底漢也[159]來道：'這裏是甚麼所在, 說有說無, 說虛說實, 說照說用, 說賓說主?' 攔胸搊住, 拽下禪床爛椎一頓, 也怪佗不得. 還有恁麼人麼? 如無, 杓柄卻在雲門手裏. 放行把住, 說有說無, 說虛說實, 說照說用, 說賓說主, 總由這裏. 且道. 卽今放行好? 把住好?"

잠시 말없이 있다가 말했다.

"사람의 눈을 뜨게도 하고 사람의 눈을 멀게도 하며, 한 손으로는 밀고 한 손으로는 잡아당기는데, 삼현삼요(三玄三要)[160]도 아니고 사종료간(四種

---

158 방행(放行)과 파주(把住)：선가(禪家)에서 학인을 지도하는 수단으로서, 방행(放行) 혹은 방개(放開)는 일체를 허락하여 자유롭게 하도록 하는 것이고, 파주(把住) 혹은 파정(把定)은 상대의 기량을 꺾어서 꼼짝 못 하게 하는 것이다.

159 '야(也)'는 궁내본에서 '출(出)'. 문장의 뜻에서 차이는 없다.

160 삼현삼요(三玄三要)：임제의현(臨濟義玄)이 학인을 상대하여 만든 것. 삼현(三玄)은 체중현(體中玄)·구중현(句中玄)·현중현(玄中玄)이다. 체중현(體中玄)은 말 속에 조금의 꾸밈도 없이 있는 그대로의 진상(眞相)을 드러내고 있는 구(句)를 가리키고, 구중현(句中玄)은 분별정식(分別情識)과 관계없는 진실한 말로서 언어에 구애됨 없이 충분히 그 현오(玄奧)를 깨달을 수 있는 구(句)를 가리키며, 현중현(玄中玄)은 모든 상대적 논리(論理)와 언어의 질곡을 벗어난 현묘(玄妙)한 구(句)를 가리키는데, 용중현(用中玄)이라고도 한다. 삼요(三要)는 제일요(第一要)·제이요(第二要)·제삼요(第三要)인데, 분양선소(汾陽善昭)

料揀)¹⁶¹도 아니다. 결국 무엇이냐?"

良久, 云 : "開人眼, 瞎人眼, 一手推, 一手挽, 不是三要三玄, 亦非四種料揀. 畢竟是簡甚麼?"¹⁶²

에 의하면, 제일요(第一要)는 분별과 조작이 없는 언어를 말하고, 제이요(第二要)는 천(千)의 성인(聖人)이 그대로 현요(玄要)에 들어가는 것이라 하고, 제삼요(第三要)는 언어를 끊어 버린 것이라 한다. 삼현삼요(三玄三要)의 해석은 이외에도 여러 가지가 있다.

161 사종료간(四種料揀) : 임제의 사료간(四料揀)이니, 『사가어록』「임제록(臨濟錄)」에 나오는 다음의 대화를 가리킨다. 료간(料揀)은 '나누어 구분함, 분류의 표준'이라는 뜻이다 : 임제가 저녁 설법에서 대중에게 말했다. "어떤 때는 사람은 빼앗으나 경계는 빼앗지 않고, 어떤 때는 경계는 빼앗으나 사람은 빼앗지 않으며, 어떤 때는 사람과 경계를 모두 빼앗고, 어떤 때는 사람과 경계를 모두 빼앗지 않는다." 그때 어떤 승려가 물었다. "어떤 것이 사람은 빼앗고 경계는 빼앗지 않는 것입니까?" "봄볕이 왕성함에 땅을 뒤덮은 비단 같고, 어린아이의 늘어뜨린 머리카락은 하얀 실타래 같구나." "어떤 것이 경계는 빼앗고 사람은 빼앗지 않는 것입니까?" "왕의 명령은 이미 천하에 두루 시행되었고, 장군은 국경 밖에서 전쟁을 멈추었도다." "어떤 것이 사람과 경계를 모두 빼앗는 것입니까?" "병주(幷州)와 분주(汾州)는 소식을 끊고 각기 따로 독립하여 있도다." "무엇이 사람과 경계를 모두 빼앗지 않는 것입니까?" "제왕은 보배 궁전에 오르고, 시골 노인은 태평가를 부르는구나."(晚參示衆云 : "有時奪人不奪境, 有時奪境不奪人, 有時人境俱奪, 有時人境俱不奪." 時有僧問 : "如何是奪人不奪境?" 師云 : "煦日發生鋪地錦, 孾孩垂白髮如絲." 云 : "如何是奪境不奪人?" 師云 : "王令已行天下徧, 將軍塞外絶烟塵." 云 : "如何是人境兩俱奪?" 師云 : "幷汾絶信, 獨處一方." 云 : "如何是人境俱不奪?" 師云 : "王登寶殿, 野老謳歌.")

162 『오등회원』제7권 '복주설봉의존선사(福州雪峰義存禪師)'에 다음의 내용이 있다 : 현사(玄沙)가 설봉에게 물었다. "저는 지금 큰 작용을 하였습니다. 스님은 어떻습니까?" 설봉이 3개의 나무공을 일시에 던졌다. 현사가 패(牌)를 때리는 시늉을 하자(공을 굴려 패를 넘어뜨리는 놀이), 설봉이 말했다. "그대가 직접 영산(靈山)에 있어야 비로소 이와 같을 것이다." 현사가 말했다. "역시 자신의 일입니다."(玄沙謂師曰 : "某甲如今大用去. 和尙作麼生?" 師將三箇木毬一時拋出. 沙作斫牌勢, 師曰 : "親在靈山方得如此." 沙曰 : "也是自家事.") 『경덕전등록』에는 이 내용이 없다.

불자(拂子)를 들고 말했다.

"설봉은 공을 굴렸고,[162] 목주(睦州)는 판때기를 짊어지웠다.[163]"

學拂子云 : "雪峰輥毬, 睦州擔板."

다시 말했다.

"여러분은 모두 말하기를 여기에 와서 참선(參禪)한다고들 하는데, 내가 그대들에게 묻겠다. '선(禪)에 어떻게 참(參)하는가?'[164] 무상한 세월은

---

163 『오등회원』 제4권 '목주진존숙(睦州陳尊宿)'에 다음과 같은 내용이 있다 : 혹은 강승(講僧)을 보면 바로 "좌주(座主)!" 하고 부르고는, 좌주가 "예!" 하고 대답하면, "판때기를 짊어진 사내로군." 하고 말하곤 했다.(或見講僧 乃召曰 : "座主!" 主應諾, 師曰 : "擔板漢.") 담판한(擔板漢)이란 '널판때기를 짊어진 사람'이란 뜻인데, 널판때기를 어깨에 짊어지면 앞만 보고 뒤를 돌아보지 못하기 때문에, 하나만 알고 둘은 모르는 자를 일컫는다. 완고한 사람. 자기 생각만 하는 사람. 외골수.

164 참(參) : 지금은 일반적으로 '참구(參究)한다'고 표현하는 경우가 많지만, 당송(唐宋) 시대의 선승(禪僧)들은 주로 '참(參)'이라고 하였지 '참구(參究)'라는 표현은 거의 사용하지 않았다. 당시의 문헌을 조사해 보면, '참구(參究)'라는 말은 『조당집』 0번, 『경덕전등록』 1번, 『천성광등록』 0번, 『오등회원』 4번(南嶽下十三世부터 나타남), 『분양무덕선사어록』 0번, 『황룡혜남선사어록』 0번, 『양기방회화상어록』 0번, 『법연선사어록』 0번, 『원오불과선사어록』 2번, 『대혜록』 1번 등으로 거의 사용되지 않았고, 화두(話頭) 혹은 선(禪)을 공부하라는 의미에서 했던 말은 주로 '참(參)'이라는 표현이었다. 참(參)에는 '(어떤 것, 일, 행사에)참여하다.'와 '(윗사람을)만나뵙다.'의 두 가지 의미가 있다. 참선(參禪; 선에 참여하다), 참구(參究; 탐구에 참여하다), 참학(參學; 배움에 참여하다), 참상(參詳; 자세히 밝힘에 참여하다), 참당(參堂; 법당의 법회에 참여하다) 등의 단어에서는 '참여하다'(동참(同參)하다)는 뜻으로 사용되었고, 참례(參禮; 만나뵙고 인사하다), 참견(參見; 만나뵙다), 참문(參問; 만나뵙고 묻다), 자참(咨參; 물어보려고 찾아 뵙다), 내참(來參; 와서 만나뵙다) 등의 단어에서는 '만나뵙다'는 뜻으로 사용되었다. 김태완 『간화선 창시자의 선』 하권(침묵의 향기) 부록 간화용어의 번역에 관하여 참조.

빠르게 흐르고 죽고 사는 일은 큰데, 자기의 일을 아직 밝히지 못했다면 스승을 찾아 결판을 내야 한다. 자기의 마음을 밝혀서 안락(安樂)을 얻고자 바라는 것은 어린애 장난이 아니다. 지금 사람들은 각자 '나는 죽음이 두려워 참선(參禪)을 한다.'라고 말하며, 참(參)하고 또 참하여 날이 가고 달이 갈수록 분별망상[165] 속에 푹 빠져 다만 한바탕 쓸데없는 말을 지껄이는[166] 솜씨를 얻어서 자기가 서 있는 곳에 약간의 시끄러움[167]을 더할 뿐이니, 도리어 선원(禪院)에 들어오기 이전에 여러 가지 일이 없는 것만 못하다. 이것은 대개 처음에[168] 한 번 어긋나서는 좋은 사람을 만나지 못하고 번갈아 답습하는 바람에 이와 같은 지경에 이른 것이다.

復云 : "諸人總道來這裏參禪, 我且問 : '禪作麼生參?' 旣爲無常迅速, 生死事大, 己事未明, 求師決擇. 要得自己明白心地安樂, 不是兒戲. 而今人箇箇道 : '我怕死參禪.' 參來參去, 日久月深, 打入葛藤窠裏, 只贏得一場口滑, 於自己分上添得些兒狼藉, 返不如未入衆時卻無許多事. 此蓋末上一錯, 不遇好人, 遞相沿襲, 以致如此.

요즈음의 불법(佛法)은 애처롭게도[169] 마(魔)는 강하고 법(法)은 약하다.

---

165 분별망상 : 갈등(葛藤)은 칡과 등넝굴이 얽혀 있다는 뜻이지만, 선(禪)에서는 분별망상(分別妄想), 망상번뇌(妄想煩惱), 혹은 분별(分別)된 개념(槪念)인 언어문자(言語文字)를 가리킴.
166 구활(口滑) : 입을 함부로 놀리다. 쓸데없는 말을 지껄이다.
167 낭자(狼藉) : 혼란. 번잡. 시끄러움. 어지러움.
168 말상(末上) : 먼저. 최초. 처음.
169 가상(可傷) : 슬프게도. 애처롭게도.

선객들은 모두 하나씩의 두피선(肚皮禪)¹⁷⁰을 가지고 이르는 곳마다 마치 풀밭에서 풀 알아내기 시합¹⁷¹을 하는 것 같으니, 나귀해가 되어야 쉴 것인가? 나는 늘 여러분에게 말한다.

'조사께서 서쪽에서 오신 것은 다만 밝게 깨달은 사람이 되신 것일 뿐, 사람에게 전해 줄 선(禪)이나 도(道)는 없다. 만약 전해 줄 선이나 도가 있다면, 각자는 부모에게 전하고 육친(六親) 권속에게 전해 주어라. 이미 전할 수 없다면, 모름지기 자기 스스로 깨달아야 하는 것이다. 그대들이 마음으로 헤아려¹⁷² 깨달음을 찾으면 벌써 어긋났다. 그러니 어찌 여러 가지 지식으로 갖가지로 이해하고 제멋대로 생각하여 어지럽게 짜맞추겠

---

170 두피선(肚皮禪) : 두피(肚皮)란 뱃가죽이란 뜻이지만, 두피리(肚皮裏)와 마찬가지로 뱃속을 뜻하고, 뱃속은 곧 마음속을 가리킨다. 두피선은 이치(理致)로 선(禪)을 이해하여 선에 관한 온갖 견해(見解)를 마음속에 기억해 두고 있는 것. 『선관책진(禪關策進)』'앙산고매우선사시중(仰山古梅友禪師示衆)'에 다음의 말이 있다 : "좌복 위에 앉기만 하면 바로 잠이 들고, 눈을 뜨기만 하면 시끄럽게 생각에 잠기고, 좌복에서 내려오면 삼삼오오 모여서 머리를 맞대고 크고 작은 온갖 이야기를 소곤거리며, 마음속(두피(肚皮))에 가득히 기억해 둔 어록(語錄)과 경서(經書)를 뽐내며 풀어낸다. 이렇게 마음을 쓰다가는 죽음이 다가오면 아무 소용이 없을 것이다."(若纔上蒲團, 便打磕睡, 開得眼來, 胡思亂想, 轉身下地, 三三兩兩, 交頭接耳, 大語細話, 記取一肚皮語錄經書, 逞他舌辯. 如此用心, 臘月三十日到來, 總用不著.) 또 『속간고존숙어요(續刊古尊宿語要)』 제4집 「송원악선사어(松源岳禪師語)」'보설(普說)'에 다음의 말이 있다 : "지금의 형제들은 흔히 옛사람의 공안(公案)을 마음으로 생각하고 이해하여, 뱃속(두피(肚皮))에다 가득 집어넣어 놓고서 사람을 만나면 쏟아내는 것을 일생의 공부로 삼지만, 자세히 살펴보면 그대들이 매우 어리석은 것이니, 죽음이 다가오면 그대 자신을 속이게 될 것이다."(而今兄弟, 多以古人公案心思意解, 築取一肚皮, 逢人撒出來, 以當平生參學, 子細觀來, 你也好癡, 臘月三十日, 賺你去在.)

171 투백초(鬪百草) : 단오날에 행하던 놀이. 풀밭을 밟으며 온갖 풀들을 잘 가려내기 시합을 하는 것.

172 의심(擬心) : ①마음으로 헤아리다. ②마음을 내어 −하려 하다.

는가?

近來佛法可傷, 魔彊法弱. 禪和家每人有一肚皮禪, 到處鬪百草相似, 驢年得休歇

麽? 尋常向你諸人道：祖師西來, 只是作得箇證明底人, 亦無禪道傳與人. 若有禪

道可傳, 則各自傳與父母, 傳與六親眷屬去也. 旣無可傳, 須是當人自悟始得. 你擬

心求悟, 早錯了也. 豈況多知多解, 恣意亂統?

보지 못했는가? 향엄(香嚴)[173] 화상은 백장(百丈)[174]의 회상에서 대단히
총명하고 영리하였으나, 몇 년이 지나도록 참선하였지만 얻은 것은 없고
다만 이해한 지식만 많이 가지고 있을 뿐이었다. 백장이 죽은 뒤 위산(潙
山)[175]을 찾아갔는데, 위산이 말했다.

173　향엄지한(香嚴智閑)：?-898. 당대(唐代)의 선승. 향엄은 주석 산명이다. 어렸을 때 백
　　장회해(百丈懷海) 선사에게 출가하였고, 그 후 위산영우(潙山靈祐)에게 참학하였다. 어느
　　날 뜰을 청소하다가 던진 기왓장이 대나무에 부딪히는 소리를 듣고 홀연히 깨달아 위산
　　의 법을 이어받았다. 그 후 향엄산(香嚴山)에 머물면서 위산의 종풍을 널리 선양하였다.
　　광화(光化) 원년에 입적하였다. 게송(偈頌) 200여 편이 있다. 시호는 '습등(襲燈) 대사'다.
174　백장회해(百丈懷海)：749-814. 대지(大智)・각조(覺照)・홍종묘행(弘宗妙行) 등의 시
　　호가 있으며, 일반적으로는 '백장 선사'로 불린다. 마조도일에게 인가를 받았다. 그 후 홍
　　주(洪州; 江西省) 봉신현(奉新縣)의 대웅산(大雄山)에 사찰을 건립하였다. 백장산(百丈山)
　　대지수성선사(大智壽聖禪寺)에서 회해는 개조가 되었고, 여기에서 선풍을 크게 고취시켰
　　다. 그는 『백장청규(百丈淸規)』를 지어 선림의 청규를 개창하였는데, 그로부터 선은 중국
　　의 풍토와 생활에 알맞는 것이 되었다. 위산영우(潙山靈祐), 황벽희운(黃檗希運) 등 수많
　　은 제자를 배출하였다.
175　위산영우(潙山靈祐)：771-853. 위산에 머물렀기 때문에 위산영우라 일컬어졌다. 제
　　자 앙산혜적(仰山慧寂)과 함께 선풍(禪風)을 크게 드날렸기 때문에 그 법계(法系)를 위앙
　　종(潙仰宗)이라 하고, 위산을 종조(宗祖)로 한다. 강서성(江西省) 홍주(洪州)의 백장회해

'그대는 백장 선사(先師)[176]의 문하에서 하나를 물으면 열을 답하고 열을 물으면 백을 답하였다고 나는 들었다. 그러나 이것은 그대가 총명하고 영리하여 뜻으로 이해하고 생각으로 알아차린 것이니, 곧 삶과 죽음을 반복하는 뿌리가 될 뿐이다. 부모가 그대를 아직 낳지 않았을 때를 한마디 말해 보아라.'

향엄은 위산의 질문을 받자 곧장 아득해졌다. 자기 방으로 돌아와 늘 보던 책들을 처음부터 훑어보았지만, 대답할 만한 뜻이 되는 구절을 찾을 수 없었다. 이에 스스로 탄식하며 말했다.

'그림 속의 떡을 가지고는 주린 배를 채울 수 없구나.'

여러 번 위산을 찾아가 말씀해 달라고 부탁하였지만, 그럴 때마다 위산은 말하였다.

'내가 만약 그대에게 말해 준다면, 그대는 이후에 나를 욕하게 될 것이다. 내가 말하는 것은 내 것이니, 그대의 일과는 아무 상관이 없다.'

향엄은 어떻게도 할 수 없자, 마음속으로는 번민하면서, 또 위산이 자기에게 말해 주지 않는 것을 원망하기도 하였다. 이윽고 평소 모아 두었던 책을 불사르고는 말했다.

(百丈懷海)의 문하에 출입하여 그 법을 이었다. 호남성(湖南省) 담주(潭州)의 대위산(大潙山)에 주석하면서 종풍을 거양(舉揚)하였고, 앙산혜적을 비롯하여 향엄지한(香嚴智閑)·연경법단(延慶法端)·경산홍연(徑山洪諲)·영운지근(靈雲志勤)·왕경초상시(王敬初常侍) 등의 빼어난 제자들이 있었다. 시호는 대원(大圓) 선사. 그의 가르침은 『위산경책(潙山警策)』(1권)에 수록되어 있으며, 『담주위산영우선사어록(潭州潙山靈祐禪師語錄)』(1권)도 있다

176   선사(先師) : 세상을 떠난 스승. 이미 죽은 스승. 여기에선 위산의 스승인 백장회해를 가리킴.

'그만두자, 그만두어. 이번 생에는 불법(佛法)을 배우지 말자. 그저 늘 죽반승(粥飯僧)[177] 노릇이나 하면서, 마음을 힘들게 하지 말아야겠다.'

이로부터 일시에 놓아 버리고, 선(禪)도 생각하지 않고, 도(道)도 생각하지 않고, 선(善)도 생각하지 않고, 악(惡)도 생각하지 않고, 부모가 낳지 않았을 때의 일도 생각하지 않고, 지금의 일도 생각하지 않고, 모든 것을 완전히 놓아 버렸다.[178] 곧 위산에게 하직 인사를 하고는 곧장 남양(南陽)으로 가, 충(忠) 국사(國師)[179]의 유적(遺跡)을 돌아보고는, 드디어 암자에 의탁하여 걸음을 쉬었다. 하루는 풀을 베다가 기와 조각을 내던졌는데, 갑자기 대나무에 부딪치는 소리가 났다.

그때 향엄은 자기도 모르게 부모가 낳지 않았을 때의 코[180]를 붙잡았

177　죽반승(粥飯僧) : 아침의 죽과 점심의 밥만 축내는 승려. 공부는 하지 않고 밥만 축내는 무능한 승려.

178　사릉착지(四楞着地) : =사릉탑지(四楞塌地). 네 활개를 땅에 던지고, 두 손을 땅에 짚고 꿇어 엎드려. 붙잡거나 의지함이 전혀 없이. 완전히 손을 놓고.

179　남양혜충(南陽慧忠) : ?~775. 당대(唐代) 스님. 남양(南陽)은 머물렀던 지명. 어려서 육조혜능(六祖慧能)에게 수학하고, 그의 법을 이었다. 혜능의 입멸 후 하남성(河南省) 남양의 백애산(白崖山) 당자곡(黨子谷)으로 들어가 40여 년간 산문을 나오지 않았다. 남양혜충(南陽慧忠; ?~775)을 당(唐) 상원(上元) 2년(761) 7대 황제인 숙종(肅宗; 756~762)이 수도로 불러 국사(國師)로 모셨고, 뒤를 이은 8대 황제인 대종(代宗; 762~779)도 계속하여 국사로 모셨다. 혜충은 청원행사, 남악회양, 하택신회, 영각현각과 더불어 혜능 문하의 5대 제자로서, 혜능의 선을 북방(北方)에서 널리 펼쳤다. 남방의 선승들이 경전을 중시하지 않고 종지(宗旨)에 따라서 설법(說法)하는 것을 비판하고, 경전과 교학을 중시하여 사설(師說)에 의거하기를 강조하였다. 대력(大歷) 10년 12월 9일 입적하여, 당자곡의 향엄사(香嚴寺)에 유골이 모셔졌다. 대종(代宗)이 대증국사(大證國師)라고 시호(諡號)하였다.

180　비공(鼻孔) : 코. 콧구멍. 비공(鼻孔)은 글자 그대로는 콧구멍이라는 뜻이지만, 콧구멍을 포함한 코 전체를 가리키는 말이다. 파비(把鼻)라는 말이 손잡이를 붙잡는다는 뜻이듯이 코는 손잡이를 뜻하거나, 혹은 비조(鼻祖)라고 하듯이 근원이나 시초를 가리키는

다. 그 즉시로 마치 병이 치료된 듯하고, 어둠 속에 등불을 켠 듯하고, 가난한 사람이 보물을 얻은 듯하고, 아이가 어머니를 만난 듯해서, 기쁘기가 한량이 없었다. 그리하여 목욕하고 향을 피우고는, 멀리 위산을 향하여 절을 올리고서 찬탄하며 말했다.

'스님의 커다란 자비(慈悲)는 부모님의 은혜보다도 큽니다. 그때 만약 저에게 말씀해 주셨더라면, 어찌 오늘의 일이 있겠습니까?'

이어서 게송(偈頌)에서 말하였다.

'한 번 부딪치는 소리에 아는 것이 사라졌네.'181

不見? 香嚴和尚在百丈會裏, 直是聰明靈利, 數年參禪不得, 只爲多知多解. 百丈遷化後到潙山, 山云: '我聞汝在百丈先師處問一答十, 問十答百. 此是汝聰明靈利, 意解識想, 生死根本. 父母未生時, 試道一句看.' 香嚴被潙山一問, 直得茫然. 却歸寮中將平日看過底文字從頭檢過, 要尋一句可將酬對意不能得. 乃自歎曰: '畫餅不可充飢!' 屢上堂頭乞潙山說破. 山云: '我若說似汝, 汝已後罵我去. 我說底是我底, 終不干汝事.' 香嚴奈何不得, 肚裏只管悶, 又怪潙山不爲佗說破, 遂將平昔所集文字, 以火爇却, 曰: '休! 休! 此生不學佛法也! 且作箇長行粥飯僧, 免役心神.' 從

뜻이 있다. 선승들의 어록에서 비공(鼻孔)이라는 말은 근원이나 시초라는 뜻으로서 우리의 본래면목을 가리킨다. 예컨대, 『경덕전등록』에 나오는 "부모가 아직 낳지 않았을 때 코는 어디에 있는가?(父母未生時鼻孔在什麼處)" 혹은 "납승이라면 모름지기 바로 납승의 코를 밝혀내야 한다.(衲僧直須明取衲僧鼻孔)" 등의 말에서 코(鼻孔)는 본래면목을 가리킨다.
181 『경덕전등록』 제11권 '등주향엄지한선사(鄧州香嚴智閑禪師)'에 나오는 이야기. 『전등록』에서는 게송의 첫 구절이 "한 번 부딪치는 소리에 아는 곳을 잊었네."(一擊忘所知)라고 되어 있다.

此一時放下, 禪也不思量, 道也不思量, 善也不思量, 惡也不思量, 父母未生時底也不思量, 卽今底也不思量, 四楞著地一切放下. 便辭潙山直過南陽, 睹忠國師遺跡, 遂憩止卓菴. 一日, 芟除草木, 因颺瓦礫, 驀然擊著一竿竹作聲, 不覺打著父母未生時鼻孔, 當時如病得醫, 如暗得燈, 如貧得寶, 如子得母, 歡喜無量. 遂沐浴焚香, 遙禮潙山, 歎曰: '和尙大悲, 恩逾父母, 當時若爲我說破, 豈有今日事?' 乃有頌曰: '一擊亡所知.'

보다시피, 저렇게 깨달은 사람은 말이 이때부터는 달라진다. 처음 대나무에 부딪치는 소리를 듣고 문득 깨달았지만, 깨달은 마음조차도 곧 소식이 끊어진다. 마치 미륵(彌勒)이 손가락을 튕기자 누각(樓閣)의 문이 열렸는데, 선재(善財)더러 들어오라고 하자 선재의 마음이 기뻤지만, 들어오고 난 뒤에는 다시 닫힌 것[182]과 같은 것이 바로 이러한 도리(道理)다. 향엄에게 깨달은 곳의 소식조차 끊어지고 나서야, 부모가 낳기 이전의 일이 문득 앞에 나타났다. 곧 게송 한 편을 지었는데, 바로 사람을 위하는 방편이 되므로, 아래에 말해 둔다.

---

182 『대방광불화엄경』(80권 화엄) 제79권 「입법계품」 제39-20의 첫 부분에 나오는 다음의 내용. 그때 선재 동자는 미륵보살마하살을 공손하게 오른쪽으로 돌고서 말했다. "대성(大聖)께서 누각의 문을 열어 제가 들어갈 수 있도록 해 주시기를 간절히 원합니다." 그때 미륵보살은 누각의 앞으로 나아가 손가락을 튕겨 소리를 내니 그 문이 곧 열렸는데, 선재더러 들어오라고 하였다. 선재가 기쁜 마음으로 들어가자 문이 다시 닫혔다. 선재가 그 누각을 보니 헤아릴 수 없이 드넓어서 허공과 같았다.(爾時善財童子, 恭敬右遶彌勒菩薩摩訶薩已, 而白之言: "唯願大聖開樓閣門令我得入." 時彌勒菩薩, 前詣樓閣, 彈指出聲, 其門卽開, 命善財入. 善財心喜, 入已還閉. 見其樓閣, 廣博無量, 同於虛空.)

'다시는 수행[183]에 의지하지 않는다.

거동과 태도[184]에서 옛길[185]을 드러내고,

고요한[186] 심정(心情)에 떨어지지 않는다.

어느 곳에서든 자취가 없고,

말소리와 얼굴빛 밖에 위의(威儀)[187]가 있구나.

여러 곳에서 도에 통달한 자들이

모두 뛰어난 근기라 하는구나.'

흔히 보면, 선객들은 즐겨 여러 곳으로 찾아가 장로(長老)[188]에게 묻고, 장로는 입 댈 수 없는 곳을 곧 그에게 설명해 준다. 그대들은 저 향엄 스님이 설마 또렷하지 않게 말했겠는가[189] 하면서도, 다시 주석(註釋)해 주기를 바란다. 또 어떤 부류의 사람들은 '사물에 부딪쳐 소리가 났기 때문에 깨달을 곳이 있었다.'고 말하고, 누가 그에게 '그대가 한번 말해 보아라.' 하고 묻기라도 하면, 곧 사물을 때려 소리를 내고서 말하기를 '얼마나 또

---

183   수치(修治) : ①수리(修理)하다. 고치다. 수선하다. ②닦다. ③다스리다

184   동용(動容) : ①몸가짐. 태도와 동작. 거동과 표정. ②감동한 표정을 짓다. 얼굴에 감동한 빛이 어리다. ③흔들리다. 동요하다.

185   고로(故路) : =고도(故道). ①옛길. 원래의 길. ②예전의 제도(制度)나 도덕규범. 여기에선 본래의 마음, 본성을 가리킴.

186   초연(悄然) : ①고요한 모습. ②이전과 다름없는 모습. ③여전하구나.

187   위의(威儀) : 위엄 있는 용모. 곧 손을 들고 발을 내딛는 것이 모두 규칙에 맞고 방정하여 숭배할 생각을 내게 하는 태도.

188   장로(長老) : āyuṣmat. 아유솔만(阿瑜率滿)이라 음역. 존자(尊者)·구수(具壽)라고도 번역. 지혜와 덕이 높고 법랍이 많은 비구를 통칭.

189   파(怕) : 설마 ─하겠는가? 설마 ─란 말인가?(그럴 리는 없겠지라는 반어법)

렷한가?' 하고 말하니, (저 향엄의 깨달음과) 무슨 관계가 있겠는가? 마치 신
발 밑바닥에서 가려운 발바닥을 주먹으로 긁는 것과 같으니, 어떻게 시
원할 수 있으리오?

看佗得底人, 發言自是不同. 初聞擊竹作聲, 忽然大悟, 所悟底心便絶消息. 如彌勒
彈指, 樓閣門開, 命善財入, 善財心喜, 入已還閉, 便是這箇道理. 香嚴悟處旣絶消
息, 父母未生時事頓爾現前. 纔作箇頌子, 便有爲人底方便, 下面註曰 : '更不假修
治. 動容揚古路, 不墮悄然機. 處處無蹤跡, 聲色外威儀. 諸方達道者, 咸言上上機.'
多見禪和子愛去到處問長老, 長老家無著口處, 便爲佗解說. 你怕佗香嚴, 說得未
分曉在, 更要註解. 又有一般人也道 : '因擊物作聲, 有箇悟處.' 或問佗 : '試說看.' 便
擊物作聲曰 : '多少分明?' 有甚麼交涉? 大似隔靴拳頭爬痒, 如何得快活去?

또 보지 못했는가? 옛날 구지(俱胝) 화상이 암자에 머물 때, 한 비구니가
삿갓을 쓰고 와선 곧장 그가 앉은 승상(繩床)[190]을 한 바퀴 돌고서 말했다.
'말씀하시면 삿갓을 벗겠습니다.'
구지가 그때 말을 못 하고 있자, 비구니는 소매를 털고서 바로 나갔다.
구지가 말했다.
'잠깐 멈추시오.'
비구니가 말했다.
'말씀하시면 멈추겠습니다.'

---

190 승상(繩床) : 줄이나 목면을 친 보잘것없는 의자. 호상(胡床)이라고도 함. 선자(禪者)가
    여기에 앉아 좌선하거나, 종사가 여기에 앉아 설법(說法)함. 선상(禪床)과 같음.

구지는 또다시 말을 못 했다. 비구니가 간 뒤에 구지는 스스로 탄식하며 말했다.

'내가 비록 대장부이지만 일개 부녀자보다도 못하구나.'

곧 암자를 불태워 버리고 산을 내려가려고 결심하였는데, 문득 밤중의 꿈속에서 한 신인(神人)이 나타나 말했다.

'스님은 산을 내려가지 말고 우선 기다리시오. 육신보살(肉身菩薩)이 와서 스님께 법을 말해 줄 것입니다.'

며칠이 지나자 과연 천룡(天龍)[191] 화상이 찾아왔다. 구지가 그리하여 앞서의 이야기를 하자, 천룡이 말했다.

'그대는 나에게 물어보라. 내가 그대에게 말해 주겠다.'

구지가 말했다.

'말씀하시면 삿갓을 벗겠습니다.'

천룡이 이에 손가락 하나를 세웠는데, 구지는 문득 크게 깨달았다. 그 후 누가 질문을 하기만 하면 구지는 다만 손가락 하나를 세웠고, 매번 말했다.

'나는 천룡에게서 한 손가락 선(禪)을 얻었는데, 일생 동안 마음껏 사용했지만 끝이 없구나.'[192]

낭야각(瑯󠄀覺)[193] 화상이 일찍이 게송을 지었다.

___

191 구지(俱胝)를 찾아온 비구니는 실제(實際)라는 법명이 비구니였고, 천룡(天龍)은 실제 비구니의 스승이었다.

192 『경덕전등록』 제11권, 『오등회원』 제4권 '무주금화산구지화상(婺州金華山俱胝和尙)'에 나오는 내용.

193 낭야혜각(瑯琊慧覺): 송대(宋代) 임제종(臨濟宗)의 스님으로 낭야산(瑯琊山)에 머물렀

'구지의 한 손가락은 보군지(報君知)[194]이니,

하루살이도 새매도 하늘로 날아오르네.[195]

구리솥을 들어 올리고 산을 뽑아내는 힘[196]이 없다면,

천리(千里)를 달리는 오추마(烏騅馬)[197]를 쉽사리 타지는 못할 것이다.'

又不見? 昔日俱胝和尚住菴時, 因一尼戴箇笠子, 直來遶伊繩床一帀, 云: '道得即

放下笠子.' 俱胝當時道不得, 尼拂袖便行. 俱胝云: '何不且住?' 尼云: '道得即住.'

俱胝又無語. 尼去後, 俱胝自歎云: '我雖是箇丈夫漢, 卻不如箇婦人.' 便要燒菴下

山. 忽夜夢神人曰: '和尙不須下山, 且候. 當有肉身大士來爲和尙說法也.' 過數日,

果見天龍和尙到來. 俱遂擧前話似之, 天龍曰: '問我, 我與道.' 俱曰: '道得即放下

笠子.' 天龍遂豎起一指, 俱胝忽然大悟. 後凡有所問, 只豎一指, 每曰: '我得天龍一

指頭禪, 一生受用不盡.' 瑯琊覺和尙嘗有頌曰: '俱一指敎君知, 朝生鷂子搏天飛,

다. 서락(西洛) 출신으로 분양선소(汾陽善昭; 947-1024)의 법을 이어받은 다음 저주(滁州)
낭야산(瑯琊山)에서 학인을 지도하였다. 운문종(雲門宗)의 설두중현(雪竇重顯)과 함께 세
인들에게 그 당시의 2대 감로문(甘露門)이라고 불렸다. 시호는 광조(廣照) 선사다. 제자
로는 정혜초신(定慧超信)·장수자선(長水子璿) 등이 있다.

194   교군지(敎君知)는 보군지(報君知)의 오기(誤記). 보군지(報君知)는 옛날 점치는 것을
업으로 삼는 맹인(盲人)들이 길을 갈 때, 손에 들고서 두드리던 대나무 판, 혹은 쇠나 청
동으로 만든 징. 사람들이 그 소리를 듣고 자기가 길을 가고 있음을 알기를 바란 것이다.
여기에서는 법을 드러내어 사람들을 일깨운다는 말.

195   보군지(報君知)의 소리를 듣고서 놀라 하늘로 날아오르다.

196   발산거정(拔山擧鼎): 산을 뽑고 솥을 들어 올린다는 뜻으로, 힘이 다른 사람들보다 뛰
어나게 센 것을 비유한 말. 『사기(史記)』 제7권 「항우본기(項羽本紀)」에 항우를 묘사한 말
에서 비롯되었다. 정(鼎)은 청동으로 만든 세 발 달린 큰 솥.

197   오추마(烏騅馬): 검은 털에 흰 털이 섞인 말로서 옛날 중국의 항우(項羽)가 탔다는 준
마(駿馬)인데, 하루에 천리를 달렸다고 한다. 천리마(千里馬) 가운데 하나.

若無擧鼎拔山力, 千里烏騅不易騎.'

그대들은 이 게송을 보고서, 이 한 손가락 선(禪)이 또렷하다고 바로 이해하지만, 이것을 어떻게 배울 수 있겠는가? 구지에게 시중드는[198] 동자(童子)가 하나 있었는데, 사람들이 그 일을 물을 때마다 배운 대로 손가락을 세워서 대답해 주었다. 어떤 사람이 구지에게 말했다.

'스님! 저 동자 역시 보기 드물게도[199] 불법(佛法)을 아는군요. 사람들이 물을 때마다 늘 스님처럼 손가락을 세웁니다.'

구지는 그 이야기를 듣고, 어느 날 칼 한 자루를 소매 속에 숨기고는 동자를 불러 가까이 오게 하였다.

'듣자 하니 너도 불법을 안다고 하던데, 맞느냐?'

동자가 말했다.

'그렇습니다.'

구지가 말했다.

'어떤 것이 부처냐?'

동자가 곧 손가락을 세웠는데, 구지는 그 손가락을 붙잡고 칼로 잘라 버렸다. 동자가 비명을 지르며 도망가자, 구지는 동자를 불렀다. 동자가 머리를 돌리자, 구지가 말했다.

'어떤 것이 부처냐?'

동자는 자기도 모르게 손가락을 들다가 손가락 끝이 없는 것을 보고

---

198 공과(供過) : 시중들다.

199 불가득(不可得) : =불가다득(不可多得). 보기 드물다. 매우 드물다. 희귀하다. 뛰어나다.

는, 문득 크게 깨달았다.[200]

看這一頌, 便是會得這一指頭禪分曉也, 這箇如何學得? 俱身畔有一供過童子, 每
見人問佗事, 也學豎指祇[201]對. 有人謂俱曰 : '和尙! 這童子也不可得, 亦會佛法, 凡
有人問佗, 皆如和尙豎指.' 俱聞得, 一日潛將一柄刀在袖中, 喚童子近前來. '聞也
會佛法, 是否?' 云 : '是.' 俱曰 : '如何是佛?' 童子便豎起指頭, 被俱胝捉住, 以刀斫
斷. 童子叫喚走出, 俱胝遂喚童子. 童子回頭, 俱胝曰 : '如何是佛?' 童子不覺將手
起, 不見指頭, 忽然大悟.

기이하도다! 진실로 불법(佛法)은 전할 수도 없고 배울 수도 없음을 알
겠구나. 구지가 깨달은 곳은 손가락 위에 있지 않고, 향엄이 깨달은 곳은
대나무 때리는 곳에 있지 않다. 말해 보라. 어디에 있는가? 몽땅 다[202] 말
했는데, 여러분은 알겠는가? 이 일은 어렵지도 않고 쉽지도 않다. 털끝
만큼이라도 차이가 나면 천리(千里)를 잃어버린다. 삼가 여러분에게 권하
노니, 한 걸음 물러나 스스로 살펴보아라. 모든 것이 드러나 있으니, 곧
장 수긍하고 인정하여[203] 쓸데없이 힘쓰지 말기를 바란다. 그대들이 털끝

---

200 『경덕전등록』 제11권, 『오등회원』 제4권 '무주금화산구지화상(婺州金華山俱胝和尙)'에
　　나오는 내용. 이 이야기는 『오등회원』의 내용과 동일하고, 『경덕전등록』의 내용은 다음과
　　같이 조금 다르다 : 동자가 비명을 지르며 도망가자, 구지가 동자를 한 번 불렀다. 동자가
　　머리를 돌리자, 구지가 도리어 손가락을 세웠다. 동자는 이에 막힘없이 깨달았다.(童子叫
　　喚走出, 師召一聲. 童子回首, 師却豎起指頭. 童子豁然領解.)
201 '기(祇)'는 궁내본에서 '지(祇)'. 서로 통용하는 글자.
202 일시(一時) : 전부.
203 승당(承當) : 맡다. 담당하다. 받들어 지키다. 불조(佛祖)에게서 전해져 온 정법(正法)

만큼이라도 바꾸려고 하면, 곧 천리만리로 어긋나 전혀 관계가 없을 것이다.

奇哉! 信知佛法不可傳不可學. 俱胝得處不在指頭上, 香嚴悟處不在擊竹邊. 且道. 在甚麼處? 一時說了也, 諸人還會麼? 此事非難非易. 差之毫釐, 失之千里. 奉勸諸人, 退步自看. 一切現成, 便請直下承當, 不用費力. 擬動一毫毛地, 便是千里萬里, 沒交涉也.

여러분은 이미 여기에 있으니, 모름지기 부끄럽게 여기고 대강대강²⁰⁴ 시간을 보내지 마라. 만약 참된 반야(般若) 속에 있지 못하면, 무엇을 가지고 저 신도들의 보시(布施)를 갚을 것이냐? 보지 못하였느냐? 분양무업(汾陽無業)²⁰⁵ 선사가 말씀하셨다.

'저 옛날의 덕 높은 도인(道人)들을 보면, 뜻을 얻은 뒤에는 초가집이나 동굴 속에서 다리 부러진 솥으로 밥을 끓여 먹으며 이삼십 년씩 지내고, 명리(名利)에도 관심이 없었고 재물에도 생각이 없었다. 인간 세상을 완전히 잊어버리고 바위 속이나 숲속에서 발자취를 감추고서, 임금이 명

<hr>

을 받아 지킨다는 뜻으로서, 종지(宗旨)를 깨달아 체득하는 것을 가리키는 말. 즉, 수긍하고 인정한다는 말.

204 용이(容易) : 경솔하다. 신중하지 않다. 등한하다. 힘들이지 않다. 대강대강.

205 분양무업(汾陽無業; 760~821) : 분주무업(汾州無業). 당대(唐代) 선승. 분주(汾州)는 머물렀던 곳의 지명. 속성은 두(杜) 씨. 섬서성(陝西省) 상주(商州) 상락(上洛) 출신. 홍주(洪州)의 마조도일(馬祖道一)을 찾아가 선(禪)을 배우고 깨달아 마조의 법을 이었다. 여러 성지(聖地)를 순례하고 오대산(五臺山)에서는 대장경(大藏經)을 열람한 뒤에 산서성(山西省) 분주(汾州)의 개원사(開元寺)에 들어가 머물렀다. 시호는 대달선사(大達禪師).

(命)해도 나오지 않고 제후(諸侯)가 청해도 가지 않았다. 어찌 우리가 명예를 탐내고 이익을 좋아하며 세상의 오염 속에 빠져 있는 것과 같겠느냐? 마치 장사가 안 되는 사람[206]이 바라는 것도 적고 커다란 결과도 잊고 있는 것과 같았다.[207]

형제들이여! 분명히 그 당시에 벌써 이와 같은 이야기가 있었다. 다시 그대들에게 우리가 지금 하고 있는 것을 보라고 하는 것은, 역시 사람을 매우 부끄럽고 두렵게 만들려는 것이다. 형제들이여! 세월은 아쉽고 시간은 사람을 기다려 주지 않으니, 각자는 정신을 바짝 차려 밝게 통달하여 부처님의 혜택을 헛되이 받지도 말고 평생 도(道)를 배우려는 뜻을 저버리지도 마라.

諸人旣在這裏, 須生慚愧, 不得容易過時. 若不存誠般若中, 將甚麽銷佗信施? 不見? 汾陽無業禪師曰：'看佗古德道人, 得意之後, 茅茨石室, 向折脚鐺中煮飯喫, 過三二十年, 名利不干懷, 財寶不爲念. 大忘人世, 隱跡巖叢, 君王命而不來, 諸侯請而不赴. 豈同我輩貪名愛利汨沒世塗? 如短販人有少希求而忘大果.' 灼然, 兄弟! 那時早有如此說話也. 更敎佗見我輩如今做處, 也好慚惶殺人. 兄弟! 光陰可惜, 時不待人, 各自打辦精神, 打敎徹去, 亦不虛受佛廕, 亦不辜負平生學道之志.

요즈음 묘도(妙道) 상좌가 설봉에서 와, 거듭 입실(入室)[208]을 청하고는

---

206 단판인(短販人)：장사가 안되는 사람. 판매가 부족한 사람.

207 『경덕전등록』 제28권 「제방광어12인견록(諸方廣語一十二人見錄)」 '분주대달무업국사(汾州大達無業國師)'에 나오는 내용.

208 입실(入室)：학인이 단독으로 방장이나 조실의 방에 들어가 공부를 점검받는 것.

말했다.

'무상한 세월은 빠르고 죽고 사는 일은 큰데, 자신의 일을 아직 밝히지 못했으니 가르쳐 주시기 바랍니다.'

이에 그에게 마조(馬祖)의 말인 '마음도 아니고, 부처도 아니고, 물건도 아니다.'를 말해 주어, 그에게 살펴보라고²⁰⁹ 시키고는 다시 그에게 설명을 한마디 해 주었다.

'도리(道理)가 있다고 알아도 안 되고, 일 없는 것이라고 알아도 안 되고, 전광석화²¹⁰와 같다고 알아도 안 되고, 생각으로 헤아려도 안 되고, 말을 꺼내는 곳에서 바로 받아들여서도²¹¹ 안 된다. 마음도 아니고, 부처도 아니고, 물건도 아니다. 어떻게 해야 하겠느냐?'

그가 드디어 의심을 일으키더니 다시는 감히 입을 열지 못했는데, 오늘은 향을 사르고 절을 하고서 말했다.

'제가 반야를 배우는데 마장(魔障)²¹²이 많습니다. 오늘 저녁 인천(人天)²¹³

---

209 간(看) : 살펴보다. 대혜가 간화선(看話禪)에서 화두를 취급하는 자세를 말한 단어들 가운데 가장 많은 숫자가 등장하는 간(看)은 화두를 대하는 기본적인 자세를 가리킨다. 간(看)은 본래 '이마에 손을 얹고 바라본다'는 뜻이지만, 대혜가 말하는 문맥에서 간화(看話)는 '무슨 도리인지를 본다' '무슨 까닭인지를 본다' '무엇인지를 본다' '같은지 다른지를 본다'라고 표현되므로 우리말로 번역하면 '살펴본다'는 것이 가장 알맞다.

210 전광석화(電光石火) : 번개가 치거나 부싯돌이 부딪칠 때의 번쩍이는 빛이라는 뜻으로, 매우 짧은 시간이나 매우 재빠른 동작을 비유적으로 이르는 말.

211 거기처승당(舉起處承當) : 말을 끄집어내는 곳에서 곧장 받아들이다. 말을 끄집어내는 곳에서 곧장 인정하고 수긍하다. 말을 하면 곧장 그 말처럼 이해한다는 뜻. =향거기처승당(向舉起處承當).

212 마장(魔障) : 마귀(魔鬼)의 장애. 내외의 온갖 인연들에 끄달리면 이 인연들이 곧 마귀가 되어 불도를 닦는 데 장애가 된다.

213 인천(人天) : 인간세계와 하늘세계에 사는 사람과 신령 등 여러 중생.

의 무리 앞에서 반야를 드러내 주십시오.[214] 그것에 의지하여 참회하고, 법계(法界)의 모든 중생이 전부 깊고 깊은 반야를 즉시 깨달아 함께 부처님의 은혜에 보답할 수 있도록 해 주시기를 간청합니다.'

近日道上座自雪峰來, 再三求入室, 云:'直爲無常迅速, 生死事大, 己事未明, 欲乞開示.' 因擧馬祖 '不是心, 不是佛, 不是物', 敎渠看, 更與佗註解一徧:'不得作道理會, 不得作無事會, 不得作擊石火閃電光會, 不得向意根下卜度, 不得向擧起處承當. 不是心, 不是佛, 不是物. 合作麽生?' 渠遂疑著, 更不敢開口, 今日却來燒香禮拜曰:'妙道學般若, 多有魔障. 欲請今晚爲對人天衆前擧揚般若. 以憑懺悔, 願法界一切有情皆得頓悟甚深般若, 同報佛恩.'

내가 말한다.

'옛날 성인께서 말씀하셨다. 〈두려워하는 마음은 생기기 어렵고, 착한 마음은 내기 어렵다.〉[215] 스스로도 아직 제도(濟度)하지 못했으면서, 먼저

---

214 거양(擧揚) : 들어 날리다. 드날리다. 대중을 모아 놓고 문답하고 설법하며 종지(宗旨)를 명백히 드러내는 것.

215 『범망경(梵網經)』 상권(上卷)의 끝에 붙어 있는 '범망경보살계서(梵網經菩薩戒序)'에 나오는 내용. 앞뒤의 내용은 다음과 같다 : 모든 불자(佛子)는 합장하고 지극한 마음으로 들어라. 내가 이제 모든 부처님의 대계(大戒)의 서(序)를 말하겠다. 대중은 모여서 말없이 듣고, 스스로 죄가 있음을 알면 마땅히 참회(懺悔)해야 하니, 참회하면 편안하고 참회하지 않으면 죄가 더욱 깊어질 것이다. 죄가 없는 자는 침묵할 것이니, 침묵하면 대중이 청정함을 알 수 있다. 여러 대덕(大德)과 우바새와 우바이들은 잘 들어라. 부처님께서 돌아가신 뒤, 상법(像法) 시대에는 마땅히 바라제목차(波羅提木叉)를 존경해야 한다. 바라제목차가 바로 이 계(戒)이다. 이 계를 지킬 때는 마치 어둠 속에서 밝음을 만난 듯, 가난한 자가 보물을 얻은 듯, 병든 자가 차도가 있는 듯, 죄수가 감옥에서 풀려난 듯, 멀리 갔

99

남을 제도하려는 자는 보살의 마음을 낸 것이다. 이미 죄를 두려워할 줄 알았으면, 마음을 돌려 도(道)를 향할 것이니, 이 역시 드문 일이다.'

이제 그의 청에 따라 그를 참회케 하겠다. 죄의 자성(自性)은 안에도 밖에도 중간에도 있지 않으니, 무엇을 참회하겠는가? 그러나 죄 있는 성인(聖人)도 있지 않고, 죄 없는 범부(凡夫)도 있지 않다. 범부가 죄를 짓는 것은 모두 허망한 생각인 마음이 일어나기 때문이니, 전혀 실체가 없다. 비록 실체는 없으나 과보를 받을 때는 역시 허망하게 받아야 하니, 마치 그림자가 형체를 따르는 것처럼 피할 수 없다. 비록 허망하게 과보를 받지만, 역시 실체는 없다. 그러므로 '만약 죄의 자성이 실제로 있다면, 허공 세계 전체로서도 다 받아들이지 못할 것이다.'[216]라고 한 것이니, 무슨 까닭인가? 범부가 짓는 죄가 그렇게 많기 때문이다.

雲門曰: '古聖有言: 〈怖心難生, 善心難發〉 自未得度, 先度人者, 菩薩發心. 旣知怖罪, 回心向道, 此亦希有.' 遂從其請, 爲渠懺悔. 且罪性不在內外中間, 將甚麼懺?

던 자가 되돌아온 듯할 것이니, 이것은 곧 여러분의 큰 스승임을 마땅히 알아야 한다. 만약 부처님께서 세상에 머물고 계신다고 해도, 이와 다름이 없을 것이니, 두려워하는 마음은 생기기 어렵고, 착한 마음은 내기 어렵다. 그러므로 경(經)에서 말한다. '작은 죄를 가벼이 여겨서 재앙이 없을 것이라고 여기지 마라. 물방울이 비록 작지만 점차로 큰 그릇을 가득 채우듯이, 한순간 짓는 죄로 무간지옥에 떨어질 것이다. …'(諸佛子等, 合掌至心聽. 我今欲說諸佛大戒序. 衆集黙然聽, 自知有罪當懺悔, 懺悔卽安樂, 不懺悔罪益深. 無罪者黙然, 黙然故當知衆淸淨. 諸大德優婆塞優婆夷等諦聽. 佛滅度後於像法中, 應當尊敬波羅提木叉. 波羅提木叉者卽是此戒. 持此戒時, 如暗遇明, 如貧得寶, 如病得差, 如囚繫出獄, 如遠行者得歸, 當知此則是衆等大師. 若佛住世, 無異此也, 怖心難生, 善心難發. 故經云: '勿輕小罪以爲無殃. 水滴雖微漸盈大器, 刹那造罪殃墮無間. …')

216 어디에서 인용한 문장인지는 알 수 없다.

然無有有罪底聖人, 亦無無罪底凡夫. 凡夫造罪, 皆自妄想心起, 都無實體. 雖無實體, 受報時亦須妄受, 如影隨形, 不可逃避. 雖妄受報, 亦無實體. 所以道: '若罪性有體, 則盡虛空界不能容受.' 何故? 爲凡夫造罪者多.

지금 묘도 상좌는 한순간 마음을 내어 위없는 깨달음을 곧장 얻고자 한다. 이러한 마음을 한번 내면, 그 짓는 죄가 마치 마른 풀을 수미산만큼이나 높이 쌓는 것과 같고, 그 낸 마음은 마치 겨자씨에 불이 붙어 남김없이 다 타 버리는 것과 같다. 믿을 수 있겠느냐? 이 한순간 마음을 냈다면, 바로 이때 성불(成佛)해 버린 것이어서, 영원토록 물러나거나 잃어 버리지 않는다. 무엇으로 증거를 삼는가? 보지 못했는가? 경전 속에서 제석천이 법혜보살(法慧菩薩)에게 여쭈었다.

'불자시여! 보살이 처음 깨닫고자 하는 마음을 낼 때 얻는 공덕(功德)은 얼마나 됩니까?'

법혜보살이 말했다.

'이 뜻은 매우 깊어서 말하기도 어렵고, 알기도 어렵고, 분별하기도 어렵고, 믿고 이해하기도 어렵고, 알아차리기도 어렵고, 행하기도 어렵고, 통달하기도 어렵고, 사유하기도 어렵고, 헤아리기도 어렵고, 재촉하여 들어가기도 어렵다. 비록 그렇지만, 나는 마땅히 부처님의 위신력(威神力)[217]을 이어받아 그대에게 말해야겠다. 가령 어떤 사람이 모든 생필품[218]을 동방(東方)의 헤아릴 수 없는 세계에 있는 중생들에게 1겁(劫) 동안 제

---

217 위신력(威神力): 부처님에게 있는 존엄하고 측량할 수 없는 불가사의한 힘.
218 낙구(樂具): 생활필수품.

공하고, 그 뒤에 그들로 하여금 오계(五戒)[219]를 다 지키게 하는데, 남(南) 서(西) 북방(北方)과 사유상하(四維上下)[220]에 있는 세계의 중생에 대해서도 역시 그와 같이 한다면, 어떻게 생각하느냐? 이 사람은 공덕이 많지 않 겠느냐?'

제석천이 말했다.

'이 사람의 공덕은 오직 부처님만이 알 수 있고, 그 나머지는 아무도 헤 아릴 자가 없습니다.'

법혜(法慧)가 말했다.

'이 사람의 공덕은 보살이 처음 마음을 낸(초발심(初發心)) 공덕의 백 분 의 일에도 미치지 못하고, 천 분의 일에도 미치지 못하고, 십만 분의 일 에도 미치지 못하고, 억 분의 일, 백억 분의 일, 천억 분의 일, 백천억 분 의 일, 나아가 헤아릴 수 없는 숫자 분의 일, 무수(無數)·무량(無量)·무변 (無邊)·아무리 해도 말할 수 없을 만큼 큰 숫자 분의 일에도 미치지 못한 다. 중생을 욕망과 쾌락의 끝과 육근(六根)[221]의 차별(差別)로 차례차례 이 끌기를, 십에서 백에 이르고, 백에서 천에 이르고, 천에서 만에 이르고, 만에서 억에 이르고, 억에서 말할 수 없고 헤아릴 수 없는 숫자의 중생

---

219 오계(五戒) : 수행자가 지켜야 할 다섯 가지 계율로, 살생하지 말 것(不殺生戒), 남의 것을 훔치지 말 것(不偸盜戒), 음란한 짓을 저지르지 말 것(不邪婬戒), 함부로 말하지 말 것(不妄語戒), 술을 마시지 말 것(不飮酒戒) 등이 그것이다.

220 동서남북과 사유(四維) 즉, 사방의 구석인 건(乾: 서북)·곤(坤: 서남)·간(艮: 동북)·손 (巽: 동남)과 아래 위는 합하여 시방(十方)이라 한다. 우주 전체를 가리키는 말.

221 육근(六根) : 대상을 인식하는 여섯 가지 기관, 즉 안(眼)·이(耳)·비(鼻)·설(舌)·신 (身)·의(意) 등을 가리킨다.

에 이르러, 모두 오계(五戒)와 십선(十善)²²²을 지키게 한다고 하고, 더 나아가 두 번째 사람이 다시 앞사람의 배가 되는 숫자의 중생을 인도하고, 더욱 나아가 백 사람이 그 앞사람의 배가 되는 숫자의 중생을 이끌어 모두들 수다원(須陀洹)·사다함(斯陀含)·아나함(阿那含)·아라한(阿羅漢)·벽지불(辟支佛)의 과(果)²²³를 얻게 한다고 하더라도, 그 얻은 공덕은 보살이 처음 마음을 낸 공덕의 백 분의 일에도 미치지 못하고, 나아가 계산을 말할 수도 없고, 비유로써 나타낼 수도 없고, 아무리 비유하더라도 비교하여 헤아릴 수 없다. 무슨 까닭인가? 이 한순간의 마음은 삼세(三世)²²⁴의 모든 부처님과 같아서, 둘이 없고, 다름이 없기 때문이다.'²²⁵

---

222 십선(十善) : 십선행(十善行)·십선업(十善業)·십선업도(十善業道)라고도 한다. 열 가지의 선한 행위를 말하는데, 십악(十惡)의 반대말이다. 십악이란, 살생(殺生)·투도(偸盜)·사음(邪婬)·망어(妄語: 거짓말을 하는 것)·양설(兩舌: 두말하는 것)·악구(惡口: 남을 성내게 할 만한 나쁜 말)·기어(綺語: 재미있게 꾸며 만드는 말)·탐욕(貪慾)·진에(瞋恚: 화내고 미워하는 것)·사견(邪見: 잘못된 견해를 말함) 등을 말한다. 이상의 십악을 행하지 않는 것을 십선이라고 하는데, 불살생(不殺生)에서 불사견(不邪見)까지를 뜻한다. 즉 죽이지 않는다, 훔치지 않는다, 사음하지 않는다, 망어하지 않는다, 욕하지 않는다, 꾸며서 말하지 않는다, 두말하지 않는다, 탐욕하지 않는다, 화내지 않는다, 사견을 품지 않는다 등이다.

223 수다원(須陀洹)·사다함(斯陀含)·아나함(阿那含)·아라한(阿羅漢)은 이른바 소승 증과(證果)의 4계위(階位)인 사과(四果)이고, 벽지불(辟支佛)은 소승에서 연각(緣覺)·독각(獨覺)이라고 부르는 이로서 꽃이 피고 잎이 지는 등의 외연(外緣)에 의해 스승 없이 혼자 깨닫는 사람이다.

224 삼세(三世) : 삼제(三際), 곧 과거·현재·미래를 가리킨다.

225 『대방광불화엄경』(80권 화엄경) 제17권 「초발심공덕품(初發心功德品)」 제17에 나오는 내용.

今道上座發一念心, 欲直取無上佛果菩提. 此心一發, 所作之罪如積乾草高須彌山,
所發之心如芥子許火悉能燒盡, 無有遺餘. 還信得及麼? 此一念心旣發, 當時成佛
已竟, 盡未來際永不退失. 以何爲驗? 不見? 敎中天帝釋白法慧菩薩曰: '佛子! 菩
薩初發菩提之心, 所得功德其量幾何?' 法慧菩薩曰: '此義甚深, 難說難知, 難分別
難信解, 難證難行, 難通達難思惟, 難度量難趣入. 雖然, 我當承佛威神之力而爲汝
說. 假使有人以一切樂具供養東方阿僧祇世界所有衆生, 經於一劫, 然後敎令盡持
五戒, 南西北方, 四維上下, 亦復如是, 於意云何? 此人功德, 寧爲多不?' 天帝釋言:
'此人功德唯佛能知, 其餘一切無能量者.' 法慧曰: '此人功德比菩薩初發心功德百
分不及一, 千分不及一, 百千分不及一, 如是億分·百億分·千億分·百千億分, 乃至
阿僧祇分, 無數·無量·無邊·不可說分, 不可說不可說分, 亦不及一. 次第引衆生,
欲樂邊際, 諸根差別, 從十至百, 從百至千, 從千至萬, 從萬至億, 從億至不可說不
可說阿僧祇數衆生, 盡令持五戒十善, 乃至第二人復倍前人之數, 展轉至百人, 一
人倍一人之數, 盡令證須陀洹·斯陀含·阿那含·阿羅漢·辟支佛果, 所得功德比菩
薩初發心功德百分不及一. 乃至不可說算數, 譬喩亦不能及, 盡其譬喩無較量處.
何故? 此一念心與三世諸佛平等, 無二無別故.'

산스크리트의 참마(懺摩; kṣama)[226]는 번역하여 회과(悔過; 허물을 뉘우치
다)인데, 이어지는 마음이 끊어진다는 말이니, 한번 참회하면 영원히 다
시는 죄를 짓지 않는 것이다. 이 마음은 한번 나오면, 영원히 물러나거나
잃어버리는 일이 없다. 만약 즉각 무심(無心)해지면, 처음 마음을 내는 공

---

226 참마(懺摩): kṣama. 인서(忍恕), 참회(懺悔)라 번역. 현장 이전에는 회(悔)라 번역. 다
    른 사람에게 용서를 비는 것, 혹은 다른 사람을 용서하는 것.

덕은 무심(無心)의 공덕에 비해 백 분의 일, 천 분의 일, 십만 분의 일, 백천만억 분의 일, 나아가 말할 수 없고 헤아릴 수 없는 숫자 분의 일에도 미치지 못한다. 무슨 까닭인가? 처음 마음을 낼 때 삼세의 모든 부처님과 같기 때문이다. 이 마음도 오히려 없는데, 삼세의 모든 부처님을 어디에서 찾을 것인가? 그러므로 한순간 무심(無心)한 공덕은 다시 비교하여 헤아릴 곳이 없다. 그렇다면 생겨남도 없고, 죽음도 없고, 성인도 없고, 범부도 없고, 타인도 없고, 자신도 없고, 부처도 없고, 법도 없다. 만약 이렇게 볼 수 있다면, 참된 참회(懺悔)다.

梵語懺摩, 此云悔過, 謂之斷相續心, 一懺永不復造, 此心一發, 永不退失. 若能直下無心去, 初發心功德比無心功德百分 · 千分 · 百千分 · 百千萬億分, 乃至筭數譬喩不可說不可說阿僧祇分, 亦不及一. 何故? 初發心時, 與三世諸佛平等故. 此心尙無, 三世諸佛向甚處摸[才+索]? 所以一念無心功德, 又無較量處. 若爾, 則亦無生亦無死, 亦無聖亦無凡, 亦無人亦無我, 亦無佛亦無法. 若能如是見得, 是眞懺悔.

묘도 상좌는 이미 대장부의 기개를 갖추고서, 반드시 선(禪)에 참(參)하고자 하니, 다만 이렇게 참(參)하여라. 모름지기 활짝[227] 깨달아 즉시 무심(無心)해야 비로소 안락할 것이다. 만약 깨닫지 못했는데도 단지 입으로 몇 번 '없다! 없다!' 하고 말하고는, 다시 옛사람이 '없음'을 말한 곳을 끌어와 잘못된 증거로 삼고서, 곧 말하기를 '나는 쉬었다. 그대에게 묻노니, 그대는 쉬었는가?'라고 한다면, 이것은 곧 일부러 마음을 없애는 것이다.

---

227 활연(豁然) : (마음이) 활짝(탁) 트이는 모양. 확(환히) 뚫리는 모양.

만약 일부러 마음을 없앤다면, 마음이 도리어 있게 되니, 어떻게 온전히 없음이 되겠는가?

옛날 성인께서는 이러한 사람을 텅 비고 없는 곳에 떨어진 외도(外道)요, 혼이 흩어지지 않은 시체이며, 대반야(大般若)를 비방하여 참회가 통하지 않는다고 꾸짖으셨으니, 비록 착한 원인이 있어도 악한 결과를 초래하는 것이다. 이러한 부류의 견해(見解)가 벼·삼·대·갈대와 같이 많으니, 백천만 명을 때려죽인들 무슨 죄가 되겠는가? 이러한 자들에게는 반드시[228] 마음속에 한 개 의심이 남아 있다. 만약 스스로 의심이 없다면, 비로소 타인의 의심을 끝장낼 방편을 가지게 될 것이다. 만약 자신에게 의심이 있다면, 어떻게 타인의 의심을 끝장내 주겠는가? 타인의 의심을 제거하려고 하다가, 그의 의심을 한 겹 더 두껍게 해 줄 것이다. 이것이 이른바 나의 눈은 본래 바른데 스승으로 말미암아 삿되게 된다고 하는 것이다.

道上座既具大丈夫志氣, 決定要參禪, 但恁麽參. 須是豁然悟去, 直下無心, 方得安樂. 若不悟, 只是口頭道得幾箇無無, 更引些古人說無處, 錯證據了, 便道:'我得休歇. 我且問你, 還歇得也末?' 乃是將心無心. 若將心去無心, 心却成有, 如何硬無得? 古聖訶爲落空亡底外道, 魂不散底死人, 謗大般若, 不通懺悔, 雖是善因, 而招惡果. 這般見解, 如稻麻竹葦, 打殺百千萬箇有甚罪過? 這般底, 管取有一肚皮疑在. 若自無疑, 始有方便爲佗人決疑. 若自有疑, 如何爲人除得疑? 擬欲除佗疑, 再與佗添得一重疑. 所謂我眼本正, 因師故邪.

---

228 관취(管取) : 틀림없이. 반드시. 꼭.

여러분은 스스로 의심이 없어서 타인의 의심을 끊어 줄 수 있는 사람을 알고자 하는가? 옛날 세존(世尊)께서 영산회상(靈山會上)[229]에서 법을 말씀하실 때 오백 비구가 있었는데, 사선정(四禪定)[230]을 얻고 오신통(五神通)[231]을 갖추었으나, 아직 법인(法忍)[232]을 얻지는 못하였다. 이들은 숙명

229　영산회상(靈山會上) : 석존 당시 왕사성 부근의 영취산(靈鷲山)에서의 법회(法會).

230　사선정(四禪定) : 색계(色界)에 있어서 네 가지 단계적 경지를 일컫는다. 초선(初禪)부터 제4선까지를 말하는데, 욕계의 미혹을 뛰어넘어 색계에 생겨나는 네 단계의 명상을 가리킨다. 즉 네 가지의 선(禪)의 단계, 네 단계의 명상, 네 가지의 마음 통일을 말한다. 먼저 초선은 각(覺) · 관(觀) · 희(喜) · 낙(樂) · 일심(一心)의 다섯 가지로 이루어지는데, 심일경성(心一境性)을 체(體)로 삼고, 능심려(能審慮)를 용(用)으로 하여 욕계의 번뇌를 멸하는 수행법으로서, 욕 · 악 · 불선법을 제거하고 유각(有覺) · 유관(有觀)으로써 번뇌를 끊어 없애는 선이다. 두 번째인 제2선은 내정(內淨) · 희(喜) · 락(樂) · 일심(一心)의 네 가지로 이루어지며, 유각 · 유관을 없애고 무각(無覺) · 무관(無觀)으로써 정생(定生)의 희락, 신근(信根)이 있는 선을 말한다. 제3선은 사(捨) · 염(念) · 혜(慧) · 낙(樂) · 일심(一心)의 다섯 가지로 이루어지며, 희를 멸하고 사(捨)를 닦아서 제성(諸聖)이 체득한 법을 억념(憶念)하여 만드는 선이다. 제4선은 불고불락(不苦不樂) · 사(捨) · 염(念) · 일심(一心)의 네 가지로 이루어지는데, 불고불락의 사념청정(捨念淸淨)으로써 드는 선을 뜻한다. 산스크리트로는 catur-dhyāna 이다.

231　오신통(五神通) : 5통(通), 5신변(神變)이라고도 함. 5종의 불가사의하고 자재하고 묘한 작용. 천안통(天眼通) · 천이통(天耳通) · 숙명통(宿命通) · 타심통(他心通) · 신족통(神足通)을 말함. 천안통(天眼通)은 지상세계와 하늘세계와 땅밑 지옥의 모든 모습을 막힘없이 보는 눈, 천이통(天耳通)은 지상세계와 하늘세계와 땅밑 지옥의 모든 소리를 막힘없이 듣는 귀, 숙명통(宿命通)은 과거 전생(前生)의 운명을 아는 것, 타심통(他心通)은 타인의 마음을 아는 것, 신족통(神足通)은 어디든 자유롭게 갈 수 있는 능력이라는 뜻. 이 오신통은 누구든 수행을 통해 얻을 수 있는 능력으로서 외도(外道)와 불도(佛道)를 구분할 수 없는 것이다. 불도에만 있는 신통은 곧 누진통(漏盡通)이니, 누진통은 번뇌망상을 완전히 소멸하여 막힘없이 자유롭게 세계의 실상(實相)을 보고 모든 미혹(迷惑)에서 해탈하는 능력이다. 부처의 신통은 누진통이라 함.

232　법인(法忍) : 무생법인(無生法忍), 불생법인(不生法忍), 불기법인(不起法忍)이라고도

통(宿命通)²³³으로써 각자 과거세(過去世)²³⁴에 지은 부모를 죽이는 등 기타 여러 가지 무거운 죄를 보고서, 각자 자기 마음속에 의심을 품고 있었으니, 깊고 깊은 법을 깨달을 수 없었다. 그때 문수(文殊)가 대중의 의심과 두려움을 알고서, 부처님의 위신력(威神力)을 빌려 손에 날카로운 칼을 쥐고 여래(如來)를 몰아붙였다. 세존이 이에 문수에게 말했다.

'멈추어라, 멈추어라. 역죄(逆罪)²³⁵를 지어서는 안 된다. 나에게 해를 끼쳐서는 안 된다. 내가 반드시 해를 입는다면, 착하기 때문에 해를 입는 것이다. 문수사리여! 그대는 본래는 나와 남이 없었는데, 단지 속마음으로 나와 남을 보고 있으니, 속마음이 일어날 때는 나는 반드시 해를 입는 것이다. 이것을 일러 해를 끼친다고 한다.'

───────────

함. 인(忍)은 인(認)과 같이 인정하고 수용한다는 뜻이니, 법인(法忍)은 법을 인정하고 수용하여 의심하지 않는 것. 『유마경(維摩經)』 중권(中卷) 「입불이법문품(入不二法門品)」 제9에 "생멸(生滅)은 이법(二法)이지만, 법(法)은 본래 생하지 않는 것이어서 지금 멸하지도 않습니다. 이러한 무생법인(無生法忍)을 얻는 것이 바로 불이법문(不二法門)에 들어가는 것입니다."(生滅爲二, 法本不生今則無滅. 得此無生法忍, 是爲入不二法門.)라 하고 있다. 무생법인(無生法忍)은 불생불멸(不生不滅)하는 법(法), 즉 생겨나거나 소멸함이 없는 법을 인정하고 의심 없이 수용한다는 뜻이다.

233 숙명통(宿命通) : 전생의 일을 아는 신통력.

234 과거세(過去世) : 전생(前生).

235 역죄(逆罪) : 오역(五逆), 오역죄(五逆罪), 5무간업(無間業)이라고도 함. 불교를 거역하는 5종의 무거운 죄. (1)소승의 5역= ①살부(殺父). ②살모(殺母). ③살아라한(殺阿羅漢). ④파화합승(破和合僧). ⑤출불신혈(出佛身血). 혹은 1과 2를 합하여 1로 하고, 다시 제5에 파갈마승(破羯磨僧)을 더하여 5로 함. (2)대승의 5역= ①탑(塔)·사(寺)를 파괴하고 경상(經像)을 불사르고, 3보의 재물을 훔침. ②삼승법(三乘法)을 비방하고 성교(聖敎)를 가볍고 천하게 여김. ③스님들을 욕하고 부려먹음. ④소승의 5역죄를 범함. ⑤인과(因果)의 도리를 믿지 않고, 악구(惡口)·사음(邪淫) 등의 10불선업(不善業)을 짓는 것.

이에 오백 비구는 스스로 본래 마음이 꿈과 같고 환상과 같으며, 꿈과 환상 속에는 나와 남이 없고, 나아가 부모도 자식도 없음을 깨달았다. 이에 오백 비구는 한결같은 목소리로 문수를 찬탄하는 게송을 읊었다.

'문수 큰 지혜를 가진 보살이여!
법의 밑바닥까지 깊이 통달하셨구나.
스스로 손에 날카로운 칼을 쥐고서
여래의 몸을 위협하였네.
칼과 마찬가지로 부처님 역시 그러하셔서
하나의 모습일 뿐 둘이 없다네.
모습도 없고 생겨남도 없으니
이 속에서 어떻게 죽이겠는가?'[236]

諸人要知自無疑能與人除疑者麽? 昔世尊在靈山會上說法, 有五百比丘得四禪定, 具五神通, 未得法忍. 以宿命智通, 各各自見過去世時殺父害母及諸重罪, 於自心內各各懷疑, 於甚深法不能證入. 是時文殊知衆疑怖, 承佛神力, 遂手握利劍, 持逼如來. 世尊乃謂文殊曰 : '住! 住! 不應作逆. 勿得害吾. 吾必被害, 爲善被害. 文殊師利! 爾從本已來, 無有我人, 但以内心見有我人, 内心起時, 我必被害. 即名爲害.' 於是五百比丘自悟本心如夢如幻, 於夢幻中無有我人, 乃至能生所生父母. 於是五百比丘同聲說偈讚文殊曰 : '文殊大智士! 深達法源底. 自手握利劍, 持逼如來身. 如劍佛亦爾, 一相無有二. 無相無所生, 是中云何殺?'

---

236 『오등회원』 제1권 '석가모니불(釋迦牟尼佛)'에 나오는 내용. 『경덕전등록』에는 없다.

여러분! 문수가 비록 대중의 의심을 끊어 주었지만, 힘을 적지 않게 소모하였다. 나는 오늘 묘도 상좌의 의심을 끊어 주는 데 날카로운 칼을 사용하지 않고, 다만 '마음도 아니고, 부처도 아니고, 물건도 아니다.'라는 말을 하였을 뿐이다. 만약 여기에서 의심이 끝장난다면, 천하를 마음대로 누빌 것이다. 만약 그렇지 못하면, 이 말²³⁷을 잘 들어라.

'단칼에 죽고 사는 길을 끊어 버리니
마혜수라²³⁸의 바른 눈이 정수리에서 열리고
가없는 업장(業障)²³⁹이 모두 사라지는구나.

---

237 주각(註脚) : 풀이하여 따로 한마디 언급하는 말. 본문의 어떤 부분을 설명하거나 보충하기 위하여 본문의 아래쪽에 따로 베푼 풀이. 주각(注脚). 각주(脚註脚注).

238 마혜수라(摩醯首羅) : '대자재천(大自在天)'이라고도 한다. 산스크리트 Maheśvara를 음역한 것으로, 우주의 대주재신(大主宰神) 또는 시바 신의 다른 이름이다. 눈은 셋이고 팔은 여덟으로 흰 소를 타고 흰 불자(拂子)를 들고 큰 위덕을 가진 신. 외도(外道)들은 이 신을 세계의 본체라 하며, 또는 창조의 신이라 하여 이 신이 기뻐하면 중생이 편안하고, 성내면 중생이 괴로우며, 온갖 물건이 죽어 없어지면 모두 이 신에게로 돌아간다고 한다. 이 신을 비자사(毘遮舍)라 부르기도 하고 초선천(初禪天)의 임금이라 하며, 혹은 이사나(伊舍那)라 하여 제6 천주(天主)라고도 한다. 눈 셋을 가진 마혜수라의 정수리에 있는 눈은 탁월한 식견과 안목을 갖추었음을 뜻한다.

239 업장(業障) : 깨달음을 가로막는 장애물인 업(業). 언어·동작 또는 마음으로 업을 지어 바른 깨달음을 방해하는 장애.

240 한산(寒山) : 중국 당나라 때 사람으로 성명은 알 수 없고, 항상 천태(天台) 시풍현(始豊縣)의 서쪽 70리에 있는 한암(寒巖)의 깊은 굴속에 있었으므로 한산(寒山)이라 하였다. 늘 국청사에 와서 습득(拾得)과 함께 대중이 먹고 남은 밥을 얻어서 대통에 넣은 뒤 둘이 서로 어울려 한산으로 돌아가곤 하였다 함. 미친 짓을 하면서도 하는 말은 불도의 이치에 맞으며, 또 시를 잘하였다 함. 세상에서 한산·습득·풍간(豊干)을 3성(聖)이라 부르며, 또 한산을 문수보살의 재현(再現)이라 함. 『한산시(寒山詩)』 3권이 있음.

결국 어떤가?

한산(寒山)[240]과 습득(拾得)[241]은 천태(天台)[242]에 있도다.[243]"

大衆! 文殊雖然爲衆決疑, 費力不少. 雲門今日爲道上座決疑, 且不用利劍, 只有
箇不是心, 不是佛, 不是物. 若向這裏疑情脫去, 天下橫行. 若不然者, 聽取箇註脚
: '一刀截斷生死路, 摩醯正眼頂門開, 無邊業障俱銷殞. 畢竟如何? 寒山拾得在天
台.'"

불자(拂子)[244]를 가지고 선상(禪床)을 한 번 내리치고, "악!" 하고 일할(一
喝)을 하고는 자리에서 내려왔다.

以拂子擊禪床一下, 喝一喝, 下座.

241　습득(拾得) : 중국 당나라 때, 천태산(天台山) 국청사(國淸寺)에 있던 이. 풍간(豊干)이
　　　산에 갔다가 적성도(赤城道) 곁에서 주워 왔다 하여 이렇게 이름함. 한산(寒山)과 친히
　　　사귀었고 풍간이 산에서 나온 뒤에 한산과 함께 떠난 뒤로 자세한 행적을 알 수 없다.

242　천태산(天台山) : 절강성(浙江省) 태주부(台州府) 천태현(天台縣) 북쪽에 있는 산. 태산
　　　(台山)이라고도 함. 천태종 본산(本山)으로서 지자(智者) 대사가 개창한 국청사(國淸寺)
　　　가 있다. 국청사는 수(隋) 개황(開皇) 18년(598)에 양제(煬帝)가 천태지의(天台智顗)를 위
　　　해서 창건한 절. 당나라 때 천태산 국청사에 숨어 살던 습득(拾得)·풍간(豊干)·한산(寒
　　　山) 3거사를 일컬어 국청삼은(國淸三隱)이라고 한다.

243　한산(寒山)과 습득(拾得)은 천태산(天台山) 국청사(國淸寺)에 살고 있었다.

244　불자(拂子) : 불자는 수행자가 마음의 티끌·번뇌를 털어 내는 상징적 의미의 법구로
　　　불(拂) 또는 불진(拂塵)이라고도 하며 범어로는 vijana라고 한다. 짐승의 털이나 삼(麻) 등
　　　을 묶어서 자루 끝에 맨 것으로 원래는 벌레를 쫓는 데 쓰는 생활용구였다.

3. 황덕용이 청한 보설

황덕용(黃德用)이 보설을 청하자, 대혜가 말했다.

"소무(邵武)[245]의 고사(高士)[246]이신 황단부(黃端夫)[247]께서는 불승(佛乘)[248]을 믿어, 이 일을 알고서, 집안의 재산을 내놓아 한 곳에 암자를 세우시고, 원오(圜悟)라는 이름을 지어 걸고는, 몇 번이나 편지를 보내어 양기(楊岐)[249]의 한 가지 불법을 나누어 달라고 하셨다. 그것은 중생을 위하여 큰 이익을 짓는 일이지만, 나는 감히 경솔하게[250] 허락할 수가 없었다. 다시 오원소(吳元昭) 학사(學士)에게 부탁하여 두 번 세 번 간절히 청해 오셨으나, 역시 감히 가벼이 허락하지 못했다.

그러던 차에 불행히도 단부께서 갑자기 세상을 떠나셨는데, 듣자 하니

---

245 소무(邵武) : 지명(地名). 현 복건성(福建省) 소무현(邵武縣). 송대(宋代)에는 소무부(邵武府)라 하였음.

246 고사(高士) : 인품이 고상하여 속세에 나오지 않고 은거하며 벼슬하지 않는 군자(君子).

247 황단부(黃端夫) : 황덕용(黃德用). 덕용(德用)이 이름이니, 단부(端夫)는 자(字)일 것이다.

248 불승(佛乘) : 불교(佛敎). 불법(佛法). 승(乘)은 실어 옮긴다는 뜻. 중생들을 싣고 깨달음의 결과에 이르게 하는 가르침. 부처님이 말씀하신 교법(敎法)을 가리키는 말.

249 양기방회(楊岐方會)를 가리킨다. 양기방회(楊岐方會; 992-1049)는 임제종(臨濟宗) 양기파(楊岐派)의 개조(開祖). 석상초원(石霜楚圓; 986-1040)의 문하에서 공부하여 그의 법을 이어받고는, 원주(袁州)의 양기산(楊岐山)과 담주(潭州)의 운개산(雲蓋山)에 머물면서 선풍(禪風)을 떨쳤다. 양기방회의 법계보는 양기방회-백운수단(白雲守端)-오조법연(五祖法演)-원오극근(圜悟克勤)-대혜종고(大慧宗杲)로 이어진다.

250 용이(容易) : 경솔하다. 신중하지 않다.

임종하실[251] 때 두 아드님을 불러 거듭 부탁하며 말씀하시길, '만약 나를 위해 운문[252]에게 청하여 본분을 지키며 암자에 머물 한 사람을 얻는다면, 죽어도 남는 한이 없겠구나.' 하시고는 돌아가셨다고 한다. 두 분 아드님은 유언을 잊지 못하시고, 원소 학사에게 부탁하여 소(疏)[253]를 지으시고, 전사(專使)[254]를 보내어 미광(彌光) 선인(禪人)에게 암주(庵主)를 맡아 달라고 청하셨다. (나는) 이처럼 지극한 정성을 보고는 마침내 명(命)에 응하게 되었다.

黃德用請普說, 師云: "邵武高士黃端夫, 信向佛乘, 知有此事, 捐家財, 起菴一所, 以圜悟揭名, 屢有書來乞分楊岐一枝佛法去. 彼爲衆生作大利益, 雲門不敢容易諾之. 又託吳元昭學士, 再三懇禱, 亦未敢輕許. 不幸端夫忽爾化去, 聞啓手足時, 呼其二子, 再三囑之曰: '若爲吾於雲門請得一本分住菴人, 則死無遺恨矣.' 言訖長往. 二子不忘遺訓, 求元昭學士撰疏, 遣專使, 請彌光禪人作菴主. 見其至誠, 遂令

---

251 계수족(啓手足): 계수(啓手) 혹 계족(啓足)과 같은데, 천수(天壽)를 다하고 죽는다는 뜻인 선종(善終)과 같다.

252 운문(雲門)은 곧 대혜종고이다. 대혜는 42세 때인 1130년 봄에 강서성(江西省) 해혼현 (海昏縣)의 운문암(雲門菴)으로 옮겨 머물렀다.

253 소(疏): 일반적으로는 경론(經論)의 주석서를 가리키지만, 선문(禪門)에서는 보통 사륙변려체(四六駢儷體)를 사용한 표백문(表白文)을 가리킨다. 선문의 소는 크게 나누어 입사소(入寺疏), 임한소(淋汗疏), 간연소(幹緣疏) 등 3종이 있다. 입사소는 새로운 주지의 임기가 시작될 때, 그 선원 또는 그 선원 주변에 있는 여러 절의 주지와 도우(道友) 혹은 동문(同門) 등이 부임(赴任) 즉 입사(入寺)를 배알 또는 축하하는 문장을 가리킨다. 임한소는 선원에서 불사(佛事)를 할 때, 그 비용을 모금하는 문장이다. 간연소는 일반적으로 말하는 권선문(勸善文)으로서, 여러 가지 일로 보시를 권할 때 그 취지를 알리는 문장이다.

254 전사(專使): 특사(特使). 특별히 모든 일을 맡아 심부름하는 사람.

應命.

오늘 덕용의 아드님[255]께서 이 암자를 특별히 방문하셔서, 아낌없이 돈을 내어[256] 보시하시고는, 나[257]에게 보설을 부탁하여, 종지(宗旨)를 드날림으로써[258] 모든 성인에게 입은 은혜에 보답하게 해 달라고 하셨다. 그런데 무엇을 일러 종지라 하는가? 종지는 또 어떻게 드날리는가? 요즈음의 불법은 애처롭게도[259] 삿된 스승들이 법을 말하는 것이 강바닥의 모래알만큼이나 많아서, 제각각 문풍(門風)을 세워 제각각 기이하고 특별한 말을 하며, 점차[260] 엉터리를 만들어[261] 후손들이 의심하고 오해하게 만듦이 헤아릴 수가 없다. 선(禪)을 하는 자로서 이미 법(法)을 가려내는 눈을 갖추지 못하고, 스승 노릇을 하면서도 다시 도안(道眼)[262]이 밝지 못하니, 이러한 지경에 이른 것이다.

今德用昆仲特詣當菴, 揮金辦供, 命山僧普說, 擧揚宗旨, 以答諸聖加被之恩. 且喚甚麼作宗旨? 宗旨又如何擧揚? 近代佛法可傷, 邪師說法如恒河沙, 各立門風, 各

255 곤중(昆仲) : 남의 형제를 높여 부르는 말. 황덕용(黃德用)의 두 아들을 가리킨다.

256 휘금(揮金) : 돈을 낭비하다. 돈을 아낌없이 쓰다.

257 산승(山僧) : 승려들이 겸손하게 자기를 가리키는 말.

258 거양(擧揚) : 들어 날리다. 드날리다. 대중을 모아 놓고 문답하고 설법하며 종지(宗旨)를 명백히 들어내는 것.

259 가상(可傷) : 슬프게도. 애처롭게도.

260 축선(逐旋) : 점점. 점차.

261 날합(捏合) : 날조(捏造)하다.

262 도안(道眼) : 대도(大道)를 보는 안목. 제법실상의 도리를 바르게 파악하는 능력.

說奇特, 逐旋捏合, 疑誤後昆, 不可勝數. 參禪者旣不具擇法眼, 爲師者又道眼不明,
以至如是.

나는 처음에는 원소와 서로 알지 못했는데 지난번 강서(江西)에서 그가
후발(後跋)[263]을 쓴 『화엄경(華嚴經)』『범행품(梵行品)』을 보니 스스로 말하기
를 『범행품』을 보다가 깨닫고는 천하 노스님들의 말씀을 의심하지 않게
되었다.'고 하였다. 나는 그때 이미 그의 처지를 알아차리고는 곧 동학(同
學)들에게 말하였다.

'이 사람은 다만 범행이 없음을 깨달았을 뿐인데, 벌써 삿된 스승에게
버젓이 인가[264]를 받았다. 내가 만약 그를 만난다면, 힘을 다하여 그를 구
원해 줄 것이다.'

장락(長樂)에서 서로 만나게 되자, 곧 찾아와 묻고자 입실하기에, 즉시
그가 깨달은 곳을 단지 두 마디 말로써 결단 내리고는 말했다.

'공(公)이 깨달은 것은 영가(永嘉) 스님이 말씀하신 〈공(空)에만 통하고[265]
인과(因果)를 없애 버리면, 끝없이 많고 많은 재앙을 불러올 것이다.〉[266]는

---

263 후발(後跋) : 발문(跋文). 책의 끝에 그 책의 내용과 그 책과 관계되는 이야기를 간단하
    게 적어 첨부한 글.

264 인파면문(印破面門) : 얼굴에다 인가(印可)의 도장을 찍다. 인파(印破)는 깨달음을 인
    가(印可)하는 증명의 도장을 찍는 것. 면문(面門)은 얼굴. 공개적으로 인가해 주다.

265 활달(豁達) : 확 트이다, 확 트여 통하다. 통이 크다, 너그럽다.

266 『경덕전등록』 제30권에 나오는 「영가진각대사증도가(永嘉眞覺大師證道歌)」의 한 구절.
    앞뒤의 내용을 살펴보면 다음과 같다 : 모습도 아니고 공(空)도 아니고 공(空) 아님도 아
    니니, 이것이 곧 여래의 참된 모습이다. 마음의 거울은 밝아서 걸림 없이 비추니, 텅 비고
    맑고 투명하게 온 우주에 두루 통한다. 만상삼라의 그림자 그 속에 나타나, 하나로 두루
    밝으니 안과 밖이 없다. 공(空)에만 확 통하고 인과(因果)를 없애 버리면, 아득하고 끝없

116

것일 뿐입니다.'

다시 그가 『범행품』을 인용한 말에서 잘못 증거한 곳 때문에 말했다.

'〈몸에선 취함이 없고, 닦음에선 집착이 없고, 법에선 머묾이 없다. 과거는 이미 사라졌고, 미래는 아직 오지 않았으며, 현재는 텅 비어 아무것도 없으니, 업을 짓는 자도 없고, 과보를 받는 자도 없다. 이 세상은 이동하지 않고, 저 세상은 바뀌지 않는다. 이 가운데에서 무슨 법을 범행(梵行)이라 부르겠는가? 범행은 어디에서 오는가? 누가 (범행을) 가지고 있는가? (범행의) 본바탕은 무엇인가? 무엇으로 말미암아 (범행을) 짓는가? (범행은) 있는 것인가? 없는 것인가? 색(色)인가? 색이 아닌가? 수(受)인가? 수가 아닌가? 상(想)인가? 상이 아닌가? 행(行)인가? 행이 아닌가? 식(識)인가? 식이 아닌가? 이와 같이 관찰하면, 범행이라는 법은 얻을 수가 없기 때문이다.〉²⁶⁷ 만약 이 인용문을 증거로 삼아 범행 없는 것이 곧 참된 범행이라고 한다면, 이것은 대반야를 비방하는 것이니, 쏜살같이 지옥으로 떨어질 것입니다.'

雲門初與元昭不相識, 頃在江西見渠跋所施 『華嚴』 「梵行品」, 自言於 「梵行品」 有

悟入處, 不疑天下老師舌頭. 那時已得其要領, 即與兄弟說 : '此人只悟得箇無梵行

는 재앙을 불러올 것이다. 있음을 버리고 공(空)에 집착하는 병 역시 그러하니, 마치 물을 피하다가 불에 뛰어드는 것과 같다. 허망한 마음을 버리고 진리(眞理)를 취한다면, 취하고 버리는 마음이 교묘한 거짓을 만든다.(無相無空無不空, 即是如來眞實相. 心鏡明鑒無礙, 廓然瑩徹周沙界. 萬象森羅影現中, 一顆圓明非內外. 豁達空撥因果, 莽莽蕩蕩招殃禍. 棄有著空病亦然, 還如避溺而投火. 捨妄心取眞理, 取捨之心成巧僞.)

267 『대방광불화엄경』(80권 화엄경) 제17권 「범행품」 제16에 나오는 내용

而已, 已被邪師印破面門了也. 雲門若見, 須盡力救他.' 及乎在長樂相見, 便來咨問
入室, 卽時將渠悟入處只兩句斷了曰: '公所悟者, 永嘉所謂〈豁達空撥因果, 莽莽
蕩蕩招殃禍〉耳.'

更爲渠引「梵行品」中錯證據處曰: '〈於身無所取, 於修無所著, 於法無所住. 過去
已滅, 未來未至, 現在空寂, 無作業者, 無受報者. 此世不移動, 彼世不改變, 此中何
法, 名爲梵行? 梵行從何處來? 誰之所有? 體爲是誰? 由誰而作? 爲是有? 爲是無?
爲是色? 爲非色? 爲是受? 爲非受? 爲是想? 爲非想? 爲是行? 爲非行? 爲是識? 爲
非識? 如是觀察, 梵行法不可得故〉若依此引證, 謂無梵行, 是眞梵行, 則是謗大般
若, 入地獄如箭射.'

다시 그를 위해 말하였다.

'지금 여러 곳에서 삿된 스승의 무리가 제각각 위없는 깨달음을 얻었
다고 스스로 말하지만, 각자의 말은 이단으로서, 호인(胡人)[268]을 속이고
한인(漢人)[269]에게 거짓말을 하는 것입니다. 이들은 옛사람이 도(道)에 들
어간 인연을 망령되이 파 들어갑니다.

어떤 사람은 말없이 침묵하는 것으로써 공겁(空劫) 이전[270]의 일로 삼
아, 사람들에게 그만두고 쉬라고 가르치는데, 쉬어서 흙·나무·기와·

---

268 호인(胡人)은 석가모니 혹은 달마(達磨).
269 한인(漢人)은 중국의 조사(祖師)와 선사(禪師), 나아가 불법을 배우는 모든 중국 사람.
270 공겁이전(空劫已前): 위음왕불 이전과 같음. 위음왕불은 공겁(空劫) 때 맨 처음 성불
   한 부처인데, 『조정사원(祖庭事苑)』에는 위음왕 이전은 실제이지(實際理地)를 밝힌 것이
   고, 위음왕 이후는 불사문중(佛事門中)을 밝힌 것이라 하였다. 결국 위음왕 이전 혹은 공
   겁 이전은 본유(本有)의 본래면목(本來面目)을 가리킨다.

돌과 같이 되라고 합니다. 또 사람들이 〈검은 산 아래 귀신굴 속에 앉아 있다.〉고 말하는 것을 두려워하여, 뒤따라 곧 조사의 말씀을 인용하여 증거하기를 〈또렷하게 늘 알고 있는 까닭에 말로는 설명할 수가 없다.〉[271]라고도 합니다. 쉬어서 흙·나무·기와·돌과 같이 될 때는, 캄캄하여 지각(知覺)이 없는 것이 아니라, 곧장 또렷하고 분명히 깨어 있어서, 가고·머물고·앉고·누움에 늘 지니고 있다고 합니다. 그리하여 다만 이와 같이 수행(修行)하여 오래오래 하면, 저절로 본래 마음에 계합한다고 합니다.

更爲渠說. '而今諸方邪師輩各各自言得無上菩提, 各說異端, 欺胡謾漢. 將古人入道因緣妄生穿鑿. 或者以無言無說, 良久黙然, 爲空劫已前事, 教人休去歇去, 歇教如土木瓦石相似去. 又怕人道：〈坐在黑山下鬼窟裏〉, 隨後便引祖師語證據云

---

271 이조혜가(二祖慧可)의 말. 『경덕전등록』제3권, 제28조보리달마(第二十八祖菩提達磨)에 작은 글씨로 주(註)되어 있는 전체 내용은 다음과 같다 : 별기(別記)에서 말한다. "달마 스님이 처음 소림사(少林寺)에서 9년간 머물다가 2조에게 설법(說法)하여 다만 가르치기를 '밖으로 온갖 인연을 쉬고 안으로 마음에 헐떡임이 없어서, 마음이 담벼락과 같아야 도에 들어갈 만하다.'라고 하였다. 혜가(慧可)는 여러 번 심성(心性)의 이치를 설명하였으나, 도에는 계합하지 못하고 있었다. 달마는 다만 그것이 아니라고 저지할 뿐, 생각 없는 마음의 바탕을 말해 주지는 않았다. 혜가가 말했다. '저는 이미 모든 인연을 쉬었습니다.' 달마가 물었다. '단멸을 이룬 것은 아니냐?' '단멸을 이루지 않았습니다.' '어떻게 확인하였기에 단멸이 아니라고 하느냐?' '또렷이 늘 알고 있는 까닭에 말할 수는 없습니다.' 이에 달마가 말했다. '이것이 바로 모든 부처님이 전하신 마음의 바탕이니 다시는 의심하지 마라.'"(別記云："師初居少林寺九年, 爲二祖說法祇教曰：'外息諸緣, 內心無喘, 心如牆壁, 可以入道.' 慧可種種說心性理, 道未契. 師祇遮其非, 不爲說無念心體. 慧可曰：'我已息諸緣.' 師曰：'莫不成斷滅去否?' 可曰：'不成斷滅.' 師曰：'何以驗之云不斷滅?' 可曰：'了了常知故, 言之不可及.' 師曰：'此是諸佛所傳心體, 更勿疑也.'")

: 〈了了常知故, 言之不可及.〉 歇得如土木瓦石相似時, 不是冥然無知, 直是惺惺歷歷, 行住坐臥, 時時管帶, 但只如此修行, 久久自契本心矣.

　　어떤 사람은 분별[272]과 경계(境界)를 벗어 버리고 고정된 형식을[273] 세우지 않는 것을 드나드는 문(門)으로 삼아, 옛사람의 공안(公案)을 말하기만 하면 벌써 알아차려 버립니다. 혹시 사가(師家)[274]가 묻기를 〈마음도 아니고, 부처도 아니고, 물건도 아니니, 그대가 어떻게 알겠는가?〉라고 하면, 곧 말하기를 〈스님께선 활짝 깨어 있음[275]을 거리끼지 마십시오.[276]〉라 하기도 하고, 혹은 〈스님께선 어디에 갔다 오셨습니까?〉라 하기도 하고, 혹은 〈화살 위에 다시 살촉을 더해선 안 됩니다.〉라 하기도 하고, 혹은 〈얼마나 많은 사람을 속였습니까?〉라 하기도 하고, 혹은 〈마음도 아니고, 부처도 아니고, 물건도 아니다.〉라고 같은 말을 다시 한 번 말하기도 합니다. 저 옛사람들의 인연을 물을 때마다, 모두 말을 꺼내는 곳에서 바로 받아들이고, 부싯돌 불꽃이나 번갯불처럼 번쩍 스치는 곳에서 알아차리고, 말을 하면 바로 알아차립니다. 질문을 할 때마다 전혀 받아들이지 않고는, 깨끗이 벗어나 자재하며 큰 안락을 얻었다고 합니다.

272　정식(情識) : 감정과 의식을 통한 분별(分別). 미망심(迷妄心). 중생심. 분별심.

273　과구(窠臼) : 상투(常套). 정형화된 패턴. 고정된 형식.

274　사가(師家) : 선문(禪門)의 종지(宗旨)를 체득한 사람. 종사(宗師).

275　성성(惺惺) : ①총명하다. ②맑고 고요하다. ③깨어 있다.

276　불방(不妨)- : -는 무방(無妨)하다. -는 괜찮다. -라고 해도 괜찮다. 마음대로 -하다.

或者以脫去情塵, 不立窠臼爲門戶, 凡古人公案擧了, 早會了也. 或師家問:〈不是心, 不是佛, 不是物, 爾作麼生會?〉便云:〈和尙不妨惺惺.〉或云:〈和尙甚麼處去來?〉或云:〈不可矢上更加尖.〉或云:〈謾却多少人?〉或再擧一徧云:〈不是心, 不是佛, 不是物.〉凡問他古人因緣, 皆向擧起處承當, 擊石火閃電光處會, 擧了便會了. 凡有所問皆不受, 喚作脫灑自在, 得大快樂.

어떤 사람은 삼계(三界)는 오직 마음이고 만법(萬法)은 오직 식(識)이라는 것을 앞장세워서,[277] 한 부류의 옛사람이 비슷한 곳에서 증명(證明)한 것을 이끌어 와, 눈으로 보고 귀로 듣는 것을 힘을 얻는 곳으로 삼습니다. 통하여 들어간 곳이 있기만 하면, 사물을 보는 것을 말미암지 않고 깨달은 자는 아직 없었고, 소리를 듣는 것을 말미암지 않고 깨달은 자는 아직 없었다고 합니다. 방편을 펼치는[278] 일이 있기만 하면, 옛사람의 비슷한 곳을 흉내 냅니다.[279] 누가 묻는 말을 하기라도 하면, 오직 배우는 사람의 질문에만 꽉 달라붙어서 곧장 답을 하고는, 그것을 일러 말을 듣자마자 무생법인(無生法忍)에 계합하였다고 하고, 꼭 복주(福州) 사람이 삼베를 짜는 것과 같아서, 틈 없이 이어져서 정식과 경계에 떨어지지 않는다고 합니다.

或者以三界唯心, 萬法唯識爲主宰, 引一類古人相似處作證明, 以眼見耳聞爲得力處. 凡通入處, 未有不由見物而悟者, 未有不由聞聲而悟者. 凡有施設, 倣效古人相

---

277 주재(主宰): 책임지고 맡아서 처리함, 또는 그 사람. 주장(主張).
278 시설(施設): 방편을 펼치다. 임시로 수단을 설치하다.
279 방효(倣效): 흉내 내다. 모방하다. 본받다. =방효(倣效).

似處. 有人問話, 只黏定學家問頭便答, 謂之言下合無生, 正如福州人聯麻相似, 喚
作綿密不落情塵.

　　예컨대 어떤 승려가 고덕(古德)에게 질문한 〈어떻게 해야 삼계에서 벗
어납니까?〉라는 물음 같은 경우에는, 〈삼계를 가지고 오면, 그대를 벗어
나게 해 주겠다.〉라고 말하거나, 혹은 〈무엇을 일러 삼계라 하는가?〉라
고 말하기도 하고, 혹은 〈이 스님의 물음을 알아차리면, 삼계에서 벗어나
는 것도 어렵지 않다.〉라고 하기도 합니다.
　　예컨대, 어떤 승려가 법안(法眼)에게 묻기를 〈무엇이 조계(曹溪) 근원의
한 방울 물입니까?〉라고 하자, 법안은 〈이것이 조계 근원의 한 방울 물
이다.〉라고 답했으며,[280] 혜초(慧超)가 법안에게 묻기를 〈무엇이 부처입니
까?〉 하자, 법안이 〈그대는 혜초다.〉라고 답했는데,[281] 이와 같은 것들을
이끌어 와 증거로 삼아서, 온전히 옳게도 여기고 전혀 옳지 않다고 여기
기도 합니다.

---

280 『경덕전등록』 제25권 '천태산덕소국사(天台山德韶國師)'에 다음의 이야기가 나온다 : 하
　　루는 정혜(淨慧; 법안문익)가 상당(上堂)하였는데, 어떤 승려가 물었다. "무엇이 조계(曹
　　溪) 근원의 한 방울 물입니까?" 정혜가 말했다. "이것이 조계 근원의 한 방울 물이다." 그
　　승려는 어찌할 줄을 모르고 물러갔다. 천태덕소는 법좌(法座) 곁에 있다가, 그 말을 듣고
　　활짝 깨달았는데, 평생 막혀 있던 의문이 얼음이 녹듯이 풀렸다.(一日淨慧上堂有僧問 : "如
　　何是曹源一滴水?" 淨慧曰 : "是曹源一滴水." 僧惘然而退. 師於坐側豁然開悟, 平生疑滯渙若冰釋.)
　　천태덕소는 정혜(淨慧) 즉 법안문익(法眼文益)의 법제자이다.
281 『오등회원』 제10권 '여산귀종책진법시선사(廬山歸宗策眞法施禪師)'에 나오는 구절. 여
　　산귀종(廬山歸宗)의 처음 법명(法名)이 혜초(慧超)이다.

如僧問古德：〈如何出得三界去?〉云：〈把將三界來, 爲爾出.〉或云：〈喚甚麼作三界?〉或云：〈會得這²⁸²僧問頭, 出三界也不難.〉如僧問法眼：〈如何是曹源一滴水?〉答云：〈是曹源一滴水.〉慧超咨和尙：〈如何是佛?〉答云：〈汝是慧超.〉引如此之類作證, 乃全是全不是.

또 예컨대, 약산(藥山)의 이런 대화를 거론하기도 합니다.

약산이 밤중에 (등불도 켜지 않고) 대중에게 말했다.²⁸³ 〈나에게 할 말이 한마디 있는데, 수소²⁸⁴가 새끼를 낳으면 그대들에게 말해 주겠다.〉 어떤 승려가 대중 앞으로 나와 말했다. 〈수소는 이미 새끼를 낳았는데, 스님께서 스스로²⁸⁵ 말씀하시지 않는군요.〉 약산이 말했다. 〈등불을 켜라.〉 그 승려는 곧 대중 속으로 돌아갔다.²⁸⁶

뒷날 법등(法燈)²⁸⁷이 말했다. 〈말해 보아라. 새끼를 낳는 것은 수소인가? 암소인가?〉 스스로 대답했다. 〈둘이 함께 낳는다.〉²⁸⁸

---

282 '저(這)'는 궁내본과 덕부본에서는 모두 '차(遮)'로 되어 있다. 이하 동일.

283 시중(示衆) : 여러 사람에게 드러내 보이다. 대중에게 법을 알려 주다. 주지(住持) 혹은 종사(宗師)가 대중에게 법을 말하는 대중설법(大衆說法)을 가리킨다. 법당에 올라 법을 말했다는 상당설법(上堂說法)과 같은 말. 수시(垂示), 교시(敎示)라고도 함.

284 특우(特牛) : 수소. 수놈인 소.

285 자시(自是) : 당연히. 스스로. 제멋대로. 옳게 여기다. 이로부터.

286 『경덕전등록』 제14권, 『오등회원』 제5권 '풍주약산유엄선사(灃州藥山惟儼禪師)'에 나오는 대화.

287 금릉(金陵) 청량(淸凉) 태흠법등(泰欽法燈) 선사(禪師).

288 법등(法燈)의 이 말은 『연등회요』 제19권 '약산유엄(藥山惟儼)'에도 실려 있다.

따져 볼²⁸⁹ 때는 역시 약산이 말한 〈나에게 할 말이 한마디 있는데, 수소가 새끼 낳는 것을 기다려서 말을 할 것이다.〉를 말을 듣자마자 무생법인에 계합한다고 이해하고는, 그 까닭에 그 승려가 눈치를 채고 곧 앞으로 나와 〈수소는 이미 새끼를 낳았는데, 스님께서 스스로 말씀하시지 않는군요.〉라고 말한 것은 곧장 틈 없이 이어져서 칼날²⁹⁰을 드러내지 않았다고도 합니다. 법등이 징(徵)²⁹¹하여 말한 〈말해 보아라. 새끼를 낳는 것은 수소인가? 암소인가?〉와 다시 스스로 대답한 〈둘이 함께 낳는다.〉라는 말 역시 다만 말을 듣자마자 무생법인에 계합한다고 이해하여 말하기를 〈그는 본래 수소와 암소를 질문했다.〉라고 하고, 스스로 대답한 〈둘이 함께 낳는다.〉에는 다시 조금도 지나침이 없으니 부처의 눈으로도 엿볼 수가 없다고 합니다. 이러한 말들을 가지고, 과녁으로 과녁을 부수고 칼날을 드러내진 않았으니 기력(氣力)을 허비하지는 않았다고 이해하기도 합니다.

又如論藥山夜間示衆云 : 〈我有一句子, 待牸牛生兒卽向汝道〉 有僧出衆云 : 〈牸牛已生兒也, 自是和尙不道.〉 藥山云 : 〈點燈來!〉 其僧便歸衆. 後來法燈出語云 : 〈且道. 生底是牯牛? 是牸牛?〉 自代云 : 〈雙生也.〉

---

289 상량(商量) : 따지다. 상의하다. 의논하다. 상담하다. 이해하다. 값을 흥정하다. 값을 따지다. 값을 매기다. 헤아리다.

290 봉망(鋒鋩) : 칼끝. 칼날. 창끝. 화살끝

291 징(徵) : 힐책하여 질문을 던지는 것을 말한다. 분양선소(汾陽善昭)는 학인이 스승에게 질문하는 방식을 모두 18가지로 정리하였는데, 이에 따르면 '징(徵)'은 16번째에 해당한다.

商量時亦作言下作²⁹²無生會, 藥山云:〈我有一句子, 待特牛生兒便是道了也.〉所
以這僧領得便出來道:〈特牛已生兒也, 自是和尙不道.〉直是綿密不露鋒鋩. 法燈
徵云:〈且道. 生底是牯牛? 是特牛?〉又自代云:〈雙生也.〉亦只作言下合無生會,
云:〈他自問牯牛·特牛.〉乃自代云:〈雙生也.〉更無少剩, 佛眼也覰不見. 將此等
語, 作以的破的不露鋒鋩不費氣力會.

또 예컨대, 옛사람은 한 조각 돌덩이를 가리키며 학인(學人)에게 〈이 한
조각 돌덩이가 마음 안에 있는가? 마음 밖에 있는가?〉라고 물었는데, 학
인이 답하기를 〈마음 안에 있습니다.〉라고 한 이야기가 있습니다.²⁹³ 여기

---

292 '작(作)'은 궁내본에서 '합(合)'. 앞뒤의 문맥을 보건대 '합(合)'이 알맞다.

293 『오등회원』 제10권 '금릉청량원문익선사(金陵淸涼院文益禪師)'가 깨친 기연에 관한 내
   용이다 : 뒷날 소수(紹修), 법진(法進)과 함께 3사람은 고개를 넘다가 지장원(地藏院)을
   지나게 되었는데, 눈에 막혀서 잠시 쉬어가게 되었다. 화롯가에서 불을 쬐고 있을 때 지
   장(地藏: 나한계침)이 물었다. "이번 행차는 무엇하러 가는 것입니까?" 법안문익이 답했
   다. "행각(行脚)하러 갑니다." 지장이 물었다. "어떻게 하는 것이 행각하는 일입니까?" 법
   안이 답했다. "모르겠습니다." 지장이 말했다. "모른다니, 가장 적절하군요." 다시 3사람
   과 더불어 『조론(肇論)』을 거론하다가, '천지와 내가 뿌리를 같이한다.'는 구절에 이르러,
   지장이 말했다. "산하대지가 스님 자신과 같습니까? 다릅니까?" 법안이 말했다. "다릅니
   다." 지장이 손가락 두 개를 세우자, 법안이 말했다. "같습니다." 지장은 다시 손가락 두
   개를 세우더니, 곧 일어나 가 버렸다. 눈이 그치자, 작별 인사를 하고 가는데, 지장은 산
   문까지 배웅하며 물었다. "스님, 늘 말하기를, '삼계는 오직 마음이고, 만법은 오직 식이
   다.'라고 합니다." 이어서 마당 아래의 한 조각 돌덩이를 가리키며 말했다. "말해 보시오.
   이 돌이 마음 안에 있습니까? 마음 밖에 있습니까?" 법안이 말했다. "마음 안에 있습니
   다." 지장이 말했다. "행각하는 사람이 무슨 까닭으로 한 조각 돌덩이를 마음속에 넣고
   있습니까?" 법안은 말이 막혀서 대답을 못 하고는 곧 걸망을 내려놓고 지장의 법석(法席)
   에서 끝장을 보려고 하였다. 거의 한 달이 다 되도록 법안은 매일 자신의 견해를 드러내
   며 도리(道理)를 말했지만, 지장은 다만 "불법(佛法)은 그렇지가 않습니다."라고만 말할

에 대하여 고덕은 말하기를 〈그대는 무엇이 그리도 급하여 마음속에 한 덩이 돌을 가지고 있는가?〉라고 하였는데, 대중 가운데에는 따져서 말하기를 〈안과 밖을 가지고 답한 것은 알맞지가 않다. 만약 안과 밖을 가지고 답한다면, 법에 모자람이나 남음이 있다.〉라고 합니다. 또 말하기를 〈매우 좋은 한 덩이 돌이로구나.〉라고 하기도 하고, 혹은 〈한 개 질문을 철저히 알아차렸다.〉라고 하기도 하고, 혹은 〈무엇을 일러 한 조각 돌덩어리라 하는가?〉라고 하기도 하고, 혹은 〈예! 예!〉라고 하기도 하고, 혹은 〈법당 앞에 있다.〉라고 하기도 하고, 혹은 〈스님께서 가리켜 주셔서 감사합니다.〉라고 하기도 하고, 혹은 〈스님은 차이를 알겠습니까?〉라고 하기도 하고, 혹은 〈사람을 철저히 농락하는구나.〉[294]라고 하기도 합니다. 무릇 이와 같은 말에 답을 함에, 단지 한 구절로써 덮어 싸고는 틈 없이 면밀하다고 하고 조작하지[295] 않는다고 합니다. 이와 같은 견해는 총림(叢林)[296]에 매우 많습니다.

뿐이었다. 이윽고 법안이 말했다. "저는 말도 못 하겠고 이치도 막혔습니다." 지장이 말했다. "만약 불법을 말한다면, 모든 것이 다 드러나 있습니다." 법안은 이 말을 듣자마자 크게 깨달았다.(後同紹修法進三人欲出嶺, 過地藏院, 阻雪少壓. 附爐次, 藏曰: "此行何之?" 師曰: "行脚去." 藏曰: "作麼生是行脚事?" 師曰: "不知." 藏曰: "不知最親切." 又同三人學 『肇論』 至天地與我同根'處, 藏曰: "山河大地, 與上座自己, 是同? 是別?" 師曰: "別." 藏竪起兩指, 師曰: "同." 藏又竪起兩指, 便起去. 雪霽辭去, 藏門送之, 問曰: "上座尋常說 '三界唯心, 萬法唯識.'" 乃指庭下片石曰: "且道. 此石在心內? 在心外?" 師曰: "在心內." 藏曰: "行脚人著甚麼來由, 安片石在心頭?" 師窘無以對, 卽放包依席下求決擇. 近一月餘, 日呈見解, 說道理, 藏語之曰: "佛法不恁麼." 師曰: "某甲詞窮理絶也." 藏曰: "若論佛法, 一切見成."師於言下大悟.)

294 둔치(鈍置): (심신을) 괴롭히다. 놀리다. 속이다. 조롱하다. 농락하다.

295 주작(走作): 본래의 규범에서 벗어나다, 원래의 모양을 바꾸다. =조작(造作).

296 총림(叢林): 선승(禪僧)들이 모여 공부하는 선원(禪院). 범어 Vindhyavana를 중국에서 빈다바나(貧陀婆那)로 음역(音譯)하고, 총림(叢林) 혹은 단림(檀林)이라고 의역(意譯)한

又如古人指一片石問學者云：〈此一片石, 在心內? 在心外?〉答云：〈在心內.〉古德
云：〈爾著甚死急, 心內著一片石?〉眾中商量云：〈不合以內外答他, 若以內外答,
則法有少剩矣.〉出語云：〈大好一片石.〉或云：〈痛領一問.〉或云：〈喚甚麼作一
片石?〉或云：〈諾!諾!〉或云：〈在法堂前.〉或云：〈謝師指示.〉或云：〈和尙還識羞
麼?〉或云：〈鈍置殺人!〉凡答如此話, 只以一句包卻, 謂之綿密, 謂之不走作. 如此
之見, 叢林甚多.

어떤 사람은 모든 언어는 전혀 관계없는 일이라고 하면서, 화두를 말
할[297] 때는 언제나 먼저 눈을 부릅뜨고 보아야만 하니, 마치 어린아이가
천조(天弔)[298]를 앓다가 귀신을 보는 것과 같이 단지 눈을 부릅뜨고 노려보
는 곳에서 알아차리기만[299] 해야 한다고 합니다. 또 옛사람의 말을 잘못
인용하여 증거로 삼아 말합니다.

것이다. 수행자가 화합하여 일처에 주함이 마치 수목이 우거진 숲과 같다고 하여 붙여진
이름. 특히 선찰(禪刹)의 경우 많은 공덕을 장양한다고 하여 공덕총림(功德叢林)이라고도
한다. 선종(禪宗)의 본격적인 총림은 백장(百丈; 749~814)에 의해 개척되었으며, 그의 사
후(死後) 중국 각지에 선승들의 정주수도원(定住修道院)이 활발하게 설립되었다.『백장청
규(百丈淸規)』는 선종의 총림규범(叢林規範)이다.

297 거각(擧覺) : 거(擧)나 거기(擧起)와 같은 뜻으로서, '말하다' '말해 주다' '제시하다' '제
기하다'는 뜻이다. 그러나 일부러 거각(擧覺)이라고 쓴 것은 역시 각(覺)의 뜻을 부가하고
있다고 보아야 한다. 각(覺)은 '일깨우다' '깨우치다'는 뜻이므로 거각(擧覺)은 '일화 등을
말하여 일깨우다' '예를 들어 말하여 깨우쳐 주다' '공안이나 화두를 말하여 일깨워 주다'
는 뜻이다. 김태완『간화선 창시자의 선』하권(침묵의 향기) 부록『간화용어의 번역에 관
하여』참조.

298 천조(天弔) : 천조경풍(天弔驚風). 무엇에 놀라 고개를 잦히고 눈을 멀거니 떠서 하늘
을 쳐다보며 아파도 울 줄도 모르는 경기(驚氣)와 비슷한 어린애의 병.

299 영략(領略) : (체험으로) 이해하다. 깨닫다. 감지(感知)하다. 음미하다.

〈『말하고서 돌아보지 않으면 곧장 어긋난다.[300] 생각으로 헤아리려 한다면, 어느 세월에 깨닫겠는가?』[301] 말할 때는 반드시 눈으로 살펴보아야 한다.〉

단지 옛사람의 말씀을 한 번[302] 말하여 일깨워 주기만 하면,[303] 말씀 위

---

300 차호(差互) : 차별. 불일치. 어긋남.

301 '擧不顧, 卽差互. 擬思量, 何劫悟?'는 『경덕전등록』 제19권 '소주운문산문언선사(韶州雲門山文偃禪師)'에 나오는 운문문언의 게송.

302 일편(一編) : 한번. =일편(一遍).

303 제시(提撕) : 한문 전적(典籍)에서 제시(提撕)의 사례를 보면 다음과 같다. ①일깨워 주다.(『詩經, 大雅, 抑』 匪面命之, 言提其耳. 「鄭玄箋」 親提撕其耳.) ②교도(教導)하다. 깨우쳐 주다.(北齊 顔之推 『顔氏家訓, 序致篇』 業以整齊門内, 提撕子孫) ③떨쳐 일으키다. 진작(振作)하다.(唐 韓愈 『南内朝賀歸呈同官詩』 所職事無多, 又不自提撕.) 이처럼 제시(提撕)는 '(마음을) 일깨우다' '(양심을) 일깨우다' '깨우쳐 주다' '주의를 환기시키다'는 뜻이다. 간화선(看話禪)에서 '화두(話頭)를 제시(提撕)한다'고 하는 것은 '화두를 일깨우다' '화두에 주의를 돌리다'는 뜻이다. 그러나 거각(擧覺)의 경우처럼 제시(提撕)도 제(提)와 시(撕)의 합성어로서의 의미가 있다고 보아야 한다. '말을 꺼내다' '끄집어내어 말하다' '언급하다' '제시(提示)하다' '제출하다'는 뜻인 제(提)와 '일깨우다' '깨우치다'는 뜻인 시(撕)가 합성된 말이다. 그러므로 제시(提撕)는 '(무슨 말을) 끄집어내어 말하여 일깨우다' '(무슨 말을) 제시하여 깨우쳐 주다' '(무슨 말을) 언급하여 일깨우다'는 뜻이다. 『대혜어록』에서 대혜가 화두(話頭)를 취급하는 말로서 언급하는 용어는 간(看)·거(擧)·거기(擧起)·제철(提掇)·거각(擧覺)·제시(提撕) 등이다. 이 가운데 거(擧)·거기(擧起)·제철(提掇)은 모두 화두를 '말하다' '말해 주다' '제기하다' '제출하다' '언급하다'라는 뜻이고, 거각(擧覺)과 제시(提撕)는 이러한 뜻에 '일깨우다' '깨우치다'라는 뜻이 부가된 것이지만, 이들은 기본적으로 동일한 행위를 가리키고 있다. 이 책에서는 거(擧)·거기(擧起)·제철(提掇)은 문맥에 따라서 화두를 '끄집어내다' '말해 주다' '제기하다' '제출하다' '기억해 내다'라고 번역한다. 거각(擧覺)과 제시(提撕)는 둘 다 '말해 주어 일깨우다'는 뜻이지만, 거각(擧覺)은 거(擧)에 초점을 두어 '말해 주다' '제시하다'로 주로 번역하고, 제시(提撕)는 시(撕)에 초점을 두어 '일깨우다'로 번역한다. 그러나 문맥에 따라 거각(擧覺)과 제시(提撕)를 모두 '말해 주어 일깨우다' '기억해 내어 일깨우다' '제시하여 일깨우다' 등 적절한 번역어를 찾아서 번역하

에 있지 않으니 〈뜰 앞의 측백나무〉·〈발우를 씻어라〉·〈삼베 서 근〉[304]과 같은 부류들은 만약 한 개를 통과할 때는 나머지 것들도 항복할 것이니 다시는 힘을 들이지 않게 된다고 합니다.[305]

이와 같은 부류는, 비유하면 부싯돌 불과 번갯불의 경우와 같아서 다만 더욱 눈을 부릅뜨게 할 뿐인데도, 역시 각자 스스로 말하기를 조사)의 요지(要旨)[306]를 얻었다고 하지만 저 옛사람을 비방하지 않는 것이 좋을 것입니다.

或者謂一切語言總不干事, 凡擧覺時, 先大瞠卻眼, 如小兒患天弔, 見神見鬼一般, 只於瞠眉努眼處領略. 更錯引古人言句證據曰:〈『擧不顧, 卽差互. 擬思量, 何劫悟?』擧時須要以眼顧視.〉只是以古人言句提撕一徧, 喚作不在言句上, 如柏樹子·洗鉢盂·麻三斤之類, 若過得一箇時, 餘者撥牌子過, 更不費力. 如此之類, 比擊石火閃電光底, 只添得箇瞠眉努眼而已. 亦各各自謂得祖師巴鼻, 莫謗他古人好.

예컨대 〈한 승려가 운문에게 묻기를 『어떤 것이 법신을 뚫고 벗어난[307]

였다. 이 문맥에서 제시(提撕)는 '말해 주어 일깨우다'는 뜻이다. 김태완 『간화선 창시자의 선』 하권(침묵의 향기) 부록 『간화용어의 번역에 관하여』 참조.

304 〈뜰 앞의 측백나무.〉, 〈발우를 씻어라.〉는 조주종심(趙州從諗)의 말이고, 〈삼베 서 근.〉은 동산수초(洞山守初)의 말인데, 모두 화두(話頭)로 사용된다.

305 환작(喚作) : ―라 여기다. ―라 부르다. =환주(喚做).

306 파비(巴鼻) : 유래(由來). 근거(根據). 요지(要旨). 자신(自信). 의지할 곳. 기댈 곳.

307 투(透) : 돌파하여 벗어남. 뚫고 지나가다. 깨달음을 가로막는 장애를 뚫고 벗어나 깨달음에 이른다는 말. =투탈(透脫), 투득(透得), 투과(透過), 투출(透出), 투취(透取).

구절입니까?』하자, 운문은『북두(北斗) 속에 몸을 숨겼다.』[308]고 말했는데, 그대는 어떻게 알고 있느냐?〉고 하는 경우와 같습니다. 배우는 자가 곧 눈을 크게 부릅뜨고서 말합니다. 〈북두 속에 몸을 숨겼다.〉 사가(師家)가 혹 방편으로 가로막기라도 하면, 배우는 자는 다시 연거푸 몇 번 〈북두 속에 몸을 숨겼다. 북두 속에 몸을 숨겼다.〉 하고 외치고는, 이로써 확실히 붙잡아 주인이 되었다고 하고서 전환(轉換)을 받아들이지 않습니다.[309] 사가는 어찌하지를 못하거나, 또는 확실하다고[310] 여기면 비로소 그 뜻이 무엇인지를 묻고는, 드디어 말하기를 〈부처의 눈으로도 볼 수 없다.〉라 하거나, 혹은 〈머리를 들어 하늘 밖을 보아라.〉라고 합니다. 혹은 〈무엇이 조사가 서쪽에서 온 뜻인가?〉 〈뜰 앞의 측백나무다.〉라고 물으면, 곧 말하기를 〈한 가지는 남쪽을 향하고, 한 가지는 북쪽을 향한다.〉라 하거나, 혹은 〈삼라만상의 주인이 되어 네 계절을 따라 시들지 않는다.〉라 하기도 합니다.

---

308 『경덕전등록』제19권 '소주운문산문언선사(韶州雲門山文偃禪師)'에 다음의 문답이 있다 : 물었다. "무엇이 법신(法身)을 뚫고 벗어난 구절(句節)입니까?" 운문이 말했다. "북두 속에 몸을 숨겼다."(問：'如何是透法身句?' 師曰：'北斗裏藏身.') 그런데 목암선경(睦庵善卿)이 편찬한 『조정사원(祖庭事苑)』 '투법신(透法身)' 항목에서는 다음과 같이 이 대화에 관하여 언급하고 있다 : 일찍이 『운문고록(雲門古錄)』을 읽었더니, 이렇게 나와 있었다. "승려가 물었다. '어떤 것이 법신을 뚫고 벗어난 구절입니까?' 운문 선사가 주장자를 집어 들며 말하였다. '알겠는가?' 승려가 말하였다. '모르겠습니다.' 선사가 말하였다. '북두 속에 몸을 숨겼다.'" 이제 통용되는 『운문록』에서는 '주장자를 집어 들었다.'는 구절을 빼 버렸으니, 당시의 종지를 놓쳐 버린 듯하다.(嘗讀雲門古錄. 僧問：'如何是透法身句?' 師拈起(手主)杖云：'會麼?' 僧云：'不會.' 師云：'北斗裏藏身.' 今脫拈杖一節, 似失當時宗旨.)"

309 자신의 견해에 머물러 진실한 변화를 수용하지 않는다.

310 실두(實頭) : (형) 확고하다, 견고하다. (부) 진실로, 틀림없이, 확실히.

130

如〈擧：僧問雲門：『如何是透法身句？』門云：『北斗裏藏身』爾作麼生會？〉學者
卽大瞠卻眼云：〈北斗裏藏身〉師家或權爲沮抑，學者又連叫數聲云：〈北斗裏藏
身，北斗裏藏身〉以謂把得定，作得主，不受轉喚[311]. 師家奈何不下，亦喚作實頭.
方始問其意旨如何，遂下語云：〈佛眼也覷不見.〉或云：〈擧頭天外看〉或問：〈如
何是祖師西來意？〉〈庭前栢樹子〉卽下語云：〈一枝南，一枝北〉或云：〈能爲萬象
主，不逐四時凋〉

이상은 모두 눈을 부릅뜨거나 말하여 일깨워 주는 곳에 머무는 것이
며, 그런 뒤에 그럴듯한 말[312]을 하고서 기특하다고 여기는 것입니다. 바
보 같은 놈들입니다! 눈을 부릅뜰 때 곧 선(禪)이 있는 것도 아니고, 눈을
부릅뜨지 않을 때 곧 선이 없는 것도 아니며, 말하여 일깨울 때 곧 선이
있는 것도 아니고, 말하여 일깨우지 않을 때 곧 선이 없는 것도 아닙니
다.

已上盡在瞠眉努眼提撕處，然後下合頭語，以爲奇特. 癡漢! 不可瞠眉努眼時便有
禪，不瞠眉努眼時便無禪也，不可提撕時便有禪，不提撕時便無禪也.

어떤 사람은 나의 이와 같은 말을 듣고서, 곧 잘못 알아차리고는 말합
니다.

〈말하여 일깨울 때도 옳고, 말하여 일깨우지 않을 때도 옳으니, 다시

---

311 '환(喚)'은 궁내본에서는 '환(換)'. 전환(轉換)이 맞다.
312 합두어(合頭語)：이치에 맞는 말. 부합하는 말. 그럴듯한 말. 합두(合頭)는 '상응(相應)
    하다.' '서로 부합(附合)하다.'는 뜻.

두 가지가 없다.〉

이와 같은 부류의 사람들은 다시는 구제할 수가 없습니다.[313]

或者見雲門如此説, 便又錯會云 :〈提撕時也是, 不提撕時也是, 更無兩般.〉似這般底, 更是救不得.

어떤 사람은 전혀 알아차리지 못하고서 불법을 말하고 깨달은 곳을 말하자마자 곧 미쳐 날뛰며, 다시 옛사람의 말씀을 잘못 인용하여 말합니다.

〈본래 어리석은 사람도 깨달은 사람도 없으니, 오늘 분별망상을 끝내기만 하면 된다.[314] 무릇 옛사람이 공부한 이야기[315]를 일러 방편을 시설한다고 한다. 또 확고한 것을 세운다고도 하는데, 이것은 다만 불법을 따지지 않는 곳에 있는 것이다. 무릇 문답이 있기만 하면 하나하나 사실에 의거해 응대하며, 평상시 이외에 별다른 일이 없다. 하늘은 하늘이고, 땅은 땅이고, 기둥[316]은 나무고, 금강역사상(金剛力士像)[317]은 진흙으로 구워 만

---

313 모두 이치로 이해하여 말하기 때문이다.

314 지요(只要) : −하기만 하면 (된다). 만약 −라면.

315 옛사람의 인연이란 곧 어록(語錄)이나 전등록(傳燈錄)에 실려 있는 선사(禪師)들이 문답(問答)한 인연을 가리키니, 이런 문답들이 이미 대혜의 시대에는 화두(話頭) 혹은 공안(公案)으로 자리잡고 있었다.

316 노주(露柱) : 법당이나 불전(佛殿)의 노출된 둥근 기둥을 가리킨다.

317 금강(金剛) : 금강신(金剛神). 금강신(金剛神)은 불교의 수호신으로 절 문의 양쪽에 안치해 놓은 한 쌍의 신장(神將)을 가리킨다. 손에 금강저(金剛杵)를 들고, 허리만 가린 채억센 알몸을 드러내는 등 용맹한 형상(形相)을 나타낸다. 금강역사(金剛力士), 혹은 인왕(仁王)이라고도 한다.

든 소상(塑像)이고, 배고프면 밥 먹고, 피곤하면 누워 자니 다시 무슨 일이 있는가?〉

진정(眞淨) 스님의 이런 말씀을 듣지도 못했는가? 〈일 없다고 이해하지를 말지니, 일 없는 것이 사람의 마음을 피곤하게 만든다.〉 흔히 일 없음에 중독된 자들은 도리어 이 말을 잘못이라고 여깁니다.

或者都不理會, 纔說著佛法, 說著悟處, 便是發狂, 更錯引古人言句云：〈本無迷悟人, 只要今日了. 凡古人因緣, 謂之設權, 亦謂之建立實頭底, 只在不作佛法商量處. 凡有問答, 一一據實祇對, 平常無事. 天是天, 地是地, 露柱是木頭, 金剛是泥塑, 飢來喫飯, 困來打眠, 更有何事?〉

豈不見眞淨和尙云：〈莫將無事會, 無事困人心.〉往往中無事毒者, 卻以此言爲非.

어떤 사람은 옛사람의 공안 가운데 이치로써 따져 볼 수 없는 곳에서 곧장 아무 상관이 없는 쪽으로 돌리는 한마디 말을 가지고 한꺼번에[318] 대응해 넘기는 것을 보고서는, 현묘하다고도 여기고, 또 의미와 관계하지 않는다고도 여기고, 또 그 자리에서 바로[319] 뚫고 벗어난다고도 여깁니다.

예컨대, 〈한 승려가 조주에게 물었다. 만 가지 법이 하나로 돌아가는데, 하나는 어디로 돌아갑니까? 조주가 말했다. 내가 청주(靑州)에서 무명 적삼을 하나 만들었는데, 무게가 일곱 근이었다.〉와 같은 부류는, 매우

---

318 일응(一應) : 모든. 모두. 한꺼번에.
319 당기(當機) : ①당장. 즉시. ②때 알맞다. 시기에 적당하다.

많은 사람이 잘못 따져서 말합니다.

〈그 승려가 한 질문이 기특해서, 조주가 몸을 빼낼 길이 없으니, 곧 어떻게도 할 수가 없었다. 『만 가지 법이 하나로 돌아간다.』고 한다면, 하나가 다시 돌아갈 곳은 없다. 만약 돌아갈 곳이 있다면, 곧 진실한 법이 있게 되기 때문이다. 그러므로 조주는 이것을 눈치채고, 당장 묘한 작용을 하여, 한꺼번에 대응해 넘긴 것이다. 『내가 청주에서 무명 적삼을 하나 만들었는데, 무게가 일곱 근이었다.』라는 말은 꽤나 기특하다.〉

或者見古人公案, 不可以理路商量處, 便著一轉沒交涉底語一應應過, 謂之玄妙, 亦謂之不涉義路, 亦謂之當機透脫. 如〈僧問趙州:『萬法歸一, 一歸何所?』州云:『我在靑州作一領布衫, 重七斤.』〉之類, 多少人錯商量云:〈這僧致得箇問頭奇特, 不是趙州有出身之路, 便奈何不得. 云:『萬法歸一』, 一更無所歸. 若有所歸, 即有實法. 所以趙州識得破, 當機妙用, 一應應過. 云:「我在靑州作一領布衫, 重七斤」, 多少奇特〉

또 어떤 사람은 따져서 말합니다.

〈만 가지 법이 하나로 돌아가는데, 하나는 어디로 돌아가는가? 하나가 만약 돌아갈 곳이 없다면, 곧 공(空)에 떨어진 것이다. 그러므로 조주는 『내가 청주에서 무명 적삼을 하나 만들었는데, 무게가 일곱 근이었다.』라고 말했던 것이다. 조주가 돌려 말하는 이 한마디 말[320]은 곧바로 기특해

---

320 일전어(一轉語): 그때그때의 상황에 따라 말을 자유자재하게 사용하여 선지(禪旨)를 가리키는 것. 심기(心機)를 바꾸어서(一轉) 깨닫게 하는 힘이 있는 말이라는 뜻이기도 하다.

서 유무(有無)의 분별에 떨어지지 않고 답하였으니, 매우 묘하다.〉

或者商量道：〈萬法歸一, 一歸何所? 一若無所歸, 卽落空去. 所以趙州道：『我在靑
州作一領布衫, 重七斤』趙州這一轉語, 直是奇特, 不落有無, 答得甚妙〉

어떤 사람은 말하기를, 나의 이와 같은 말은 단지 사람들의 집착을 두
려워하기 때문인데, 만약 집착하지 않는다면 곧 조사의 마음이니 이 일
에 집착하지 않을 수만 있으면[321] 자유자재할 것이며, 진실을 떠나서 서
있는 자리가 있지 않고 서 있는 자리가 곧 진실이니, 다시 무슨 일이 있
겠는가, 라고 합니다.

그러나 누가 그에게 〈부모가 아직 낳지 않았을 때 무엇이 그대의 본래
면목(本來面目)인가?〉 하고 묻는다면, 그는 곧 〈스님께 답변할 시자(侍者)
가 없습니다.〉라고 말하니, 분별심을 본래면목[322]으로 삼는 것입니다. 이
와 같은 무리는 모두가 어리석게 미쳐서 밖으로만 달려나가는 자들입니
다.

或者謂雲門如此說, 只是怕人執著, 若不執著, 便是祖師心要, 只要得是事不著, 自
由自在, 非離眞而立處, 立處卽眞, 更有甚麼事? 或問他：〈父母未生時, 如何是爾
本來面目?〉便云：〈無侍者祇對和尙〉將箇業識作本命元辰. 如此之流, 盡是癡狂

321　지요(只要)：-하기만 하면 (된다). 만약 -라면.
322　본명원진(本命元辰)：본명(本命)은 태어난 해의 간지(干支). 원진(元辰)은 사람의 운명
　　을 좌우한다는 음양(陰陽)의 두 별. 선가(禪家)에서는 본명원진을 본래의 자기, 본성, 본
　　래면목이라는 뜻으로 사용한다.

外邊走.

또 한 종류의 사람들은 스스로 눈이 밝지 못하여 자기의 선(禪)이 사람들에게 믿음을 얻지 못함에 학인(學人)을 가르칠 수 없음을 알고, 또 원래 교학(敎學)을 들은 적이 없으면서도 좌주[323]의 자리로 돌아와서 되지도 않는 장사를 하면서,[324] 겨우 반 구절을 뛰어넘고서는 홀로 귀머거리 속인들에게 아첨합니다. 임제 스님께서는 〈어떤 부류의 눈먼 중들은 교승(敎乘) 속에서 뜻으로 헤아리고 따져서 말뜻을 따라 견해를 이루어서는, 마치 똥덩어리를 입 속에 넣었다가 다른 사람들에게 토해 내듯이 한다.〉[325]

---

323 좌주(座主) : 선가(禪家)에서 교학(敎學)을 강의하는 강사(講師)를 일컫는 말.
324 단판(短販) : 장사가 안되는 것. 판매가 부족한 것. 손해 보는 장사.
325 『사가어록』「임제록」의 '시중(示衆)'에 나오는 말. 앞뒤의 내용은 다음과 같다 : 오늘날 학인이 깨달음을 얻지 못하는 것은 대개 명칭과 문자만 알고 알음알이를 내기 때문이다. 커다란 책 위에 죽은 노스승의 말을 베껴서 두 겹 세 겹으로 싸 놓고는 남이 보지 못하게 하고, '이것은 현묘한 뜻이다'라고 말하며 소중하게 보관한다. 크게 착각하고 있구나, 눈 멀고 어리석은 자들아! 그대들은 마른 뼈다귀에서 무슨 물기를 찾고 있는가? 저 좋고 나쁜 것도 분별치 못하는 자들은 교학(敎學) 가운데에서 뜻을 취하고 헤아려서 말과 의미를 만들어내지만, 이것은 마치 똥덩이를 제 입 속에 넣어 품었다가 토하여 타인에게 넘겨주는 것과도 같다. 마치 속인(俗人)들이 술자리에서 말 전달하기 놀이하는 것처럼 하면서 일생을 헛되이 보내면서도 "나는 출가(出家)한 사람이다." 하고 말을 하지만, 누가 불법(佛法)이 무엇이냐고 묻기라도 하면 곧 입을 다물고 한마디도 말하지 못하니, 이때 이르러선 눈은 마치 깜깜한 굴뚝같이 멍하고 입은 막대기를 건 것처럼 일자(一字)로 꽉 다물고 있는 것이다. 이와 같은 무리는 미륵불(彌勒佛)이 세상에 출현하더라도 다른 세계로 쫓겨나 지옥에 머무르며 고통을 받게 될 것이다.(令時學人不得, 蓋爲認名字爲解. 大策子上, 抄死老漢語, 三重五重複子裏, 不敎人見, 道'是玄旨,' 以爲保重. 大錯, 瞎屢生! 你向枯骨上, 覓什麼汁? 有一般不識好惡, 向敎中取意度商量, 成於句義, 如把屎塊子, 向口裏含了, 吐過與別人. 猶如俗人打傳口令相似, 一生虛過, 也道"我出家." 被他問著佛法, 便卽杜口無詞, 眼似漆突, 口似楄擔. 如

라고 하셨으니, 정말 참을 수가 없습니다.[326']

又有一般底, 自知道眼不明, 禪不取信於人, 無以開示學者, 自來又不曾聽敎, 旋於
座主處作短販, 逞得一言半句, 狐媚聾俗. 臨濟和尙曰：〈有一般瞎禿兵, 向敎乘中
取意度商量, 成於句義, 如將屎塊子口中含了, 卻吐與別人.〉直是回耐!'

원소는 처음에 이와 같은 말을 듣고서, 마음속은 비록 의심이 있으면
서도 입은 매우 완강하여 오히려 나를 차갑게 비웃었다. 그날 밤 방장실
로 찾아왔기에, 다만 그에게 '개에게는 불성이 없다.'는 화두를 물었는데,
곧장 손쓸 수가 없게 되자 비로소 (그는) 참선하여 깨달아야 함을 알았다.
장락(長樂)에서 십 일 동안 머물면서 스무 번 내 방으로 찾아와 자기의 모
든 솜씨를 다 내보였지만, 어떻게도 할 수 없자 비로소 마음이 조급해졌
다. 나는 진실로 그에게 말했다.

'솜씨를 내보일 필요는 없습니다. 반드시 우지끈[327] 꺾어지고 뚝[328] 끊어
져야, 비로소 살고 죽는 일에 맞설 수 있습니다. 솜씨를 자랑해서야 어떻
게 끝날 기약이 있겠습니까?'

이어서 그에게 말했다.

'조급해할 필요가 없으니, 금생(今生)에 해내지 못하면 후생(後生)에 하
면 됩니다.'

此之類, 逢彌勒出世, 移置他方世界, 寄地獄受苦.)

326 파내(回耐) : 참으로 참기 어렵다. 참으로 싫다.

327 쵀지(啐地) : (의성어) 문득 꺾어지는(부러지는) 소리를 형용한 말. 뚝딱, 탁, 우지끈.

328 박지(曝地) : (의성어) 문득 끊어지는 소리. 뚝.

그는 이윽고 나를 믿고서 곧 작별하고 갔다.

元昭初見如此說, 心中雖疑, 口頭甚硬, 尙對山僧冷笑. 當晚來室中, 只問渠箇狗子

無佛性話, 便去不得, 方始知道參禪要悟. 在長樂住十日, 二十徧到室中, 呈盡伎倆,

奈何不得, 方始著忙. 山僧實向渠道 : '不須呈伎倆, 直須崒地折, 嚗地斷, 方敵得生

死. 呈伎倆有甚了期?' 仍向渠道 : '不須著忙, 今生參不得, 後世參.' 遂乃相信, 便辭

去.

그가 떠나고 십여 일이 지난 뒤 문득 편지가 왔는데, 송고(頌古)[329] 10수
도 함께 부쳤다. 그것들은 모두 내가 실중(室中)에서 그에게 물었던 공안
들이었다. 편지 속에서 말하기를 '연평(延平)의 길 위에서 갑자기 깨달았
습니다. 저는 끝내 자신을 속일 수 없으니, 비로소 이 일은 남에게서 얻
을 수 없음을 믿게 되었습니다.'라고 하였다. 그 속에 실린 한 수의 게송
은 이러하였다.

'마음도 아니고 부처도 아니고 물건도 아님이여
온몸을 하나로 꿰는 황금 쇄골[330]이로다.
조주가 늙은 남전을 만나 보고는
진주에서 무가 난다고 말할 줄 알았네.'

329 송고(頌古) : 선종(禪宗)에서 불조(佛祖)들이 문답(問答) 상량(商量)한 이야기들인 고
   칙(古則)에 관한 자신의 느낌이나 견해를 운문체(韻文體)의 게송으로 표시한 것.
330 쇄골(鎖骨) : 빗장뼈. 가슴 위쪽에 수평 방향으로 구부러진 좌우 한 쌍의 어깨뼈.

내가 이 글을 보고서 크게 의심하고 있는데, 마침 광(光) 선사가 물었다.

'이 게송으로 본다면, (그가) 살고 죽는 일을 끝마친 것입니까?'

나는 그에게 말했다.

'끝마쳤는지 끝마치지 못했는지는 원소에게 물어보아라.'

그 뒤 광 선사의 편지를 받아 보니 이렇게 말하였다.

'학사(學士)를 만났는데, 모두가 스님께서 말씀하신 바와 같았습니다.'

여러분, 말해 보아라. 내가 무엇을 말했던가?

이(咦)!³³¹

천하의 사람들을 매우 의심하게 만들지만, 안목이 있는 자는 가려낼 것이다.

隔十餘日, 忽然寄書來, 幷頌古十首, 皆山僧室中問渠底因緣. 書中云: '在延平路上, 驀然有省. 某終不敢自謾, 方信此事不從人得.' 其中一首曰: '不是心, 不是佛, 不是物, 通身一串金鎖骨. 趙州參見老南泉, 解道鎭州出蘿蔔.' 山僧甚是疑著, 時光禪便問: '據此頌, 還了得生死否?' 雲門向渠道: '了得了不得, 卻請問取元昭去.' 比得光禪書云: '學士相見, 盡如和尙所說.' 大衆, 且道. 說箇甚麼? 咦! 疑殺天下人, 具眼者辨取.

요즈음 참선하는 사람들은 생사(生死)를 끝냈는지 끝내지 못했는지를 묻지 않고, 다만 신속한 효험만을 찾아서 우선 선(禪)을 이해하려고 하므

---

331 이(咦): ①주의를 주거나 꾸짖을 때 내는 고함소리. ②웃는 모습.

로 도리를 설명하지 않는 사람이 하나도 없다. 시주(施主)[332]이신 급사(給事)[333] 같은 사람도 그러한 것을 보고서 즐겨 도리를 말하는 것이었다. 이에 드디어 이해할 이치가 없는 공안 하나를 그에게 살펴보도록 시켰다.[334]

'한 승려가 운문[335]에게 물었습니다.
무엇이 부처입니까?
운문이 말했습니다.
똥 닦는 막대기다.'

다시 그가 도리로 이해할까 봐 염려하여, 먼저 그에게 말했다.

'도(道)가 똥오줌에 있다고 말해서도 안 되고, 도가 지푸라기에 있다고 말해서도 안 되고, 도가 기와 조각이나 자갈에 있다고 말해서도 안 되고, 사물에 마주쳐서 마음을 밝히고 물건에 의지하여 이치를 드러낸다고 말해서도 안 됩니다. 곳곳이 진실이고 티끌 하나하나가 모두 본래의 사람이라는 등으로 말해도 안 됩니다.'

---

332 단월(檀越) : 보시하는 사람. 시주(施主).
333 급사(給事) : 벼슬 이름. 『대혜보각선사연보』에 의하면 대혜와 인연을 맺은 인물 가운데 급사(給事)라는 벼슬을 한 사람은 강소명(江少明), 풍제천(馮濟川), 유행간(劉行簡) 등이다. 여기에선 문맥으로 보아 황단부(黃端夫)를 가리킨다고 보아야 할 것이다.
334 여(與) : 사(使), 교(敎)와 마찬가지로 사역동사이다.
335 운문문언(雲門文偃).

그는 이 화두(話頭)[336]를 보고서 어떻게도 할 수가 없자, 있는 힘을 다 써 보았지만 결국 그 실상을 있는 그대로 간파해 내지는[337] 못했다.

今時參禪者, 不問了得生死, 了不得生死, 只求速效, 且要會禪, 無有一箇不說道理. 如檀越給事見其愛說道理. 遂將箇沒道理底因緣與渠看. '僧問雲門:〈如何是佛?〉 門云:〈乾屎橛.〉' 又恐渠作道理會, 先與渠說 '不得云道在屎溺, 道在稀稗, 道在瓦 礫, 卽色明心, 附物顯理. 不得道處處眞, 塵塵盡是本來人之類.' 渠看此話, 奈何不 下, 用盡氣力去看, 終看不破.

그러다 문득 어느 날 이 일이 도리로는 통할 수 없음을 알게 되자, 곧 '나에게 한 개 깨달은 곳이 있다.'고 말하고는, 드디어 연달아 몇 개의 게 송을 지어서 견해(見解)를 드러냈다. 게송 하나는 이렇다.

크게 텅 비어 쓸쓸한데 억지로 이름 지으니
설사[338] 스님이 그리려고 하여도 그릴 수 없네.
무엇 때문에 근원을 찾고 분명한 것을 묻겠는가?
의식(意識)[339]으로 헤아릴 수 있는 법은 조금도 없는데.

---

336 화(話) ①담론(談論). 의론(議論). 논의(論議). 대화(對話). 이야기. ②고사(故事).
337 간파(看破) : 보아내다. 볼 수 있게 되다. 보다. 파(破)는 '요(了), 득(得), 재(在)'와 같이 동사 뒤에서 완료나 발생 장소를 나타냄. 그 실상(實相)을 있는 그대로 보게 되다.
338 임시(任是) : 비록 —라 하여도. 설사 —라 하여도.
339 정식(情識) : 감정과 의식을 통한 사려분별.

또 하나의 게송은 이렇다.

집에 이르러 무엇하러 다시 온 길을 말하랴?
온갖 나무들은 봄이 오면 저절로 꽃을 피운다.
만약 뛰어난 도인(道人)을 만나 물어본다면
부상(扶桑)[340]의 동쪽에서 태양이 나올 것이다.

또 하나의 게송은 이렇다.

영양이 지나간 곳을[341] 뒤쫓지는 말아야 하는데
묘한 비결(秘訣)을 소림(少林)[342]에서 공연히 전하였네.
한가히 줄 없는 거문고[343] 붙잡고 한 곡 뜯으니

---

340 부상(扶桑) : 동쪽 바다 속에 해가 뜨는 곳에 있다고 하는 나무.

341 영양과후(羚羊過後) : 영양괘각(羚羊掛角)과 같은 말. 영양괘각(羚羊掛角)이란, 영양 (羚羊)은 밤에 뿔을 나뭇가지에 걸어서 다리를 허공에 띄운 채로 몸을 숨기고 잠을 잔다 는 것. 발자취를 남기지 않는다는 말. 흔적을 찾을 수 없다는 말. 영양절적(羚羊絶跡)이라 고도 한다.

342 소림(小林) : 중국의 하남성(河南省) 숭산(嵩山) 소실봉(小室峰)에 있는 사찰 소림사(小 林寺)를 말한다. 중국 선종(禪宗)의 초조(初祖) 달마 대사가 9년 동안 면벽(面壁)하다 혜 가(慧可)에게 전법하여 선법(禪法)을 펼친 곳이다. 이런 연유로 선종(禪宗)을 소림문하 (小林門下)라 한다.

343 몰현금(沒絃琴) : =무현금(無絃琴). 줄 없는 거문고. 줄이 없으므로 손을 대서 연주할 수는 없지만, 오히려 줄이 있는 거문고에 비해 못 내는 소리가 없는 무한한 음악을 연주 한다. 사려분별(思慮分別)로 붙잡을 수는 없지만, 늘 활발하게 작용하고 있는 마음의 실 상을 가리키는 말이다.

맑은 바람과 밝은 달이 두 지음(知音)[344]이로다.

또 하나의 게송은 이렇다.

절벽에 매달려 손을 놓는[345] 믿음은 헛되지 않아
주관과 객관이 문득 사라져 다시는 남음이 없네.
비로소 불법에 여러 가지가 없음을 알게 되니
밖으로 치달려 찾으면 더욱더 멀어질 것이다.

忽然一日省得此事不可以道理通, 便道: '我有箇悟處.', 遂連作數頌來呈解. 一日
: '太虛寥廓彊爲名, 任是僧繇畫不成. 何用尋源問端的? 都無一法可當情.' 又曰 :
'到家豈復說塗程? 萬木春來自向榮. 若遇上流相借問, 扶桑東畔日輪生.' 又曰 : '羚
羊過後絶追尋, 妙訣空傳在少林. 閑把無絃彈一曲, 淸風明月兩知音.' 又曰 : '撒手

---

344 지음(知音) : 소리를 알아듣는다는 뜻으로 자기의 속마음을 알아주는 친구를 이르는
    말. 지기지우(知己之友)와 같은 뜻으로 쓰인다. 중국 춘추 시대 거문고의 명수 백아(伯
    牙)와 그의 친구 종자기(鍾子期)와의 고사(故事)에서 비롯된 말이다. 『열자(列子)』「탕문
    편(湯問篇)」에 나오는 말인데, 백아가 거문고를 들고 높은 산에 오르고 싶은 마음으로 이
    것을 타면 종자기는 옆에서, "참으로 근사하다. 하늘을 찌를 듯한 산이 눈앞에 나타나 있
    구나."라고 말하였다. 또 백아가 흐르는 강물을 생각하며 거문고를 타면 종자기는 "기가
    막히다. 유유히 흐르는 강물이 눈앞을 지나가는 것 같구나." 하고 감탄하였다. 종자기가
    죽자 백아는 거문고를 부수고 줄을 끊은 다음 다시는 거문고를 타지 않았다고 한다. 이
    세상에 다시는 자기 거문고 소리를 들려 줄 사람이 없다고 생각했던 것이다.
345 현애살수(懸崖撒手) : 낭떠러지에 매달려서 손을 놓다. 깨달음의 마지막 관문을 가리
    킴. 죽음을 각오하고 분별심을 놓아 버린다는 뜻. 의식(意識)에 기대지 않게 되는 순간.
    해탈의 순간.

懸崖信不虛, 根塵頓盡更無餘. 始知佛法無多子, 向外馳求轉見疏.'

나는 그에게 말했다.

'지은 게송이 좋고 설명한 도리가 옳더라도, 다만 도(道)에서 더욱 멀어질 뿐입니다.'

그는 달갑게 여기지 않고 다시 한 개의 게송을 지었다.

현묘한 도리 말하는 것은 절대 피할 것이니
어떻게 소리를 따르고 색깔을 뒤쫓겠는가?
이 한 개 말뚝[346]을[347] 쓸어 없애 버리면
여러분에게는 아무런 견해[348]가 없을 것이다.

또 편지도 써 보내어 왔다.

'이 화두를 보니, 곧장 언어의 길이 끊어지고 마음 갈 곳이 없어져서, 할 말이 없고 펼칠 도리가 없습니다. 털끝만큼이라도 배우고 닦는다는 마음을 내면, 전혀 알지 못하고 전혀 이해하지 못합니다. 사유와 관계하지 않고 이치의 길로 들어가지 않으면, 곧장 안락(安樂)합니다.'[349]

山僧向渠道 : '作得頌也好, 說得道理也是, 只是去道轉遠.' 渠不甘, 又作一頌曰 :

---

346   말뚝은 곧 현묘한 도리를 가리킨다.

347   화(和) : —을(를).

348   견식(見識) : ①견해(見解), 지식(知識). ②생각, 방법, 계책.

349   죽을 줄만 알고, 살아날 줄은 모르는구나.

'切忌談玄說妙, 那堪隨聲逐色? 和這一槪掃除, 大家都無見識.' 又有書來云 : '看此話, 直得言語道斷, 心行處滅, 無言可說, 無理可伸. 不起纖毫修學心, 百不知, 百不會. 不涉思惟, 不入理路, 直是安樂.'

나는 다시 그에게 말했다.

'이것은 격식을 벗어난 도리인데, 만약 〈똥 닦는 막대기〉 화두를 이와 같이 말하고 만다면, 마치 저울추를 톱으로 자르는 것[350]과 같습니다. 〈삼 서 근〉·〈개에게는 불성이 없다〉·〈한입에 서강의 물을 다 마신다〉·〈마음도 아니고 부처도 아니고 물건도 아니다〉·〈있다는 말과 없다는 말은 등나무 넝쿨이 나무에 의지한 것과 같다〉·〈마음이 곧 부처다〉 등의 화두도 모두 이와 같이 말할 수 있습니다.

이미 이와 같아서 안 된다면, 모름지기 깨달아야 합니다.[351] 깨달으면 모든 일이 함께 한 가족을 이루겠지만, 깨닫지 못하면 천 가지 만 가지로 차별이 납니다. 털끝만큼이라도 차이가 나면 천 리만큼이나 어긋나니, 반드시 분명해야[352] 합니다. 내가 시주를 대하는 예의가 없다고 사람들이 말해도 좋습니다.[353] 다만 마음에서 남을 저버리지 않아서

---

350 거해칭추(鋸解秤鎚) : 저울추를 톱으로 자르다. 저울을 못쓰게 만들다. 단지 분별을 죽이기만 할 뿐, 분별을 활용하지 못함을 지적하는 말. 사심 없이 저울을 사용해야지, 저울을 못 쓰게 만들어서야 되겠는가? 저울이란 헤아려 보는 분별심을 가리킨다.

351 불이법(不二法)에 딱 들어맞아야 한다.

352 자세(仔細) : 자세(子細). 상세하다. 진실을 알다. 분명하다. 삼가다. 조심하다. 또렷하다.

353 종교(從敎) : 좋을 대로 내맡기다. 마음대로 하게 하다. 자유에 맡기다.

얼굴에 부끄러운 기색이 없으면[354] 될 뿐입니다.'

山僧又向渠道：'這箇是出格底道理, 若是乾屎橛話, 如此說得落時, 如鋸解秤鎚[355].
麻三斤·狗子無佛性·一口吸盡西江水·不是心, 不是佛, 不是物有句無句如藤倚樹
·卽心卽佛語, 皆可如此說得也. 旣不可如此, 須是悟始得. 悟則事同一家, 不悟則
萬別千差. 差之毫氂, 失之千里, 切須子細. 從敎人道雲門待檀越無禮. 但心不負人,
面無慚色.'

그는 내가 이와 같이 정성껏 말해 주는 것을 보고서야 비로소 불법
(佛法)에 인정(人情)이 없다[356]는 것을 알고는 드디어 나를 믿었다. 이미
믿게 되자, 다만 그에게 '무엇이 부처인가?' '똥 닦는 막대기다.'를 살펴
보게 하였으니, 역시 그가 우지끈 꺾어지고 뚝 끊어지기[357]를 바랄 뿐
이다. 만약 그가 관직에 종사하고, 재물을 내어서 암자를 만들고, 동산
과 밭을 기증하여 대중에게 봉사하고, 나아가 나에게 공양하였기 때문
에 곧 그를 옳다고 인정한다면, 온 나라에 가난뱅이투성이라면 다시는

---

354 심불부인면무참색(心不負人面無慚色)：마음에서 남을 배반하지 않으면, 얼굴에 부끄
러운 기색이 없다. 양심에 부끄러움이 없어서 얼굴이 떳떳하다. =심불부인면무괴색(心
不負人面無愧色).

355 '추(鎚)'는 궁내본에서 '槌'.

356 불법무인정(佛法無人情)：불법은 엄밀하여 인정사정을 봐 주는 틈이 없다. 털끝만큼
이라도 어긋나면 천리만리 달라져 버리는 것이다. 오로지 정확히 계합하여 앞뒤 분별이
끊어져야 비로소 자유자재하게 되어 따로 할 일도 없고 하지 말아야 할 일도 없이 자유자
재하게 살 수 있는 것이다.

357 문득 분별심이 쉬어지고 불가사의한 깨달음에 통달하는 것.

참선할 일이 없을 것이니, 이것은 비단 선지식이 사람을 알아보는 눈을 잃어버릴 뿐만 아니라, 무수한 세월 동안 남을 속이는 일이기도 하니 작은 일이 아니다.

渠見山僧如此至誠相告, 方知佛法無人情, 乃相信. 旣相信, 只敎看 '如何是佛?' '乾屎橛.' 亦只要得渠咄地折, 嚗地斷. 若以渠作從官, 捨財剏菴, 置莊田供衆, 乃至供養山僧之故, 便以爲是, 則盡大地窮漢更無參禪分也, 非但失卻善知識辨人眼, 亦乃賺他百劫千生, 不是小事.

이번 여름에 또 몇 사람의 납자(衲子)[358]가 수고롭지 않은 곳[359]에서 공부하는 것을 긍정하지 않고, 다만 열심히 바쁘게 자신을 다그치면서 찾아와 견해를 내보이기도 하고 송고(頌古)를 짓기도 하였다. 내가 그들에게 '그런 도리가 아니다.'라고 말하면, 그들은 도리어 곧장[360] 꽉 쥐고서 기꺼이 놓아 버리지 못한다. 나는 이제 그대들에게 묻겠다.
'그대들은 스스로 놓아 버릴 수 있느냐?'

---

358 납자(衲子) : 납(衲)은 누더기라는 뜻으로서 선승(禪僧)을 가리키는 말. 도를 닦는 이는 옷을 검박하게 입는 데서 온 말이다. 승려들이 입는 가사(袈裟)는 본래 세상 사람들이 쓰다 버린 천 조각을 주어서 깨끗이 빨아 기워서 만든 것이므로 분소의(糞掃衣) 또는 백납(百衲)이라 하였다. 그래서 참선하는 이를 납자(衲子)라 하고, 각처를 행각(行脚)하는 스님을 운수납자(雲水衲子)라 한다.

359 생력처(省力處) : 힘을 더는 곳, 수월한 곳, 수고롭지 않은 곳. 참선 공부는 수월하고 수고롭지 않은 곳에서 해야 한다. 즉, 마음에 욕심을 내고 의도적이고 의식적이고 의욕적으로 허둥대며 무엇을 붙잡으려고 자신을 몰아붙이는 것은 효과가 없다.

360 변도(便道) : 즉시 행하다.

조주가 말했다.

'여러 곳에서는 쉽사리 알면서도 잘 보지는 못하고, 여기 나는 쉽사리 보지만 잘 알지는 못한다.'[361]

나는 늘 학인들에게 묻는다.

'죽비(竹篦)라고 부르면 사물을 따라가고, 죽비라고 부르지 않으면 사물을 무시한다. 말을 해서도 안 되고, 입을 다물고 있어서도 안 된다.'[362]

열이면 열 모두 두 눈이 찌그러져 있고, 설사 총명하게 견해를 드러내는 자라 하여도 이해한 글자 하나를 있는 힘을 다하여 말하는 정도이며, 혹은 나와서 손에 쥐고 있는 죽비를 빼앗기도 하고, 혹은 소매를 떨치고 곧장 나가기도 하지만, 그 나머지[363] 삿된 이해는 다 헤아릴 수도 없으니 살가죽 아래에 피가 흐르는 자는 한 사람도 없었다.

今夏更有數人衲子不肯向省力處做工夫, 只管熱忙, 亦來呈見解, 作頌古. 雲門向
他道 : '不是這箇道理.' 便道把定, 他不肯放過. 我且問爾 : '爾還自放得過也未?' 趙

---

361 『오등회원』제4권 '조주관음원종심선사(趙州觀音院從諗禪師)'에 나오는 상당 법어. 전체는 다음과 같다 : 상당하여 말했다. "바른 사람이 삿된 법을 말하면 삿된 법이 모두 바르게 되고, 삿된 사람이 바른 법을 말하면 바른 법이 모두 삿되게 된다. 여러 곳에서는 쉽사리 알기는 하는데 잘 보지는 못하고, 여기 나는 쉽사리 보기는 하는데 잘 알지는 못한다."(上堂 : "正人說邪法, 邪法悉皆正, 邪人說正法, 正法悉皆邪. 諸方難見易識, 我這裡易見難識.")

362 배촉관(背觸關)이다. 배(背)는 등을 돌리는 것이고, 촉(觸)은 부딪혀 집착하는 것이다. 반야(般若)를 경험하려면 등을 돌려서도 안 되고 부딪혀 집착해서도 안 된다고 하여 배촉구비(背觸俱非)라 한다. 배촉관(背觸關)이란 놓아서도 안 되고 잡아서도 안 되는 처지에서 어떻게 뚫어낼 것인가 하는 공부의 관문(關門).

363 자여(自餘) : 그 나머지. =기여(其餘).

148

州云: '諸方難見易識, 我這裏易見難識.' 雲門尋常問學者: '喚作竹箆則觸, 不喚作竹箆則背, 不得下語, 不得無語.' 十箇有五雙眼覷瞎䁥地, 縱有作聰明呈見解者, 盡力道得箇領字, 或來手中奪卻竹箆, 或拂袖便行, 自餘邪解不可勝數, 更無一箇皮下有血.

고덕이 말했다.

'이 일은 팔십 먹은 노인이 과거장(科擧場)에 나아가는 것과 같으니, 어린아이의 장난이 아니다.'[364]

만약 제멋대로 날조할 수 있다면, 천 가지 만 가지를 다 날조하게 될 것이다. 이미 날조할 수 없다면 모름지기 깨달아야 하는 것이고, 그 외에는 달리 어떻게 할 방도가 없다. 만약 그대들에게 진실로 깨달은 곳이 있다면 사가(師家)의 옛 말씀이 옳지 않을 것이니, (그분들의 말씀이라 하더라도) 역시 인과[365]를 초래함이 적지 않은 것이다. [366]

古德云 : '此事如八十翁翁入場屋, 不是小兒戲.' 若可捏合得時, 捏合千千萬萬了也. 旣不可捏合, 須是悟始得, 此外別無道理. 若爾實有悟處, 師家故言不是, 亦招因果不小.

---

364 『경덕전등록』 제17권 '홍주운거도응선사(洪州雲居道膺禪師)'에 나오는 운거도응(雲居道膺)의 상당 법어 가운데 한 구절.

365 인과(因果) : 인과응보(因果應報)의 업보(業報). 즉, 분별망상에 떨어진다는 말. 진실로 깨달았다면, 옳고 그름은 자기에게 있지 타인의 말에 있지 않다.

366 경찬(慶讚) : 불상·경전을 조성하거나, 절·탑 등의 건축을 완성하였을 때 행하는 법사(法事). 그 성공을 경축하고 찬탄하는 것.

오늘 경찬(慶讚)[366]의 재(齋)에서 여러분에게 말해 준[367] 것은 모두 황단부(黃端夫)가 나를 알기 때문인데, 처음에 원소로 말미암아 나를 알게 되었으며, 광 선사가 그곳으로 가 암주가 된 것도 원소로 말미암으며, 단부의 두 아드님이 오늘 재(齋)를 베풀고 나를 청하여 보설하게 한 것도 역시 원소로 말미암으며, 내가 여기에서 한바탕 시끄럽게 떠든[368] 것도 역시 원소로 말미암은 일이다. 이미 이렇게 되었으니, 말해 보아라. 원소의 마지막 일은 어떻게 되었는가?"

今日因齋慶讚, 擧似大衆, 蓋黃端夫知有雲門, 始因元昭, 光禪往彼住菴, 亦因元昭, 端夫二子今日設齋請山僧普說, 亦因元昭, 雲門打這一場葛藤, 亦因元昭. 旣然如是, 且道. 元昭畢竟事作麼生?"

잠시 묵묵히 있다가 말했다.

"그가 겨울에 직접 나를 찾아오면, 그때야 비로소 여러분에게 말해 줄 것이다."

良久, 云 : "待渠冬間親到雲門, 那時始與諸人說破."

---

367 거사(擧似) : 있었던 일을 그대로 이야기해 주다. 사(似)는 동사의 접미사로서 '-주다(與)'의 뜻을 부가해 주는 어조사. =설사(說似), 거향(擧向), 거념(擧拈).

368 시끄럽게 떠들다 : 갈등(葛藤)은 칡과 등 넝쿨이 얽혀 있다는 뜻이지만, 선(禪)에서는 분별망상(分別妄想), 망상번뇌(妄想煩惱), 혹은 분별(分別)된 개념(槪念)인 언어문자(言語文字)를 가리킴.

선상(禪床)을 치고는 자리에서 내려왔다.

拍禪床, 下座.

4. 진국태 부인이 청한 보설[369]

진국태 부인[370]이 보설을 청하자, 한 승려가 물었다.

"원각경(圓覺經)에 이르기를 '비유하면 깨끗한 마니보주(摩尼寶珠)에 오색(五色)이 비치는 것과 같다.'고 하였는데, 색깔이 아직 나타나지 않았을 때 구슬은 어디에 있습니까?"

대혜가 말했다.

"원각경에 언제 그런 말이 있었느냐?"[371]

승려 : "어떻게 알아들어야 할지 모르겠습니다?"

대혜 : "원각경에는 그런 말이 없는데, 또 무엇을 알아듣는다는 것이냐?"

승려 : "결국 어떻다는 겁니까?"

대혜 : "고요한 곳에서 빠짐없이 성취하라."[372]

---

369 대혜 선사의 일생을 정리한 『대혜연보(大慧年譜)』에 의하면, 1156년(68세; 소흥 26년 丙子) 부분에 "그때 승상(丞相) 화국(和國) 장공(張公) 덕원(德遠)이 장사(長沙)에 머물렀는데, 그 어머니 진국부인(秦國夫人)이 대혜에게 도(道)를 물었다."라는 구절이 있는 것으로 보아서, 이 보설은 이때 행해진 것으로 추정된다.

370 진국태부인(秦國太夫人) : 국태(國太)는 곧 국모(國母)이니 임금의 어머니란 뜻. 진(秦)은 섬서(陝西) 지방의 명칭. 부인의 성은 계(計) 씨이고, 법명(法名)은 법진(法眞)이며, 태사(太師) 장공(張公)의 부인이다. 두 아들을 두었는데, 맏아들은 자(字)가 소원(昭遠)이고 자사(刺史)를 지냈으며, 둘째는 자(字)가 덕원(德遠)이고 승상(丞相)의 자리에까지 올랐다. 두 아들 모두 원오극근에 의지해 공부하여 깨달은 바가 있었고, 부인도 대혜의 제자인 도겸(道謙)의 지도로 무자(無字)를 참구하여 깨달음을 얻었다.

371 하증(何曾) : 언제 —한 적이 있었느냐?(—한 적이 없다. 반어적 표현) =하상(何嘗).

372 사바하(薩婆訶) : 구경(究竟)·원만(圓滿)·성취(成就)·산거(散去)의 뜻이 있으니, 진언(眞言)의 끝에 붙여 성취를 구하는 말. 원래는 신(神)에게 물건을 바칠 때 인사로 쓰던

秦國太夫人請普說, 僧問 "『圓覺經』道 : '譬如淸淨摩尼寶珠映於五色.' 色未現時, 珠在甚麽處?"

師云 : "『圓覺經』何曾恁麽道?"

進云 : "未審作麽生會?"

師云 : "『圓覺經』不曾恁麽道, 更會甚麽?"

進云 : "畢竟如何?"

師云 : "靜處薩婆訶."

다른 승려가 물었다.

"어리석은 장삼이사[373]의 일은 묻지 않겠습니다. 가주(嘉州)의 큰 불상 (佛像)[374]은 코의 길이가 얼마나 됩니까?"

어구(語句)라 함. 고요한 곳에서 원만히 성취하라는 말.

373 호장삼흑이사(胡張三黑李四) : 장삼이사(張三李四)와 같음. 장삼이사(張三李四)는 평범한 사람, 아무나, 누구나라는 뜻. 범부(凡夫) 중생(衆生)을 가리키는 말. 터무니없다는 뜻인 호(胡)와 사악하다는 뜻인 흑(黑)은 범부중생의 특성을 부처와 비교하여 말한 것이다.

374 가주대상(嘉州大像) : 가주(嘉州)는 지금의 사천성(四川省) 낙산(樂山). 가주의 대상(大像)이란 곧 낙산대불(樂山大佛)이다. 낙산대불은 낙산시 동쪽의 민강, 청의강, 대도하 세 강의 합수목이요, 아미산(峨眉山) 동쪽의 서앵봉(栖鶯峰)에 있다. 강변의 산에 만들어진 낙산대불의 높이는 71m, 머리 너비는 10m, 귀 길이 7m, 코 길이 5.6m, 눈썹 길이 5.6m, 눈 길이 3.3m, 어깨 너비 28m, 손가락 길이 8.3m, 발등 너비 8.5m여서 백 명이 불상의 발등에 올라앉을 수 있을 정도이다. 시인들은 낙산대불을 "산이 부처요, 부처가 산이라." 라고 묘사했다. 청의강(靑衣江)과 대도하(大渡河)는 능운산(凌云山) 아래서 서로 만난 후 민강(岷江)으로 불린다. 전하는 바에 의하면 과거 이 민강에 늘 큰물이 져서 그 피해가 아주 컸다고 한다. 당현종(唐玄宗) 개원초(713년)에 능운사(凌云寺) 석해통(釋海通)스님이 홍수의 피해를 줄이기 위해 사회의 힘을 모아 대불을 조각했다. 90년이라는 긴 시간을 들여 조각을 마친 대불조각은 803년에 완공됐다. 여기에서 가주의 큰 불상이란 곧, 범부중

154

대혜가 말했다.

"길이가 이 백여 장(丈)[375]이다."

승려 : "그렇게나 어긋납니까?"

대혜 : "그대는 사천(四川)에서 온 승려[376]이니 마땅히 스스로 알아야 할 것이다."

승려 : "무엇 때문에 섬부(陝府)의 무쇠소[377]가 삼켜 버렸습니까?"

대혜 : "누가 그렇게 말하더냐?"

승려 : "아무리 높은 곳에서도 다 볼 수가 없고, 아무리 낮은 곳에서도 빠짐없이 평평하게 고를 수는 없습니다."

대혜 : "그대는 높지도 않고 낮지도 않은 곳에서 한번 말해 보아라."

승려 : "위험합니다."[378]

대혜 : "그것은 여전히 높고 낮은 곳의 일이다."

승려 : "기백(氣魄)이 있을 때 기백을 더욱 높이십시오."[379]

생인 장삼이사(張三李四)와 대비되는 부처를 가리킨다.

375 1장(丈)은 한 길(사람의 키의 길이)이다.

376 천승(川僧) : 사천(四川) 지방의 승려. 송대(宋代)에는 중원(中原)에서 변방인 사천(四川) 사람을 보통 지저분하다고 여겼기 때문에, 천승(川僧)이라 하면 사천 출신의 승려라는 말도 있지만, 지저분하고 정리되지 않은 승려라는 비난의 뜻도 들어 있다.

377 섬부(陝府)의 철우(鐵牛) : 하남성(河南省) 섬부(陝府; 섬현(陝縣))에 있는, 황하(黃河)의 수호신으로서 주조된 거대한 무쇠소이다. 머리는 하남(河南)에, 꼬리는 하북(河北)에 있다고 하며, 통행하는 사람은 이것에 물을 뿌리고 제사를 지낸다고 한다. 역량이 탁월한 사람을 비유한다.

378 험(險) : ①(형) 위험하다. 교활하다. ②(부) 하마터면. 아슬아슬하게. 자칫하면.

379 유의기시첨의기(有意氣時添意氣) : 기백이 있을 때 기백을 더욱 높인다. "기백(氣魄)이 있을 때 더욱 기백을 더하면, 풍류(風流)를 하지 않는 곳에서도 풍류를 즐기게 된다."(有意氣時添意氣, 不風流處也風流.)(『대혜보각선사주강서운문암어록(大慧普覺禪師住江西雲門

155

대혜 : "도둑이 크게 실패하였구나."[380]

問 : "胡張三黑李四, 卽不問. 嘉州大像鼻孔長多少?"

師云 : "長二百來丈."

進云 : "得恁麼郎當?"

師云 : "爾川僧自合知."

進云 : "爲甚麼被陝府鐵牛呑卻?"

師云 : "誰恁麼道?"

進云 : "高高處觀之不足, 低低處平之有餘."

師云 : "爾試向不高不低處道看."

進云 : "險."

師云 : "這箇猶是高低處底."

進云 : "有意氣時添意氣."

師云 : "草賊大敗."

이어서 말했다.

_____

菴語錄)』 제7권 '시중설법')

380 초적대패(草賊大敗) : 도둑질하러 들어왔다가, 들켜서 도둑질에 실패하다. 수작을 걸
     었다가, 속내가 탄로 나서 실패하다. 낚시를 드리웠으나, 물고기가 알아차리는 바람에
     실패하다. 종사가 학인을 시험해 보려 하나 학인은 속지 않는다. 혹은 학인이 종사를 시
     험해 보려 하나 종사가 속지 않는다는 말. 여기에서는 대혜가 승려를 시험해 보려 했으나
     실패했다는 말.

"오늘은 진국태 부인이신 계(計) 씨 법진(法眞)[381]께서 경탄(慶誕)[382]하신 날인데, 삼가 정재(淨財)[383]를 베푸시고 멀리서 이 산을 찾아오셔서 청정한 선중(禪衆)[384]에게 향기로운 음식[385]을 베푸셨다.[386] 이어서 산야(山野)[387]에게 명(命)하여, 이 자리에 올라 대중에게 보설을 하여 반야를 드러내라고[388] 하셨다. 바라는 바는 도(道)로 나아가 마(魔)가 없고 색신(色身)이 안락한 것이니, 이것이 곧 진국태 부인의 뜻이시다. 이 할머니가 평생 살아온 길을 사천의 승려들은 모르는 사람이 없는데 오직 아둔한 그대들만 아직 모르고 있으니, 오늘의 재(齋)를 경축하고 찬탄하는 뜻에서 여러분에게 말해 주겠다.

---

381 진국태 부인은 성이 계(計) 씨이고 법명(法名)이 법진(法眞)이다.

382 경탄(慶誕) : 특히 제왕(帝王)의 탄신(誕辰)을 가리키는 말.

383 정재(淨財) : 탐욕을 벗어난 깨끗한 재화(財貨). 시주(施主)가 절에 보시하는 돈이나 물건을 가리키는 말.

384 선중(禪衆) : 선승(禪僧)의 무리. 청정선중(淸淨禪衆)이라 한다.

385 재(齋) : ①uposadha, posadha. 오포사타(烏脯沙陀)라 음역. 본래는 삼간다는 뜻. 일정한 날에 계율을 지키는 것을 의미하였다. 포살(布薩). ②인도 일반의 제사(祭祀)를 뜻함. ③죄를 회개하여 새롭게 되는 것. 신구의(身口意) 3업(業)을 깨끗하게 하여 악업을 짓지 않는 것. ④정오의 식사. 식사 때. 아침의 죽에 대하여 점심의 밥. 시(時), 시식(時食), 재식(齋食)이라고도 함. 정오를 지나지 않은 때의 식사. ⑤법회 때 스님네나 속인들에게 음식을 대접하는 것을 의미하는 말.

386 수설(修設) : 수설재회(修設齋會)의 준말. 재회(齋會)를 베풀다.

387 산야(山野) : 민간(民間). 조정(朝廷)에 상대하여 하는 말. 여기선 국태부인(國太夫人)에 상대하여 신하(臣下)의 입장인 대혜 자신을 가리킨다.

388 거양(擧揚) : 들어 날리다. 드날리다. 대중을 모아 놓고 문답하고 설법하며 종지(宗旨)를 명백히 들어내는 것.

157

乃云:"今日是秦國太夫人計氏法眞慶誕之辰[389], 謹施淨財, 遠詣當山, 修設淸淨禪

衆香齋. 仍命山野陞于此座, 爲衆普說, 擧揚般若. 所願進道無魔, 色身安樂, 此是

秦國太夫人意旨. 這婆子平生行履處, 川僧無有不知者, 唯魯子僧未知, 今日因齋

慶讚, 擧似大衆.

들은 바에 의하면, 이 할머니는 30세 전후의 나이에 부군(夫君)이신 태

사(太師)께서 돌아가시고 휘유(徽猷)와 상공(相公)[390]은 아직 어리셨으나, 훌

륭하게[391] 처세(處世)하시고[392] 늠름하여[393] 범할 수 없는 자태를 갖추셨으

니, 사방의 이웃들이 그 명망을 듣고는 경외(敬畏)하였다고 한다. 있는 힘

을 다하여 두 아들에게 책을 읽히고 일을 처리할 때는 집안의 법도를 지

극하게 지키셨으며, 늘 두 아드님이 곁에서 모셨는데 아이들을 앉게 하

지도 않으셨고 아이들도 감히 앉지 않았다고 하니 그 엄격함이 이와 같

았다고 한다. 상공(相公)은 늘 말씀하시곤 했다.

'오늘날 벼슬을 하는 것은 모두 노모(老母)께서 평소에 교육한 결과입니

다. 받은 녹봉(祿奉)은 매일매일 가정에서 늘 먹는 음식을 제외하고는 노

---

389 '진(辰)'은 궁내본에서 '신(晨)'. 진(辰)은 '때, 날, 새벽'을 뜻하고, 신(晨)은 '새벽, 아침'
   을 뜻하니 통용된다.

390 휘유(徽猷)는 진국태 부인의 맏아들이고, 상공(相公)은 둘째 아들이다. 두 아들이 올랐
   던 관직에 따라 부른 명칭이다. 맏아들은 자사(刺史)를 지냈고, 둘째는 승상(丞相)을 지
   냈다.

391 탁탁(卓卓) : =탁연(卓然). 탁월하다. 뛰어나다.

392 입신(立身) : 사람답게 처세하다. 사람의 구실을 제대로 하다.

393 늠연(凜然) : 매우 엄하다. 위엄이 있다. 늠름(凜凜)하다.

모께선 모두 재승(齋僧)³⁹⁴에 보시함으로써 우리 임금님의 만수무강을 축원하셨으니, 늘 공(功)도 없이 녹봉만 받는 것을 불만스러워하셨던 것입니다.'

見說, 這婆子三十左右歲時, 先太師捐館, 徽猷與相公尙幼, 卓卓立身, 凜然有不可犯之色, 東鄰西舍, 望風知畏. 極力敎二子讀書, 處事極有家法, 尋常徽猷與相公左右侍奉, 不敎坐亦不敢坐, 其嚴毅如此. 相公常說 : '今日做官, 皆是老母平昔敎育所致. 所得俸資, 除逐日家常菜飯外, 老母盡將布施齋僧, 用祝吾君之壽, 常有無功受祿之慊.'

듣자 하니, 선사(先師)³⁹⁵께서 촉(蜀)으로 돌아가셔서 그분³⁹⁶께 받은 공양이 적지 않았다고 한다. 다만 아직 참선을 알지 못할 뿐이었는데, 두 아들은 도리어 선사가 계신 곳에서 각자 깨달은 바가 있었다. 일전에 도겸(道謙)³⁹⁷ 선사가 그 집에 머물렀는데, 두 아드님이 직접 도겸에게 말했다.

'노모(老母)께선 40년간 수행하셨는데, 다만 이 하나가 부족합니다. 스

---

394 재승(齋僧) : 많은 음식을 준비해 승가(僧家)의 대중에게 베푸는 것. 많은 음식을 준비해 스님들을 대접하는 것.

395 대혜종고의 타계한 스승인 원오극근.

396 여기에서 삼인칭인 '그, 그분'을 뜻하는 거(渠)는 곧 진국태 부인을 가리킨다. 앞서 눈앞에 앉아 있는 진국태 부인을 '이 할머니'(這婆子)라고 지칭했지만, 다른 사람과 관계된 진국태 부인의 옛날 일을 말하면서는 비록 지금 눈앞에 있지만, 마치 제삼자인 양 '그분'이라고 부르는 것이다.

397 대혜의 법제자인 개선밀암(開善密庵).

님[398]께선 경산(徑山)[399] 화상을 오래 모셨으니 보고 들은 것이 많을 것입니다. 잠시 머무시면서 스님께서 조만간 어머니와 말동무가 되어 말씀을 나누어 보십시오. 저희 형제는 부모와 자식의 관계에 있다 보니 입을 열기가 어렵습니다.'

聞先師歸蜀, 受渠供養不少. 只是未知參禪, 徽猷與相公卻於先師處各有發明. 向謙禪在他家, 徽猷與相公親向謙道 : '老母修行四十年, 只欠這一著. 公久侍徑山和尙, 多所聞見, 且留公早晚相伴說話. 蓋某兄弟子母分上, 難爲開口.'

듣자 하니, 매일 도겸과 만나 다만 한결같이 이 일만을 격양(激揚)[400]했는데, 하루는 도겸에게 물었다고 한다.

'경산 화상은 평소 어떻게 사람을 가르칩니까?'

도겸이 말했다.

'스님께선 다만 사람들에게 〈개에게는 불성이 없다.〉는 화두나 〈죽비라고 부르면 사물을 따라가고, 죽비라고 부르지 않으면 사물을 무시한다. 말을 해서도 안 되고, 입을 다물고 있어서도 안 된다.〉는 화두를 살펴보라고 시킵니다. 다만 말을 해도 안 되고, 생각으로 헤아려서도 안 되고, 말을 꺼내는 곳에서 이해해서도 안 되고, 입을 여는 곳에서 받아들여서도 안 됩니다. 〈개에게도 불성이 있는가?〉〈없다.〉다만 사람들에게 이렇게 살펴보라고 시키십니다.'

398 공(公)은 남자에 대한 존칭인데, 스님을 상대로도 공(公)이라고 호칭하고 있다.

399 경산(徑山) : 대혜종고(大慧宗杲).

400 격양(激揚) : 격려하여 진작시키다.

160

그분은 드디어 분명히 믿고는 밤낮으로 자세히 고찰하면서도 늘 즐겨 경전도 보고 예불(禮佛)도 하였다. 이에 도겸이 말했다.

'스님께선 늘 이렇게 말씀하셨습니다. 〈이 일을 해내고자 한다면, 모름지기 경을 보거나 예불을 하거나 주문을 외우는 것과 같은 일들[401]은 멈추어야 한다. 마음을 쉬고 화두를 참구(參究)하되, 화두 공부를 끊어지게 하지 말아야 한다. 만약 한결같이 경전을 보고 예불하는 일에 집착하고 공덕을 추구한다면, 이것은 곧 도(道)를 가로막는 장애물이다. 화두를 살피다가 한순간 들어맞게 되면, 이전처럼 경전을 보고 예불을 하고, 나아가 한 자루 향(香), 한 송이 꽃, 한 번 쳐다보고, 한 번 절하는 등의 여러 가지 행동이 모두 헛되이 버릴 것이 없고, 빠짐없이 부처님의 묘한 행동이며, 또 근본을 붙잡고 수행하는 것이다. 다만 들은 대로 믿고 행할 뿐, 오해는 절대 하지 마라.〉'

그분은 도겸의 말을 듣고서 즉시 모두를 놓아 버리고, 오로지 좌선(坐禪)만 하면서 '개에게는 불성이 없다.'는 화두를 살펴보셨다고 한다.

見說, 每日與謙相聚, 只一味激揚此事. 一日, 問謙: '徑山和尙尋常如何爲人?' 謙云: '和尙只敎人看狗子無佛性話竹篦子話. 只是不得下語, 不得思量, 不得向擧起處會, 不得去開口處承當. 〈狗子還有佛性也無?〉〈無.〉只恁麽敎人看.' 渠遂諦信, 日夜體究, 每常愛看經禮佛. 謙云: '和尙尋常道: 〈要辦此事, 須是輟去看經禮佛誦咒之類. 且息心參究, 莫使工夫間斷. 若一向執著看經禮佛, 希求功德, 便是障道. 候一念相應了, 依舊看經禮佛, 乃至一香一華, 一瞻一禮, 種種作用, 皆無虛棄, 盡

---

401 수행(修行)하는 여러 가지 행위를 가리킴.

是佛之妙用, 亦是把本修行. 但相聽信, 決不相誤〉' 渠聞謙言, 便一時放下, 專專只
是坐禪, 看狗子無佛性話.

듣자 하니, 지난해 겨울 어느 날 밤 자다가 놀라서 문득 잠이 깨셨다
고 한다. 깨어난 김에 일어나서 좌선을 하며 화두를 말했는데,[402] 갑자
기 기쁨이 확 찾아왔다고 한다. 요사이 도겸이 돌아오면서, 진국태 부
인의 친서(親書)와 몇 개의 게송을 가져와 나에게 보여 주었다. 그 게송
들 가운데 하나는 이렇다.

'매일 보는 경전의 글이
마치 옛날 알던 사람을 만나는 것 같구나.
말이 많으면 막히게 된다고 말하지 마라.
한마디 말할 때마다 한 번 새롭다.'[403]

내가 늘 여러분에게 말하듯이, 선(禪)에 동참(同參)하게 되면 경전을
읽고 문자를 보는 것이 마치 자기를 잃어버렸는데 방 안을 걷다가 한
번 만나는 것과 같고, 또 마치 옛날 서로 알던 사람과 만나는 것과 같

---

402 거화(舉話): 고인(古人)의 이야기를 말하여 제시(提示)하는 것.

403 손무(孫武): 중국 춘추 시대의 병법가(兵法家). 높여서 손자(孫子)라고 부른다. 손무
    는 『사기(史記)』에 따르면 춘추 시대 오(吳)나라 장군으로 자(字)는 장경(長卿)이라 한다.
    오나라 왕 합려를 섬겼으며, 서쪽으로는 초(楚)나라를 쳐부수고 북쪽으로는 제(齊)나라
    와 진(晉)나라를 위협해 용맹을 떨쳤다. 병법서(兵法書) 13편을 저술했다고 하는데, 훗날
    『손자병법(孫子兵法)』이라고 불렸다. 『사기(史記)』 제65권 「손자오기열전(孫子吳起列傳)」
    에 소개되어 있다.

다. 지금 진국태 부인의 이 게송은 손무[403]나 오기[404]와 맞먹는다.[405] 그대들은 그분을 여자로 보겠지만, 완연히 장부(丈夫)의 삶을 살고 있으니 대장부의 일을 끝낼 수 있었던 것이다.

聞去冬忽一夜睡中驚覺, 乘興起來坐禪學話, 驀然有箇歡喜處. 近日謙歸, 秦國有親書, 幷作數頌來呈山僧. 其間一頌云: '逐日看經文, 如逢舊識人. 勿言頻有礙, 一擧一回新.' 山僧常常爲兄弟說, 參得禪了, 凡讀看經[406]文字, 如去自家屋裏行一遭相似, 又如與舊時相識底人相見一般. 今秦國此頌, 乃暗合孫吳. 爾看他是箇女流, 宛有丈夫之作, 能了大丈夫之事.

도겸이 어제 나를 찾아와 말했다.

'몇몇 선병(禪病)들을 자세히 설명해 주셔서 진국태 부인과 대중이 반야의 인연을 맺도록[407] 해 주십시오.'

내가 그에게 말했다.

---

404 오기(吳起) : 전국(戰國) 시대 초(楚)나라 도왕(悼王) 때 군사(軍師)를 지낸 장수이다. 무경칠서(武經七書) 중의 하나인 『오자(吳子)』의 저자로 유명하다. 높여서 오자(吳子)라고 부르는데, 오자(吳子)는 손자(孫子)와 병칭되는 병법가로서, 손자 다음으로 거론되는 사람이다. 오기가 병사들과 동고동락(同苦同樂)하며 부스럼이 난 병사의 고름을 입으로 빨아 주어 연저지인(吮疽之仁)이라는 고사가 생겼다. 『사기(史記)』제65권 「손자오기열전(孫子吳起列傳)」에 전한다.

405 암합(暗合) : 우연히 일치하다.

406 '간경(看經)'은 궁내본에서는 '경간(經看)'. 경을 읽고 문자를 본다는 뜻이니 경간(經看)이라는 순서가 맞다.

407 대중(大衆)은 한 사가(師家) 밑에 모여 공부하는 학인의 무리이니, 대중의 반야 인연을 맺는다는 것은, 스승으로서 제자에게 반야를 가르쳐 주는 인연을 맺는다는 뜻.

'선(禪)에 무슨 병이라 할 것이 있는가? 선이 두통을 앓은 적도 없고, 다리가 아팠던 적도 없고, 귀가 먹은 적도 없고, 눈이 먼 적도 없다. 다만 선에 참여하는[408] 사람들의 참여에 차이가 있고, 깨달음에 차이가 있고, 마음을 씀에 차이가 있고, 스승을 의지함에 차이가 있다. 이러한 차이 때문에 일러 병이라 하는 것이지, 선에 병이 있다는 말은 옳지 않다.'

'무엇이 부처입니까?' '마음이 곧 부처다.' 무슨 병이 있는가? '개에게도 불성이 있습니까?' '없다.' 무슨 병이 있는가? '죽비라고 부르면 저촉되고, 죽비라고 부르지 않으면 어긋난다.' 무슨 병이 있는가? '무엇이 부처입니까?' '삼베가 서 근이다.' 무슨 병이 있는가? '무엇이 부처입니까?' '똥 닦는 막대기다.' 무슨 병이 있는가?

그대들이 뚫고 벗어나지[409] 못하고서, 도리(道理)를 만들어 뚫어 내려고 한다면, 즉시 천리만리로 벌어져서 아무 관계가 없다. 마음을 내어[410] 그것에 도달하려 하고, 마음을 내어 그것을 헤아리려 하고, 말을 꺼내는 곳에서 이해하려 하고,[411] 부싯돌 불꽃이나 번갯불처럼 번쩍 스치는 곳에서 알아차리려 하는 이것들이 바야흐로 병인 것이다. 세속의 의원(醫員)[412]이

---

408 참선이란, 선에 참여하는 것이고, 선에 동참하는 것이다. 선(禪)에 참(參)하라는 것은, 선에 '동참(同參)하라', 선과 '함께하라'는 것이다. 참선은 선(禪)에 동참하는 것이고, 화두(話頭)를 참(參)하라는 것은 화두에 동참하는 것이다. 동참한다는 것은 참여하여 함께한다, 혹은 하나가 된다는 뜻이다.

409 투료(透了) : 돌파하여 벗어남. 료(了)는 완료를 나타내는 조사. 뚫고 지나가다. 깨달음을 가로막는 장애를 뚫고 벗어나 깨달음에 이른다는 말. =투탈(透脫), 투득(透得), 투과(透過), 투출(透出), 투취(透取).

410 의심(擬心) : ①마음으로 헤아리다. ②마음을 내어 −하려 하다.

411 영략(領略) : (체험으로) 이해하다. 깨닫다. 감지하다. 음미하다.

412 세의(世醫) : 대대로 의업(醫業)에 종사하는 사람, 또는 그 집.

라면 인사를 올리며[413] 반기겠지만, 이것은 끝내 선(禪)의 일과는 상관이 없다. 조주가 말했다. '공왕(空王)[414]의 제자가 되려고 한다면 마음이 병들게 하지 말아야 하니, 가장 치료하기가 어렵기 때문이다.'[415]

謙禪昨日上來告山僧:'子細說些禪病, 且與秦國結大衆般若緣.' 山僧向他道:'禪有甚麼病可說? 禪又不曾患頭疼, 又不曾患脚痛, 又不曾患耳聾, 又不曾患眼暗. 只是參禪底人參得差別, 證得差別, 用心差別, 依師差別. 因此差別故, 說名爲病, 非謂禪有病也.' '如何是佛?' '卽心是佛.' 有甚麼病? '狗子還有佛性也無' '無.' 有甚麼病? '喚作竹篦則觸, 不喚作竹篦則背.' 有甚麼病? '如何是佛?' '麻三斤.' 有甚麼病? '如何是佛?' '乾屎橛.' 有甚麼病? 爾不透了, 纔作道理要透, 便千里萬里沒交涉也. 擬心湊泊他, 擬心思量他, 向擧起處領略, 擊石火閃電光處會, 遮箇方始是病. 世醫拱手, 然究竟不干禪事. 趙州云:'要與空王爲弟子, 莫敎心病, 最難醫.'

---

413 공수(拱手) : 가슴께에서 두 손을 맞잡되, 오른손을 주먹 쥐고 왼손을 그 위에 감싸 쥐어 공손히 인사하는 것.

414 공왕(空王) : 부처.

415 『경덕전등록』 제28권 '조주종심화상어(趙州從諗和尙語)'에 있는 상당법어(上堂法語).

416 수레 즉 승(乘)은 곧 가르침 혹은 수행법을 가리킨다. 중생을 실어서 피안(彼岸)으로 날라 준다는 뜻에서 수레라 한다. 즉, 학인(學人)이 의지하여 공부할 수 있는 가르침이다.

417 성문(聲聞) : śrāvaka. 가장 원시적 해석으로는 석존(釋尊)의 음성을 들은 불제자를 말함. 대승의 발달에 따라서 연각과 보살에 대할 때는 석존의 직접 제자에 국한한 것이 아니고, 부처님의 가르침에 의지하여 3생(生) 60겁(劫) 동안 사제(四諦)의 이치를 관하고, 스스로 아라한 되기를 이상(理想)으로 하는 일종의 저열한 불도 수행자를 말함. 그러므로 대승교에서는 성문을 소승의 다른 이름처럼 보고, 성문으로 마치는 이와 대승으로 전향(轉向)하는 이를 구별하여 우법(愚法)·불우법(不愚法)의 2종으로 나눔.

기억하건대, 사리불이 월상녀(月上女)에게 물었다.

'그대는 지금 어떤 수레(乘)⁴¹⁶를 몰고 있는가? 성문(聲聞)⁴¹⁷의 수레⁴¹⁸를 몰고 있는가? 벽지불⁴¹⁹의 수레⁴²⁰를 몰고 있는가? 큰 수레(대승(大乘))⁴²¹를 몰고 있는가?'

월상녀가 답했다.

'사리불이여! 그대가 나에게 어떤 수레를 몰고 있는지를 물었으니, 내가 지금 도리어 그대 사리불에게 묻겠다. 자신의 뜻에 따라 나에게 답해 주기를 꼭 바라노라. 그대 사리불이 깨달은 법은 성문의 수레를 모는 것인가? 벽지불의 수레를 모는 것인가? 큰 수레를 모는 것인가?'

사리불이 말했다.

'어느 것도 아니로다, 월상녀여! 까닭이 무엇인가 하면, 이 법은 분별할 수도 없고, 말할 수도 없고, 다르지도 않고, 같지도 않고, 여럿도 아니기 때문이다.'

---

418   성문승(聲聞乘) : 삼승(三乘)의 하나. 성문(聲聞)이 깨달음에 이르기 위하여 닦는 교법 (敎法). 곧 고집멸도(苦集滅道)의 사제(四諦).

419   벽지불(辟支佛) : pratyeka-buddha. 연각(緣覺)·독각(獨覺)이라 번역. 꽃이 피고 잎이 지는 등의 외연(外緣)에 의하여 스승 없이 혼자 깨닫는 이. 혹은 십이인연법(十二因緣法)을 통찰하여 깨달음을 얻은 이.

420   연각승(緣覺乘) : 연각(緣覺)이 깨달음에 도달하는 데 의지하는 교법(敎法). 십이인연법(十二因緣法).

421   대승(大乘) : mahāyāna. ↔소승(小乘). 마하연나(摩訶衍那)라 음역. 사람을 싣고 이상경(理想境)에 이르게 하는 교법 가운데서, 교리·교설과 이상경에 도달하려는 수행과 그 이상·목적이 모두 크고 깊은 것이므로, 이것을 받는 근기도 또한 큰 그릇인 것을 대승이라 함. 곧 보살의 큰 근기가 불과(佛果)의 대열반을 얻는 법문. 대승(大乘)이라는 이름은 소승(小乘)이라는 이름에 상대하여 지어진 것. 성문승과 연각승을 소승이라 한다.

월상녀가 말했다.

'사리불이여! 이러한 까닭에 모든 법을 같은 모습이니 다른 모습이니 따로 다른 모습이 없느니 하고 분별해서는 안 되니, 어떤 모습 속에도 머물 수 없기 때문이다.'[422]"

記得, 舍利弗問月上女曰 : '汝於今者, 行何乘也? 爲行聲聞乘? 爲行辟支佛乘? 爲行大乘?' 月上女答曰 : '舍利弗! 汝旣問我行何乘者, 我今還問舍利弗, 惟願隨意答我. 如舍利弗所證法者, 爲行聲聞乘? 爲行辟支佛乘? 爲行大乘?' 舍利弗言 : '非也, 月上女! 所以者何? 然彼法者, 無可分別, 亦無言說, 非別非一, 亦非衆多.' 月上女曰 : '舍利弗! 是故不應分別諸法一相異相, 無別異相, 於諸相中, 無有可住.'"

대혜가 말했다.

"사리불이 이렇게 묻자 월상녀가 이렇게 답했으니, 말해 보아라. 진국태 부인께서 깨달은 법의 모습과 얼마나 다른가? 판단한 사람이 있는가? 한번 나와서 판단해 보아라. 만약 없다면, 우선 번뇌망상[423] 속에서 깨달아야[424] 한다. 그러므로 말하기를, '무릇 참여하여 배우는 사람은 모름지기

---

422 『불설월상녀경(佛說月上女經)』 상권(上卷)에 나오는 내용.

423 갈등(葛藤) : 칡과 등나무 넝쿨이 얽혀 있음. 뒤얽혀서 깨끗하지 않음. 밝지 못함. 명백하지 못함. 선(禪)에서는 분별(分別)된 개념(槪念)인 언어문자(言語文字), 혹은 분별망상(分別妄想), 망상번뇌(妄想煩惱)를 가리킴. 언어문자는 학인을 지도하는 수단이지만, 동시에 학인을 묶어서 공부를 막는 장애가 되므로 갈등이라고 한다.

424 천취(薦取) : ①알아차리다. ②깨닫다. =천득(薦得).

425 활구(活句) : 살아 있는 말. 진실한 말. 뜻에 따라 분별하지 않는 말. 활구는 마음이 바로 드러나는 것이니, 곧 직지인심(直指人心)이다.

활구(活句)[425]에 참여하고, 사구(死句)[426]에 참여하지 마라. 활구에서 깨달으면[427] 영원토록 잊지 않겠지만, 사구에서 깨달으면 자기조차도 구제하지 못한다.'[428]라고 하였다. 여러분이 매일 올라왔다 내려가고, 요사(寮舍)[429]에서 차 마시고 물 마시고, 장원(莊園)에서 소금도 나르고 밀가루도 나르고, 승당(僧堂)에서 발우에 음식을 나누어 주고,[430] 긴 복도에서 나물을 가리고, 후원(後園)에서 거름을 짊어지고, 방앗간에서 맷돌을 돌리는 바로 이러한 때는 부처님의 눈으로도 그대들을 볼 수가 없다. 말해 보아라. 이 것은 사구(死句)인가? 활구(活句)인가? 사구도 활구도 아닌가? 한번 판별해[431] 보아라. 비록 판별하더라도, 아직 삼구(三句)[432] 속에서 벗어나지는 못했다.[433]

---

426 사구(死句) : 죽은 말. 뜻으로 헤아리는 말. 분별망상에 해당한다.

427 천득(薦得) : ①알아차리다. 인식하다. ②깨닫다. 득(得)은 가능 혹은 완료를 나타내는 조사.

428 『불과원오진각선사심요(佛果圜悟眞覺禪師心要)』 상권(上卷) '시화장명수좌(示華藏明首座)'에 나오는 구절.

429 요사(寮舍) : 승려들이 묵는 집.

430 행익(行益) : 행(行)은 차례차례 나누어 주는 것. 익(益)은 음식을 담아 주는 것. 공양 때 대중의 발우에 음식을 나누어 주는 것.

431 정당(定當) : 판별하다. 판단하다.

432 삼구(三句) : 선의 종지(宗旨)를 드러내는 세 구절을 말한다. 백장회해(百丈懷海)·임제의현(臨濟義玄)·암두전활(巖頭全豁)·운문문언(雲門文偃)·덕산연밀(德山緣密)·파릉호감(巴陵顥鑑)·분양선소(汾陽善昭)·불감혜근(佛鑑慧懃) 등에게 삼구가 있다. 예를 들면, 백장삼구(百丈三句)는 초선(初善)·중선(中善)·후선(後善)인데, 초선(初善)에서는 긍정하거나 부정하는 하나의 입장을 지키고, 중선(中善)에서는 초선의 입장을 버리며, 후선(後善)에서는 초선의 입장을 버렸다는 생각도 버리는 것이다.

433 판별해 낸다고 하여도 여전히 분별이기 때문에 아직 삼구(三句)에서 벗어나지 못했다고 한다.

師云: "舍利弗恁麼問, 月上女恁麼答, 且道. 與秦國太夫人所證之法相去幾何? 還有人斷得麼? 試出來斷看. 如無, 且向葛藤裏薦取. 所以道: '夫參學者, 須參活句, 莫參死句. 活句下薦得, 永劫不忘, 死句下薦得, 自救不了.' 爾諸人每日上來下去, 寮舍裏喫茶喫湯, 莊上搬鹽搬麵, 僧堂裏行益, 長廊下擇菜, 後園裏擔糞, 磨坊下推磨, 當恁麼時, 佛眼也覰爾不見. 且道. 是死句? 是活句? 是不死不活句? 試定當看. 直饒定當得出, 也未免在三句裏.

보지도 못했는가?

한 승려가 남전(南泉)에게 물었다.

'마음이 곧 부처라 해도 알맞지[434] 않고, 마음도 아니고 부처도 아니라 해도 알맞지 않습니다. 스님의 뜻은 어떻습니까?'

남전이 말했다.

'그대가 다만 마음이 곧 부처임을 믿으면 그만이지, 또 무슨 알맞고 알맞지 않고를 말하느냐? 예컨대 스님이 밥을 먹었다면, 동쪽 복도 위에서도 서쪽 복도 아래에서도 사람들에게 알맞은지 알맞지 않은지를 물을 필요가 전혀 없는 것과 같다.'[435]

여기에서 만약 남전을 알아본다면, 비로소 삼구(三句)에 부림을 받지

---

434 득(得): 알맞다.

435 『경덕전등록』 제8권 '지주남전보원선사(池州南泉普願禪師)'에 나오는 대화. 깨달아 분별에서 벗어나 불이중도에 들어가면 그 속에서 살며 익숙해지는 것이지, 다시 분별로써 불이중도를 알려고 할 필요가 없다는 말.

않고 삼구를 부릴 수 있게 될 것이다. 삼구를 부릴 수 있으면, 비로소 남전과 같은 눈으로 보고, 같은 귀로 듣고, 같은 코로 냄새 맡고, 같은 혀로 맛보고, 같은 몸으로 느끼고, 같은 마음으로 생각하여 다시는 차이가 없을 것이다. 다만 그대들이 약(藥)에 집착하여 약이 도리어 병(病)이 되었기 때문에 옛날 병도 아직 없애지 못했는데 새 병이 다시 나타나는 것이니, 도리어 사구와 활구에게 부림을 당해 뒤죽박죽이 되어[436] 저 옛사람이 곧장 질러간[437] 곳을 일제히 구불구불 둘러 가는 것이다.

豈不見? 僧問南泉和尙 : '卽心是佛又不得, 非心非佛又不得. 師意如何?' 泉云 : '爾但信卽心是佛便了, 更說甚麽得與不得? 只如大德喫飯了, 從東廊上, 西廊下, 不可總問人得與不得也.' 遮裏若識得南泉, 方不被三句所使, 便能使得三句. 旣使得三句, 始與南泉同一眼見, 同一耳聞, 同一鼻嗅, 同一舌嘗, 同一身髑, 同一意思, 更無差別. 只爲爾執藥爲病, 舊病未除, 新病復作, 卻被死句活句使得來七顚八倒, 將他古人徑截處一時紆曲了.

어떤 것이 옛사람이 곧장 질러간 곳인가? 내가 그대들에게 다시 한두 개의 고칙(古則)[438]을 말해 주겠다.

---

436 칠전팔도(七顚八倒) : 뒤죽박죽 되다. 뒤범벅이 되다. 뒤얽혀 혼란스럽다.

437 경절(徑截) : 곧장 끊어 버리다. 곧장 들어가다. 지름길. 단도직입(單刀直入).

438 고칙(古則) : 부처나 조사의 어구, 스승과 제자가 주고받은 말, 스승이 수시(垂示)하거나 보설한 것 등은 언제라도 후인의 수행에 모범이 될 수 있기 때문에 '고칙(古則)' 혹은 '고칙공안(古則公案)'이라 한다.

예컨대 남전(南泉)이 말했다.

'소를 끌어다 개울 동쪽에 풀어 놓으려니 국왕의 물과 풀을 먹지 않을 수 없고, 개울 서쪽에 풀어 놓으려니 역시 국왕의 물과 풀을 먹지 않을 수 없다.[439] 힘이 미치는 만큼[440] (불이(不二)의 반야를) 조금씩 즐기되,[441] (반야 인지 아닌지를) 전혀 알[442] 수 없는 것이 좋다.'[443][444]

이 공안(公案)을 얼마나 많은 사람이 잘못 판단했던가? 어떤 것이 조금씩 즐기는 도리인가? 곧장 말하기를 '옷 입고 밥 먹는 데 무슨 어려움이 있는가?'라고 한다면, 남을 뒤따르는 하인 노릇을 하며[444] 살아가는[445] 것이니,[446] 저 남전을 욕하지 않는 것이 좋을 것이다.

---

439 소는 본래면목을, 국왕은 세속의 지배자인 분별심을, 동쪽과 서쪽은 세간과 출세간을 가리킨다.

440 수분(隨分) : 본분에 알맞게 하다. 자기도 할 수 있는 만큼 한몫을 담당하다. 힘 자라는 대로.

441 납(納) : 누리다. 즐기다.

442 견득(見得) : 알다.

443 『오등회원』 제3권 '지주남전보원선사(池州南泉普願禪師)'에 나오는 상당법어. 세간과 출세간을 구분한다면 모두가 분별심이다. 이미 깨달았다면 분별을 떠난 불이중도(不二中道) 속에서 힘닿는 만큼 점차 익숙해지는 것이 좋지, 어떤 것도 분별하여 알 필요는 없다.

444 여전마후(驢前馬後) : 당나귀 앞이고 말 뒤라는 것은 말을 탄 귀족의 뒤에서 당나귀를 잡아끄는 사람을 가리키니, 남의 손 아래에서 자질구레한 일을 한다는 뜻. 소인(小人)을 가리킨다.

445 작활계(作活計) : 활계(活計)는 생계(生計) 즉 살아갈 수단. 살림을 살다. 살림을 꾸리다. 살아가다

446 자기의 깨달음이 없고 자기의 살림이 없이, 남전(南泉)의 말을 뜻으로 헤아려 말하는 사람을 가리킴.

且那箇是古人徑截處? 我更爲爾擧一兩則. 只如南泉道:'牽牛向谿東放, 不免食他

國王水草, 牽牛向谿西放, 不免食他國王水草. 不如隨分納些些, 總不見得.' 這箇公

案, 有多少人錯斷? 如何是納些些底道理? 便道:'著衣喫飯有甚麼難?' 向驢前馬後

作活計, 且莫謗他南泉好.

그대들이 이미 이것을 잘못 알고 있다면, 황벽(黃檗)의 이 말도 틀림없
이 잘못 알고 있을 것이다.

'그대들은 모두 술지게미[447]나 처먹는 놈들이다. 이렇게 돌아다니니, 어
디에 오늘[448]이 있겠느냐? 그대들은 이 큰 당나라에 선사가 없다는 것을
아느냐?'

그때 어떤 승려가 나와서 물었다.

'그런데[449] 여러 곳에서 사람들을 바로잡고 대중을 이끌고 있는 것은 또
무엇입니까?'

황벽이 말했다.

'선(禪)이 없다는 말이 아니다. 다만 스승[사(師)]이 없을 뿐이다.'[450]

---

447 술지게미 : 주조(酒糟)는 술을 거르고 남은 찌꺼기. 먹을 술은 걸러내고 남아 있는 못
     먹는 찌꺼기.

448 금일(今日) : =금시(今時). 오늘. 현재. 지금. 선에선 두 가지 뜻으로 쓰인다. ①깨달음
     이 완성되어 있는 지금 이 순간을 가리킨다. ②→본분. 과거·미래와 분별되는 현재를 가
     리킴. 과거·현재·미래의 분별이 없는 본분에 상대되는 말. 여기에선 ①의 뜻이다.

449 지여(只如) : =지우(至于), 약부(若夫), 지여(祗如). −에 대하여는. −과 같은 것은. 예
     컨대. 그런데.

450 『사가어록(四家語錄)』제5권「황벽단제선사완릉록(黃檗斷際禪師宛陵錄)」에 나오는 내

이 이야기[451]는 곧 재앙의 뿌리다. 아직 깨닫지 못한 자가 잘못 이해했다고 말하지 마라. 비록 철두철미 깨달았다고 하더라도, 큰 법(法)에 밝지 않다면 저 황벽을 볼 수 없다. 황벽의 '선(禪)이 없다는 말이 아니다. 단지 스승이 없을 뿐이다.'와 같은 말을 그대들은 어떻게 이해하는가?[452]

대중 가운데에서는 따져서 말하기를 '사람마다 자신의 본분 위에 있으니 누가 장부(丈夫)가 아니리오? 어찌 스승에게 이어받겠는가? 술지게미를 먹는다는 것은 곧 언어를 맛본다는 것이니, 언어가 바로 옛사람이 남긴 술지게미다.'라고 하는데,[453] 전혀[454] 상관없는 말이다. 무간지옥에 떨어질 업(業)을 짓고 싶지 않거든, 여래의 바른 법바퀴를 비난하지 마라.

爾既錯會這箇, 定又錯會黃檗道：'汝等諸人盡是噇酒糟漢, 恁麼行脚, 何處有今日? 還知大唐國裏無禪師麼?' 時有僧出云：'只如諸方匡徒領衆又作麼生?' 檗云：'不道無禪. 只是無師.' 這箇話頭便是箇禍胎. 莫道未悟者錯會. 直饒悟得徹頭徹尾, 大法不明, 也覷他黃檗不見. 只如黃檗道：'不道無禪, 只是無師.' 爾如何理會? 衆中商量道：'人人分上, 誰不丈夫? 豈假師承? 噇酒糟便是咬言語, 言語乃古人糟粕

용. 「완릉록」의 앞부분은 다음과 같은데 생략이 있다："너희들은 모두 술지게미나 처먹는 놈들이다. 이렇게 행각하여 남들에게 비웃음을 사고 있으니, 모두들 이와 같이 경솔하다면 어디에서 다시 오늘이 있겠느냐? 너희들은 대당국(大唐國)에 선사(禪師)가 없음을 아느냐?"(汝等諸人盡是噇酒糟漢. 與麼行脚, 笑殺他人, 總似與麼容易, 何處更有今日? 汝還知大唐國裡無禪師麼?)

451 화두(話頭)：화(話)와 같음. 두(頭)는 접미어(接尾語). ①말. 말씀. 이야기. 대화. 담론. ②이야기의 주제. 화제(話題). ③고사(故事).

452 선(禪)이 있으니 사(師)가 없다. 만약 사(師)가 있다면, 선(禪)은 없는 것이다.

453 선(禪)이 있다면 언어도 선이지만, 사(師)가 있다면 언어는 술지게미다.

454 차희(且喜)：①무엇보다 기쁜 일은, 매우 다행스럽게도. ②(부정문) 전혀 – (아니다).

也.' 且喜沒交涉. 欲得不招無間業, 莫謗如來正法輪.

보지도 못했는가?

위산(潙山)이 앙산(仰山)에게 이 이야기를 하고서 물었다.

'황벽의 뜻이 어떠하냐?'

앙산이 말했다.

'거위왕이 우유를 골라 먹는 솜씨는 오리 부류와는 전혀 다릅니다.'[455]

위산이 말했다.

'이것은 진실로 가려내기 어렵느니라.'[456]

예컨대 위산과 앙산의 이러한 문답은 또 어떻게 따지겠는가? 여기에 이르면, 모름지기 그런 사람[457]이어야 한다. 이미 이것을 알지 못하면, 뜰 앞의 측백나무·삼베 서 근·똥 닦는 막대기·톱으로 저울추를

---

455 아왕택유(鵝王擇乳) : 아왕별유(鵝王別乳), 아왕끽유(鵝王喫乳)로도 쓴다. 『정법념처경(正法念處經)』 권64에 나오는 이야기로, 그릇에 물과 우유를 섞어 놓으면 아왕(鵝王) 즉 거위왕은 우유만 마시고 물은 남긴다고 한다. 실상(實相)과 망상(妄相)을 잘 가려내는 지혜를 가리킴. 아왕(鵝王)은 부처를 가리키는 말인데, 부처의 손가락과 발가락 사이에 수족만망상(手足縵網相)이라는 얇은 막이 있어 그 모습이 거위의 발과 같다는 데서 유래한다.

456 앞서 인용한 『사가어록(四家語錄)』 제5권 「황벽단제선사완릉록(黃檗斷際禪師宛陵錄)」의 대화에 뒤이어 나오는 내용.

457 개인(箇人) : 그런 사람. 그 사람. 여기에선 분별로써 이해하는 사람이 아니라, 진실로 깨달은 사람을 가리킴.

자른다는 등의 화두도 모두 술지게미다.

豈不見? 潙山擧此話問仰山云: '黃檗意作麼生?' 仰山云: '鵝王擇乳, 素非鴨類.' 潙

山云: '此實難辨.' 只如潙山仰山恁麼問答, 又作麼生商量? 到這裏, 須是箇人始得.

旣不會這箇, 便將庭前柏樹子·麻三斤·乾屎橛·鋸解秤鎚之類, 盡爲糟粕.

이미 이것을 잘못 알고 있다면, 다음 이야기도 틀림없이 잘못 알 것이다.

동산(洞山)[458]이 섬(蟾) 수좌에게 물었다.

'부처의 참된 법신(法身)[459]은 마치 허공과 같지만, 사물에 응하여 모습을 드러내면 마치 물속의 달과 같다.[460] 사물에 응하는 도리를 어떻게 말해야 할까?'

섬 수좌가 말했다.

---

458 동산(洞山)이 아니라 조산(曹山)이어야 맞다. 이 대화는 『경덕전등록』에는 등장하지 않으나, 『건중정국속등록(建中靖國續燈錄)』 제27권 '대주서암자홍선사이칙(台州瑞巖子鴻禪師二則)'에 인용된 문장에서도 조산(曹山)과 어떤 승려의 대화로 되어 있고, 『오등회원』 제13권 '무주조산본적선사(撫州曹山本寂禪師)'에 이 대화가 그대로 나와 있다. 단 『오등회원』에서는 섬(蟾) 수좌가 아니라 강(强) 상좌와 대화한 것으로 되어 있다.

459 법신(法身)은 곧 마음을 가리킨다.

460 담무참(曇無讖)이 번역한 『금광명경(金光明經)』 제2권 「사천왕품(四天王品)」 제6에 나오는 사천왕(四天王)의 게송 가운데 한 구절. 분별되는 모습에서 모습 없는 법이 드러나 있으나, 그 모습 없는 법을 따로 얻을 수는 없다는 뜻. 색(色)이 곧 공(空)이고 공이 곧 색이니, 색과 공이 하나이고 한마음이어서 분별될 수 없는 불이법(不二法)임을 나타내는 말.

'마치 당나귀가 우물 속을 바라보는 것과 같습니다.'

동산이 말했다.

'매우 그럴듯하게 말했지만, 단지 8할을 말했을 뿐이다.'

섬 수좌가 말했다.

'스님은 어떻습니까?'

동산이 말했다.

'마치 우물이 당나귀를 바라보는 것과 같다.'

여러 곳에서는 이것을 따져서 말하기를 '당나귀가 우물을 바라보는 것과 같다고 하는 것은 흔적이 남는 것이고, 우물이 당나귀를 바라보는 것과 같다고 하는 것은 흔적이 남지 않는 것이다. 역시 분별심[461]을 없애고 흔적을 털어내 버린다고 하는 것이다.'라고 하니,[462] 전혀 상관없는 말이다. 요컨대 이런 도리는 아니다.

既錯會這箇, 定又錯會洞山問蟾首座 : '佛眞法身, 猶若虛空, 應物現形, 如水中月. 作麼生說箇應底道理?' 蟾云 : '如驢覰井.' 山云 : '道則大[463]殺道, 只道得八成.' 蟾云 : '和尙作麼生?' 山云 : '如井覰驢.' 諸方商量道 : '如驢覰井是有迹, 如井覰驢是無

461　정식(情識) : 감정과 의식을 통한 분별(分別). 미망심(迷妄心). 중생심. 분별심.

462　당나귀가 우물을 바라보든, 우물이 당나귀를 바라보든, 우물과 당나귀는 둘이 아니다. 색이 곧 공이라고 하든, 공이 곧 색이라고 하든, 둘이 아니라는 말이다. 어느 쪽이든 불가사의한 불이법을 말하고 있는 것인데, 이치로서 이해한다면 아무리 앞뒤가 맞는 이치를 말하더라도 역시 분별망상일 뿐이다.

463　'대(大)'는 궁내본에서 '태(太)'. 뜻은 같다.

迹. 又喚作亡情拂迹.' 且喜沒交涉. 要且不是這箇道理.

이미 이것을 잘못 알고 있다면, 틀림없이 다음 이야기도 잘못 알 것이다.

남악(南嶽) 화상이 말했다.

'비유하자면 소달구지가 있는데 달구지가 가지 않는다면, 달구지를 때려야 옳은가? 소를 때려야 옳은가?'[464]

마조는 이 말을 듣고서 문득 크게 깨달았다.[465]

지금 선객들은 이 말을 이치로 이해하고서 말하기를 '소는 마음을 비유하고, 달구지는 법(法)을 비유한다. 마음을 밝히기만 하면, 법은 저절로 밝아진다. 소를 때리기만 하면, 달구지는 저절로 가는 것이다.'[466]라고 하는데, 전혀 상관없는 말이다. 만약 그렇게 알았다면, 마조는 나귀해가 되어도 깨닫지 못했을 것이다.

既錯會這箇, 定又錯會. 南嶽和尙道 : '譬牛駕車, 車若不行, 打車卽是? 打牛卽是?'

馬祖聞擧, 忽然大悟. 而今禪和家理會道 : '牛喩心, 車喩法. 但只明心, 法自明矣.

---

464 마명보살(馬鳴菩薩)이 짓고 구마라집(鳩摩羅什)이 번역한 『대장엄론경(大莊嚴論經)』 제2권에 "예컨대 소가 끄는 수레가 있는데, 수레가 가지 않으면 소를 때려야지 수레를 때려서는 안 된다. 몸은 수레와 같고 마음은 소와 같다."라는 내용이 있다.

465 마조도일(馬祖道一)이 남악회양(南嶽懷讓)의 가르침으로 깨달은 아래의 이야기는 『사가어록』, 「마조록」을 비롯하여 『경덕전등록』, 『천성광등록』 등 곳곳에 널리 소개되어 있다.

466 이런 이해가 비록 이치에 알맞긴 하나, 이런 이해를 하는 것은 깨달음이 아니다. 깨달음은 불가사의한 해탈의 체험일 뿐, 이해할 도리는 없다.

但只打牛, 車自行矣.' 且喜沒交涉. 若恁麽, 馬祖驢年也不能得悟去.

이 노인네(마조)는 처음에 부처는 앉아서 이룰 수 있고, 선(禪)은 앉아서 깨달을 수 있다고 잘못 알고서,[467] 한결같이 앉아 있기만 하였다. 남악 화상은 그가 평범한 사람이 아니라는 것을 알고, 벽돌을 가지고 그가 있는 암자 앞으로 가서 바위에 갈기 시작하였다. 마조가 물었다.

'스님은 벽돌을 갈아서 무엇 하려고 하십니까?'

남악이 말했다.

'갈아서 거울을 만드네.'

마조가 말했다.

'벽돌을 갈아서 어찌 거울이 되겠습니까?'

남악이 말했다.

'벽돌을 갈아서 거울이 되지 못한다면, 좌선하여 어찌 부처가 되겠는가?'

마조가 그 말에 한 번 감동하자 마음속이 조급해져서 즉시 물었다.

'어떻게 해야 옳습니까?'

바로 여기에서 고삐[468]는 곧장 남악 화상의 손아귀로 들어갔다. 그러므

---

467 장위(將謂) : ―라고 여겼는데(결국 그렇지 않다는 뜻을 내포함). ―라고 잘못 알다

468 비공삭(鼻孔索) : (소의 코를 뚫어 매는) 고삐. =비승(鼻繩). 비공삭두(鼻孔索頭)에서 두(頭)는 접미어.

469 시절인연(時節因緣) : 때. 알맞은 때. 봄에는 꽃이 피고 가을에는 낙엽이 떨어지듯이, 모든 인연은 때를 만나 나타난다. 병아리가 알을 깨고 부화하는 것도 때가 되어서 어미닭이 쪼아 주는 인연을 만나야 하듯이, 학인이 깨달음을 얻는 것도 오랫동안 꽉 막혀 있다가 뚫고 나올 때가 되어 선지식이 가리켜 주는 인연을 만나야 깨달음이 일어나는 것이다.

로 '불성(佛性)의 뜻을 알고자 한다면, 때[469] 가 되어야 한다.'[470]고 하는 것이다. 남악 화상은 그 때가 이미 이르렀음을 알고서 즉시 그에게 말했다.

'그대는 좌선(坐禪)을 배우느냐? 좌불(坐佛)을 배우느냐? 만약 좌선을 배운다면 선(禪)은 앉거나 눕는 것이 아니고, 만약 좌불을 배운다면 부처는 정해진 모습이 아니다. 머묾 없는 법을 취하거나 버려서는 안 된다. 그대가 좌불과 같다면, 이것은 부처를 죽이는 것이다. 만약 앉는 모습에 집착한다면, 그 이치에 통달한 것이 아니다.'

일시에 그의 살림살이를 몽땅 빼앗아 버리고,[471] 도리어 그에게 다시 물건을 내놓으라고 요구하여 그가 빠져나갈 곳이 없게 만들자, 비로소 기꺼이 목숨을 버리고 죽을 곳을 찾게 된 것이다.

470　이 말은 백장회해(百丈懷海)가 위산영우(潙山靈祐)에게 한 말에 처음 나타난다. 『경덕전등록』 제9권 '담주위산영우선사(潭州潙山靈祐禪師)'에서 백장은 다음과 같이 말한다 : "이것은 잠깐 동안의 갈림길일 뿐이다. 경(經)에서 말하기를 '불성을 보려고 한다면, 시절인연을 만나야 한다.'고 하였다. 시절이 도래하면, 어리석은 자가 문득 깨달은 듯하고, 잊고 있던 것을 문득 기억하는 듯하여, 비로소 자기의 물건은 남에게서 얻지 못함을 알게 된다. 그러므로 조사께서 말씀하시길 '깨닫고 난 뒤와 깨닫기 전이 같고, 얻을 마음도 없고 법도 없다'고 하셨다. 다만 범부니 성인이니 하는 허망한 마음이 없기만 하면, 본래 마음이라는 법은 스스로 갖추어져 있다. 그대가 이미 이러하니, 잘 지키도록 하여라."(百丈曰: "此乃暫時岐路耳. 經云: '欲見佛性, 當觀時節因緣.' 時節旣至, 如迷忽悟, 如忘忽憶, 方省己物不從他得. 故祖師云: '悟了同未悟, 無心得無法.' 只是無虛妄凡聖等心, 本來心法元自備足. 汝今旣爾, 善自護持.") '불성을 보려고 한다면, 시절인연을 만나야 한다'는 구절은 이후 여러 선사(禪師)의 어록에서 인용되고 있지만, 현재 『대정신수대장경』에 수록된 경전에서는 이 구절을 찾을 수 없다.

471　적몰(籍沒) : 죄인의 재산을 기록하여 몰수하다.

179

這老漢始初將謂佛可以坐得成, 禪可以坐得悟, 一向坐地等. 南嶽和尙知其不凡,
故將甎去他菴前磨. 祖云:'和尙磨甎作甚麼?' 南嶽云:'磨作鏡.' 祖云:'磨甎豈得
成鏡?' 南嶽云:'磨甎旣不成鏡, 坐禪豈得成佛?' 馬祖被他動一動, 心中熱忙, 便問
:'如何卽是?' 只這裏, 鼻孔索頭便在南嶽和尙手裏了也. 所以道:'欲識佛性義, 當
觀時節因緣.' 南嶽和尙知他時節已至, 卽向他道:'汝學坐禪? 爲學坐佛? 若學坐禪,
禪非坐臥, 若學坐佛, 佛非定相. 於無住法, 不應取捨. 汝若坐佛, 卽是殺佛. 若執坐
相, 非達其理.' 一時籍沒了他家計, 卻更要他納物事, 敎他無所從出, 始肯捨命, 討
箇死處.

목숨을 버리고 나자 곧 이렇게 물을 줄 알았다.

'어떻게 마음을 써야 모습 없는 삼매(三昧)⁴⁷²에 알맞겠습니까?'

남악이 말했다.

'그대가 심지법문(心地法門)⁴⁷³을 배우는 것은 마치 씨앗을 뿌리는 것과
같고, 내가 법(法)의 요지를 말해 주는 것은 마치 하늘에서 비가 내리는
것과 같다. 그대는 인연이 맞았으니 도(道)를 볼 것이다.'

다시 물었다.

'도는 색(色)의 모습이 아닌데, 어떻게 볼 수가 있습니까?'

---

472 모습 없는 삼매(三昧)란 곧, 모습 없는 본심(本心), 본래면목(本來面目)을 가리킨다.

473 심지법문(心地法門) : 마음을 심(心), 심법(心法), 심지(心地), 심지법(心地法)이라 하
니, 심지법문(心地法門)은 마음에 대한 가르침이다. 마음을 심지(心地)라 하는 것은, 마
음은 땅과 같아서 모든 것이 마음에 의지하여 생긴다는 뜻으로 한 말이다. 심지법문(心地
法門)은 황벽(黃檗)의『전심법요(傳心法要)』에, "이른바 심지법문이란 만법이 모두 이 마
음에 의지하여 건립된다는 말이니 경계를 만나면 마음이 있고 경계가 없으면 마음도 없
다"(所謂心地法門 萬法皆依此心建立 遇境卽有 無境卽無)라고 그 의미를 밝히고 있다.

180

남악이 말했다.

'마음에 있는 법(法)을 보는 눈으로 도를 볼 수 있으니, 모습 없는 삼매 역시 그와 같다.'

마조가 물었다.

'이루어지거나 부서짐이 있습니까?'

남악이 말했다.

'만약 이루어지고 부서지고 모이고 흩어지는 것으로써 도를 본다면, 이것은 잘못이다.'

마조는 여기에서 얼음이 녹듯이 의심이 없어졌다.

이른바 호랑이 굴로 들어가지 않고서는 호랑이를 잡을 수 없는 것이다. 깨달은 뒤에 만약 사람을 만나지 못한다면, 열에 열이면 모두 제멋대로[474] 되어 버려서 결코 남을 위할 수가 없는 것이다. 여러분은 깨달은 뒤에 사람 만나는 것을 알고 싶은가? 바로 이 마조가 곧 표본이다.

命既捨了, 便解問 : '如何用心, 卽合無相三昧?' 南嶽云 : '汝學心地法門, 如下種子;

---

474 두찬(杜撰) : 제 나름으로 말하다, 제멋대로 말하다. 본래는 시문(詩文)이나 그 외의 저작에서 전고(典故)가 없는 것을 제멋대로 서술하는 것. 송대의 두묵(杜黙)이 시를 지으면서 율(律)에 맞지 않게 많이 지었는데, 당시의 사람들이 법식에 맞지 않는 것을 '두찬'이라고 한 데서 시작되었다고 한다. 일설에는 도가(道家)의 책 5천여 권 중에 『도덕경』 2권을 제외하고는 모두 두광정(杜光庭)이 지은 것인데, 허황된 이야기가 많은 것을 이른다. 또 한(漢)의 전하(田何)가 역(易)에 달통하여 두릉(杜陵)을 따라 두전생(杜田生)이라고 일컬었지만, 그의 역학의 사승(師承)이 불분명한 것을 비웃어 두전(杜田) 혹은 두원(杜園)이라고 말하였는데, 이것이 잘못 전해져서 비롯되었다고도 한다.

我說法要, 譬彼天澤. 汝緣合故, 當見其道.' 又問 : '道非色相, 云何能見?' 南嶽云 :
'心地法眼能見乎道, 無相三昧亦復然矣.' 祖云 : '有成壞否?' 南嶽云 : '若以成壞聚
散而見道者, 非也.' 馬祖於是泮然無疑. 所謂不入虎穴, 不得虎子. 悟了若不遇人,
十箇有五雙杜撰, 決定爲人不得. 諸人要識悟了遇人者麼? 只這馬祖便是樣子也.

마조는 법을 얻은 뒤에 곧장 강서로 가서 종지(宗旨)를 건립(建立)하였
다.[475] 하루는 남악 화상이 말했다. [476]

'도일(道一)이 강서에서 설법(說法)한다고 하는데, 소식을 가지고 오는
사람을 전혀 만나지 못하겠구나.'

이윽고 한 승려에게 부탁하였다.

'그대는 가서, 그가 상당(上堂)하거든, 곧 〈어떻습니까?〉 하고 물어보
고, 그가 무슨 말을 하거든 기억해 오너라.'

그 승려는 시킨 대로 가서, 상당하는 것을 보고는 곧 앞으로 나가서 물
었다.

'어떻습니까?'

마조가 말했다.

---

475 종지(宗旨)를 건립하였다 : 개당(開堂)하여 선종(禪宗)의 종지(宗旨)를 선양(宣揚)하였
     다는 것이다. 곧, 선(禪)을 가르쳤다는 말.
476 호란(胡亂) : ①어지럽다. ②실없이. ③아쉬운 대로 참고 견디다. 그럭저럭 살아가다.
     ④마음대로 하다. 형편 닿는 대로 하다. 좋을 대로 하다. ⑤자유로이. 함부로. 제멋대로.
     마구. 아무렇게나. ⑥소홀하다. 데면데면하다. 여기에서 호란(胡亂)은 부정적인 뜻이 아
     니고, 초탈한 사람의 걸림 없는 삶을 가리키는 말이다.

'형편따라 살아온[476] 오랜 세월,[477] 단된장[478]이 부족한 적이 없었다.'"

馬祖既得法, 直往江西建立宗旨. 一日, 南嶽和尙曰：'道一在江西說法, 總不見持
簡消息來.' 逐囑一僧云：'汝去, 待他上堂, 便問：〈作麼生?〉 看他道甚麼, 記取來.'
其僧依敎去, 見上堂, 便出問：'作麼生?' 祖云：'自從胡亂後, 三十年不曾少鹽醬.'"

대혜가 대중을 부르고는 말했다.

"조사(祖師)의 문하에서 사람의 허를 찔러 꼼짝 못하게 하는[479] 것은 모
두 이 한 구(句)[480]에서 온다. 그대들은 말해 보아라. 이 한 구는 어디에서
오는가? 소를 때리고 수레를 때리는 곳에서 오는가?[481] 그대들이 만약 이
것을 안다면,[482] 곧 이 이야기도 알 것이다.

대산(臺山)의 길 위에 노파가 있었는데, 매번 승려들이 '대산으로 가는

477　삼십년(三十年)：오랜 세월을 가리킴. 어떤 일에 익숙해질 만큼의 오랜 세월. 수행자
가 수행을 어느 정도 완성하기에 필요한 만큼의 시간. 삼십년적과부(三十年的寡婦; 30년
을 과부로 지낸 홀로 살기에 능숙한 사람), 삼십년풍수륜유전(三十年風水輪流轉; 세월이 지나
면 풍수도 바뀌고 운명도 바뀐다), 삼십년원보(三十年遠報; 오랜 세월의 보응(報應)이라도 30
년은 넘지 않는다) 등의 말들이 있다.

478　염장(鹽醬)：면장(面醬)이라고도 하는데, 밀가루로 만든 단맛이 나는 단된장. 단된장
은 중국요리에서 중요한 조미료다.

479　천각인비공(穿卻人鼻孔)：코뚜레를 꿰다. 허를 찌르다. 상대방을 꼼짝 못하게 만들다.

480　이 한 구(句)는 말이 아니지만, 모든 말이 이 한 구를 벗어나지 않는다. 이 한 구는 온
우주에 단 하나뿐이지만, 삼라만상 하나하나가 이 한 구가 아님이 없다. 이 한 구는 너무
나 명명백백하여 언급할 필요가 없지만, 깨닫지 못하면 결코 알 수가 없다. 이 한 구는 바
로 지금 이렇게 명백하고 또렷하다.

481　말을 따라 해석하지 마라.

482　회득(會得)：깨닫다. 이해하다. =영회(領會).

183

길은 어디입니까?' 하고 물을 때마다 노파는 '곧장 가시오.'라고 말하고
는, 승려가 가자마자 곧 노파는 '훌륭한 스님인데 또 이렇게 가는구나.'라
고 말했다. 조주(趙州)가 그 소문을 듣고는 말했다.

'내가 가서 그 노파를 간파[483]해 주겠다.'

조주가 노파에게 가서 마찬가지로 물으니, 노파 역시 똑같이 대답하였
다. 조주는 돌아와 대중에게 말했다.

'대산 길 위의 노파를 내가 간파했다.'[484]

여러분은 알겠는가? 나라 안에는 천자(天子)의 칙령(勅令)이 있고, 국경
밖[485]에는 장군의 명령이 있다.[486] 다만 이렇게 보아라.[487]

師召大衆云: "祖師門下穿人鼻孔底, 盡從這一句子來. 爾道. 這一句子從甚麼處

---

483   감파(勘破) : 그 내막을 뚜렷하게 알아차림. 분명하게 파악함. 점검(點檢), 간파(看破).
      파(破)는 요(了), 득(得), 재(在)와 마찬가지로 동사의 뒤에서 동작의 완성이나 발생 장소
      를 나타내는 어조사.
484   『경덕전등록』 제10권 '조주관음원종심선사(趙州觀音院從諗禪師)'에 나온다.
485   새외(塞外) : 만리장성 밖의 변방 지역. 국경 관문 밖. 오랑캐와 접하여 전쟁을 하는
      곳.
486   나라 안은 왕 홀로 절대권력으로 다스리니 태평성대이지만, 변방은 언제든 오랑캐가
      침입하는 지역이므로 변방을 지키는 장군이 임기응변으로 적군을 잘 응대하여 전쟁을 막
      고 태평성대를 유지해야 한다. 나라 안이란 홀로 자기 마음만 밝히고 있는 경우를 가리키
      고, 변방의 적을 만나는 것이란 타인의 말이나 부처나 조사의 말을 대하거나 분별을 일으
      키는 경계를 만날 때를 가리킨다. 지금 이 이야기를 보는 자는 조주에게도 속지 말고 노
      파에게도 속지 말고 홀로 있는 것처럼 태평해야 할 것이다. 분별하여 승패를 말하고 시비
      를 가리려고 하면 벌써 적군에게 말려들어 가 전쟁을 하는 것이니 태평성대는 없는 것이
      다.
487   간취(看取) : 살펴보다. 보다. 보아라. 취(取)는 조사.

來? 從打牛打車處來? 爾若會得這箇, 便會得臺山路上婆子每有僧問 : ‘臺山路向
甚麼處去?’ 婆云 : ‘驀直去.’ 僧纔行, 婆云 : ‘好箇阿師, 卻恁麼去.’ 趙州聞得, 云 : ‘待
我去勘過這婆子.’ 趙州去見婆子, 亦如是問, 婆子亦如是答. 歸來, 謂衆云 : ‘臺山路
上婆子被老僧勘破了也.’ 諸人還會麼? 寰中天子勅, 塞外將軍令, 但恁麼看取.

내가 과거에 도리를 알지 못했을 때 어떤 엉터리 장로[488]에게 가르침을
청하였더니, 그가 나에게 이렇게 설명해 주었다.

‘그 승려가 〈대산으로 가는 길은 어디입니까?〉 하고 묻자마자, 벌써 노
파에게 간파당한 것이다. 노파가 〈곧장 가시오.〉라고 말하자 승려가 곧
갔는데 이것은 바로 소리를 따르고 색을 뒤쫓는 것이니, 어찌 간파당한
것이 아니랴?’

또 말했다.

‘입을 열자마자 바로 간파했다.’

오늘 그 말을 생각해 보니, 참으로 참을 수가 없구나.[489] 내가 그대들에
게 말해 주겠다. 만약 조주가 말한 ‘대산 길 위의 노파를 내가 간파했다.’
를 알았다면, 곧 노파가 말한 ‘훌륭한 스님인데 또 이렇게 가는구나.’라는
말도 알 것이다.[490] 나는 일찍이 송(頌)하였다.

천하의 선객들은 간파했다고 말하니

---

488 두찬장로(杜撰長老) : 제멋대로 말하는 노승려. 제 나름대로 생각하고 말하는 엉터리.
   두찬(杜撰)은 ‘제 나름으로 말하다’, ‘제멋대로 말하다’는 뜻.
489 두 말이 모두 분별하여 헤아린 말이기 때문이다.
490 둘 다 남의 눈 속의 티끌만 보고 자기 눈 속의 대들보는 보지 못하는 잘못을 저지르고
   있다. 그러니 구경꾼의 비웃음을 면하지 못한다고 하는 것이다.

조주가 이미 말 속에 말려들었음[491]을 어찌 알겠는가?
자손들을 장부답지 못하게 만들었으니[492]
사람마다 교활하게 차가운 땅[493] 피하여 몸을 누이네.[494]

이 게송은 매우 분명하니 절대 잘못 알지 마라.

山僧昔年理會不得, 曾請益一杜撰長老, 爲山僧註解云 : '這僧纔問: 〈臺山路向甚
麼處去?〉 便被婆子勘破了也. 婆云 : 〈驀直去〉 僧便行, 正是隨聲逐色, 如何不被勘
破?' 又道 : '纔開口, 便勘破了也.' 今日思量, 直是冝耐. 山僧爲爾說破. 若會得趙州
道 : '臺山路上婆子被老僧勘破了也.' 便會婆子道 : '好箇阿師, 卻恁麼去.' 山僧嘗頌
云 : '天下禪和說勘破, 爭知趙州已話墮? 引得兒孫不丈夫, 人人點[495]過冷地臥.' 此
頌甚分明, 切不得錯會.

이미 이것을 잘못 알고 있다면, 반드시 다음 이야기도 잘못 알고 있을
것이다.

---

491 화타(話墮) : ①타언구중(墮言句中)과 같이 말 속에 떨어졌다, 즉 말 속으로 말려들
어 갔다는 뜻. 말의 뜻 속으로 말려들어 감으로써 본지(本旨)를 잃은 것을 가리킨다. 즉, 분
별에 머물고 있다는 말. ②말이 성립되지 않는다. 말의 앞뒤가 모순되다. 말의 앞뒤가 맞
지 않는다. 말하여 자기의 모순을 드러낸다.

492 인득(引得) : —를 야기하다.

493 냉지(冷地) : (부) 남몰래. (명) 춥고 후미진 곳. 어두운 곳. 차가운 땅. 궁벽한 곳. 한적
한 곳.

494 남이 떠든다고 꾸중하면서 자기의 말이 시끄러운 줄은 알지 못한다.

495 '힐(黠)'은 궁내본에서 '점(點)'. 힐(黠)은 '교활하다'는 뜻이고, 점(點)은 '하나하나 살펴
서 점검한다'는 뜻이니, 둘의 뜻이 크게 다르지 않게 사용할 수 있겠다.

목주(睦州)⁴⁹⁶가 한 승려를 불렀다.

'스님!'⁴⁹⁷

그 승려가 머리를 돌리자, 목주가 말했다.

'판때기를 짊어진 사람이로군!'⁴⁹⁸

일찍이 어떤 선두(禪頭)⁴⁹⁹가 이 이야기를 언급하며 한 승려에게 물었다.

'그대는 어떻게 알고 있느냐?'

그러고는 그 승려가 입을 여는 것을 보자마자 곧 말했다.

'과연 판때기를 짊어졌군.'

전혀 상관없는 소리다.⁵⁰⁰

설두(雪竇)⁵⁰¹가 염(拈)⁵⁰²하여 말했다.

---

496 목주(睦州) : 황벽희운(黃蘗希運)의 법을 이은 목주도종(睦州道蹤)이다. 목주도종은 진
존숙(陳尊宿) 혹은 진포혜(陳蒲鞋)라고도 부르며, 목주(睦州) 용흥사(龍興寺)에 주석했
다. 이 이야기는『경덕전등록』제12권 '진존숙(陳尊宿)'에 나온다.

497 대덕(大德) : 승려를 높여 부르는 경칭(敬稱). 스님.

498 담판한(擔板漢) : '널판때기를 짊어진 사람'이란 뜻인데, 널판때기를 어깨에 짊어지면
앞만 보고 뒤를 돌아보지 못하기 때문에, 하나만 알고 둘은 모르는 자를 일컫는다. 완고
한 사람. 자기 생각만 하는 사람. 외골수. 안목이 없는 사람이란 뜻. 분별되는 세계만 알
고 분별할 수 없는 세계를 모르거나, 분별을 떠난 불가사의에만 빠져서 분별의 세계를 모
르는 경우를 지적하는 말. 현상만 알고 본질을 모르거나 본질만 알고 현상을 모르는 경우
를 지적한 말. 현상과 본질은 둘이 아니다.

499 선두(禪頭) : 수좌(首座)의 별칭

500 목주의 말을 헤아려서 목주를 흉내 냈으므로.

501 설두중현(雪竇重顯; 980-1052).

502 염(拈) : 옛사람의 말이나 행위에 대해 자신의 견해를 피력한 것이다. 고칙공안(古則公

'목주는 다만 한 개의 눈[503]만 갖추었다. 그 승려는 부르는 소리에 돌아보았는데, 무엇 때문에 도리어 판때기를 짊어졌다고 하는가?'

회당(晦堂)[504]이 말했다.

'설두도 한 개의 눈만 가지고 있을 뿐이로구나. 그 승려는 한 번 부르자 되돌아보았는데, 무엇 때문에 판때기를 짊어진 것이 아닌가?'

이 두 노인네는 목주와 손을 맞잡고 함께 걸을 만하다.[505] 만약 영리한 사람이라면 말하는 것을 듣자마자 눈이 구리방울 같아질 것이니, 마침내 여기에서 뱅뱅 맴돌고[506] 있지만은 않을 것이다.[507]

既錯會這箇, 定又錯會睦州喚僧 : '大德!' 僧回首. 州云 : '擔版漢!' 曾有箇禪頭擧這

案)에 대하여 주로 염과 송(頌)을 붙이는 경우가 많았다.

503 일척안(一隻眼) : 한 개의 눈. ①온전한 두 눈이 아닌 치우친 한 개의 눈. 애꾸눈. 이(理)에 치우치거나 사(事)에 치우쳐서 이사(理事)에 무애(無碍)하지 못한 눈. ②둘로 보는 육안(肉眼)이 아닌 둘 아닌 불법(佛法)을 보는 유일한 눈. 법을 보는 바른 안목(眼目) 또는 그것을 갖춘 사람을 뜻한다. 정문안(頂門眼), 정안(正眼), 활안(活眼), 명안(明眼) 등과 같은 말. 여기에선 첫 번째 뜻으로 사용하였다. 목주가 한 개의 눈을 갖추었을 뿐이라는 말은 곧, 목주도 판때기를 짊어졌다는 말이다.

504 회당조심(晦堂祖心 ; 1025-1100).

505 파수공행(把手共行) : 손을 맞잡고 함께 걷다. 같은 입장이 되다. 같은 자리에 서다.

506 타지요(打之遶) : =타개지요(打箇之遶). 갈짓자(之)처럼 같은 자리를 왔다갔다 하며 빙빙 돌다. 진척이 없고 제자리걸음을 하다. 깨닫지 못하고 제자리걸음 하는 수행자를 꾸짖은 말.

507 목주, 설두, 회당 3사람이 모두 같은 진흙탕에 빠졌다. 부르는데 돌아본 승려에게 무슨 허물이 있겠는가? 승려의 행동을 부정한 목주에게 허물이 있고, 승려의 행동을 긍정한 설두 역시 허물이 있고, 다시 승려의 행동을 긍정한 회당에게 허물이 있다. 그럼 지금 이 말은 어떤가? 남 이야기하기는 쉬우나 자기를 돌아보기는 어려운 것이다. 다만, 병을 치료하는 약(藥)으로써만 독(毒)의 처방을 허용할 뿐이다.

話問僧：'爾作麼生會?' 纔見僧開口, 便云：'果然擔版.' 且喜沒交渉. 雪竇拈云：'睦
州只具一隻眼. 這僧喚既回頭, 因甚卻成擔版?' 晦堂云：'雪竇亦只具一隻眼. 這僧
一喚便回, 爲甚不成擔版?' 這兩箇老漢可與睦州把手共行. 若是箇靈利漢, 纔聞擧
著, 眼似銅鈴, 終不向這裏打之遶.

이미 이것을 알지 못한다면, 틀림없이 백장(百丈)의 여우 이야기[508]도

---

508 백장야호(百丈野狐) 화두이다. 『선문염송』 제184칙에서 그 내용을 소개한다 : 백장(百
丈)이 매일 법당에 올라 설법을 하면, 항상 한 노인이 법문을 듣다가, 대중이 흩어지면 가
곤 하였다. 하루는 가지 않고 있기에 백장이 물었다. "남아 있는 이는 누구인가?" 노인이
대답하였다. "저는 과거 가섭불(迦葉佛) 때 이 산에서 주지(住持)를 하였습니다. 어떤 학
인이 '지극하게 수행한 사람도 인과(因果)에 떨어집니까?' 하고 묻기에, 제가 '인과에 떨
어지지 않는다.'라고 대답하였는데, 그 까닭에 여우의 몸이 되었습니다. 이제 스님께 부
탁드리니, 제 대신 한마디 바른 말씀을 해 주십시오." "물어보아라." "지극하게 수행한 사
람도 인과에 떨어집니까?" "인과에 어둡지 않다." 노인이 이 말에 크게 깨닫고는, 하직 인
사를 하면서 말하였다. "저는 이제 여우의 몸에서 벗어났습니다. 몸뚱이가 이 산 뒤에 있
사오니 스님이 죽었을 때의 법식에 따라 화장시켜 주십시오." 백장은 유나(維那)를 시켜
백추(白槌)를 쳐 대중에게 알리기를, 식사 후에 함께 죽은 스님을 화장한다고 하였다. 대
중들은 그 내용을 자세히 알지 못했는데, 만참(晚參)에서 백장이 앞서의 인연을 이야기
해 주었다.(황벽(黃蘗)이 물었다. "옛사람은 한마디를 잘못 대답하여 여우의 몸에 떨어
졌는데, 지금 사람이 하나하나를 잘못 말하지 않을 때는 어떻습니까?" 백장이 말하였다.
"가까이 오너라, 말해 주마." 황벽은 다가가서 백장을 손바닥으로 한 번 때렸다. 백장이
껄껄 웃으면서 말하였다. "오랑캐의 수염은 붉다고 알았었는데, 역시 붉은 수염의 오랑
캐가 있긴 하구나." 그때 위산(潙山)은 백장의 문하에서 전좌(典座)를 맡고 있었는데, 사
마두타(司馬頭陀)가 이 이야기를 언급하며 위산에게 물었다. "전좌 스님은 어떻게 하겠습
니까?" 위산이 이에 문짝을 세 번 흔들었다. 사마두타가 말했다. "매우 엉성하군요." 위
산이 말했다. "불법은 그런 도리(道理)가 아닙니다.")（［古則］（184）百丈每日上堂 常有
一老人聽法, 隨衆散去. 一日不去 師乃問："立者何人?" 老人云："某甲於過去迦葉佛時 曾
住此山, 有學人問：'大修行底人 還落因果也無?' 對云：'不落因果.' 墮在野狐身. 今請和尙
代一轉語." 師云："但問：" 老人便問："大修行底人 還落因果也無?" 師云："不昧因果." 老

189

잘못 알고서, 곧 이렇게 말할 것이다.

'떨어지지 않아도 옳고, 어둡지 않아도 옳다. 다만 그때 대답한 이 말에 의심이 남아 있지 않으면 된다. 그러므로 여우 몸을 받았다는 것은 여우의 성질이 의심이 많다는 뜻이다.'

전혀 상관없는 말이다.[509]

> 旣不會這箇, 定又錯會百丈野狐話, 便道 : '不落也是, 不昧也是. 只是當時答此話, 不合帶疑, 所以墮野狐, 謂野狐性多疑故.' 且喜沒交涉.

이미 이것을 잘못 알고 있다면, 틀림없이 조사(祖師)의 이 말도 잘못 알고 있을 것이다.

'바람이 움직이는 것이 아니고, 깃발이 움직이는 것이 아니고, 그대의 마음이 움직이는 것이다.'[510]

나도 일찍이 한 장로(長蘆)에게 이 뜻이 무엇인지 가르침을 청한 적이 있었다. 그 장로는 소맷자락을 움직여 바람을 일으키는 시늉을 하고는

人於言下大悟, 告辭云 : "某甲已免野狐身. 住在山後 乞依亡僧燒送." 師令維那白槌告衆 齋後普請送亡僧. 大衆不能詳, 至晚參 師擧前因緣.(黃蘗問百丈 : "古人錯答一轉語 墮在野狐 身, 今人轉轉不錯時如何?" 丈曰 : "近前來 向汝道." 蘗近前 打師一掌. 丈呵呵大笑云 : "將謂胡鬚赤, 更有赤鬚胡." 時潙山 在百丈會下作典座, 司馬頭陁擧問 : "典座作麼生?" 潙乃撼門扇三下. 司馬云 : "大麤生." 潙云 : "佛法不是這箇道理.")

509 매우 그럴듯한 말이나, 역시 말을 따라서 헤아려 분별하기만 하고 있기 때문이다.
510 『육조단경(六祖壇經)』에 나오는 육조혜능(六祖慧能)의 말.

말했다.

'이것이 무엇이냐?'

괴롭구나, 괴로워! 사람을 너무나 부끄럽게 만드는구나! 사람을 너무나 농락하는구나![511] 어떤 자는 말한다.

'바람이 움직이는 것도 아니고, 깃발이 움직이는 것도 아니고, 틀림없이 마음이 움직인다.'

나는 평소 학인들에게 묻는다.

'바람이 움직이는 것도 아니고, 깃발이 움직이는 것도 아니고, 마음이 움직이는 것도 아니라면, 어떠냐?'

여기에서 어찌 눈 깜빡이는 것을 용납하랴?[512]

旣錯會這箇, 定又錯會祖師云 : '不是風動, 不是旛動, 仁者心動.' 山僧亦曾請益一
箇長老, 意旨如何? 長老將衫袖搖作風動勢云 : '是甚麼?' 苦哉! 苦哉! 慚惶殺人!
鈍置殺人! 有者道 : '不是風動, 不是旛動, 定是心動.' 山僧尋常問學者 : '不是風動,
不是旛動, 不是心動, 作麼生?' 這裏豈容眨眼?

이미 이것을 잘못 알고 있다면, 틀림없이 이 이야기도 잘못 알고 있을 것이다.

'문수는 일곱 부처의 스승인데도, 무엇 때문에 여자를 선정(禪定)에서 깨어나게 하지 못했는가? 망명보살(罔明菩薩)은 무엇 때문에 여자를 선정

---

511 둔치(鈍置) : (심신을) 괴롭히다. 놀리다. 속이다. 조롱하다. 농락하다.
512 눈 깜빡이는 순간의 헤아림이나 머뭇거림도 용납되지 않는다. 여기에는 앞뒤가 없고
     경계선도 없고 틈도 없다.

191

에서 깨어나게 할 수 있었는가?⁵¹³

대중 가운데에는 따져서 말하기를 '손잡이가 여자의 손아귀에 있다.'고 하는데, 전혀 상관없는 말이다.⁵¹⁴

既錯會這箇, 定又錯會文殊是七佛之師, 爲甚麼出女子定不得? 罔明菩薩爲甚麼出 得女子定? 衆中商量道 : '杓柄在女子手裏.' 且喜沒交涉.

이미 이것을 잘못 알고 있다면, 틀림없이 설봉의 이 말도 잘못 알고 있

---

513 여자출정(女子出定) 화두다. 『선문염송』 제32칙의 내용을 소개한다 : 문수가 여러 부처 님이 모여 계신 곳을 찾아갔더니, 마침 부처님들이 각자 자기 처소로 돌아가려던 참이었 다. 그런데 오직 한 여인이 저 세존 가까이 앉아서 선정에 들어 있었다. 이에 문수가 세존 께 여쭈었다. "어찌하여 이 여인은 세존 가까이 앉아 있을 수 있는데, 저는 그렇게 하지 못합니까?" 세존께서 문수에게 말씀하셨다. "문수야! 네가 이 여인을 깨워 선정에서 일어 나게 하여 직접 물어보아라." 이에 문수는 여인의 주위를 세 바퀴 돌고는 손가락을 한 번 튕기기도 하고(혹은 세 번이라고 한다), 여인을 범천(梵天)까지 밀어 올리기도 하면서, 자 신의 신통력을 다 사용하였으나, 여인을 선정에서 나오게 하지 못했다. 세존께서 말씀하 셨다. "설사 수백 수천의 문수가 오더라도, 이 여인을 선정에서 나오게 할 수 없을 것이 다. 저 아래로 42 항하사(恒河沙) 국토를 지나면, 망명보살(罔明菩薩)이 있는데, 그는 여 인을 선정에서 나오게 할 수 있다." 그러자 문득 망명보살이 땅에서 솟아 올라와, 세존께 절을 올렸다. 세존께서 여인을 선정에서 나오게 하라고 이르시니, 망명보살이 손가락을 한 번 튕기자, 여인이 드디어 선정에서 나왔다.(다른 판본도 대동소이하다.)([古則] (32) 世尊, 因文殊至諸佛集處, 値諸佛各還本處. 唯有一女, 近彼佛坐, 入於三昧. 文殊乃白佛 云 : "何此女得近佛坐, 而我不得?" 佛告 : "文殊! 汝但覺此女, 令從三昧起, 汝自問之." 文 殊遶女三匝, 鳴指一下,(或云三下) 乃托至梵天, 盡其神力, 而不能出. 世尊云 : "假使百千 文殊, 亦出此女定不得. 下方過四十二恒河沙國土, 有罔明菩薩, 能出此定." 須臾, 罔明大 士從地涌出, 作禮世尊. 世尊勅令出定, 罔明鳴指一下, 女遂出定.(有本大同小異.))

514 말을 따라가면서 내용을 헤아려 분별하기만 하므로.

192

을 것이다.

'망주정(望州亭)에서 그대와 만났고, 오석령(烏石嶺)에서 그대와 만났고, 승당(僧堂) 앞에서 그대와 만났는데, 어떠냐?'[515]

지금 여러 곳에서는 따져서 말하기를 '어떤 것이 망주정에서 만난 것인가?' 하고는 곧 말하기를 '남쪽에서 싸게 사서, 북쪽에서 비싸게 판다.'고 하고, '오석령에서 만난 뜻은 무엇인가?' 하고는 곧 말하기를 '돌이 큰 것은 크고, 작은 것은 작다.'고 하고, '승당 앞에서 만난 것은 또 어떤가?' 하고는 곧 말하기를 '승당으로 돌아가 차를 마셔라.'고 하는데, 전혀 상관없는 말들이다.[516] 그 나머지의 삿된 해석은 다 헤아릴 수조차 없다.

旣錯會這箇, 定又錯會雪峰道 : '望州亭與汝相見了也, 烏石嶺與汝相見了也, 僧堂前與汝相見了也.' 如今諸方商量道 : '作麼生是望州亭相見處?' 便道 : '南頭買賤, 北頭賣貴.' '烏石嶺相見, 意旨如何?' 便道 : '石頭大底大, 小底小.' '僧堂前相見, 又作麼生?' 便道 : '歸堂喫茶去.' 且喜沒交涉. 自餘邪解, 不可勝數.

515 설봉의 망주정 화두이니, 『선문염송』 제784칙에서 그 내용을 보면 다음과 같다 : 설봉(雪峯)이 주(州)에 들어갔다가 돌아와서 대중에게 말했다. "망주정(望州亭)에서 여러분을 만났고, 오석령(烏石嶺)에서도 여러분을 만났고, 지금 승당(僧堂) 앞에서도 여러분을 만났다." 뒤에 보복(保福)이 아호(鵝湖)에게 물었다. "승당 앞에서 만난 것은 우선 놓아두고, 어떤 것이 망주정(望州亭)과 오석령(烏石嶺)에서 만난 것입니까?" 아호(鵝湖)가 이에 걸음을 재촉하여 방장으로 돌아가니, 보복(保福)은 곧 승당(僧堂)으로 들어갔다.(〔古則〕 (784)雪峯入州迴, 示衆云 : "望州亭 與諸人相見了也, 烏石嶺 與諸人相見了也, 卽今僧堂前 亦與諸人相見了也." 後保福問鵝湖 : "僧堂前相見則且置, 作麼生是望州亭烏石嶺相見?" 鵝湖驟步歸方丈, 保福便入僧堂.)
516 모두가 이야기에 홀려서 그 내용을 분별만 하고 있으므로.

193

나도 평소 학인들에게 묻는다.

'망주정에서 그대와 만났고, 오석령에서 그대와 만났고, 승당 앞에서 그대와 만났는데, 어떠냐?'

이것은 곧 금강권,[517] 율극봉[518]이니, 어떻게 벗어나고, 어떻게 삼키겠는가? 그대들은 삼킬 수 있고 벗어날 수 있는 것을 알고자 하는가? 어찌 보지 못했는가?

보복(保福)[519]이 아호(鵝胡)[520]에게 물었다.

'승당 앞은 그만두고, 망주정과 오석령의 어디에서 만났습니까?'

---

517 금강권(金剛圈) : 금강(金剛)은 결코 부서지지 않는 견고한 것이고, 권(圈)은 울타리를 나타내는 말이니, 금강권은 결코 부서지지 않는 울타리나 장벽을 뜻한다. 즉, 분별심으로는 결코 부술 수 없는 분별망상 자체를 가리킨다.

518 율극봉(栗棘蓬) : 가시투성이인 밤송이. 밤송이라는 뜻의 율봉(栗蓬)에 가시를 강조하여 율극봉(栗棘蓬)이라 함. 입 안에 밤송이를 넣으면, 삼키려고 해도 가시가 찔러 아프고 뱉으려고 해도 가시가 찔러 아프니 삼킬 수도 없고 뱉을 수도 없는 진퇴양난의 상태를 가리킨다. 사가(師家)가 학인에게 율극봉 같은 화두(話頭)를 시설해 놓고 분별로 이해하지도 못하게 하고 버리지도 못하게 하는 것, 혹은 마치 쥐가 덫에 빠진 것처럼 학인의 공부가 나아갈 수도 없고 물러설 수도 없는 상태에 봉착한 것을 가리킴. 금강권(金剛圈)과 같은 것. 『원오불과선사어록(圓悟佛果禪師語錄)』 제2권에 "율극봉을 삼키고, 금강권을 뛰어넘어서, 분수 밖에서 가풍을 펼친다.(呑底栗棘蓬, 跳底金剛圈, 分外展家風.)"는 구절이 있다.

519 보복(保福) : 당말(唐末) 오대(五代) 때 스님인 보복종전(保福從展; ?-928)이다. 설봉의존(雪峰義存)·장경혜릉(長慶慧稜)·아호지부(鵝湖智孚) 등에게 참학한 후, 설봉의 법을 이어받았다. 장주(漳州) 보복원(保福院)에 머물면서 설법하니, 늘 7백 대중 이상이 운집했다고 한다. 이 망주정(望州亭) 이야기는 『경덕전등록』 제19권 '장주보복원종전선사(漳州保福院從展禪師)'에 소개되어 있다.

520 설봉의존(雪峰義存)의 제자인 신주(信州) 아호산(鵝湖山) 지부(智孚) 선사(禪師).

194

아호가 발걸음을 재촉하여 방장(方丈)으로 돌아가니, 보복은 곧 승당으로 들어갔다.

분양(汾陽)[521] 화상이 송했다.

망주정과 오석령과 승당 앞에서
서로 만나 서로 알아본 것이 몇천 몇만 번일까?
오직 아호와 보복이 있어서
이때 서로 보고 지나갈[522] 줄 알았네.[523]

이 게송은 분명히 그대들을 위하여 말한 것이다.[524]

山僧尋常亦問學者: '望州亭與汝相見了也, 烏石嶺與汝相見了也, 僧堂前與汝相見了也, 作麼生?' 這箇便是金剛圈栗棘蓬, 爾如何吞? 如何透? 爾要識能吞能透者麼? 豈不見? 保福問鵝湖: '僧堂前且置, 望州亭烏石嶺甚麼處相見?' 鵝湖驟步歸方丈, 保福便入僧堂. 汾陽和尙頌曰: '望州烏石與堂前, 相見相知幾萬千? 唯有鵝湖幷保福, 此時相見解推遷.' 此頌分明爲爾說了也.

---

521 분양(汾陽) : 분양선소(汾陽善昭; 947-1024)이다. 중국 오대말(五代末) 송(宋) 대의 임제종 승려로, 분양은 주석한 산의 이름이다. 수산성념(首山省念)의 법을 이어받았으며, 시호는 무덕(無德) 선사. 저서에 『분양무덕선사어록(汾陽無德禪師語錄)』, 『분양선소선사어록(汾陽善昭禪師語錄)』, 『분양소선사어요(汾陽昭禪師語要)』 등이 있다.

522 추천(推遷) : ①구실을 대고 시간을 질질 끌다. ②변화하여 가다. 지나가다. 흘러가다.

523 자명초원(慈明楚圓)이 편찬한 『분양무덕선사송고대별(汾陽無德禪師頌古代別)』 중권(中卷)에 나오는 게송.

524 눈 깜짝할 사이라도 머물러 있지 마라.

이미 이것을 알지 못하고 있다면, 틀림없이 다음 현사(玄沙)[525]의 이야기도 잘못 알고 있을 것이다.

'여러 곳에서는 모두 말하기를, 중생을 교화하여 이롭게 한다[526]고 하는데, 만약 세 가지 병에 걸린 사람이 찾아오면, 어떻게 교화하겠는가? 눈먼 사람은 망치[527]를 들거나 불자(拂子)를 세워도 보지 못하고, 귀먹은 사람은 삼매를 말하여도 듣지 못하고, 벙어리는 말을 시켜도 말을 하지 못한다. 만약 이 사람들을 교화하지 못한다면, 불법에 영험이 없을 것이다.'[528]"

既不會這箇, 定又錯會玄沙[529]道 : '諸方總道接物利生, 或遇三種病人來, 合作麼生接? 患盲者, 拈鎚豎拂他又不見, 患聾者, 語言三昧他又不聞, 患啞者, 敎伊說又說不得. 若接此人不得, 佛法無靈驗.'"

대혜가 대중을 돌아보면서 말했다.

---

525 현사(玄沙) : 현사사비(玄沙師備; 835−908). 민현(閩縣; 복건성) 사람. 속성은 사(謝) 씨. 설봉산(雪峰山)의 의존(義存)에게 참학하여 그의 법을 이었다. 설봉의 회하에 있을 때는 지율(持律)을 엄격히 지켜 비두타(備頭陀)라고 존칭되고, 사 씨 집안의 3남이어서 사삼랑(謝三郎)이라고 불리기도 하였다. 보응산(普應山)에서 암자 생활을 하다가 후관현(侯官縣)의 현사원(玄沙院)에 주석하였다. 광화(光化) 원년(898) 민왕(閩王) 왕심지(王審知)의 명으로 안국원(安國院)에 주석하였다. 명종(明宗)은 종일대사(宗一大師)를 하사하였다.

526 접물이생(接物利生) : 중생을 만나 교화하여 이익을 준다.

527 추(鎚)는 종(鐘)이나 백추(白槌)를 칠 때 사용하는 쇠로 만든 채. 망치.

528 현사(玄沙)의 이 말은 『경덕전등록』 제18권 '복주현사종일대사(福州玄沙宗一大師)'에 나오며, 『선문염송』 제985칙에 소개되어 있다.

529 '현사(玄沙)'는 궁내본에서 모두 '현사(賢沙)'로 표기되어 있음.

"현사(玄沙)를 알고자 하는가? 평생 길러 온 의지와 담력을 남에게 쏟았는데도, 서로 아는 사람[530]이 도리어 서로 알지 못하는 사람과 같구나. 당시에 지장(地藏)[531] 화상이 법좌 아래에 있다가 곧 앞으로 나와 말했다.

'저는 입이 있으니 벙어리가 아니고, 눈이 있으니 장님이 아니고, 귀가 있으니 귀머거리가 아닙니다. 스님은 어떻게 교화하시렵니까?'[532]

(대혜가 말한다. "그런 아버지가 아니면 그런 자식을 낳지 못한다.")[533]

현사는 크게 웃었다.

(대혜가 말한다. "웃음 속에 칼이 있다.")

내가 언젠가 이 이야기를 말해 주고 학인들에게 물어본 적이 있는데, 이전 그대로 모방하여[534] 말하기를 '저는 입도 있고, 귀도 있고, 눈도 있는데, 스님은 어떻게 교화하시렵니까?' 하고 말하기에, 내가 그에

---

530 상식(相識) : 서로 알다. 안면이 있다. 서로 아는 사람. 알고 지내는 사람.

531 지장(地藏) : 지장계침(地藏桂琛; 867–928). 절강성 상산인(常山人). 성은 이(李) 씨. 운거도응(雲居道膺)·설봉의존(雪峰義存)을 참학하였다가, 뒤에 설봉의존의 법사인 현사사비(玄沙師備)를 참학하고 그의 법을 이었다. 뒤에 복건성 장주(漳州)의 목(牧), 왕공(王公)이 민(閩)의 서석산(西石山)에 세운 지장원(地藏院)에 주석하고, 이어서 장주의 나한원(羅漢院)에 주석하여 크게 종요(宗要)를 설하였기 때문에 나한계침(羅漢桂琛)이라고도 말한다.

532 『금강경』에 이르기를 "헤아릴 수 없이 많은 중생을 몽땅 열반에 들게 하였는데, 사실은 열반에 든 중생은 하나도 없다."라고 하였다. 제도할 중생이 있다면 세속이고, 중생을 제도하였다면 참으로 제도한 것이 아니다.

533 인용구절에 대한 대혜의 착어(着語)는 괄호로 처리하고, '대혜가 말한다'는 형식으로 현재형 문장으로 처리한다. 이 구절은 '나는 이렇게 본다'라는 정도로 대혜가 이야기하면서 자신의 견해를 피력하는 부분이다.

534 의양화호로(依樣畵葫蘆) : 그대로 모방하다. 아무 창의성 없이 단순히 모방만 하다.

게 말했다.

'남의 똥덩이를 씹어 먹는 것은 좋은 개가 아니다. 다시 되돌릴 수
없다.'

師顧視大衆云 : "要識玄沙麼? 平生心膽向人傾, 相識還如不相識. 當時地藏和尙
在座下, 便出來道 : '某甲有口不啞, 有眼不盲, 有耳不聾, 和尙作麼生接?' 師云 : "非
父不生其子." "玄沙呵呵大笑." 師云 : "笑裏有刀." "山僧有時擧此話問學者, 有來依
樣畫葫蘆也道 : '某甲有口 · 有耳 · 有眼, 和尙作麼生接?' 山僧向他道 : '咬人屎橛,
不是好狗. 又卻去不得.'"

이미 이것을 잘못 알고 있다면, 틀림없이 향엄(香嚴)의 이 말도 잘못
알고 있을 것이다.

'예컨대 이와 같다. 사람이 나무에 올라가, 입으로 나뭇가지를 물고,
손은 가지를 붙잡지 않고, 발은 가지를 딛지 않고 있는데, 나무 아래에
서 어떤 사람이 서쪽에서 온 뜻을 묻는다고 하자. 대답하지 않으면 그
의 물음을 거부하게 되고, 대답을 하면 목숨을 잃는다.'[535]

---

535 『오등회원』제9권 '등주향엄지한선사(鄧州香嚴智閑禪師)'에 다음의 이야기가 나온다 :
향엄지한(香嚴智閑; ?-898)이 상당하여 말했다. "만약 이 일을 논한다면, 마치 사람이 나
무에 올라가 입으로는 가지를 물고 발로는 가지를 밟지 않고 손으로도 가지를 붙잡지 않
고 있는데, 나무 아래에서 문득 어떤 사람이 묻기를 '무엇이 조사가 서쪽에서 온 뜻인가?'
하는 것과 같다. 답변하지 않으면 그의 물음에 어긋나고, 답변한다면 목숨을 잃는다. 바
로 이러한 때 어떻게 해야 하겠느냐?" 그때 호두초(虎頭招) 상좌가 대중 앞으로 나와 말
했다. "나무에 오른 것은 묻지 않겠습니다. 아직 나무에 오르지 않았을 때를 스님께서 말
씀해 주십시오." 이에 향엄(香嚴)은 "껄! 껄!" 하고 크게 웃었다. (上堂 : "若論此事, 如人上樹

(대혜가 말한다. "현사와 같은 구덩이에 파묻어 버려야 한다.")[536]

내가 옛날 한 존숙(尊宿)에게 가르침을 청한 적이 있다.

'향엄의 뜻이 어떻습니까?'

그러자 그는 불자(拂子)의 손잡이를 입에 물고 눈을 꽉 감고서는, 곧 나뭇가지를 물고 있는 자세를 취하여, 손을 내젓고 발을 벌리며 나에게 응대하였다."

"既錯會這箇, 定又錯[537]會香嚴道: '如人上樹, 口銜樹枝, 手不攀枝, 脚不蹋樹, 樹下有人問西來意. 不對則違他所問, 若對又喪身失命.'"

師云: "好與玄沙一坑埋郤."

"山僧昔年曾請益一箇尊宿: '未審香嚴意旨如何?' 遂以拂子柄銜在口中, 緊閉却眼, 便作銜樹枝勢, 搖手擺脚秖對山僧."

대혜는 여기에서 손가락을 한 번 튕기고는 말했다.

"이와 같으니, 역시 그 당시에는 이름과 명예가 널리 알려진 사람도 오히려 이러한 태도를 취하는데, 그 나머지 괴상한 짓거리들은 다 말할 수

口銜樹枝 脚不踏枝 手不攀枝, 樹下忽有人問: '如何是祖師西來意?' 不對他 又違他所問, 若對他 又喪身失命. 當恁麽時作麽生卽得?" 時有虎頭招上座出衆云: "樹上卽不問. 未上樹時請和尚道." 師乃呵呵大笑.)『경덕전등록』 제11권 '등주향엄지한선사'에서는 천 길이나 되는 절벽에 있는 나뭇가지를 입으로 물고 있다고 하고 있다.

536 현사와 향엄이 동일한 덫을 놓고 있으므로.

537 '착(錯)' 이하 다음 20자는 궁내본에 빠져 있다 : 會香嚴道 : '如人上樹, 口銜樹枝, 手不攀枝, 脚不蹋樹,

조차 없다. 그대들은 알고자 하는가?

단지 한마디만 한다면, 내가 먼저 그대들에게 말하겠다. 한마디 해 보라는 말을 듣자마자 곧장 말을 끄집어내는[538] 곳에서 이해하지 말지니, 말을 하자마자 곧장 이해한다면 전혀[539] 이 도리(道理)가 아니다.[540]

이것은 무슨 도리인가? 사람이 나무에 올라가 입으로 나뭇가지를 물고, 손은 가지를 붙잡지 않고, 발은 가지를 딛지 않고 있는데, 나무 아래에서 어떤 사람이 서쪽에서 온 뜻을 묻는다고 하자. 대답하지 않으면 그의 물음을 거부하게 되고, 대답을 하면 목숨을 잃는다. 어떤가? 여기에는 털끝만큼의 틈도 용납하지 않는다.[541]

師乃彈指云: "如此者, 亦是當年馳聲走譽底, 尙作這般去就, 其餘作怪不在言也. 爾要會麼? 但只作一句看, 我先爲爾說. 莫見道作一句看, 便向擧起處會, 擧了便會了, 且不是這箇道理. 是甚麼道理? 如人上樹, 口銜樹枝, 手不攀枝, 脚不踏樹, 樹下有人問西來意, 不對則違他所問, 若對又喪身失命. 如何? 這裏間不容髮.

---

538 거기(擧起): 말하다. 말을 끄집어내다. 거(擧)와 같음. 기(起)는 동사의 뒤에 붙어서 동작이 아래에서 위로 행해짐을 나타내는 조사. 거기화두(擧起話頭)=이야기를 꺼내다.

539 차불(且不): 오랫동안 −하지 않다. 좀처럼 −하지 않다. 전혀 −하지 않다.

540 이른바 한로축괴(韓獹逐塊)다. 한로(韓獹)는 전국 시대 한(韓)나라의 털이 검은 명견(名犬)이다. 한로축괴(韓獹逐塊)는 사자교인(獅子咬人; 사자는 사람을 문다)과 짝을 이루는 말로서, 사자는 흙덩이를 던진 사람을 물지만 사냥개는 흙덩이를 쫓는다는 의미다. 흙덩이를 쫓아가면 쉴 수가 없지만, 흙덩이를 던지는 사람을 물면 즉각 쉬게 된다. 흙덩이란 곧 언어를 가리킨다.

541 간불용발(間不容髮): 머리털 하나만큼의 틈도 없다. 매우 위급하다. 조금이라도 머뭇거리면 곧장 어둠 속이고, 순간이라도 헤아리면 곧장 망상 속이다. 일 없는 자는 언제나 일이 없지만, 그렇지 못하면 일을 하지 않으려 않을 수가 없을 것이다.

당시 향엄의 회상(會上)에서 호두(虎頭) 상좌만이 오직 향엄의 뜻을 알아차리고는 곧 앞으로 나와서 향엄에게 할 말을 하였다.[542]

'나무에 올라간 뒤는 묻지 않습니다. 아직 나무에 올라가기 이전을 스님께서 말씀해 주십시오.'

(대혜가 말한다. "비록 한바탕 영화(榮華)를 얻었으나, 두 발꿈치를 베어[543] 버렸구나.")

향엄은 껄껄 크게 웃었다.

(대혜가 말한다. "얼굴에 철판을 깔았구나."[544])

(다시 말한다. "하늘을 돌리고 땅을 굴리는구나."[545])

當時香嚴會中只有箇虎頭上座領得香嚴意, 便出來爲香嚴出氣云 : '上樹卽不問, 未上樹, 請和尙道.'" 師云 : "雖得一場榮, 刖卻一雙足." "香嚴呵呵大笑." 師云 : "鐵作面皮." 又云 : "回天輪, 轉地軸."

뒷날 설두가 염(拈)[546]하여 말했다.

'나무 위의 일을 말하기는 쉬우나, 나무 아래의 일을 말하기는 어렵다. 노승은 나무 위로 올라왔으니, 한번 물어보아라.'

---

542 출기(出氣) : ①화풀이를 하다. 분노를 발설시키다. ②숨 쉬다. ③탄식하다. ④기백(氣 魄)을 드러내다. ⑤할 말을 하다.

543 월(刖) : 죄인의 발꿈치를 베는 형벌.

544 철작면피(鐵作面皮) : 얼굴에 철판을 깔다. 뻔뻔스럽게도 부끄러움을 모르다. 낯가죽 이 두껍다. =후안무치(厚顔無恥).

545 우주를 쥐락펴락 자유자재한 모습.

546 염(拈) : 옛사람의 말이나 행위에 대해 자신의 견해를 피력하는 것.

설두가 비록 호두 상좌에게는 할 말을 하였지만, 향엄을 놓쳐 버렸으니[547] 어찌하랴?[548] 요사이 어떤 엉터리가 설두가 이렇게 말하는 것을 듣고는 곧 동산(洞山)의 말을 끌어와 말했다.

'다만 지금의 기휘(忌諱)[549]에 저촉되지 않을 수 있기만 하면,[550] 앞선 왕조의 단설재(斷舌才)[551]보다 더 낫다.'[552]

後來雪竇拈云: '樹上道卽易, 樹下道卽難, 老僧上樹也, 致將一問來.' 雪竇雖爲虎頭上座出氣, 爭奈蹉過香嚴. 今時有般謬漢聞雪竇恁麼道, 便引洞山語云: '但能莫觸當今諱, 也勝前朝斷舌才.'

향엄이 세운 이 질문으로 말하자면, 마치 한 개 불덩이 같아서 손을 댈 수 없다.[553] 비록 그렇긴 하지만, 언어를 끊어 버릴 수도 없다. '무엇이 부

---

547 차과(蹉過) : (기회를) 놓치다. 스치고 지나가다. 실패하다.

548 호두 상좌의 함정에선 빠져나왔지만, 향엄의 함정에 도리어 빠졌다는 말.

549 기휘(忌諱) : 임금이나 집안 어른들의 이름을 언급하거나 그 이름을 받아서 작명하는 것을 삼가는 관습. 기휘(忌諱) 또는 피휘(避諱)라고 하며, 줄여서 휘(諱)라고 한다. 여기서 휘(諱)는 피한다는 뜻인데, 나중에는 임금이 살아생전에 쓰던 이름 그 자체를 휘라 일컫게 되었다.

550 지금 잘못된 말을 하지 않을 수 있기만 하면.

551 단설재(斷舌才) : 탁월한 변론(辯論)의 재능이 있는 사람. 수(隋)의 변사(辯士) 이지장(李知章)이 변론할 적에는 여러 사람이 모두 혀를 놀리지 못하였으므로 단설재(斷舌才)라 하였다. 남의 입을 다물게 하는 뛰어난 말재주를 가진 사람.

552 『서주동산양개선사어록(瑞州洞山良价禪師語錄)』에서 동산(洞山)의 '오위군신송(五位君臣頌)' 가운데 정중래(正中來)를 노래한 부분에 나오는 구절. 불법에서 어긋나지 않는 여법한 한 마디를 말할 수 있다면 매우 뛰어난 사람이라는 말.

553 헤아릴 수도 없고, 말할 수도 없다.

처인가?' 하고 물으면 '삼베가 서 근이다.'라 답하고, '어떤 것이 조사가 서쪽에서 온 뜻인가?' 하고 물으면 '뜰 앞의 측백나무다.'라고 답하는데, 무슨 거리낌이 있겠는가? 그대들은 거리낌 없이 통하는[554] 것이 좋다. 듣지도 못했느냐? 분양(汾陽) 화상이 송(頌)했다.

'향엄이 나뭇가지를 물고서 사람들에게 보여 준 것은
동포(同胞)들을 이끌어 참된 근본에 통달케 하고자 함이었다.[555]
(대혜가 말한다. "있는 그대로 말하는군."[556])

머뭇거리며 도리어 말 아래에서 찾는다면
목숨을 잃는 횟수가 헤아릴 수도 없으리라.[557]
(대혜가 말한다. "몹시 애태우지[558] 않으면 남들이 알아주지 않는다.")

분양(汾陽)이 그대를 위하여 하늘의 길을 열어 주노니
구름 흩어진 넓은 하늘에 달빛이 새롭구나.[559]

---

554 회득(會得) : ①깨닫다. 이해하다. 통하다. =영회(領會). ②할 수 있다.

555 향엄의 말은 분별 속에 있는 범부의 분별을 막아서 구제하기 위한 방편의 말이다. 분별할 수 없는 상황에서 분별하라고 요구하는 것은, 마치 도둑을 잡아 훔친 물건을 모두 빼앗은 뒤에 다시 훔친 물건을 내놓으라고 요구하는 것과 같아서, 사람을 어찌할 수 없는 곳에다 빠뜨리는 것이다.

556 의실공통(依實供通) : 사실대로 자백하다. 진실에 따라 말하여 밝히다. 의실(依實)은 진실에 입각하다, 사실에 따르다는 뜻이고, 공통(供通)은 자백하다, 진술하다는 뜻.

557 분별할 수 없는 곳에서 도리어 분별한다면, 분별을 벗어날 기회를 영원히 잃을 것이다.

558 고심(苦心) : 몹시 애씀. 몹시 마음을 태움. =고려(苦慮).

559 향엄이 놓은 덫보다 분양이 놓은 덫이 더욱 교활하고 악독하다. 문득 분별이 죽고 나서 다시 살아나지 못한다면, 결코 숨 쉴 곳을 찾지 못할 것이다.

(대혜가 말한다. "쓸데없는 말이다. 비록 그렇지만, 만약 여기에서 깨달을 수 있으면[560] 일생의 공부를 끝마칠 것이다.")

謂香嚴立此箇問頭, 喩如一團火相似, 不可觸. 雖然如此, 不可斷却言句. 有問 : '如何是佛?' '麻三斤.' '如何是祖師西來意?' '庭前柏樹子.' 又且何妨? 爾不妨會得好. 不見? 汾陽和尙頌曰 : "香嚴衛樹示多人, 要引同袍達本眞." 師云 : "依實供通." "擬議却從言下覓, 喪身失命數如塵." 師云 : "不是苦心人不知." "汾陽爲爾開天路, 雲散長空月色新." 師云 : "閑言語. 雖然如是, 若向這裏提得, 一生參學事畢."

이미 깨닫지 못했다면, 틀림없이 이 이야기도 잘못 알고 있을 것이다.

백장(百丈)이 위산(潙山)과 오봉(五峯)과 운암(雲巖)에게 물었다.
'목구멍과 입술을 닫아 버리고 어떻게 말할까?'[561]
위산이 말하였다.
'도리어 스님께서 (목구멍과 입술을 닫고서) 말씀해 보십시오.'[562]
백장이 말했다.
'그대에게 말하는 것을 사양치는 않으나, 뒷날 나의 자손을 잃을까 봐 걱정된다.'[563]

---

560 제득(提得) : ①말하다. 말해 내다. 말할 수 있다. ②끄집어내다. 집어 들다. ③깨닫다.
561 향엄과 같은 함정을 파 놓았다. 이 함정에 스스로 들어가지 않으면, 언제나 어디서나 자유자재하리라.
562 백장이 쏜 화살을 받아서 되돌려 쏜다.
563 자기 앞에 놓인 함정은 자기가 스스로 뛰어넘어야 한다.

오봉이 말하였다.

'스님께서도 목구멍과 입술을 다무셔야 합니다.'[564]

백장이 말하였다.

'사람 없는 곳[565]에서 이마에 손을 얹고[566] 멀리 그대를 바라본다.'[567]

운이 말하였다.

'스님에게는 (입을 다물고 말할 것이) 있습니까?'[568]

백장이 말하였다.

'나의 자손을 잃었구나.'[569]

대중 가운데에는 따져서 말하기를, '백장은 마치 훔친 물건을 안고 억울하다고 외치는[570] 것과 같으니 귀를 막고 방울을 훔치는 격이며, 세 사람의 이런 대꾸는 모두가 거친 풀밭[571]으로 뛰어드는 것이다.'[572]라고 하

---

564 역시 백장이 쏜 화살을 받아서 되돌려 쏜다.

565 사람이 없는 곳이란, 아상(我相)·인상(人相)이 없는 불이중도의 근본 자리를 가리킨
     다.

566 작액(斫額) : 이마에 손을 얹다. 이마에 손을 얹고 높거나 먼 곳을 바라보는 동작.

567 아직 불법에서 멀리 떨어져 있다는 말.

568 역시 백장이 쏜 화살을 되돌려 쏜다. 모두 백장의 흉내를 내고 있다.

569 『경덕전등록』 제6권 '홍주백장산회해선사(洪州百丈山懷海禪師)'에 나오는 대화. 입을 다
     물고는 말할 것이 없다는, 즉 불이중도에서는 말할 것이 없다는 주장을 두고 백장은 오히
     려 그런 견해가 바로 분별이요 망상이라고 지적하고 있다. 그러므로 백장의 선을 계승할
     자격이 되는 자손이 아니라고 한탄한 것이다.

570 규굴(叫屈) : 억울함을 호소하다. 불평하다.

571 황초(荒草) : 거친 풀밭. 잡초밭. 아무렇게나 생겨나는 번뇌망상의 거친 풀.

572 대화하는 사람들의 말을 헤아려 해석하고 있을 뿐이니, 어찌 백장의 뜻에 통하겠는
     가?

니, 전혀 상관없는 말이다.[573] 그대들에게 말하노니, 이 일은 결코 언어 위에 있지 않다. 이미 언어 위에 있지 않다면, 바로 이러한 때 어떻게 해야 하는가?[573] 내가 벌써 그대들에게 말해 버렸다.[574]

既提不得, 定又錯會百丈問潙山·五峰·雲巖云：'併卻咽喉脣吻, 作麽生道?' 潙山云：'卻請和尚道.' 百丈云：'我不辭向汝道, 恐已後喪我兒孫.' 五峰云：'和尚也須併卻.' 百丈云：'無人處斫額望汝.' 雲巖云：'和尚有也未?' 百丈云：'喪我兒孫.' 衆中商量道：'百丈大似抱贓叫屈, 掩耳偸鈴. 三子恁麽祇對, 大家走入荒草裏.' 且喜沒交涉. 向爾道, 此事決定不在言語上. 既不在言語上, 當恁麽時合作麽生? 我早是與爾說了也.

이미 이것을 잘못 알고 있다면, 틀림없이 이 이야기도 잘못 알고 있을 것이다.

덕산(德山)[575]이 말했다.
'오늘 저녁에는 대답하지 않겠다. 묻는 사람은 30방을 맞을 것이다.[576]
그때 어떤 승려가 앞으로 나와 절을 하니 덕산이 곧 때렸다. 승려가 말했다.

---

573 어떻게 하면 곧장 어긋난다. 어떻게 하지 않아도 곧장 어긋난다.

574 온 우주가 언제나 쉬지 않고 말하고 있다. 다만, 사람이 스스로 듣지 않고 분별을 일으켜 다시 찾고 있을 뿐.

575 덕산선감(德山宣鑒: 780~865).

576 법(法)이라는 망상을 일으키지 마라.

'저는 아직 묻는 말을 꺼내지도 않았는데 왜 저를 때리십니까?'

덕산이 말했다.

'그대는 어느 곳 사람이냐?'

승려가 말했다.

'신라(新羅) 사람입니다.'

덕산이 말했다.

'아직 뱃전을 밟기도 전에 30방을 맞았어야[577] 했다.'[578]

뒷날 법안(法眼)[579]이 말했다.

'훌륭한 덕산이 한 입으로 두말을 하는구나.'[580]

원명(圓明)[581]이 말했다.

'훌륭한 덕산이 용두사미(龍頭蛇尾)로구나.'[582]

설두가 염하여 말했다.

'두 노숙(老宿)께서 긴 것을 잘라서 짧은 것에 잘 이었고,[583] 무거운 것을
버리고 가벼운 것을 잘 따랐지만, 아직 덕산을 만나 보지는 못했다. 무슨

---

577 애초부터 법(法)이라는 망상을 일으켜서 법을 물으러 찾아왔으니까.

578 『경덕전등록』 제15권 '낭주덕산선감선사(朗州德山宣鑒禪師)'에 나오는 내용.

579 법안문익(法眼文益: 885∼958).

580 대답하지 않겠다고 해 놓고 대답을 충실히 하였으므로. 법안의 망상이다.

581 원명(圓明) : 송대(宋代) 운문종(雲門宗)의 선승인 덕산연밀(德山緣密; 855∼990)을 가리
    킨다. 덕산(德山)은 주석한 산 이름이다. 운문문언의 법을 이어받아 덕산에 머물렀다. 운
    문의 3구에 송(頌)을 붙여 학인들을 지도하였다. 원명(圓明)은 그의 시호다.

582 법을 말하지 않겠다고 해 놓고서, 묻는 사람과 주고받고 말을 하였으므로. 원명의 망
    상이다.

583 장점으로 단점을 보완하다.

까닭인가? 덕산은 마치 왕실을 장악한 외척 권력을 잘라 내야 하지만 잘라 내지 아니하여 난을 불러오지 않는 칼과 같기 때문이다.[584] 저 신라의 승려를 알고자 하는가? 그저 기둥에 돌진하여 부딪치는 눈먼 녀석일 뿐이다.[585]

대중 가운데에는 헤아려서[586] 말하기를 '아직 묻는 말을 꺼내기도 전에 곧바로 잘 때렸다. 덕산이 때리지 않고 도리어 〈그대는 어디 사람인가?〉 하고 물었다면, 여기에서 곧장 한 입으로 두말하는 것이 되고, 용두사미가 되는 것이다.'라고 하는데, 전혀 상관없는 말이다.[587]

또 말하기를 '그 승려가 만약 솜씨 있는 작가였다면, 저 덕산이 〈그대는 어디 사람인가?〉 하고 묻는 것을 보자마자, 곧장 선상(禪床)을 뒤집어 엎었어야 했다. 그가 그렇게 하지 못했기 때문에 도리어 덕산에게 〈아직 뱃전을 밟기도 전에 30방을 맞았어야 했다.〉는 말을 들었으니, 여기가 곧 마땅히 잘라 내야 하는데도 잘라 내지 아니하여 난(亂)을 불러오지 않는 칼이다. 그러므로 설두가 〈저 신라의 승려를 알고자 하는가? 그저 기둥에 돌진하여 부딪치는 눈먼 녀석일 뿐이다.〉라 한 것이다.'라고 하는데,

---

584 바른 법과 망상을 엄격히 따져서 바른 법을 선양하고 망상을 쳐부수어야 함에도 하나하나 시시비비를 가리지 않고 다만 망상을 지으면 처벌받을 것이라고 엄포만 놓고 있으므로.

585 신라 승려가 안목을 전혀 드러내지 않고 있으므로. 설두의 망상이 가장 길구나.

586 상량(商量) : 시장에서 물건을 사고팔 때 저울로 달아 그 값을 따져 헤아리는 것을 말한다. 따지다. 상의하다. 의논하다. 상담하다. 이해하다. 값을 흥정하다. 값을 따지다. 값을 매기다. 헤아리다.

587 헤아려서 해석하고 있으므로.

전혀 상관없는 말이다.[588]

既錯會這箇, 定又錯會德山道: '今夜不答話. 問話者三十棒.' 時有僧出禮拜, 德山
便打. 僧云: '某甲話也未問, 爲甚打某甲?' 山云: '爾是甚處人?' 僧云: '新羅人.' 山
云: '未踏船舷, 好與三十棒.' 後來法眼云: '大小德山話作兩橛.' 圓明云: '大小德山
龍頭蛇尾.' 雪竇拈云: '二老宿雖善裁長補短, 捨重從輕, 要見德山亦未可. 何故? 德
山大似握闊外威權, 有當斷不斷, 不招其亂底劍. 要識新羅僧麼? 只是撞著露柱底
箇瞎漢.' 衆中商量道: '某甲話也未問便好打, 德山不打, 卻問: 〈爾是甚處人?〉這裏
便是話作兩橛, 龍頭蛇尾處.' 且喜沒交涉. 又道: '這僧若是作家, 纔見他問: 〈爾是
甚處人?〉便好掀倒禪床. 他旣不能, 卻被德山道: 〈未踏船舷, 好與三十棒〉這裏是
當斷不斷, 不招其亂底劍. 所以雪竇云: 〈要識新羅僧麼? 只是撞著露柱底箇瞎漢〉
且喜沒交涉.

선(禪)을 만약 이렇게 이해하게 되면, 다시는 깨달을 필요가 없을 것이
다. 총명하고 영리한 사람들은 일시에 말을 따라 이해하고서, 설명할 줄
아는 것으로 곧 그만두어 버린다. 내가 그대들에게 묻겠다. 이렇게 설명
하는 것으로 일시에 끝낼 수 있다면, 죽고 사는 일이 닥쳤을 때 어떻게
대처하겠는가?[589]

지금 분명히 그대들에게 말한다. '이 사소하고 쓸데없고 장황한 말들

---

588 헤아려 해석한 말일 뿐이므로.

589 지견(支遣): ①대응하다. 대처하다. 다루다. 맞서다. ②지출하다. 지불하다. 임금의 일
부를 미리 받아쓰다.

이 곧 삶과 죽음에서 빠져나오는 지름길이다.[590] 그대들은 지름길 위를 가면서 가시나무를 심고 똥구덩이를 파지 마라.[591] 만약 한 납승(衲僧)이 앞으로 나와 말하기를 '스님께서 지금 여기에 가시나무를 심고 똥구덩이를 파는 것은 옳지 않습니다.'라고 한다면, 어떻게 응대하여야 할까? 나에게 핑계를 대고 거절할[592] 곳이 하나 있으니, 어떻게 핑계를 대로 거절할까? 게송을 하나 들어 보아라.

여성들 가운데 대장부가 있으니[593]
그 몸을 드러내 보여 그 무리를 교화하네.
계정혜(戒定慧)[594]의 해탈법을 가지고
저 탐진치(貪瞋癡)[595] 삼독(三毒)을 거두어들인다.

---

590 가시덤불 속에서 긁힌 자국 하나 없이 온전한 몸으로 자유롭게 왔다 갔다 해야 살아 있는 사람이다. 그러나 가시도 없고 사람도 없고 오는 일도 없고 가는 일도 없다고 말한다면, 벌써 천리만리 어긋났다.

591 헤아리고 분별하는 망상 속에 들어가지 마라.

592 추탁(推托) : ①핑계를 대고 거절하다. ②추천하여 맡기다.

593 진국태 부인을 염두에 두고 하는 말.

594 계정혜(戒定慧) : 불교를 배워 도를 깨달으려는 이가 반드시 닦아야 할 세 가지. 계(戒)는 행위와 언어에서 나쁜 짓을 하지 않고, 몸을 보호하는 계율. 정(定)은 심의식(心意識)의 흔들림을 그치고, 고요하고 편안한 경지를 나타내는 법. 혜(慧)는 번뇌를 없애고, 진리를 철견(徹見)하려는 법. 삼학(三學)이라 함.

561 계정혜(戒定慧) : 불교를 배워 도를 깨달으려는 이가 반드시 닦아야 할 세 가지. 계(戒)는 행위와 언어에서 나쁜 짓을 하지 않고, 몸을 보호하는 계율. 정(定)은 심의식(心意識)의 흔들림을 그치고, 고요하고 편안한 경지를 나타내는 법. 혜(慧)는 번뇌를 없애고, 진리를 철견(徹見)하려는 법. 삼학(三學)이라 함.

595 탐진치(貪瞋癡) : 삼독(三毒). 탐욕(貪欲)·진에(瞋恚)·우치(愚癡)의 세 번뇌. 중생심을

비록 중도(中道)에 머물러 불사(佛事)를 행하지만

바람이 허공을 지나는 것처럼 의지하는 것 없네.

과거와 미래와 현재의

티끌 같고 모래알 같은 모든 부처와 보살이

모두들 이구동성으로 이렇게 말하네.

좋구나, 기특하구나, 세상에 희유한 일이로다!

마음은 본래 깨끗하여 근심도 없고 기쁨도 없지만

기쁨도 없고 근심도 없다는 생각은 하지 말게.

멍석이 펴지면 춤도 추며[596] 세상 인연을 따르지만

세상 인연에 대한 집착은 없다네.

한여름 불길 같은 구름 푸른 하늘 태우면

천둥소리가 문득 삼천대천세계를 진동하여

뜨거운 번뇌 부수어 없애고 시원하고 상쾌함 불러오니

저 대장부가 태어나는 시절이로다.

나는 이 게송을 말하여 그 광명을 도우니

법계의 모든 여인에게 두루 베풀어지기를."

禪若是恁麼地會得時, 更不消悟也. 聰明靈利底, 一時隨語生解, 解註將去便了. 我且問爾 : 恁麼解註, 得一時有下落了, 生死到來卻如何支遣? 而今分明向爾道 : '遮些閑言長語, 便是出生死底徑路, 爾莫去徑路上栽荊棘掘屎窖.' 或若有箇衲僧出來

만드는 특징들. 독(毒)이라 한 것은 삼독의 온갖 번뇌가 중생을 해치는 것이 마치 독사나 독룡(毒龍)과 같기 때문이라 한다.

596 만나는 인연에 응하여 할 일을 한다.

道：'和尚現在這裏栽荊棘, 掘屎窖也不是.' 卻作麼生祇對? 山僧有箇推托處, 且如何推托? 聽取一偈：'女流中有大丈夫, 示現其身化其類. 以戒定慧解脫法, 攝彼貪欲瞋恚癡. 雖處於中作佛事, 如風行空無所依. 過去未來及現在, 塵沙諸佛及菩薩, 異口同音發是言, 善哉奇特世希有! 心源淸淨無憂喜, 不作無喜無憂想. 逢場作戲隨世緣, 而於世緣無所著. 六月火雲燒碧空, 雷聲忽震三千界, 銷除熱惱獲淸涼, 是彼丈夫誕時節. 我說此偈助光明, 普施法界諸女人.'"

"악!" 하고 일할(一喝)을 하였다.[597]

喝一喝.

---

597 한마디 말도 남지 않게 되었군.

5. 전 계의가 청한 보설[598]

전(錢) 계의(計議)[599]가 청한 보설에서 한 승려가 물었다.

"옛날 어떤 스님이 양기(楊岐)[600] 화상에게 '무엇이 부처입니까?' 하고 물었는데, 양기 화상께서는 '다리 셋인 당나귀가 폴짝폴짝 잘도 걷는구나.'[601]라고 하셨습니다.[602] 그 뜻이 무엇입니까?"

대혜가 말했다.

---

598 『대혜연보』에 의하면 전 계의가 청하여 행한 보설은 1156년(68세)의 일이라고 되어 있다. 그런데 『대혜어록』에 실린 전 계의가 청한 보설은 이것과 12장의 것 두 개다. 둘 다 1156년에 행한 보설인지는 확인할 수 없다.

599 전계의(錢計議) : 성(姓)은 전(錢), 이름은 자허(子虛). 계의(計議)는 관직 이름. 대혜의 재가(在家) 도우(道友)라 하나 자세한 것은 알 수 없다.

600 양기(楊岐) : 양기방회(楊岐方會; 992-1049). 임제종 양기파(楊岐派)의 개조다. 석상초원(石霜楚圓; 986-1040)의 문하에서 공부하여 그의 법을 이어받고는, 원주(袁州)의 양기산(楊岐山)과 담주(潭州)의 운개산(雲蓋山)에 머물면서 선풍(禪風)을 떨쳤다. 황우(皇祐) 원년에 입적하였다. 양기방회의 법계보는 양기방회-백운수단(白雲守端)-오조법연(五祖法演)-원오극근(圜悟克勤)-대혜종고(大慧宗杲)로 이어진다.

601 삼각려자롱제행(三脚驢子弄蹄行) : 삼각려자(三脚驢)는 다리가 셋인 당나귀 즉 장애가 있어서 잘 걷지 못하는 당나귀이고, 농제행(弄蹄行)은 폴짝폴짝 발굽을 놀리며 경쾌하게 잘 걷는다는 뜻. 당나귀는 선종에서 보통 중생을 가리키는 말이므로, 다리가 하나 부족한 당나귀는 안목 없는 어리석은 중생을 가리킴. 다리 셋인 당나귀가 폴짝폴짝 경쾌하게 잘 걷는다는 말은, 안목 없는 어리석은 중생이 다리가 온전한 당나귀 즉 안목 있는 부처와 다름없이 법을 온전하게 잘 드러내고 있다는 말.

602 『건중정국속등록(建中靖國續燈錄)』 제7권 '원주양기산보통선원방회선사(袁州楊岐山普通禪院方會禪師)'에 나오는 다음 대화의 일부분 : 한 승려가 묻는다. "무엇이 부처입니까?" 양기가 말했다. "다리 셋인 당나귀가 폴짝폴짝 잘도 걷는구나." 그 승려가 말했다. "다만 이것이 곧 그것 아닙니까?" 양기가 말했다. "호남의 장로로다."(問: "如何是佛?" 師云 : "三脚驢子弄蹄行." 僧曰: "莫祇遮便是?" 師云 : "湖南長老.")

"하늘 위 하늘 아래에 (당나귀가 잘 걷는) 종적(蹤跡)은 없다."

승려 : "그러면 위음왕 이전[603]에는 어떤 사람이 (그 당나귀를) 탔습니까?"

대혜 : "위음왕 이후에는[604] 누가 탔는가?"

그 승려가 머뭇거리고 있자, 대혜는 곧 "악!" 하고 일할을 했다.

이어서 대혜가 말했다.

"위음왕 이전에 다리 셋인 당나귀는 폴짝폴짝[605] 잘 걸었고,[606] 위음왕 이후에 양기 노인은 소식을 끊었다.[607] 이미 소식을 끊었는데, 무엇 때문에 다리 셋인 당나귀가 폴짝폴짝 잘 걷는가?[608] 만약 이것을 밝힐 수 있다면, 위음왕 이전에 다리 셋인 당나귀가 진실로 폴짝폴짝 잘 걷고 있음을[609] 비로소 알 것이다.[610] 만약 밝혀내지 못한다면, 양기 노인이 일생 동안

---

603 위음왕 이전 : 분별하기 이전. 위음왕불(威音王佛)은 『법화경(法華經)』「상불경보살품 (常不輕菩薩品)」에 나타나는 부처의 이름으로서, 공겁(空劫) 때 맨 처음 성불한 부처님. 이 부처의 이전에 다른 부처가 없었다고 하여, 이 부처는 태초, 시공(時空) 이전을 뜻하고, 근본의 본분을 가리킨다. 위음왕불이 출세하기 이전이란 부모미생전(父母未生前), 천지미분전(天地未分前)이란 말과 같이 분별하기 이전을 표시하는 말. 『조정사원(祖庭事 苑)』에서는 위음왕 이전은 실제이지(實際理地)를 밝힌 것이고, 위음왕 이후는 불사문중 (佛事門中)을 밝힌 것이라 하였다.

604 분별한 이후에는.

605 발도(跋跳) : (개구리나 두꺼비 따위가) 폴짝폴짝 뛰다. 뛰어오르다.

606 분별하기 이전에 불법(佛法)이 명백하고 원만하고.

607 분별한 이후에 분별하는 사람이 없다.

608 이미 분별하는 사람이 없는데, 어떻게 불법이 명백하고 원만한가?

609 분별하기 이전에 불법이 명백하고 원만함을.

610 대혜의 안목을 여기서 알 수 있다.

부당하게 욕을 얻어먹을[611] 것이다.[612] 바로 이러한 때, 어떤 것이 설욕(雪辱)하는 한마디인가?"

"악!" 하고 일할을 하고서 말했다.

"하마터면[613] 위험한 짓을 할[614] 뻔했구나."[615]

錢計議[616]請普說, 僧問: "昔日僧問楊岐和尙: '如何是佛?' 答云: '三脚驢子弄蹄行.' 未審意旨如何?" 師云: "天上天下沒蹤跡." 進云: "只如威音王已前是甚麽人騎?" 師云: "威音王已後是甚麽人騎?" 僧擬議, 師便喝. 乃云: "威音王已前, 三脚驢兒 [足+孛]跳; 威音王已後, 楊岐老人絶消息. 旣絶消息, 卻因甚麽三脚驢兒[足+孛] 跳? 若也於斯明得, 方知威音王已前三脚驢兒果然跨跳; 若明不得, 楊岐老人一生 受屈. 正當恁麽時, 如何是雪屈一句?" 喝一喝, 云: "泊合弄險."

다시 말했다.

"온문(蘊聞) 상좌가 오늘 자허(子虛)[617]를 대신하여 와 대중에게 보설할 것을 청하기에, 내가 '무슨 말을 해야 하겠는가?' 하고 물으니, 온문이 말했다.

611　수굴(受屈) : 수위굴(受委屈). 사실무근인 일로 누명을 쓰다. 부당한 손해를 입다. 부당
　　하게 욕을 먹다.

612　양기의 말에 대한 오해가 많이 일어날 것이다.

613　계합(泊合) : 거의 –하다. 하마터면 –할 뻔하다.

614　농험(弄險) : 위험한 짓을 하다. 농(弄)은 '–을 행하다'는 뜻.

615　도리어 분별할 뻔했구나.

616　'錢計議'에서 '能信此法倍更難'까지 6,663자(字)가 궁내본에는 빠져 있다.

617　자허(子虛) : 전 계의의 자(字).

'스님께서 양기 스님의 금강권과 율극봉을 꺼내어서 대중에게 보시해 주시기 바랍니다.'

그러고는 다시 말했다.

'충(忠) 국사[618]나 대주(大珠)[619] 화상의 설법과 같은 것은 진흙에 빠지고 물에 들어가는 짓[620]이어서 곧장 질러 들어가지[621] 않고 의리선(義理禪)[622]을 말하고 있는 것이 아닌가 하고 여러 곳에서 많은 사람이 의심하고 있

---

618 충국사(忠國師) : 남양혜충(南陽慧忠). ?-775. 당대(唐代) 스님. 어려서 육조혜능(六祖 慧能)에게 수학하고, 그의 법을 이었다. 혜충은 청원행사, 남악회양, 하택신회, 영각현각 과 더불어 혜능 문하의 5대 제자로서, 혜능의 선을 북방(北方)에서 널리 펼쳤다. 혜충의 선은 신심일여(身心一如), 즉심즉불(卽心卽佛)을 특징으로 하며, 무정물(無情物)의 설법 (說法)을 일컫기도 하였다. 남방의 선승들이 경전을 중시하지 않고 종지(宗旨)에 따라서 설법(說法)하는 것을 비판하고, 경전과 교학을 중시하여 사설(師說)에 의거하기를 강조 하였다.

619 대주(大珠) : 대주혜해(大珠慧海). 당대(唐代) 선승. 속성은 주(朱) 씨. 산서성(山西省) 건주(建州) 출신. 절강성(浙工省) 월주(越州) 대운사(大雲寺)의 도지(道智) 화상에게 출가 하였다. 마조도일을 찾아서 깨달음을 얻고, 그의 법을 이었다. 저술로 『돈오입도요문(頓 悟入道要門)』 1권을 포함한 『대주선사어록(大珠禪師語錄)』 2권이 있다.

620 타니대수(拖泥帶水) : 진흙을 묻히고 물에 젖는다는 뜻인 타니대수(拖泥帶水)는 선가 (禪家)에서 가르침을 펼 때, 곧바로 재빠르게 가리켜 주지 않고 말로 설명하고 자세히 일 러 주는 경우를 가리키는 말이다. 진흙에 들어가고 물에 들어간다는 뜻인 입니입수(入泥 入水)라 하기도 하고, 진흙과 섞이고 물과 섞인다는 뜻인 화니화수(和泥和水)라 하기도 한다. 가르침을 펼치려면 법을 세우고 말로 가리키지 않을 수 없으니 이렇게 말하지만, 이것은 반드시 비난받을 일만은 아니니, 노파심이 간절한 자비를 베푸는 것이기 때문이 다. 그러므로 가르침은 언제나 자기가 맞을 몽둥이를 짊어지고 나서는 일이라고 하는 것 이다. 타니섭수(拖泥涉水)라고도 한다.

621 경절(徑截) : 곧장 끊어 버리다. 곧장 들어가다. 지름길.

622 의리선(義理禪) : 뜻으로 이치를 말하는 선. 구두선(口頭禪), 논쟁선(論爭禪), 문자선 (文字禪)과 같음.

습니다. 스님께서 그 진위(眞僞)를 명확히 판결하셔서 대중의 의혹을 풀어 주시기 바랍니다. 이것은 또한 보설을 청하는 시주(施主)[623]의 뜻이기도 합니다.'

이에 나는 '알겠다.'고 말했다.

復云：“蘊聞上座今日代子虛來請爲衆普說, 老漢曰: '說箇甚麼卽得?' 聞曰: '請和尙拈出楊岐金剛圈栗棘蓬布施大衆.' 又曰: '如忠國師·大珠和尙說法, 諸方大有疑其拖泥帶水, 不徑截說義理禪, 願和尙疏決眞僞, 解大衆疑惑, 此亦是請普說檀越之意.' 老漢曰: '諾.'

그러므로 대각세존(大覺世尊)께서 처음 이 일을 깨달으시고 마갈제국(摩竭提國)에서 21일 동안 아무것도 말할 만한 것이 없자 스스로 말씀하시기를 '나는 차라리 법을 말하지 않고 곧장 열반에 들어가는 것이 낫겠다.'[624]라고 하셨으니, 법을 말하는 어려움을 진실로 알겠다. 어찌 경솔하겠는가?[625]

과거 부처님께서 행하신 방편의 힘을 깊이 생각해 보면, 그 뒤 보리수[626] 밑에서 일어나 녹야원(鹿野苑)[627]으로 가셔서 중생의 근기에 맞추어 일

623　단월(檀越) : 보시하는 사람. 시주(施主). 여기서는 황제를 가리킨다.

624　『묘법연화경』「방편품」제2에 나오는 게송의 구절.

625　용이(容易) : 경솔하다. 신중하지 않다. 등한하다. 힘들이지 않다. 대강대강.

626　도수(道樹) : 석가모니가 그 아래에서 깨달음을 얻었던 보리수(菩提樹).

627　녹야원(鹿野苑) : 석가모니가 깨닫고 나서 21일 뒤에 처음으로 가르침을 펼쳐서 아야교진여(阿若憍陳如) 등 5비구를 제도한 곳. 중인도 바라내국 왕사성의 동북쪽에 있다. 지금 베나레스시(市)의 북쪽에 있는 사르나트의 유적이 곧 녹야원 터다.

대장교[628]를 말씀하시고, 마지막에 돌아가시기[629] 전에는 도리어 말씀하시길 '처음 녹야원에서 시작하여 마지막 발제하(拔提河)[630]에 이르기까지 이 사이에 한마디도 말한 적이 없었다.'[631]라고 하셨다. 이것이 곧 양기(楊岐)가 말한 율극봉과 금강권이니, 삼키기도 어렵고 벗어나기도 어렵다. 여기에 이르러 곧장 깨달으면, 큰 법(法)을 아직 밝히지 못했다고 하더라도 누구도 어떻게 할 수 없을 것이다.

여러분에게 묻는다. 무엇을 일러 큰 법(法)이라 하는가? 금강권은 다시 어떻게 벗어날 것인가? 율극봉은 다시 어떻게 삼킬 것인가? 암두(巖頭)의 이런 말을 보지도 못했느냐?

'만약 진실한 법을 가지고 사람을 얽어맨다면, 땅에 발도 딛지 못할[632] 것이다.'[633]

하물며 온 세상 사람의 보시[634]를 어떻게 받겠느냐?

所以大覺世尊初悟此事, 在摩竭提國三七日內無下口處, 自云 : '我寧不說法, 疾

---

628 일대장교(一代藏敎) : 경(經)·율(律)·론(論) 삼장(三藏)을 가리키는데, 일대시교(一代時敎)라고도 한다.

629 수인결과(收因結果) : 원인이 있으면 반드시 결과가 있다, 지은 원인에 따르는 결과를 받다. 일생동안 지은 업의 결과를 받아 간다는 뜻으로 죽음을 가리키기도 한다. =수인감과(修因感果), 수인감과(酬因感果), 수인득과(修因得果)

630 발제하(拔提河) : 석가모니가 세상을 떠난 장소인 쿠시나가라 주위에 있던 네란자라 강.

631 『열반경』에 나오는 내용.

632 소득(銷得) : 수용(受用)하다.

633 출전을 찾을 수 없다.

634 신시(信施) : 재가(在家) 신자(信者)가 불법승(佛法僧) 삼보에게 보시하는 물건.

入於涅槃.' 信知說法之難, 豈同容易? 尋念過去佛所行方便力, 然後起道樹, 詣鹿苑, 隨衆生根器說一大藏教, 末後收因結果, 卻云:'始從鹿野苑, 終至跋提河, 於是二中間, 未曾說一字.' 只這[635]便是楊岐所謂金剛圈栗棘蓬也, 直是難吞難透. 到這裏, 直下承當得了, 大法未明, 亦奈何不得. 敢問諸人: 何者名爲大法? 金剛圈卻如何透? 栗棘蓬卻如何吞? 不見巖頭道:'若將實法繫綴人, 土亦銷不得.' 況十方信施耶?

모든 부처님께서 세상에 나오시고, 조사께서 서쪽에서 오신 것은 다만 그대들에게 증명하는 주인공 노릇을 하시려는 것일 뿐이다. 만약 전해 줄 수 있는 법이 있다면, 모든 부처님의 지혜가 어찌 오늘에까지 이르렀겠느냐? 그러므로 조사께서 말씀하셨다.

'마음이 즉시즉시[636] 말을 하고
깨달음 역시 그와 같을 뿐이다.[637]
사실과 이치에 모두 막히지 않으면
살아 있는 것이 곧 살아 있는 것이 아니다.[638]

---

635 '저(這)'는 궁내본과 덕부본에서는 모두 '차(遮)'로 되어 있다. 이하 동일.

636 수시(隨時) : ①언제나. 때를 가리지 않고. ②제때. 그때그때. 즉시즉시.

637 지녕(只寧) : 그러할 뿐이다. 그와 같을 뿐이다.

638 『경덕전등록』 제6권 '강서도일선사(江西道一禪師)'에서 남악회양이 마조도일에게 해 주는 말.

만약 이 네 구절을 깨닫는다면,[639] 금강석으로 만든 감옥에서 벗어난 것이고 밤송이를 삼킨 것이니 큰 법을 밝힐 필요[640] 없이 큰 법이 저절로 분명해진다.

옛사람의 여러 가지 다양한 뜻을 가진 인연들에 이르면 심성(心性)은 현묘한 듯하지만, 큰 법이 밝으면 말을 꺼내자마자 곧 알아차리니 마치 자석이 쇠를 만난 것처럼 살짝 한 번 잡아당기면 곧 움직인다.[641] 모름지기[642] 하나를 말하면 셋에 밝아서 맨눈으로도 미세한 저울눈을 읽고[643] 남쪽을 건드려 북쪽을 움직여야만, 말을 끄집어낼 때 곧장 밝을 수 있다.

諸佛出世, 祖師西來, 無非只爲爾諸人作箇證明底主宰而已. 若有法可傳可授, 則諸佛慧命豈到今日? 故祖師云 : '心地隨時說, 菩提亦只寧. 事理俱無礙, 當生卽不生.' 若會得此四句, 卽透得金剛圈, 吞得栗棘蓬, 不須要明大法, 大法自明矣. 以至古人差別異旨因緣, 心性玄妙, 大法若明, 纔擧起時便會得, 恰如磁石見鐵相似, 輕輕一引便動. 須是擧一明三, 目機銖兩, 點著南邊動北邊, 擧起時便明得.

지금 여러 곳에 몇 종의 삿된 선(禪)이 있지만, 큰 법에 밝으면 이 삿

---

639 회득(會得) : ①깨닫다. 이해하다. =영회(領會). ②할 수 있다.

640 수요(須要) : 반드시 −해야 한다. −할 필요가 있다.

641 둘로 나누어지지 않는다.

642 수시(須是) : 반드시 −해야 한다.

643 목기수량(目機銖兩) : 눈이 밝다는 뜻. 수(銖)와 양(兩)은 옛날의 무게 단위로서, 24수(銖)가 1량(兩)이고, 16량(兩)이 1근(斤)이다. 맨눈으로 수(銖)와 양(兩)의 세밀한 차이를 읽어 낼 수 있다는 뜻이니 눈이 밝다는 뜻.

된 선은 곧 자기가 즐겨 사용하는 가구(家具)일 뿐이다. 부싯돌 불과 번갯불처럼 한 번 때리고 한 번 고함치는 것을 좋아하고 마음과 본성을 말하는 것을 전혀 좋아하지 않는 자는 다만 기봉(機鋒)이 뛰어나고 재빠른 것을 좋아할 뿐인데 그를 일러 대기대용(大機大用)이라 하고, 마음과 본성을 말하기를 좋아하고 부싯돌 불과 번갯불 같은 한 방망이와 한 번의 고함을 전혀 좋아하지 않는 자는 다만 끊임없이 얽히고설키는 것을 좋아할 뿐인데, 그를 일러 면면밀밀(綿綿密密)이라고도 하고 근[644]각하사(根脚下事)[645]라 하기도 한다. 그러나 이들은 모두 이것이 바로 쓸모없는 것임을 전혀 모르는 진흙덩이를 가지고 노는 자들이다.

而今諸方有數種邪禪, 大法若明, 只這邪禪便是自己受用家具. 好擊石火閃電光, 一棒一喝底, 定不愛說心說性者, 只愛機鋒俊快, 謂之大機大用; 好說心說性底, 定不愛擊石火閃電光, 一棒一喝者, 只愛絲來線去, 謂之綿綿密密, 亦謂之根脚下事. 殊不知正是箇沒用處, 弄泥團底漢.

앞서 큰 법을 밝힌 저 존숙(尊宿)[646]들이 활용했던[647] 곳을 살펴보면 걸

---

644 사래선거(絲來線去) : (일 따위가) 끊임없이 얽히고설키다. =사래사거(絲來絲去).

645 근각하사(根脚下事) : 근각(根脚)은 각근(脚根), 각근(脚跟)과 같이 발바닥을 가리킨다. 근각하사(根脚下事)는 발밑의 일이라는 뜻으로서 누구나 자리 잡고 서 있는 자신의 근본(根本)을 가리키는 말이다.

646 존숙(尊宿) : '기숙(耆宿)'이라고도 한다. 종문에서 도(道)와 덕망이 높은 이를 일컫는 말이다. 학덕(學德)을 겸비한 선사나 장로를 가리킴.

647 방편을 쓴.

림 없이 잘 돌아갔으니,[648] 남양혜충 국사나 대주 화상 같은 이들이 그러하다. 양문공(楊文公)[649]이 안목을 갖추고서『전등록(傳燈錄)』[650]을 편수(編修)할 때, 혜충 국사와 대주 화상을 마조 문하 여러 존숙의 앞쪽에 배열하고는[651] 광어(廣語)[652] 속에 있던 언구들을 모두 그 속에 기입하였다. 육조(六祖)의 문하에서 혜충 국사의 말을 가장 많이 수록하였으니, 그의 활용이 크고 문호(門戶)가 높으며 법성(法性)이 넓고 물결이 거칠어서 손을 대기가 어렵기 때문이다. 이러한 법은 말하기가 어렵고, 이러한 선(禪)은 여러 바탕을 갖추고 있다. 예컨대 국사가 세 번 시자를 부른 이야기의 경우는 노파선(老婆禪)을 말하여 진흙을 묻히고 물에 빠졌다고 할 수 있겠는가?

---

648 녹록지(轆轆地) : 덜커덩 덜커덩. 덜컹덜컹.(수레바퀴가 돌아가는 소리) 걸림 없이 잘 돌아가는 모습. 마음이 걸림 없이 잘 돌아간다는 것. 마음에 분별망상의 장애가 없다는 것.

649 양문공(楊文公) : 974-1020. 양억(楊億). 송대(宋代) 거사(居士). 자(字)는 대년(大年). 복건성 건주(建州) 출신. 송(宋)의 저명한 관리로서 여주(汝州)에서 광혜원련(廣慧元璉)을 만나 선(禪)을 공부하였다. 오래 공부한 끝에 수산성념(首山省念)을 만나 깨닫고는 예리한 선풍(禪風)을 드날렸다. 이유(李維), 왕노(王瑙) 등과 함께『경덕전등록(景德傳燈錄)』을 재정(裁定)하고, 그 서문을 썼다. 또 왕흠약(王欽若)과 함께『책부원구(冊府元龜)』도 엮었다.

650 『전등록(傳燈錄)』: 경덕전등록(景德傳燈錄)의 준말. 전 30권. 송(宋)의 진종 경덕(景德) 원년(1004년)에 오나라의 사문 도원(道原)이 석가모니 이래 조사(祖師)들의 법맥(法脈)을 체계화하고 조사들의 언행과 법어를 기록한 글. 이후에 이것을 본받아 여러 가지의 등록(燈錄)이 생겨났다.

651 오른쪽 즉 앞쪽에 배열한 것은 그 뛰어남을 숭상한 것이다.

652 광어(廣語) : 조사의 수시(垂示), 보설, 문답(問答), 게송(偈頌) 등을 두루 기록한 책. 어록(語錄)과 같음.

看他前輩大法明底尊宿用處, 轉轆轆地, 如南陽忠國師・大珠和尙是也. 唯楊文公

具眼, 修『傳燈錄』時, 將忠國師・大珠和尙列在馬祖下諸尊宿之右, 將廣語所有言

句盡入其中. 六祖下收忠國師語最多, 爲他家活大, 門戶大, 法性寬, 波瀾闊, 難湊

泊. 遮般法難說, 他禪備衆體. 如三喚侍者話, 喚作說老婆禪拖泥帶水得麽?

어느 날 국사가 시자를 부르자 시자가 '예!' 하고 대답했다. 이렇게

세 번을 불렀고 시자는 세 번 '예!' 하고 대답했다.

(대혜가 말한다. "국사가 시자를 세 번 부른 것이 어찌 시자를 저버린 것인가?

시자가 세 번 대답한 것은 어디가 국사를 저버린 곳인가?")[653]

국사가 말했다.

'내가 너를 저버린 줄 알았는데, 네가 나를 저버린 줄을 누가 알리

요?'"[654]

(대혜가 말한다. "멀쩡한 땅에 헛무덤 만드는구나."[655])

---

653 이 부분은 인용된 일화에 대한 대혜 자신의 견해를 드러낸 것이다. 원문에서는 괄호나
    주석으로 처리하지 않고 있으나, 이해의 편의를 위하여 번역에서는 괄호로 처리한다.
654 내가 너에게 마음을 가리켜 보여 주는 망상을 피웠는데, 너는 도리어 마음을 깨닫지도
    못하고 나의 망상을 알아차리지도 못하는구나. 국사는 이미 시자의 안목이 어떤지 알면
    서도 시자에게 그의 안목 이상을 기대한 듯이 말을 하니, 국사가 자작극을 꾸며 자신을
    속이고 남을 속인 것이다. 그러므로 대혜가 "멀쩡한 땅에 헛무덤을 만든다."고 비난한 것
    이다.
655 평지기골퇴(平地起骨堆) : 멀쩡한 땅에 헛무덤을 만들다. 쓸데없고 공연한 짓을 하다.
    골퇴(骨堆)는 무덤. 평지에서 스스로 넘어지고 스스로 일어나는 헛된 짓을 하는구나.

一日, 喚侍者, 侍者應諾. 如是三喚, 侍者三應." 師云 : "國師三喚侍者, 何曾有辜負?
侍者三應, 甚麼處是辜負處?" 國師曰: '將謂吾辜負汝, 誰知汝辜負吾?'" 師云 : "平
地起骨堆."

다시 말했다.

"총림에서 국사가 시자를 세 번 부른 이야기를 가지고 일련의 이야
기[656]들이 있게 되었는데, 오직 설두만이 옛사람의 골수를 꿰뚫어 보고
는 말했다.

〈국사가 시자를 세 번 불렀다.〉

가리키면 도달하지 못한다.[657]

(대혜가 말한다. "확실하구나.")

〈시자가 세 번 대답했다.〉

도달하면 가리키지 못한다.[658]

(대혜가 말한다. "도리어 그렇지 않다.")[659]

〈내가 너를 저버린 줄 알았는데 네가 나를 저버린 줄을 누가 알랴?〉

나 설두를 속일 수 없다."[660]

(대혜가 말한다. "누가 말하는가?")

---

656 일락색(一絡索) : 한 줄의 예화(例話). 일련의 예화.
657 "이것이 마음이다." 하고 가리키면, 분별에 떨어진다. 국사가 진흙을 묻히고 물에 빠지
     는 자비를 일부러 베풀었다.
658 향하면 어긋난다.
659 본래 가리킬 만한 것이 전혀 없고 말할 만한 것이 전혀 없지만, 방편으로는 얼마든지
     가리킬 수도 있고 말할 수도 있다.
660 혜충 국사의 자작극에 속지 않는다.

224

復云：“叢林中喚作國師三喚侍者話, 自此便有一絡索, 唯雪竇見透古人骨髓, 云：'國師三喚侍者, 點卽不到.'” 師云：“灼然.” “侍者三應, 到卽不點.'” 師云：“卻不恁麼.” “將謂吾辜負汝, 誰知汝辜負吾? 謾雪竇不得.” 師云：誰道?”

다시 대중을 부르고는 말했다.

"설두를 속일 수 없다니, 멋진 말이로다! 비록 그렇긴 하나 설두 역시 나[661]를 속일 수 없고, 나 역시 여러분을 속일 수 없고, 여러분들도 기둥을 속일 수 없다.[662] 현사가 말하기를 '시자가 도리어 알았다.'[663]고 하니, 설두는 말했다. '죄수가 꾀만 늘었구나.'[664]

(대혜가 말한다. "둘이 비겼다."[665])

운문이 말하기를 '어떤 것이 국사가 시자를 저버린 것인가? 알아도 대책 없는[666] 일이다.'[667]라고 하자, 설두는 말했다.

---

661 묘희(妙喜)는 장무진(張無盡) 거사가 1116년에 28세인 대혜에게 지어 준 호(號).

662 스스로 분별을 일으켜 망상을 만들지 않는다면, 본래 제각각 여법하여 문제가 없다.

663 시자가 혜충의 수작을 알면서도 속는 척하면서 도리어 혜충을 속였다.

664 정수장지(停囚長智) : 감옥에 오랫동안 갇혀 있어서 차차 나쁜 지혜가 발달한다. 여기에선 생각의 감옥 속에서 분별만 늘었다는 뜻으로서 현사의 말을 지적한 것임.

665 양채일새(兩彩一賽) : 두 번 주사위를 던졌는데, 이긴 눈금 하나가 연달아 나왔다. '두 사람의 승부가 나지 않았다.' '둘이 비겼다.' '둘 다 이겼다.'라는 뜻. 새(賽)는 주사위, 채(彩)는 이긴 눈금을 가리킨다. 일체양새(一彩兩賽)라고도 한다. 현사와 설두 모두 분별의 감옥을 벗어나지 못했다는 말.

666 무단(無端) : ①무심코. 무심결에. ②뜻밖에. 이외에. ③대책 없이. 대책 없는 일을 가리킴. ④무리하게. ⑤이유 없이. 까닭 없이. 실없이.

667 국사가 까닭 없이 분별을 일으켜 망상을 부렸는데, 시자가 그것이 망상인 줄 안다고 해도 시자의 안목으로 그 망상을 어떻게 하겠는가?

'원래 알지 못했다.'

(대혜가 말한다. "설봉이 이미 말한 것이다."[668])

운문이 다시 말하기를 '어떤 것이 시자가 국사를 저버린 것인가? 뼈를 쪼개고 몸을 부수더라도 갚을 수가 없다.[669]고 하자, 설두가 말했다.

'대책 없다. 대책 없어.[670]

(대혜가 말한다. "매를 부른 것이지."[671])

법안이 말하기를 '우선 갔다가, 나중에 오너라.[672]고 하자, 설두가 말했다.

'나를 속일 수 없다.[673]

---

668 설봉도저(雪峰道底) : =야시설봉도저(也是雪峰道底). 설봉도저(也是雪峰道底)는 '(역시) 설봉이 말한 것이다.' '(역시) 설봉이 이미 말한 것이다.'라는 뜻으로서, 당송(唐宋) 시대 선사들이 상투적으로 사용한 말인데, 이런 뜻이 아닌가 한다 : 어떤 새롭고 그럴듯한 말을 하더라도 이미 알려진 말이다. 그런 말은 누구나 하는 말이다.

669 국사가 시자를 구제하기 위하여 진흙을 묻히고 물에 빠지면서 방편을 베푸는 자비를 보였으므로.

670 그렇다고 하더라도 시자가 그것을 어떻게 알겠으며, 안다고 하더라도 시자가 어떻게 하겠는가? 오로지 스스로 깨달아서 시자가 혜충 국사의 안목을 뛰어넘을 때야 비로소 대책이 생길 것이다.

671 타생초전(垛生招箭) : 과녁을 세워 화살을 불러들이다. 답을 들으려고 질문을 던지다. 매를 부르다. 자업자득(自業自得)이다. 시자가 국사의 말귀를 알아들을 안목이 없는 줄 뻔히 알면서 알아들으리라고 기대한 것처럼 거짓되게 말하였으니, 국사는 매를 부르고 있다.

672 지금은 망상의 잠속에 있으니, 잠을 깨면 다시 오너라.

673 잠을 깬다고 해서 다른 일이 있을까?

226

(대혜가 말한다. "도리어 법안이 알아차렸구나.")[674]

홍화(興化)가 말하기를 '봉사 한 사람이 여러 봉사를 끌고 가는구나.[675] 라고 하자, 설두가 말했다.

'분명한 봉사로군.[676]

(대혜가 말한다. "자기의 말은 자기의 입에서 나온다.")[677]

홍각징(弘覺徵)[678]이 한 승려에게 물었다.

'어느 곳이 시자가 알아차린 곳인가?'

그 승려가 말했다.

'알아차리지 못했다면, 어떻게 그렇게 대답할 줄 알았겠습니까?'

홍각징이 말했다.

'그대는 알아차리지 못하고 있구나.'

다시 말했다.

'만약 여기에서 알아본다면, 곧 현사를 알 것이다.'

(대혜가 말한다. "사람을 매우 부끄럽게 만드는구나.")[679]

---

674 비꼬는 말.

675 모두들 망상 속에서 헤아리고 있구나.

676 당신이야말로 분별 속에서 헤아리고 있군.

677 남의 허물을 말하는 것은 곧 자기의 허물을 드러내는 것이다.

678 『경덕전등록』과 『오등회원』에서는 모두 현각징(玄覺徵)으로 되어 있다.

679 홍각징(弘覺徵) 역시 혜충 국사와 마찬가지로 자작극을 하고 있다.

취암지(翠巖芝)[680]가 말했다.

'국사와 시자 둘 다 알지 못하고 있다.'[681]

(대혜가 말한다. "그나마 조금 나은 편이다."[682])

투자(投子)가 말하길 '사람을 마구 몰아붙여서 어쩌겠다는 거냐?'[683]라고 하자, 설두가 말했다.

'진흙탕에 발이 빠졌구나!'[684][685]

(대혜가 말한다. "훌륭한 것이 있으면 배운다."[686])

復召大衆云: "好箇謾雪寶不得! 雖然如是, 雪寶亦謾妙喜不得, 妙喜亦謾諸人不得, 諸人亦謾露柱不得. 玄沙云: '侍者却會.' 雪寶云: '停囚長智.'" 師云: "兩彩一

---

680 취암지(翠巖芝): 대우수지(大愚守芝). 서주(瑞州) 대우산(大愚山) 수지(守芝) 선사. 임제종(臨濟宗) 승려로서, 남악 문하 10세손이다. 분양선소(汾陽善昭)의 문하에 들어가 인가를 받았다. 강서성 균주(筠州) 고안현(高安縣)의 대우산(大愚山) 흥교원(興教院)에 머물다가 강서성 남창(南昌)의 취암(翠巖)으로 옮겼다. 가우(嘉祐; 1056-1063) 초년에 입적했다. 『균주대우지화상어록(筠州大愚芝和尚語錄)』1권이 남아 있다.

681 원래 알 수 있는 것이 아니다.

682 유교사자(猶較些子): 우선은 되었지만 아직 조금 부족하다. 우선 조금 되었다. 그나마 괜찮다.(불만족한 긍정)

683 국사가 까닭 없이 미혹과 깨달음이라는 분별을 일으켜 자작극을 벌여서 엉뚱한 시자를 재물로 삼아 몰아붙여 깨달음을 증명하라고 요구하고 있으므로.

684 타근한(垜根漢): 무른 흙에 발이 빠져서 잘 나아가지 못하고 머뭇거리는 사람.

685 국사가 스스로 진흙탕에 들어가서 애먼 시자도 진흙탕 속으로 끌어들이고 있다.

686 이장즉취(理長卽就): 누구의 도리가 묘하고 뛰어나면 그것을 뒤따른다. 뛰어난 이치라면 뒤따라 간다. 훌륭한 것이 있으면 배운다. 국사가 부처님의 자비심을 배워서 중생구제를 실천한다고 한 것이다.

賽." "雲門道: '作麼生是國師辜負侍者處? 會得也是無端.' 雪竇云: '元來不會.'" 師
云: "雪峰道底." "雲門又云: '作麼生是侍者辜負國師處? 粉骨碎身未報得.' 雪竇云
: '無端, 無端.'" 師云: "㙖生招箭." "法眼云: '且去, 別時來.' 雪竇云: '謾我不得.'" 師
云: "卻是法眼會." "興化云: '一盲引衆盲.' 雪竇云: '端的瞎.'" 師云: "親言出親口."
"弘覺徵問僧云: '甚處是侍者會處?' 僧云: '若不會, 爭解恁麼應?' 覺云: '汝少會在.'
又云: '若於此見得去, 便識玄沙.'" 師云: "慚惶殺人!" "翠巖芝云: '國師·侍者總欠
會在.'" 師云: "猶較些子." "投子云: '抑逼人作麼?' 雪竇云: '㙖根漢!'" 師云: "理長
卽就."

다시 말했다.

"말 많은 스님인 조주만이 오직 한마디 해설을 하여 사람들이 의심
하게 하였다. 승려가 묻기를 '국사가 시자를 세 번 부른 것은 그 뜻이
무엇입니까?' 하자, 조주가 말했다.

'마치 사람이 어둠 속에서 글씨를 쓰는 것과 같아서 글자는 이루어
지지 않으나 무늬는 이미 드러났다.'[687]

설두는 이에 대하여 곧 '악!' 하고 일할을 내질렀다.

(대혜가 말한다. "말해 보아라. 이 일할은 국사와 시자에게 한 것이냐? 조주에게
한 것이냐?"[688] 뒤이어 "악!" 하고 일할을 하고서 다시 말했다. "만약 목숨의 뿌리인
육체의 줄[689]이 끊어지지 않았다면, 어떻게 여기를 뚫고 지나갈 것이냐?")

---

687 아는 사람은 입을 열면 분명히 말하지만, 모르는 사람은 그 말을 전혀 엉뚱하게 알아
    듣는다. 어떤 모습도 보여 줄 수 없으나, 모든 것은 명백히 드러났다.

688 자기 자신에게 한 것이다.

689 명근오색색자(命根五色索子): 목숨의 뿌리인 오색(五色)의 줄. 오색은 색성향미촉(色

설두가 말했다.

'만약 누가 나 설두에게 묻는다면, 나는 곧 그를 때리고는 누구의 점검이라도 받겠다.'[690]

(대혜가 말한다. "도둑이 제 발 저리구나."[691])

설두가 다시 하나의 게송을 말했다.

'스승과 제자가 만나는 뜻은 가볍지 않은데,'[692]

(대혜가 말한다. "이 말에는 두 개의 잘못[693]이 있다.")[694]

'하릴없이[695] 즉각[696] 수풀[697] 속으로 갔구나.'[698]

(대혜가 말한다. "도둑이 도둑을 호송한다."[699])

聲香味觸)의 오경(五境)과 같다. 목숨의 뿌리인 육체. 허망하게 집착하여 목숨이라 여기는 육체.

690 뭐가 불안하여 굳이 점검을 받겠다는 것이냐?

691 작적인심허(作賊人心虛) : 도둑질한 사람이 제 발 저리다. =적인심허(賊人心虛).

692 좋은 뜻으로 만나면 좋은 결과 있을 것이다.

693 부문(負門) : 논쟁에서 패배하는 것. 『대지도론(大智度論)』 제1권에 나오는 용어.

694 첫째는 함께 공부하지 않으면 스승과 제자라고 일컬을 수 없고, 둘째는 함께 공부한다면 둘 다 물속에서 물을 찾으려고 하기 때문이다.

695 무사(無事) : 인위적 조작함이 없음. 망상분별을 하지 않음.

696 상장(相將) : =즉장(卽將). 곧. 머지않아. 불원간. 바로. 즉각.

697 수풀 : 망상분별의 사바세계.

698 스승과 제자가 만나 불법을 밝히려는 가볍지 않은 뜻을 실현하려고 하니 말마다 망상 아님이 없다.

699 보주인송적(普州人送賊) : 보주(普州)는 지금의 사천성(四川省) 안악현(安岳縣)에 있었는데, 예부터 도둑들이 소굴로 삼았던 곳이다. 따라서 보주인(普州人)이라면 곧 도둑을 가리키는 말이다. 도둑이 도둑을 호송하다. 스승과 제자가 공부하는 경우를 염두에 두면 다음 두 가지 해석이 가능하다. ①서로가 서로를 속이려고 한다. 스승과 제자가 모두 밝

'너를 저버리고 나를 저버림을 사람들이여 묻지 말고,'[700]

(대혜가 말한다. "추워지기를 기다려[701] 보아라."[702])

'천하의 사람들이 마음껏 다투도록[703] 내버려 두어라.'[704][705]

(대혜가 말한다. "지금 쉬려면 바로 쉬어라. 만약 끝마칠 때를 기다린다면 끝마칠 때가 없을 것이다.")[706]

다시 말했다.

"그대들이 현묘한 이해를 바란다면, 다만[707] 국사가 시자를 세 번 부른 이야기를 이해하기만 하면 된다.[708] 그러나 어디가 국사가 시자를 저버린 곳이며, 어디가 시자가 국사를 저버린 곳인지가 무슨 상관이 있으랴? 거위왕이 우유만을 골라 마시는 것은 오리 무리와는 원래 다르다.[709] 이것

은 안목을 갖춘 경우에 해당한다. ②장님이 장님을 인도하여 간다. 스승과 제자가 모두 안목이 없는 경우에 해당한다.

700　물으면 즉각 꿈속이다

701　방대냉래간(放待冷來看) : 추워지기를 기다려 보아라. 쌀쌀해지기를 기다려 보아라. 쓸쓸해지기를 기다려 보아라.

702　추우면 알아서 따뜻한 곳을 찾는다.

703　경두쟁(競頭爭) : 마음껏 다투다. 마구 다투다. 경두(競頭)와 쟁(爭)은 같은 뜻.

704　임종(任從) : 제멋대로 하게 하다. 자유에 맡기다.

705　잘난척이 너무 심하구나.

706　이미 쉬고 있는 사람에게는 쉬라고 할 필요가 없고, 아직 쉴 줄 모르는 사람에게는 쉬라고 해도 역시 쉴 줄을 모르니 쓸데없는 말이다.

707　지관(只管) : ①단지. 오로지. 다만. ②얼마든지. 마음대로. 주저 없이. ③아무튼. 어찌 되었든.

708　꿈속에서 옳고 그름, 좋고 나쁨을 따져 보아야 무슨 이익이 있으랴?

709　깨어 있는 사람에게 꿈 이야기는 하지 마라.

은 곧 국사가 사용하는 칼날 위의 일이다.[710] 다만 이 사례뿐인가, 아니면 다른 사례가 또 있는가?[711]

復云 : "唯有趙州多口阿師下得箇註脚, 令人疑著. 僧問 : '國師三喚侍者, 意旨如何?' 州云 : '如人暗中書字, 字雖不成, 文彩已彰.' 雪竇便喝." 師云 : "且道. 遮一喝在國師侍者分上? 在趙州分上?" 隨後喝一喝, 復云 : "若不是命根五色索子斷, 如何透得這裏過?" "雪竇云 : '若有人問雪竇, 雪竇便打也要諸方檢點.'" 師云 : "作賊人心虛." 雪竇復有一頌云 : '師資會遇意非輕.'" 師云 : "此語有兩負門." "無事相將草裏行." 師云 : "普州人送賊." "負汝負吾人莫問." 師云 : "放待冷來看." "任從天下競頭爭." 師云 : "卽今休去便休去, 若覓了時無了時." 復云 : "爾要求玄妙解會, 只管理會國師三喚侍者話. 那裏是國師辜負侍者處, 那裏是侍者辜負國師處, 有甚麼交涉? 鵝王擇乳, 素非鴨類. 這箇便是國師用劍刀上事. 爲復只這些子, 爲復別更有在?"

하루는 자린(紫璘) 공봉(供奉)[712]에게 물었다.

'어디에서 옵니까?'

공봉이 말했다.

'성남(城南)에서 옵니다.'

국사가 말했다.

'성남의 풀은 무슨 색이던가요?'

공봉이 말했다.

'누런색이었습니다.'

국사가 다시 동자에게 물었다.

'성남의 풀은 무슨 색이냐?'

동자가 말했다.

'누런색입니다.'

국사가 말했다.

'이 동자도 주렴(珠簾) 앞에서 자색(紫色) 가사(袈裟)를 하사받고[713] 황제에게 현묘한 이야기를 할 수 있겠구나.'[714]

그대들은 국사가 노파선[715]을 말하여 진흙을 묻히고 물에 빠졌다[716]고

---

713 공봉(供奉)은 황제의 고문을 담당하는 승려로서 황제에게서 자색 가사를 하사받는데, 이때는 측천무후(則天武后)가 수렴청정(垂簾聽政)을 할 때라서 주렴 앞에서 자색 가사를 하사받는다고 한 것이다.

714 국사의 짓궂음이 너무 심하다. 국사는 아무것도 모르는 사람을 느닷없이 몰아서 그를 도둑놈이라고 고발하고는 장물을 내놓으라고 윽박지르는구나. 공봉도 시자처럼 까닭 없이 당했다. 국사가 시자와 공봉을 멍청이라고 욕했지만, 국사에게도 무고죄(誣告罪)가 있는 것이다.

715 노파선(老婆禪) : 할머니가 손자를 돌보는 듯한 노파심(老婆心)으로 지나치게 친절하고 자세하게 가르쳐 주는 선(禪).

716 타니대수(拖泥帶水) : 진흙을 묻히고 물에 젖는다는 뜻인 타니대수(拖泥帶水)는 선가(禪家)에서 가르침을 펼 때 곧장 분별망상을 끊어 버린 곳으로 이끌지 않고, 말로 설명하고 자세히 일러 주는 경우를 가리키는 말이다. 진흙에 들어가고 물에 들어간다는 뜻인 입니입수(入泥入水)라 하기도 하고, 진흙과 섞이고 물과 섞인다는 뜻인 화니화수(和泥和水)라 하기도 하고, 타니섭수(拖泥涉水)라 하기도 한다.

말할 수 있는가? 다만 이 사례뿐인가, 다시 다른 사례가 있는가?

一日, 問紫璘供奉: '甚麼處來?' 奉曰: '城南來.' 國師曰: '城南草作何色?' 奉曰: '作
黃色.' 國師乃問童子: '城南草作何色?' 童子曰: '作黃色.' 國師曰: '只這童子, 亦可
簾前賜紫, 對御談玄.' 爾道國師說老婆禪拖泥帶水得麼? 爲復只這些子, 爲復更
有在?

하루는 숙종(肅宗) 황제가 연극을 구경하자고 청하자 국사가 말했다.
'시주께선 어떤 심정(心情)으로 연극을 구경하십니까?'[717]

법운원통(法雲圓通)[718] 선사가 이 이야기를 두고서 말했다.
'말해 보아라. 국사는 어디에 머물러 있는가?'[719]
내가 여러분에게 묻는다. 말해 보아라. 원통(圓通) 선사는 어디에 머물
러 있는가? 여기에서 세 노인네[720]가 서로 멀리 있지 않음을 알 수 있을
것이다.

숙종 황제가 다시 물었다.

---

717 꿈속에서 연극을 구경하느냐? 깨어서 연극을 구경하느냐?
718 법운원통(法雲圓通): 1027–1090. 동경(東京) 법운사(法雲寺) 법수원통(法秀圓通) 선
사(禪師). 법운법수(法雲法秀)라고도 한다. 운문종(雲門宗). 속성은 신(辛) 씨. 진주 출신.
17세에 출가하여 수년 동안 경·론을 수학함. 그 후 천의의회(天衣義懷)에게 참학하여 그
의 법을 이어받음.
719 착도(着到): –에 도달한 채로 있다. –에 머물러 있다.
720 남양혜충, 법운원통, 대혜종고.

234

'어떤 것이 십신조어(十身調御)[721]입니까?'

국사는 곧장 목청을 높여[722] 그에게 말했다.

'시주께선 비로자나[723]의 머리 위를 밟고 가시면서, 다시 무슨 십신조어를 묻습니까?'[724]

여러분은 충 국사를 만나 보고자 하는가? 단지 여러분의 눈 속에 있지만, 눈을 떠도 어긋나고 눈을 감아도 어긋난다. 이미 눈 속에 있는데 무엇 때문에 어긋나는가?[725] 내가 이렇게 말하는 것도 역시 어긋남이 적지 않다.

一日, 肅宗帝請看戲, 國師曰: '檀越有甚心情看戲?' 法雲圓通禪師曰: '且道. 國師

在甚處著到?' 妙喜敢問諸人: 且道. 圓通禪師在甚處著到? 於斯見得三老相去不

遠. 肅宗帝又問: '如何是十身調御?' 國師直拔向他道: '檀越蹋毘盧頂上行, 更問甚

---

721 십신조어(十身調御) : 십신(十身)을 갖춘 조어장부(調御丈夫). 여래의 다른 이름. '십신
(十身)'은 여래가 얻은 열 가지 몸으로, 보살이 수행을 완성하여 얻은 부처의 몸을 그 덕
의 면에서 열 가지로 나눈 것이다. 『화엄경』에 의하면, ①보리신(菩提身), ②원신(願身),
③화신(化身), ④주지신(住持身), ⑤상호장엄신(相好莊嚴身), ⑥세력신(勢力身), ⑦여의
신(如意身), ⑧복덕신(福德身), ⑨지신(智身), ⑩법신(法身) 등이 그것이다. '조어(調御)'란
조어장부(調御丈夫)를 줄인 말이며, 여래를 일컫는 호칭이다. 여래는 장부(丈夫)를 잘 제
어하고 이끌어서 진실한 도에 들어가게 하기 때문에 붙여진 호칭이다.

722 직발(直拔) : 곧장 목청을 높여.

723 비로자나(毗盧遮那) : 바이로차나의 음역. 화엄경의 비로사나불(毘盧舍那佛). 노자나
불(盧遮那佛). 밀교의 대일여래(大日如來). 비로자나불은 자성신(自性身)으로서, 법성(法
性) 상주(常住)의 무위법(無爲法)을 뜻한다. 비로자나 역시 여래의 다른 이름이다.

724 머리를 가지고 또 머리를 찾습니까?

725 눈 속에 있기 때문에 눈을 뜬다거나 눈을 감는다고 하면 어긋나는 것이다.

麼十身調御?'

諸人要見忠國師麼? 只在爾眼睛裏, 開眼也蹉過, 合眼也蹉過. 旣在眼睛裏, 爲甚麼
卻蹉過? 妙喜恁麼道, 亦蹉過不少.

그대들은 또 저 무정설법(無情說法) 이야기를 보아라. 나는 평소 말을
잘하지 않지만, 오늘은 이미 좋고 싫음을 구분하지도 않고 구업(口業)을
피하지도 않았으니 정성을 다하여 여러분에게 드러내 보여서[726] 국사의
억울함을 씻어 줄 것이니, 결코 뜻으로 이해하면 안 된다.[727]

어떤 승려가 물었다.
'어떤 것이 옛 부처님의 마음입니까?'
국사가 말했다.
'담벼락과 기와 조각과 자갈이니라.'
(대혜가 말한다. "이렇게 답을 했는데, 만약 현묘하게 이해하는 마음이 사라지지
않고, 목숨이 끊어지지 않고, 큰 법(法)이 밝지 못하다면, 절대로 이렇게 말할 수 없
다. 완전히 손을 놓거나,[728] 한 방망이 때리거나, 한 번 고함 지르거나, 한 번 밀치거
나, 한 번 몰아붙이거나, 부싯돌 불이나 번갯불처럼 재빠른 것은 쉽지만, 이러한 말을

---

726 두수(抖擻) : 두수(斗擻), 두수(斗藪)라고도 쓴다. ①떨다. 바르르 떨다. ②털다. 손에
      들고 먼지를 털다. ③떨쳐 버리다. 털어 버리다. 벗어나다. 빠져나오다. ④샅샅이 뒤지
      다. ⑤떨쳐 일어나다. 분발하다. ⑥드러내 보이다. ⑦위풍당당하다. ⑧범어 두타(頭陀)의
      번역어. 번뇌를 털어 버린다는 뜻이다.
727 차불(且不) : 좀처럼 –하지 않다. 결코 –해선 안 된다.
728 사릉탑지(四楞塌地) : 네 활개를 땅에 던지고, 두 손을 땅에 짚고 꿇어 엎드려. 붙잡거
      나 의지함이 전혀 없이. 완전히 손을 놓고. =사릉착지(四楞着地).

하기는 오히려 더욱 어렵다. 앞서 말한 것처럼, 가산(家産)이 많고, 문호(門戶)가 넓고, 법성(法性)이 너그럽고, 물결이 멀리 미치고, 목숨이 끊어져야만 비로소 이와 같이 될 수 있는 것이다.")

爾更看他有箇無情說法話, 老漢尋常不曾說, 今日已是不識好惡, 不避口業, 盡情爲諸人抖擻, 爲他雪屈, 且不得作義理會. 僧問: '如何是古佛心?' 國師曰: '牆壁瓦礫是.'"

師云: "恁麼答話, 若玄妙解路心不絕, 命根不斷, 大法不明, 決定不敢如此. 四楞塌地, 一棒一喝, 一挨一拶, 擊石火閃電光卻易, 這般說話卻難入作. 前所謂家活大, 門戶大, 法性寬, 波瀾闊, 命根斷方能如是."

그 승려가 물었다.

'담벼락과 기와 조각과 자갈은 무정(無情)이 아닙니까?'

국사가 말했다.

'맞다.'

승려가 물었다.

'무정도 법을 말할 줄 압니까?'

국사가 말했다.

'늘 말하고 있고, 또렷이 말하고 있고, 쉴 새 없이 말하고 있다.'

승려가 물었다.

'저는 무엇 때문에 듣지 못합니까?'

국사가 말했다.

'그대 스스로 듣지 못하는 것이니, 저 듣는 자를 비방하면 안 된다.'

승려가 물었다.

'어떤 사람이 듣습니까?'

국사가 말했다.

'모든 성인(聖人)이 듣는다.'

승려가 물었다.

'스님께서는 듣습니까?'

국사가 말했다.

'나는 듣지 못한다.'

승려가 물었다.

'스님께서 이미 듣지 못하시는데, 어떻게 무정이 법을 말한다고 아십니까?'

국사가 말했다.

'다행히[729] 내가 듣지 못하기에 망정이지, 내가 만약 듣는다면 모든 성인과 같을 것이니, 너는 나의 설법을 듣지 못할 것이다.'

승려가 말했다.

'그렇다면 중생에게는 돌아올 몫이 없군요.'

국사가 말했다.

'나는 중생을 위하여 법을 말하지, 성인들을 위하여 법을 말하진 않는다.'

승려가 물었다.

729　뢰(賴) : 다행히. 마침 −의 덕분으로.

'중생이 들은 뒤엔 어떻습니까?'

국사가 말했다.

'그렇다면 중생이 아니지.'

(대혜가 말한다. "대단하도다! 그대들은 그가 막힘없이 굴러가면서 한 곳에도 걸리지 않고 모든 질문에 응답하는 것을 보아라. '다행히 내가 듣지 못하기에 망정이지, 내가 만약 듣는다면 모든 성인과 같을 것이니, 너는 나의 설법을 듣지 못할 것이다.'라는 말을 그대들은 뜻대로 되지 못했다고[730] 하느냐? 모든 부처와 조사의 마음의 골수를 얻지 않고서야, 어떻게 이렇게 매끄러울 수 있느냐? 그대들은 얻고 잃음이 없다고 말해서는 안 된다. 이것은 얻고 잃음이 없는 가운데 얻고 잃음이 있으며, 얻고 잃음이 있는 가운데 얻고 잃음이 없는 것이다. 진흙에 빠지고 물에 들어간다고 하지만, 도둑의 말을 뺏어 타고 도둑의 무리를 뒤쫓는[731] 것이며, 할머니의 치마를 빌려 입고 할머니에게 세배드리는[732] 것이니, 어떻게 하기가 참으로 어렵다.")

"僧曰: '牆壁瓦礫豈不是無情?' 國師曰: '是.' 僧曰: '無情還解說法否?' 國師曰: '常說, 熾然說, 無間歇.' 僧曰: '某甲爲甚麽不聞?' 國師曰: '汝自不聞, 不可妨他聞者也.' 僧曰: '未審甚麽人得聞?' 國師曰: '諸聖得聞.' 僧曰: '和尙還聞否?' 國師曰: '我不聞.' 僧曰: '和尙旣不聞, 爭知無情解說法?' 國師曰: '賴我不聞, 我若聞, 則齊於諸

730　낭당(郎當) : ①곤궁해지다. 곤란해지다. ②뜻대로 되지 않다. 뜻을 이루지 못하다. ③헐렁헐렁하다. ④초췌하다. 위축되어 있다. ⑤피로하다. 피곤하다. ⑥죄수를 묶던 쇠사슬. ⑦쨍그랑쨍그랑. ⑧혼란하다. 어지럽다.

731　기적마간적대(騎賊馬趕賊隊) : 도적의 말을 뺏어 타고 도적의 무리를 뒤쫓다. 상대의 논리를 이용하여 상대의 주장을 논파하다. 독에 중독된 병을 독을 가지고 치료하다.

732　차파피자배파년(借婆帔子拜婆年) : 할머니의 치마를 빌려 입고 할머니에게 세배를 드리다. 상대방의 주장을 이용해 상대방의 허점을 드러내다.

聖, 汝卽不聞我說法.' 僧曰: '恁麼則衆生無分也.' 國師曰: '我爲衆生說, 不爲諸聖
說.' 僧曰: '衆生聞後如何?' 國師曰: '卽非衆生.'"

師云: "奇哉! 爾看他轉轆轆地, 不滯在一隅, 不負他來問. '賴我不聞, 我若聞, 則齊
於諸聖, 汝卽不聞我說法.' 爾喚作郞當得麼? 不是得諸佛諸祖心髓, 如何轉得? 爾
莫喚作無得失. 這箇是無得失中有得失, 有得失中無得失. 喚作入泥入水, 騎賊馬
趂賊隊, 借婆帔子拜婆年, 難奈何."

다시 어떤 승려가 물었다.

'마음을 내어 출가(出家)한 것은 본래 부처가 되고자 한 것입니다. 어떻
게 마음을 써야 부처가 될 수 있겠습니까?'

국사가 말했다.

'쓸 수 있는 마음이 없다면, 부처가 될 수 있다.'

(대혜가 말한다. "그 스님의 난감함이란 마치 쥐덫에 걸린 쥐와 같은 심정일 것이
다. 이 노인네는 겉으로는 부드럽지만 속으로는 교활하여,[733] 그 스님을 만나자 그 부
드러움과 교활함을 가지고 꼼짝 못하게 만들었다.")

"又僧問: '發心出家本擬求佛. 未審如何用心卽得成佛?' 國師曰: '無心可用, 卽得成
佛.'"

師云: "這僧難容, 恰如箇鼠粘子相似. 這箇老子軟頑, 又撞著這僧軟頑粘住."

---

733 연완(軟頑): 밖으로는 부드럽지만 속으로는 교활하다. 아양을 떨면서 야비한 행동을
    하다.

즉시 물었다.

'쓸 수 있는 마음이 없는데, 누가 부처가 됩니까?'

국사가 말했다.

'없는 마음이 스스로 부처가 되니, 부처가 되어도 역시 마음은 없다.'

승려가 물었다.

'부처님에게는 불가사의한 능력이 있어서 중생을 잘 제도하십니다. 만약 마음이 없다면, 누가 중생을 제도합니까?'

국사가 말했다.

'마음 없는 것이 곧 참된 중생 제도이다. 만약 제도할 중생이 있다고 본다면, 마음이 있는 것이니 분명히 생멸법[734]이다.'

승려가 물었다.

'지금 이미 마음이 없다면, 부처님께서 세상에 나오셔서 말씀해 놓으신 온갖 가르침이 어찌 헛된 말씀이겠습니까?'

국사가 말했다.

'부처님이 가르침을 말씀하실 때도 역시 마음은 없다.'

승려가 말했다.

'법(法)을 말씀하실 때 마음이 없다면, 마땅히 말씀도 없으신 것이죠.'

국사가 말했다.

'말하는 것이 곧 말이 없는 것이고, 말이 없는 것이 곧 말하는 것이다.'

승려가 물었다.

---

734 생멸법(生滅法) : 중생심(衆生心). 분별망상의 세계를 생멸(生滅)이라 하고, 분별망상에서 벗어난 세계를 적멸(寂滅)이라 한다. 분별망상으로 보면 세계의 모습을 끊임없이 생겨나고 소멸하기 때문이다.

'법을 말씀하실 때 마음이 없다면, 업(業)을 지을 때는 마음이 있습니까?'

국사가 말했다.

'마음이 없으면 업도 없다. 지금 이미 업이 있다면, 마음이 생겨나고 사라지는 것이니 어떻게 마음이 없을 수 있겠느냐?'

승려가 물었다.

'마음이 없으면 부처가 된다고 하시니, 스님께선 지금 부처가 되셨습니까?'

국사가 말했다.

'마음도 없는데 누가 부처가 된다고 말하랴? 만약 이룰 부처가 있다면, 도리어 마음이 있는 것이다. 마음이 있다면 번뇌[735]도 있는데, 어느 곳에서 마음이 없게 되겠느냐?'

승려가 물었다.

'이미 이룰 부처가 없다면, 스님께선 부처님의 행동을 하십니까?'

국사가 말했다.

'마음도 없는데 행동은 어디에서 나오랴?'

승려가 물었다.

'막연히 아무것도 없다면, 단견(斷見)[736]에 떨어진 것이 아닙니까?'

---

735 루(漏) : 6경의 대상세계에 대하여 끊임없이 6근에서 허물을 누출(漏出)한다는 뜻으로 번뇌의 다른 이름.

736 단견(斷見) : 만법은 무상(無常)하게 생멸변화하고 사람도 죽으면 몸과 마음이 모두 없어져 버린다고 주장하는 견해(見解). 만법의 실상은 영원히 변치 않아서 이 몸도 죽었다가는 다시 태어나서 끝없이 지속된다고 주장하는 상견(常見)과 더불어 단상이견(斷常二

국사가 말했다.

'본래 견해가 없는데, 누가 끊어졌다고 말하겠는가?'

승려가 물었다.

'본래 견해가 없다면, 공(空)에 떨어진 것이 아닙니까?'

국사가 말했다.

'떨어질 수 있는 공(空)이 없다.'

승려가 물었다.

'떨어질 수 있지 않습니까?'

국사가 말했다.

'공이 이미 없는데, 어디로 떨어진단 말이냐?'

승려가 물었다.

'주관과 객관이 모두 없다고 하지만, 문득 어떤 사람이 칼을 가지고 와서 목숨을 빼앗는 일은 있습니까, 없습니까?'

국사가 말했다.

'없다.'

승려가 물었다.

'아프지 않습니까?'

국사가 말했다.

'아픔 역시 없다.'

승려가 물었다.

'아픔이 없다면, 죽은 뒤에는 어디에서 태어나나요?'

見) 혹은 단상사견(斷常邪見)이라고 한다.

국사가 말했다.

'죽음도 없고 삶도 없고 태어나는 곳도 없다.'

승려가 물었다.

'이미 한 물건도 없이 자재(自在)하다면, 배고픔과 추위가 닥칠 때는 어떻게[737] 마음을 쓰십니까?'

국사가 말했다.

'배고프면 밥을 먹고, 추우면 옷을 입는다.'

승려가 물었다.

'배고픔을 알고 추위를 안다면, 응당 마음이 있겠군요?'

국사가 말했다.

'내가 묻겠다. 그대에게 마음이 있다면, 마음은 어떤 모양인가?'

승려가 머뭇거리며[738] 말없이 마음의 배고프고 추울 때의 모습을 찾았지만 찾지 못하고, 마침내 사실대로 자백하여[739] 말했다.

'마음에는 모습이 없습니다.'

국사가 말했다.

'그대가 이미 모습 없음을 알았다면, 본래 마음이란 없는 것인데 어떻게 있다고 말할 수 있는가?'

승려가 물었다.

'산속에서 호랑이나 이리를 만난다면, 어떻게 마음을 씁니까?'

국사가 말했다.

---

737   약위(若爲) : 어떻게?

738   지의(遲疑) : 망설이며 결정하지 못하다. 머뭇거리다.

739   의실공통(依實供通) : 사실대로 자백하다.

'보는 것은 보지 않는 것과 같고, 오는 것은 오지 않는 것과 같다. 그에게 마음이 없다면, 사나운 짐승도 해를 끼칠 수 없다.'

승려가 물었다.

'고요하고 일이 없으며 홀로 벗어나 마음이 없다면, 무엇이라고 부릅니까?'

국사가 말했다.

'금강대사(金剛大士)[740]라 부른다.'"

대혜가 "악!" 하고 일할을 외치고는 말했다.

"훌륭한 사람이라도 기꺼이 행하지 않으면, 도리어 똥물 속에 누울 수밖에 없다."[741]

便問: '無心可用, 阿誰成佛?' 國師曰: '無心自成佛, 成佛亦無心.' 僧曰: '佛有大不可思議, 爲能度衆生. 若也無心, 阿誰度衆生?' 國師曰: '無心是眞度生. 若見有生可度者, 卽是有心, 宛然生滅.' 僧曰: '今旣無心, 能仁出世說許多敎跡, 豈可虛言?' 國師曰: '佛說敎亦無心.' 僧曰: '說法無心, 應是無說.' 國師曰: '說卽無, 無卽說.' 僧曰: '說法無心, 造業有心否?' 國師曰: '無心卽無業. 今旣有業, 心卽生滅, 何得無心?' 僧曰: '無心卽成佛, 和尙卽今成佛未?' 國師曰: '心尙自無, 誰言成佛? 若有佛可成, 還是有心. 有心卽有漏, 何處得無心?' 僧曰: '旣無佛可成, 和尙還得佛用否?' 國師曰:

---

740 금강대사(金剛大士) : 금강(金剛)은 금강석(金剛石)인데, 금강석은 굳고 예리한 두 가지 덕을 가지고 있으므로, 불멸의 진여(眞如)를 가리키는 비유로 쓴다. 대사(大士)는 마하살(摩訶薩)의 번역으로서 보살(菩薩)과 같은 뜻이다.

741 자신이 본래 부처임을 깨닫지 못하면 중생 노릇을 할 수밖에 없다.

'心尙自無, 用從何有?' 僧曰: '茫然都無, 莫落斷見否?' 國師曰: '本來無見, 阿誰道斷?' 僧曰: '本來無見, 莫落空否?' 國師曰: '無空可落.' 僧曰: '有可墮否.' 國師曰: '空旣是無, 墮從何立?' 僧曰: '能所俱無, 忽有人持刀來取命, 爲是有是無?' 國師曰: '是無.' 僧曰: '痛否?' 國師曰: '痛亦無.' 僧曰: '痛旣無, 死後生何道?' 國師曰: '無死無生亦無道.' 僧曰: '旣得無物自在, 飢寒所逼, 若爲用心?' 國師曰: '飢卽喫飯, 寒卽著衣.' 僧曰: '知飢知寒, 應是有心?' 國師曰: '我問. 汝有心, 心作何體段?' 僧遲疑良久, 覓心與飢寒體段了不可得, 遂依實供通曰: '心無體段.' 國師曰: '汝旣知無體段, 卽是本來無心, 何得言有?' 僧曰: '山中逢見虎狼, 如何用心?' 國師曰: '見如不見, 來如不來, 彼卽無心, 惡獸不能加害.' 僧曰: '寂然無事, 獨脫無心, 名爲何物?' 國師曰: '名金剛大士.'"

師喝一喝, 云 : "好人不肯做, 卻要屎裏臥."

"승려가 물었다.

'금강대사는 어떤 모습입니까?'

국사가 말했다.

'본래 모습이 없다.'

(대혜가 말한다. "어찌하여 먼저 이렇게 말하지 않았는가?")

승려가 물었다.

'이미 모습이 없다면, 무엇을 일러 금강대사라 합니까?'

국사가 말했다.

'모습 없는 것을 일러 금강대사라 한다.'

승려가 물었다.

'금강대사에게는 어떤 공덕이 있습니까?'

국사가 말했다.

'한순간742에 금강(金剛)과 맞아떨어져 헤아릴 수 없이 긴743 세월 동안 삶과 죽음을 윤회(輪廻)할 무거운 죄를 소멸시키고, 헤아릴 수 없이 많은 부처님을 만나 본다. 이러한 금강대사의 공덕은 헤아릴 수 없이 커서 입으로 말할 수도 없고 생각으로 펼칠 수도 없으니, 설사 무수한 세월 동안 세간(世間)에 머물더라도 다 말할 수 없다.'"

"僧曰: '金剛大士有何體段?' 國師曰: '本無形段.'"

師云: "何不早恁麼道?"

"僧曰: '旣無形段, 喚何物作金剛大士?' 國師曰: '喚作無形段金剛大士.' 僧曰: '金剛大士有何功德?' 國師曰: '一念與金剛相應, 能滅殑伽沙劫生死重罪, 得見殑伽沙諸佛. 其金剛大士功德無量, 非口所說, 非意所陳, 假使殑伽沙劫住世, 說亦不可得盡.'"

"그 승려는 그 자리에서 당장 크게 깨달았는데, 마치 꿈에서 깨어난 듯하고 연꽃이 핀 듯하였다. 이러한 것이 곧 금강권(金剛圈; 금강석으로 만든

---

742 일념(一念) : 머리카락 한 올을 세로로 열 등분 내지는 백 등분, 천 등분으로 가른다. 그리고 그 가른 것 하나를 옥판(玉板) 위에다 놓고, 날카로운 칼날을 갖다 대어 자른다. 그 날카로운 칼날이 옥판에 도달할 때까지의 시간이 일념(一念)이다.(竪析一髮爲十分乃至白分千分. 以其一分置玉板上, 擧利刃斷. 約其利刃至板時爲一念也.)(『화엄일승법계도총수록(華嚴一乘法界圖叢髓錄)』)

743 궁가사(殑伽沙) : 항하사(恒河沙)와 같음. 강바닥의 모래알만큼 헤아릴 수 없이 많은.

감옥)이요, 율극봉(栗棘蓬; 목구멍에 걸린 밤송이)이다. 그대들이 만약 삼킬 수도 없고 뚫고 벗어날 수도 없는데, 옛사람들이 행한 것조차 보지 못한 다면 반드시 비방하게 될 것이 틀림없다. 이것을 뚫고 벗어난다면 바야 흐로 큰 배를 만들어, 차안(此岸)에도 머물지 않고 피안(彼岸)에도 머물지 않고 바다 가운데에도 머물지 않을 수 있을 것이다.

"這僧當下大悟, 如睡夢覺, 如蓮華開. 似這般底, 便是金剛圈·栗棘蓬. 爾若呑不得, 透不得, 不見古人行履處, 定起謗無疑. 透得這裏, 方能作大舟航, 不著此岸, 不著 彼岸, 不住中流.

선지식이라면 이렇게 손발을 놓아 버리고 이러한 의지처[744]로 들어가 야 비로소 남의 스승 노릇을 할 수 있다. 만약 여러 가지로 차별되는 방 편에 대한 안목을 갖추지 못했으면서 마음이 사량분별의 길 위에서 들어 갈 곳을 얻은 경우라면, 반드시 부싯돌 불과 번갯불 같이 즉시 맞아떨어 지는 것은 좋아하지 않고 이러한 이야기를 좋아하겠지만 진실한 법을 깨 닫는 공부는 잘못하고 있는 것이고, 하나의 기회나 하나의 경계나 한 대 의 방망이나 한 번의 고함 위에서 들어갈 곳을 얻은 경우라면 반드시 이 러한 이야기를 좋아하지 않겠지만 역시 잘못 깨달은 것이다.

善知識下得這般脚手, 入得這般窠窟, 方始爲得人師家. 若不具許多差別眼目, 如

---

744 과굴(窠窟) : 본래 과(窠)는 날짐승의 보금자리를, 굴(窟)은 길짐승의 소굴을 나타내는 말로, 언제라도 되돌아가 의지하는 곳을 뜻한다. 여기에선 의지할 곳 없는 곳을 가리킴.

心性解路上得箇入處底, 定不愛擊石火閃電光, 卻愛這般說話, 又卻錯做實法會了,
如一機一境, 一棒一喝上得箇入處底, 定不愛這般說話, 又是錯會了.

보는 것이 같지 않다면 서로 얻고 잃음이 있다는 말은 참되다. 교학(敎學)에서 말하는 '보살은 물을 감로수로 보고, 천인(天人)은 물을 유리로 보고, 범부는 물을 물로 보고, 아귀는 물을 피고름으로 본다'[745]고 하는 말이 곧 이것이다.[746] 만약 높은 선(禪)을 좋아하는 납자(衲子)가 있어서 앞으로 나와 말하기를 '스님에게는 이러한 정견(正見)[747]이 있습니까?' 하고 묻는다면, 그에게 말하리라.

'사람을 만나거든 다만 이와 같이 말해 주어라.'

眞所謂所見不同, 互有得失. 教中所謂菩薩見水如甘露, 天人見水如琉璃, 凡夫見水是水, 餓鬼見水如膿血是也. 或有箇愛高禪底衲子出來道: '妙喜有如是等見耶?' 卽向他道: '逢人但恁麽擧.'

그러므로 『정법안장(正法眼藏)』[748] 속에 다음과 같은 대화를 수록하였다.

---

745 어느 경전에 나오는 내용인지 알 수 없다.

746 자기의 안목에 따라 세계를 다르게 본다.

747 등견(等見): 정견(正見)과 같은 말. 올바르고 평등하다는 정등(正等) 혹은 등정(等正)은 정법(正法)의 특징을 나타낸다.

748 『정법안장(正法眼藏)』: 대혜종고의 공안집(公案集). 3권, 6책. 이전의 선사가 말한 어구(語句) 661칙을 뽑아 평창(評唱) 또는 착어(着語)를 붙이고, 마지막에 대혜종고의 시중(示衆)을 붙인 것. 대략 소흥(紹興) 17년(1147) 무렵 대혜가 형양(衡陽)에 은거할 때, 납자들과 더불어 고금(古今)의 어구(語句)를 가지고 묻고 답한 것을 시자인 충밀(沖密)과 혜

한 승려가 충 국사에게 물었다.[749]

'옛 스님께서 말씀하시길 〈푸르고 푸른 대나무는 모두 법신이요, 빽빽이 핀 국화[750]는 반야 아님이 없구나.〉[751]라고 하였는데, 어떤 사람은 동의하지 않고 말하길 〈삿된 말이다.〉라고 하고, 또 어떤 믿는 사람은 말하길 〈불가사의하도다.〉라고 하였는데, 어떻습니까?'

국사가 말했다.

'이것은 대개 보현과 문수의 경계이니, 범부나 소승이 믿고 수용할 수 없으며, 모두가 대승 요의경(了義經)[752]의 뜻과 같다. 그러므로 『화엄경』에서 말하였다. 〈부처님의 몸은 법계에 가득 차 있어, 모든 중생의 앞에 두루 나타나 있다. 인연 따라 감응하여 두루하지 않음이 없으니, 모든 곳이 이 깨달음의 자리라네.〉[753] 대나무가 법계를 벗어나지 않았으니, 어찌 법신이 아니겠는가? 또 『반야경』에서 말하였다. 〈색(色)이 끝이 없으니 반야도 끝이 없다.〉[754] 국화가 색을 벗어나지 않았으니, 어찌 반야가 아니랴? 심원한 말은 깨닫지 못한 자가 염두에 두기[755] 어렵다.'

연(慧然) 등이 수록하여 책으로 만들고, 대혜에게 제목을 부탁하여 정법안장(正法眼藏)이라고 붙였다.

749 『조당집』 제3권 '혜충국사(慧忠國師)'에 나오는 내용.

750 황화(黃華) : 국화(菊花).

751 고덕이 누구인지 알 수 없다.

752 요의경(了義經) : 궁극적 진리를 분명하게 말한 경전. 대승에서 보면 소승은 다 불료의경(不了義經)이다. 또한 대승경전과 소승경전 각각에서도 그 가운데 요의와 불료의를 나눈다.

753 『대방광불화엄경』 제6권 「여래현상품(如來現相品)」 제2.

754 『대반야바라밀다경』 제99권, 제400권, 제427권 등 여러 곳에 반복하여 등장하는 구절.

755 조의(措意) : 유의하다. 주의하다. 염두에 두다.

所以『正法眼藏』中收僧問忠國師: ‘古德云 : 青青翠竹盡是法身, 鬱鬱黃華無非般

若. 有人不許, 云是邪說, 亦有信者, 云不思議, 不知若爲?’ 國師曰: ‘此蓋普賢·文殊

境界, 非諸凡小而能信受, 皆與大乘了義經意合. 故『華嚴經』云 : 佛身充滿於法界,

普現一切群生前, 隨緣赴感靡不周, 而恒處此菩提座. 翠竹旣不出於法界, 豈非法

身乎? 又《般若經》云 : 色無邊故, 般若亦無邊. 黃華旣不越於色, 豈非般若乎? 深遠

之言, 不省者難爲措意.’

또 화엄(華嚴) 좌주[756]가 대주(大珠)[757] 화상에게 물었다.[758]

‘선사께선 무슨 까닭에 〈푸르고 푸른 대나무는 모두 법신이요, 빽빽이

핀 국화는 반야 아님이 없구나.〉라는 말을 긍정하지 않으십니까?’

대주 화상이 말했다.

‘법신은 모습이 없지만 대나무에 반응하여 모습을 이루고, 반야는

알 수가 없지만 국화를 응대하여 모습을 드러냅니다. 저 국화와 대나

무가 아니라면 반야와 법신이 있겠습니까? 그러므로 경에서 말했습니

다. 〈부처님의 참된 법신은 허공(虛空)과 같다. 사물에 반응하여 모습을

드러내니, 마치 물속의 달과 같다.〉[759] 그렇지만 만약 국화가 곧 반야라

면 반야는 무정물(無情物)과 같아지고, 대나무가 곧 법신이라면 대나무

---

756 화엄 좌주 : 『돈오입도요문론(頓悟入道要門論)』에는 화엄경(華嚴經)을 강의하는 지(志)
     좌주(座主)라 되어 있다. 좌주(座主)는 선가(禪家)에서 교학(教學)을 강의하는 강사(講師)
     를 일컫는 말이다.

757 대주(大珠) : 마조도일의 제자인 월주(越州) 대주혜해(大珠慧海).

758 대주혜해(大珠慧海)가 지은 『돈오입도요문론(頓悟入道要門論)』에 나오는 대화.

759 『금광명경(金光明經)』 제2권 「사천왕품(四天王品)」 제6에 나오는 게송.

가 도리어 반응하여 작용할 수 있어야 할 것입니다. 좌주는 알겠습니까?'

좌주가 말했다.

'이 뜻은 알지 못하겠습니다.'

대주 화상이 말했다.

'만약 자성(自性)을 깨달은 사람이라면, 말해도 좋고 말하지 않아도 좋으니 쓰임에 따라 말을 하여 시비(是非)에 막히지 않습니다. 만약 자성을 깨닫지 못한 사람이라면, 대나무를 말하면 대나무에 집착하고 국화를 말하면 국화에 집착하고 법신을 말하면 법신에 막히고 반야를 말하면 반야를 알지 못합니다. 그리하여 모두가 말다툼이 될 뿐입니다.'

(대혜가 말한다. "국사가 푸르고 푸른 대나무가 모두 법신이라고 내세운 것은 곧 철저히[760] 내세운 것이고, 대주 화상이 푸르고 푸른 대나무가 모두 법신이 아니라고 쳐부순 것은 곧 철저히 쳐부순 것이다.")

"又華嚴座主問大珠和尙曰: '禪師何故不許靑靑翠竹盡是法身, 鬱鬱黃華無非般若?' 珠曰: '法身無像, 應翠竹以成形; 般若無知, 對黃華而顯相. 非彼黃華 · 翠竹而有般若法身? 故經云 : 佛眞法身, 猶若虛空; 應物現形, 如水中月. 黃華若是般若, 般若卽同無情; 翠竹若是法身, 翠竹還能應用. 座主會麼?' 主曰: '不了此意.' 珠曰: '若見性人, 道是亦得, 道不是亦得, 隨用而說, 不滯是非; 若不見性人, 說翠竹著翠竹, 說黃華著黃華, 說法身滯法身, 說般若不識般若, 所以皆成諍論.'"

師云: "國師主張靑靑翠竹盡是法身, 直主張到底; 大珠破靑靑翠竹不是法身, 直破

---

760 도저(到底) : ①마침내. 끝내. 결국. ②정점에 도달하다. 철저하다.

到底."

　내가 하나의 내세움과 하나의 쳐부숨을 한 곳에다 수록하고는 다시 손을 대지 않고 털끝 하나도 움직이지 않은 것은, 그대들 배우는 사람들이 안목을 갖추고서 국사의 금강권을 벗어나고 또 대주 화상의 율극봉을 삼키기를 바라기 때문이다. 안목을 갖춘 자는 가려내겠지만, 안목을 갖추지 못한 자는 비웃을 수도 있을 것이다. 내가 비록 원오 화상을 찾아가 코[761]를 잃어버렸지만,[762] 애초에 내가 코를 달고 있었는데도 담당(湛堂) 화상께서 나를 가르칠 때 칼질을 확실하게 하지 않았던[763] 것이다.[764] 이처럼 선병(禪病)을 말한다면, 걸리지 않고 넘어갈 수 있는 사

761　코 : 비공(鼻孔)은 글자 그대로는 콧구멍이라는 뜻이지만, 콧구멍을 포함한 코 전체를 가리키는 말이다. 파비(把鼻)라는 말이 손잡이를 붙잡는다는 뜻이듯이 코는 손잡이를 뜻하거나, 혹은 비조(鼻祖)라고 하듯이 근원이나 시초를 가리키는 뜻이 있다. 선승들의 어록에서 비공(鼻孔)이라는 말은 근원이나 시초라는 뜻으로서 우리의 본래면목을 가리킨다. 예컨대, 『경덕전등록』에 나오는 "부모가 아직 낳지 않았을 때 코는 어디에 있는가?(父母未生時鼻孔在什麽處)" 혹은 "납승이라면 모름지기 바로 납승의 코를 밝혀내야 한다(衲僧直須明取衲僧鼻孔)." 등의 말에서 코(鼻孔)는 본래면목을 가리킨다. 여기서 코를 잃어버렸다는 것은, 코 즉 마음이라는 무언가 정해진 것이 있는 줄 알았었는데, 붙잡을 마음이 없었던 것이다. 분별된 개념으로서의 본래면목이 사라지고 참된 본래면목을 찾았다는 뜻이다. 마음이 있다면 그것은 허망한 마음이다.

762　타실(打失) : 잃어버리다. 타(打)는 행위가 발생함을 나타내는 조사.

763　하인불긴(下刃不緊) : 칼을 대어 칼질을 할 때 확실하게 하지 않다.

764　대혜종고(大慧宗杲)의 공부 과정을 간략히 소개하면 다음과 같다 : 조동종(曹洞宗)의 여러 노숙(老宿)들을 따라서 그 가르침을 습득하고서, 보봉(寶峯)에 올라 담당문준(湛堂文準) 선사를 찾았다. 담당은 대혜를 한 번 보고는 기특하게 여겨 곁에서 시중을 들게 하고는, 도(道)에 들어가는 지름길을 가리켜 주었지만, 대혜는 제멋대로 행동하며 삼가는 일이 없었다. 이에 담당이 꾸짖었다. "네가 아직 깨닫지 못하는 것은 그 병이 생각으로 아

는 것에 있다. 깨달아 아는 것이 있다면 소지장(所知障)이 될 뿐이다. 나의 여기의 선(禪)을 너는 일시에 이해해 버려서, 말하려면 말할 수도 있고, 염송(拈頌)이나 보설도 할 수가 있지만 한번 벗어나는 일이 아직 부족하다. 만약 한번 벗어나지 못한다면, 깨어서 생각할 때는 곧 선(禪)이 있지만, 잠이 들자마자 즉시 밝지 못하니 어떻게 생사(生死) 문제와 대적할 수 있겠느냐?" 종고가 말했다. "바로 제가 의심하던 것입니다." 담당은 병환이 심해지자 대혜에게 분부하였다. "내가 죽고 나면 마땅히 사천의 원오극근을 찾아가 만나 보아라. 반드시 너의 그 솜씨를 끝장내 줄 것이다." 드디어 대혜는 천녕사(天寧寺)에 이르러 원오를 만나 말했다. "제가 아직 잠이 들기 전에는 부처님이 칭찬하신 것에 의지하여 행하고 부처님이 비난하신 것을 감히 범하지 않으며, 이전에 스님들에게 의지하고 또 스스로 공부하여 조금 얻은 것을 또렷하게 깨어 있을 때는 전부 마음대로 쓸 수 있습니다. 그러나 침상에서 잠이 들락말락할 때 벌써 주재(主宰)하지 못하고, 꿈에 황금이나 보물을 보면 꿈속에서 기뻐함이 한이 없고, 꿈에 사람이 칼이나 몽둥이로 해치려 하거나 여러 가지 나쁜 경계를 만나면 꿈속에서 두려워하며 어쩔 줄 모릅니다. 스스로 생각해 보면 이 몸은 오히려 멀쩡하게 있는데도 단지 잠 속에서 벌써 주재할 수가 없으니, 하물며 죽음에 임하여 육체를 구성하는 지수화풍(地水火風)이 흩어지며 여러 고통이 걷잡을 수 없이 다가올 때 어떻게 경계에 휘둘리지 않을 수가 있겠습니까? 여기에 이르면 마음이 허둥지둥 바빠집니다." 원오는 이 말을 듣고 말했다. "네가 말하는 그 허다한 망상이 끊어질 때, 너는 스스로 깨어 있을 때와 잘 때가 늘 하나인 곳에 도달할 것이다." 대혜는 처음 이 말을 들었을 때는 믿지 않았는데, 하루는 원오(圜悟)가 상당하여 말했다. "어떤 승려가 운문(雲門)에게 묻기를 '어떤 것이 모든 부처님이 몸을 드러내는 곳입니까?'라고 하자, 운문이 말했다. '동산(東山)이 물 위로 간다.' 나라면 그렇지 않다. 문득 누가 묻기를 '어떤 것이 모든 부처님이 몸을 드러내는 곳입니까?'라고 한다면 다만 그에게 말하겠다. '따뜻한 바람이 남쪽에서 불어오니, 전각(殿閣)이 좀 시원하구나.'" 대혜(大慧)는 그 말을 듣자마자 문득 앞뒤의 시간이 끊어졌는데, 이후로는 잠잘 때와 깨어 있을 때 걸림이 없었다. 비록 그렇긴 했으나, 변화된 모습이 나타나지 않고 도리어 깨끗한 곳에 머물러 있었다. 이에 원오가 말했다. "네가 이런 경지에 이르는 것도 쉽지는 않지만, 죽어 버리고 살아나지를 못하는 것이 안타깝구나. 언구(言句)를 의심하지 않는 것이 커다란 병이다. 이런 말을 듣지도 못했느냐? '절벽에 매달려 손을 놓아 스스로 기꺼이 받아들여 죽었다가 다시 살아난다면, 그대를 속일 수 없을 것이다.' 반드시 이런 도리가 있음을 믿어야 한다." 이윽고 원오는 대혜를 택목당(擇木堂)에 머물게 하고는 시자(侍者)의 일을 조금도 맡기지 않았다. 대혜는 매일 사대부들과 함께 원오의 조실방에 들어갔다. 원오는 매번 '있다는 말(유구(有句))과 없다는 말(무구(無句))은 마치 등나무 덩굴이 나무에 기대어 있는 것람이 없을 것이다.

老漢將一箇主張底‧將一箇破底收作一處, 更無拈提, 不敢動著他一絲毫, 要爾學者具眼, 透國師底金剛圈, 又吞大珠底栗棘蓬. 具眼者辨得出, 不具眼者未必不笑. 宗杲雖參圜悟和尙打失鼻孔, 元初與我安鼻孔者, 卻得湛堂和尙, 只是爲人時下刃不緊. 若是說禪病, 無人過得.

일찍이 가르침 가운데 있던 다음과 같은 한 개 인연을 생각해 본 적이 있다. 앙굴마라는 사람 1000명의 손가락을 잘라 화관(花冠)을 만들어 왕의 자리에 오르려고 하였다. 이미 999명의 손가락을 탈취하고 다만 한 개 손가락이 부족하자 자기 어머니의 손가락을 잘라 1,000개를 채우려고 하였다. 부처님께선 그의 인연이 익은 것을 보시고는 그를 교화하러 그의 집으로 가셨다. 앙굴마라가 칼을 꺼내어 어머니의 손가락에 대려고 할 때 문득 석장(錫杖) 흔드는 소리를 듣고는 어머니의 손가락을 놓고 부

과 같다.'는 말을 들어서 대혜에게 물었는데, 대혜가 입을 열자마자 원오는 곧장 말했다. "아니다, 아니야." 반년 정도가 지난 뒤 드디어 대혜가 원오에게 물었다. "듣자 하니, 스님께서 오조(五祖) 노스님 문하에 계실 때 오조 스님께 이것을 질문한 적이 있다고 하던데, 오조 스님께선 어떻게 말씀하셨습니까?" 원오가 마지못하여 말했다. "내가 '있다는 말과 없다는 말은 마치 등나무 덩굴이 나무에 기대어 있는 것과 같다는 말의 뜻이 무엇입니까?' 하고 물으니, 오조 스님께서 말씀하셨다. '말해도 말이 되지 않고, 그려도 그림이 되지 않는다.' 나는 다시 물었다. '나무가 쓰러지고 등나무 덩굴이 말라 버릴 때는 어떻습니까?' 오조 스님께서 말씀하셨다. '서로 함께 간다.'" 대혜는 당장 모든 의문이 풀려서 말했다. "제가 알겠습니다." 드디어 원오가 몇 개의 인연을 들어 대혜를 시험해 보니, 대혜가 막힘없이 답변하였다. 이에 원오가 말했다. "내가 너를 속일 수가 없음을 이제 알겠구나."

처님께 한 개 손가락을 보시[765]하실지 물었다.

'이미 고오타마께서 여기에 오셨으니 저에게 손가락 한 개를 보시하셔서 제가 원하는 바를 채우도록 해 주십시오.'

그러고는 막 칼을 드는데 세존께서는 그곳을 벗어나 곧장 가셨다. 세존께선 천천히 가셨지만 앙굴마라는 급하게 뒤쫓았으나 따라잡을 수가 없었다. 이에 큰 소리로 고함을 질렀다.

'멈추시오! 멈추시오!'

세존이 말씀하셨다.

'나는 멈춘 지 오래되었는데, 너는 멈추지 못하고 있구나.'

앙굴마라는 여기에서 문득 깨닫고는 세존에게 의지하여 출가하였다. 세존께서 앙굴마라를 시켜 발우를 들고 어떤 장자(長者)의 집으로 찾아가도록 하셨다. 그 집 부인이 마침 산고(産苦)를 겪고 있었는데, 장자가 말했다.

'고오타마의 제자시여! 당신은 위대한 성자이시니 마땅히 어떤 법을 가지고 산고의 어려움을 면하게 해 주시겠습니까?'

앙굴마라는 말했다.

'저는 금방 입도(入道)하였으니 아직 이 법을 알지 못합니다. 제가 돌아가 세존께 여쭈어 보고 다시 돌아와 알려 드리겠습니다.'

앙굴마라가 돌아와 부처님께 그 일을 말씀드리니, 부처님께서 앙굴마라에게 말씀하셨다.

---

765 교화(敎化) : ①교도전화(敎導轉化)의 뜻. 사람을 가르쳐 범부를 성인이 되게 하고, 의심하는 이를 믿게 하고, 그릇된 이를 바른길로 돌아가게 하는 것. ②교훈. 가르침. ③남에게 물건을 보시(布施)하는 것.

'너는 속히 가서 이렇게 말하거라. 〈나는 성인의 법을 따른 이래 아직 살생(殺生)을 한 적이 없다.〉'

앙굴마라는 곧 부처님의 말씀을 받들어 그 집으로 가서 그대로 말했다. 그 부인은 그 말을 듣더니 곧 산고의 어려움에서 벗어났다.[766]

(대혜가 말한다. "여기에서 방망이를 휘두르고 고함을 지르고 선상(禪床)을 뒤집어엎고 경전의 가르침을 인용하고 이치와 사실을 설명하고 부싯돌과 번개를 치듯이 함으로써,[767] 한밤중에 오골계[768]를 붙잡을 수 있을까?"[769])

"嘗思敎中有一段因緣：殃崛摩羅要千人指頭作華冠, 然後登王位. 已得九百九十九指, 唯少一指, 要斷其母指塡數. 佛知其緣熟, 故往化之. 殃崛纔擧意欲下刀取母指時, 忽聞振錫聲, 遂捨其母指, 而問佛敎化一指曰: '旣是瞿曇在此, 望施我一指頭滿我所願.' 纔擧刀, 世尊拽脫便去. 世尊徐行, 殃崛急趨不上. 乃高聲叫曰: '住! 住!' 世尊曰: '我住久矣, 是汝不住.' 殃崛忽然感悟, 投佛出家. 佛卻令持鉢, 至一長者門. 其家婦人正値産難, 長者曰: '瞿曇弟子! 汝爲至聖, 當有何法能免産難?' 殃崛曰: '我乍入道, 未知此法. 待我回問世尊, 卻來相報.' 及返, 具事白佛, 佛告殃崛: '汝速去報言: 我自從賢聖法來, 未曾殺生.' 殃崛當便奉佛語往彼告之. 其婦得聞, 卽免産難."

---

766 『불설앙굴계경(佛說鴦崛髻經)』에 나오는 내용을 약간 변형시켰다.

767 사(使) : =용(用), 이(以). 개사(介詞)임.

768 오계(烏鷄) : 오골계(烏骨鷄). 털이 온통 새까만 닭.

769 깜깜한 곳에서 눈으로는 전혀 분별이 되지 않는 새까만 닭을 붙잡는다는 말은 곧, 온 갖 차별되는 모습 속에서 그 차별되는 모습과 따로 있지 않은 차별 없는 법을 깨닫는다는 뜻.

師云："這裏使棒使喝, 掀倒禪床, 引經教, 說理事, 擊石火, 閃電光, 夜牛捉烏雞得麼?"

담당 스님에게 물었을[770] 때, 이 이야기를 하자마자 담당 스님께서 말씀하셨다.

'네가 나의 가려운 곳을 긁는구나. 이 이야기는 금시법(金屎法)[771]이니, 알지 못하면 금(金)과 같지만 알면 똥과 같다.'

내가 말했다.

'어찌 방편이 없겠습니까?'

담당 스님께서 말씀하셨다.

'나에게 한 개 방편이 있지만, 네가 아직도[772] 알지 못할 뿐이다.'

내가 말했다.

'스님께서 자비를 베풀어 주십시오.'

담당 스님께서 말씀하셨다.

'앙굴마라가 〈저는 금방 입도(入道)하였으니 아직 이 법을 알지 못합니다. 제가 돌아가 세존께 여쭈어 보고 다시 돌아와 알려 드리겠습니다.〉라고 말했는데, 앙굴마라가 부처님 계신 곳에 도착하기도 전에 그

---

770 청익(請益) : 가르침을 받고서 모르는 부분에 대하여 거듭 질문하는 것.

771 금시법(金屎法) : 선(禪)을 알지 못할 때는 황금처럼 특별하고 귀중한 무엇이 있다고 여기지만, 알고 보면 똥처럼 일상생활의 평범하고 흔한 일이다. 깨닫기 전에는 진리를 특별한 것이라고 분별하지만, 깨닫고 보면 매일매일의 삶이 전부 진리 아님이 없어서 따로 진리라 할 것이 없다.

772 잔지(剗地) : ①여전히. 변함없이. 아직도. ②공연히. 까닭 없이. ③도리어.

부인이 아이를 낳았다면 어쩔 거냐? 또 부처님께서 〈나는 성인의 법을 따른 이래 아직 살생을 한 적이 없다.〉고 하셨는데, 앙굴마라가 이 말씀을 가지고 그 장자의 집에 도착하기도 전에 이미 아이를 낳았다면 어쩔 거냐?[773]

"因請益湛堂和尙, 纔擧起此話, 湛堂曰: '爾爬著我痒處. 這話是金屎法, 不會如金, 會得如屎.' 曰: '豈無方便?' 湛堂曰: '我有箇方便, 只是爾剗地不會.' 曰: '望和尙慈悲.' 湛堂曰: '殃崛云: 我乍入道, 未知此法, 待問世尊. 未到佛座下, 他家生下兒子時如何? 我自從賢聖法來, 未曾殺生, 殃崛持此語未至他家, 已生下兒子時如何?'"

나는 그때는 알아차리지 못했는데, 뒷날 호구(虎丘)에서[774] 『화엄경』을 보다가 보살이 제7지에 올라 무생법인(無生法忍)[775]을 깨달은 곳에 이르자 이런 말이 있었다.

---

773 일 없는 곳에서 언어문자에 속아 스스로 일을 만들어 헤매고 있으니, 이런 충고를 한 것이다.

774 『대혜보각선사연보(大慧普覺禪師年譜)』에 의하면 대혜가 40세인 1128년의 일이다.

775 무생법인(無生法忍): 불생법인(不生法忍), 불기법인(不起法忍)이라고도 함. 인(忍)은 인(認)과 같이 인정하고 수용한다는 뜻이니, 법인(法忍)은 법을 인정하고 수용하여 의심하지 않는 것. 『유마경(維摩經)』 중권(中卷)「입불이법문품(入不二法門品)」제9에 "생멸(生滅)은 이법(二法)이지만, 법(法)은 본래 생하지 않는 것이어서 지금 멸하지도 않습니다. 이러한 무생법인(無生法忍)을 얻는 것이 바로 불이법문(不二法門)에 들어가는 것입니다."(生滅爲二, 法本不生今則無滅. 得此無生法忍, 是爲入不二法門.)라 하고 있다. 무생법인(無生法忍)은 불생불멸(不生不滅)하는 법(法) 즉 생겨나거나 소멸함이 없는 법을 인정하고 의심 없이 수용한다는 뜻이다.

'불자여! 보살이 이 인(忍)을 성취하면 즉시 보살의 제8부동지[776]에 들어가 심행보살[777]이 되어, 알기도 어렵고, 차별도 없고, 모든 모습을 벗어나고, 모든 생각을 벗어나고, 모든 집착을 벗어나, 헤아릴 수도 없고 끝도 없게 되니, 모든 성문이나 벽지불은 미칠 수가 없게 되고, 모든 시끄러운 다툼을 벗어나 적멸(寂滅)이 앞에 나타난다. 비유하면, 비구가 신통(神通)을 다 갖추고서 마음의 자재를 얻고 차례를 밟아 멸진정(滅盡定)[778]에 들어가게 되면 모든 움직이는 마음과 기억과 생각과 분별이 전부 멈추어 사라지듯이, 이 보살도 마찬가지로 부동지(不動地)에 머

776 제8부동지(不動地) : 보살의 수행단계인 십지(十地) 중 여덟 번째 단계다. 중생이 부처가 되기 위해 닦는 52가지 수행단계 중 하나로, 『화엄경』의 「십지품」에 나온다. 이 지위에 오른 보살은 수행을 완성하여 흔들림이 없다. 부동(不動)이란 명칭은 바로 여기에서 유래한다. 이곳의 보살은 깊이 있는 실천을 하므로 심행(深行) 보살이라고도 부른다. 세속의 집착에서 완전히 벗어나 성문(聲聞)이나 연각(緣覺)의 무리는 전혀 깨트릴 수 없는 경지에 머문다. 달리 무공용지(無功用地)라고도 하는데, 무공(無功)은 곧 어떤 의도나 목적이 없다는 뜻이다. 그저 자연의 흐름대로 순리대로 또한 중생의 생김새에 따라 중생을 제도한다. 이밖에 부동지를 달리 부르는 말이 많다. 지혜가 견고하여 돌아가지 않으므로 부전지(不轉地), 큰 덕을 갖추므로 위덕지(威德地), 색욕이 끊어진 상태이므로 동진지(童眞地), 어디에나 뜻대로 태어날 수 있으므로 자재지(自在地), 완성된 단계이므로 성지(成地), 궁극적으로 알고 있으므로 구경지(究竟地), 항상 큰 서원을 내므로 변화지(變化地), 깨트릴 수 없으므로 주지지(住持地), 선근을 이미 닦았으므로 무공덕력지(無功德力地)라고도 부른다.

777 심행보살(深行菩薩) : 심행(深行)하는 보살. 심행이란 깊고 비밀스럽게 행한다는 뜻으로서, 초지(初地) 이상의 보살의 행동을 가리킨다.

778 멸진정(滅盡定) : 대승에서는 24불상응법(不相應法)의 하나. 소승에서는 14불상응법의 하나, 또는 2무심정(無心定)의 하나. 마음에서 모든 분별된 모습을 다 없애고 고요하기를 바라며 닦는 선정. 소승에서는 불환과(不還果)와 아라한과의 성자가 닦는 유루정(有漏定)으로, 육식(六識)과 인집(人執)을 일으키는 말나(末那)만을 없애는 것. 대승의 보살이 닦는 멸진정은 무루정(無漏定)으로, 법집(法執)을 일으키는 말나까지도 없앤다.

물면 모든 노력⁷⁷⁹하는 행위를 버리고 노력할 필요 없는 법을 얻어 신구의(身口意)의 삼업(三業)에서 생각하고 힘쓰는 일이 모두 쉬어지고 보행(報行)⁷⁸⁰에 머문다.

비유하면, 어떤 사람이 꿈속에서 큰 강물 속에 떨어져서 그 강을 건너려 하기 때문에 큰 용맹을 내고 큰 방편을 베풀었는데, 이 큰 용맹과 베푼 방편 덕분에 곧 꿈에서 깨어나지만 깨어난 뒤에는 행한 일이 모두 쉬어지는 것과 같다. 보살도 역시 그러하여, 중생이 사류(四流)⁷⁸¹ 속에 떨어져 있음을 보고는 구해 내려고 하기 때문에 큰 용맹을 내고 큰 정진(精進)을 일으키는데, 용맹과 정진 덕분에 이 부동지에 도달하고, 이곳에 도달한 뒤에는 모든 공용(功用)이 모조리 쉬어지고, 이행(二行)⁷⁸² 과 상행(相行)⁷⁸³이 모두 나타나지 않는다. 이 보살에게는 보살의 마음도 부처의 마음도 깨달음의 마음도 열반의 마음도 오히려 나타나지 않는데, 하물며 세간의 마음이 나타나겠느냐?⁷⁸⁴"

---

779 공용(功用) : 몸·입·뜻으로 애써 행하는 행위. 곧 유위행(有爲行). 『화엄경』에서는 초지(初地)에서 7지(地)까지의 수행을 말함. 초지에서 7지까지의 보살은 이미 진여(眞如)를 깨달았지만 아직 수행하는 공(功)을 쌓아야 하므로 공용지(功用地)라 한다.

780 보행(報行) : 과보(果報)로 이루어지는 행위.

781 사류(四流) : 사폭류(四暴流)와 같음. 폭류는 홍수가 나무·가옥 따위를 떠내려 보내는 것처럼, 선(善)을 떠내려 보낸다는 뜻에서 번뇌를 가리킨다. ①욕폭류(欲暴流). 욕계(欲界)에서 일으키는 번뇌. 중생은 이것 때문에 생사를 바퀴 돌 듯함. ②유폭류(有暴流). 색계(色界)·무색계(無色界)의 번뇌. ③견폭류(見暴流). 3계의 견혹(見惑) 중에 4제(諦)마다 각각 그 아래서 일어나는 신견(身見)·변견(邊見) 등의 그릇된 견해. ④무명폭류(無明暴流). 3계의 4제와 수도(修道)에 일어나는 우치(愚癡)의 번뇌. 모두 15가지가 있음.

782 이행(二行) : 번뇌장(煩惱障)과 소지장(所知障)의 둘이 나타나 행해지는 것.

783 상행(相行) : 신구의(身口意) 삼업(三業)의 모습을 가진 행위.

784 『대방광불화엄경(大方廣佛華嚴經)』 제38권 「십지품(十地品)」 제26-5에 있는 내용.

"老漢當時理會不得, 後因在虎丘看『華嚴經』, 至菩薩登第七地證無生法忍云 : '佛
子! 菩薩成就此忍, 卽時得入菩薩第八不動地, 爲深行菩薩, 難可知, 無差別, 離一
切相・一切想・一切執著, 無量無邊, 一切聲聞・辟支佛所不能及. 離諸諠諍, 寂滅現
前. 譬如比丘具足神通, 得心自在, 次第乃至入滅盡定, 一切動心・憶想分別, 悉皆
止息, 此菩薩摩訶薩亦復如是, 住不動地, 卽捨一切功用行, 得無功用法, 身口意業
念務皆息, 住於報行. 譬如有人夢中見身墮在大河, 爲欲度故, 發大勇猛, 施大方便,
以大勇猛, 施方便故, 卽便寤寤[785], 旣寤寤已, 所作皆息. 菩薩亦爾, 見衆生身在四
流中, 爲救度故, 發大勇猛, 起大精進, 以勇猛精進故, 至此不動地. 旣至此以, 一切
功用靡不皆息, 二行相行皆不現前. 此菩薩摩訶薩, 菩薩心・佛心・菩提心・涅槃心
尙不現起, 況復起於世間之心?'"

대혜가 말했다.

"여기에 이르자 문득 장애가 사라지고,[786] 담당 스님께서 나에게 말

---

785 寤寤 : 현존하는 실차난타(實叉難陀) 역 80권『화엄경』에는 '覺寤'로 되어 있다. 뜻은 '깨
    어나다'로 동일하다.

786 타실포대(打失布袋) : 타실(打失)은 '잃어버리다', 포대(布袋)는 '무능함, 문제, 장애'를
    뜻함. 무능함을 벗어나다. 문제를 해결하다. 장애가 사라지다. 이 문맥에서는 앞을 가로
    막고 있던 분별망상의 포대를 벗어 버렸다는 뜻이다.

787 진개(眞箇) : =진(眞). 참된. 개(箇)는 조사(助詞).

788 장식(藏識) : 제8아뢰야식(阿賴耶識). 아뢰야식(阿賴耶識)은 범어 ālaya의 음역이다. 무
    몰식(無沒識)・장식(藏識)이라 번역하고, 제8식・본식(本識)・택식(宅識) 등의 명칭이 있
    다. 일반적은 의미에서 마음을 가리킨다. 진제삼장(眞諦三藏)은 이 식이 중생의 근본 심
    식(心識)으로 결코 없어지거나 잃어버릴 수 있는 것이 아니라는 뜻에서 무몰식(無沒識)
    이라 번역하고, 현장(玄奘)은 능장(能藏)・소장(所藏)・집장(執藏)의 세 뜻이 있으므로 장
    식(藏識)이라 번역하였다. 무몰식이란 모든 것을 유지하여 잃어버리지 않는다는 뜻이며,
    장식이라 함은 모든 것이 전개되는 데 있어서 의지할 바탕이 되는 근본 마음이란 의미다.

262

씀해 주셨던 방편이 문득 앞에 드러났으니, 비로소 참된 선지식이 나를 속이지 않았음을 알았던 것이다. 참된[787] 금강권이란 바로 장식(藏識)[788]임이 밝혀져야[789] 비로소 벗어날 수 있다.[790]

師云: "到這裏, 打失布袋, 湛堂爲我說底方便, 忽然現前, 方知眞善知識不欺我. 眞箇是金剛圈, 須是藏識明, 方能透得."

또 낙포(洛浦)[791] 화상이라고 불리는 한 존숙은 오랫동안 임제의 시자를 하였는데, 임제는 늘 그를 칭찬하며 말하기를 임제 문하의 한 개 화살이라고 하였으니, 바로 그를 저버린[792] 것이다. 낙포는 돌아다니기를 그만두고 곧장 협산(夾山) 꼭대기로 가서 암자를 세웠다. 여러 해가 지나서 협산(夾山)이 그 사실을 알고는 곧 편지를 써[793] 승려를 시켜 가져다주게 하

---

789 영원히 벗어날 수 없는 감옥은 바로 자기 마음이다.

790 내가 나를 속이고/ 내가 나에게 속았구나./ 내가 나의 감옥이요/ 내가 나의 해방의 땅이로다./ 내가 없으니 세상도 없고/ 세상이 없으니 속임도 없다네./ 내가 없으니 감옥도 없고/ 내가 없으니 해방도 없도다./ 온갖 일이 여전히 일어나지만/ 하나의 일도 일어난 적이 없도다./ 있는 것이 곧 없는 것이니/ 있음도 아니고 없음도 아니라네.(이 부분을 번역하고 쓴 역자의 시)

791 낙포(洛浦): 낙보원안(樂普元安)을 가리킨다. 여기에 소개되는 이야기는 『경덕전등록』 제16권 '풍주(澧州) 낙보산(樂普山) 원안(元安) 선사'에 나오는 내용이다. 낙보원안(樂普元安; 834-898)은 낙포원안(洛浦元安)이라고도 하는데, 취미(翠微)·임제에게 도를 구하고 뒤이어 협산선회(夾山善會)의 회하(會下)에서 심요(心要)를 얻었다. 뒤에 풍주(澧州; 호남성)의 낙포(洛浦; 樂普)에 거주하였다. 뒤이어 호남성 낭주(朗州)의 소계(蘇谿)에 머무르면서 사방에서 운집하는 승려들을 교화하였다.

792 기부(欺負): ①속이다. 기만하다. ②저버리다. 배반하다.

793 수서(修書): 편지를 쓰다.

263

였다. 낙포는 편지를 받자 곧장 찢어 버리고는[794] 다시 손을 펴고서 달라고 요구하였다. 승려가 대꾸를 하지 않자, 낙포는 곧 때리고 말했다.

'돌아가 스님께 그대로 말씀드리시오.'

승려가 돌아와 협산에게 그대로 말하자, 협산이 말했다.

'그 승려가 편지를 보았다면, 3일 안으로 반드시 올 것이다. 만약 편지를 보지 않았다면, 이 사람을 구제할 수 없다.'

(대혜가 말한다. "옛사람은 노록인(撈摝人)[795]이라 할 만하구나.")

"又有箇尊宿, 喚作洛浦和尙, 久爲臨濟侍者, 濟每稱美之, 謂之臨濟門下一隻箭子,
便是欺負人. 游歷罷, 直往夾山頂卓菴. 經年, 夾山知, 乃修書遣僧馳到. 洛浦接得
便坐卻, 再展手索, 僧無對. 浦便打曰: '歸去擧似和尙.' 僧回, 擧似夾山, 山曰: '這僧
看書, 三日內必來; 若不看書, 此人救不得.'"

師云 : "古人喚作撈摝人."

편지 속에 무슨 쓸데없는 말을 늘어놓았는지[796] 알 수가 없자, 낙포는
도리어 그 낚싯바늘[797]을 삼키고서 3일 안에 과연 찾아왔다. 협산은 미리
사람을 시켜 그가 암자에서 나오는 것을 엿보고서 곧 그 암자를 불태우

---

794 좌각(坐卻) : 꺾어 버리다. 찢어 버리다. 부수어 버리다. =좌단(剉斷).
795 노록인(撈摝人) : 노록(撈摝)은 노록(撈漉)과 같은데, 물속에서 무엇을 건져 내려 애쓴
   다는 뜻이니, 세속에서 중생을 제도하려 애쓴다는 말이다. 세속에서 중생을 제도하려 애
   쓰는 사람, 즉 좋은 스승을 가리킨다.
796 한언장어(閑言長語) : 한언(閑言)은 쓸데없는 말, 장어(長語)는 길게 많이 하는 말.
797 구선(鉤線) : 낚싯줄. 구선(鉤線)은 낚싯줄이지만, 문맥상 낚싯바늘로 번역한다.

라고 일러두었다.

(대혜가 말한다. "바로 이것이 금강권이다.")

낙포는 돌아보지 않았다.

(대혜가 말한다. "부처가 되고 조사가 되려면 모름지기 이러한 사람이라야 한다.")

"不知書中有甚閑言長語, 洛浦卻吞他鉤線, 三日內果來. 夾山預令人伺其出菴, 便
燒其居."

師云 : "只這便是金剛圈."

"浦不顧."

師云 : "成佛作祖須是這般漢."

곧장 협산의 방장으로 찾아가서는 절도 하지 않고 마주 보고 두 손
을 맞잡고 서 있자, 협산이 말했다.

'닭이 봉황의 둥우리에 깃들지만, 같은 부류가 아니다. 나가거라!'

낙포가 말했다.

'멀리서 바람처럼 달려왔으니, 스님께서 한번 가르쳐 주십시오.'

협산이 말했다.

'눈앞에는 스님이 없고, 여기에는 노승이 없다.'

낙포가 곧 '악!' 하고 고함을 지르니, 협산이 말했다.

'그만, 그만! 너무 성급하게 굴어서, 구름과 달은 같고 골짜기와 산
은 각각 다르다고 여기지 마라. 천하 사람들의 혀를 끊어 버리는 일[798]

---

798 모든 분별을 막고 부수는 일.

이라면 스님이 할 수 있겠지만, 혀 없는 사람에게 말을 하도록 하는 일[799]은 어떻게 하겠느냐?'

낙포는 도리어 머리를 숙이고 생각했으나, 이 한마디 참된 말을 이해하지 못했다. 협산에게 곧장 등줄기를 두들겨 맞고서야 코가 뚫려서, 드디어 협산의 뒤를 이었다.

낙포는 뒷날 시중(示衆)에서 말했다.

'마지막 한 구절에서 비로소 감옥의 문[800]에 도달하니, 문을 지키고 있으면[801] 범부도 성인도 통과하지 못한다.[802]"

(대혜가 말한다.[803] "뛰어난 사람은 부처와 조사의 견해를 이마 위에 붙이고 있지 않음을 알아야 하니, 마치 신령스러운 거북이 그림을 지고서[804] 스스로 목숨을

---

799 걸림 없는 지혜로써 여법하게 분별하고 말하는 일.

800 뇌관(牢關) : 감옥 문의 빗장. 감옥을 벗어날 수 있는 곳.

801 파단요진(把斷要津) : 요진(要津)은 중요한 나루터 즉 요충지. 요충지를 지키다, 요충지를 장악하고 있다는 뜻.

802 『경덕전등록』 제16권 '예주낙보산원안선사'(澧州樂普山元安禪師)에 나오는 낙보의 시중설법(示衆說法).

803 여기의 "사운(師云)" 즉 "대혜가 말한다."는 원문에서 "낙포는 도리어 머리를 숙이고 생각했으나,"의 앞에 붙어 있으나, 대혜가 자신의 견해를 밝히는 문장의 앞에 있어야 하므로 여기에 있어야 옳다.

804 낙서(洛書)를 가리킨다. 낙서(洛書)란 중국 하나라의 우왕(禹王)이 홍수를 다스릴 때, 낙수(洛水)에서 나온 거북의 등에 쓰여 있었다는 마흔다섯 개의 점으로 된 아홉 개의 무늬. 팔괘(八卦)와 홍범구주(洪範九疇)가 여기에서 비롯되었다고 한다. 또 중국 복희씨(伏羲氏) 때 황하(黃河)에서 용마(龍馬)가 등에 지고 나왔다는 55점의 그림인 하도(河圖)와 낙서를 기본으로 하여 주역(周易)의 이치가 생겼다고도 한다. 등에 신령스러운 그림을 지고 나온 거북은 그 그림 때문에 잡혀서 죽임을 당하듯이, 부처와 조사의 견해를 가지고 있는 사람은 그 견해 때문에 자신의 본래면목을 잊어버린다.

잃는 원인을 제공하는 것과 같기 때문이다.")

"直造夾山方丈, 不禮拜, 乃當面叉手而立, 山曰: '雞棲鳳巢, 非其同類. 出去!' 浦曰:
'自遠趨風, 乞師一接.' 山曰: '目前無闍梨, 此間無老僧.' 浦便喝, 山曰: '住! 住! 且莫
草草忽忽, 雲月是同, 谿山各異. 截斷天下人舌頭卽不無闍梨, 爭敎無舌人解語?'"
師云 : "洛浦卻低頭思量, 這一道眞言理會不得. 被夾山劈脊便打, 穿了鼻孔, 遂承
嗣夾山. 後來示衆道: '末後一句, 始到牢關, 把斷要津, 不通凡聖.' 須知上流之士不
將佛祖見解貼在額頭上, 如靈龜負圖, 自取喪身之本."

대혜가 말했다.

"그는 깨달은 뒤에 곧 약간의 약(藥)[805]이 되는 그의 이 한마디 참된
말을 밝힐 줄 알았다. 운문의 문하·임제의 문하·조동의 문하·법안의
문하·위앙의 문하[806]를 막론하고 큰 법(法)을 밝히지 못하면, 각자 자기
의 종파를 근본으로 여기고 각자 자기의 스승을 스승으로 여기고 각자
자기의 부모를 부모로 여기고 각자 자기의 자식을 자식으로 여기니,
이들은 다만 종지를 이해할 뿐이고 큰 법(法)은 대수롭지 않게 여기는
것이다.[807]

내가 일찍이 대중 속에서 공부할 때 어떤 존숙에게 선문(禪門)에서

---

805 중생의 망상병을 치료하는 방편의 약.

806 여기에 나열된 다섯의 종파는 당대(唐代)에 성립하여 조사선(祖師禪)의 융성함을 드러
     냈던 선종오가(禪宗五家)이다.

807 열대불긴(熱大不緊) : 열대(熱大)는 요긴(要緊)한 대사(大事). 요긴한 큰 일을 요긴하게
     여기지 않다. 큰일을 대수롭지 않게 여기다.

말하는 '말 속에 말이 없고, 말 없는 가운데 말이 있다.'는 구절을 물어
본 적이 있는데, 그 존숙은 나에게 이런 이야기를 들려주었다.[808]

'말 속에 말이 없다 하니, 길에서 죽은 뱀을 만나면 때려죽이지 말고
밑바닥 없는 바구니에 담아 가지고 오너라.'

이것을 일러 말 속에 말이 없다고 하고, 또 말 없는 가운데 말이 있
다고도 한다. 어떤 것이 말 속에 말이 없는 것인가? 길에서 죽은 뱀
을 만나면 때려죽이지 마라. 어떤 것이 말 없는 가운데 말이 있는 것인
가? 밑바닥 없는 바구니에 담아 가지고 온다. 다만 이 한 구절이 곧 이
두 개의 뜻을 갖추고 있다. 길에서 죽은 뱀을 만나면 때려죽이지 마라
는 것은 곧 말 없는 가운데 말이 있는 것이고, 밑바닥 없는 바구니에
담아 가지고 온다는 것은 곧 말 속에 말이 없는 것이다. 말하자면 이미
죽은 뱀인데 다시 때려죽일 필요는 없는 것이다."

대혜가 다시 말했다.

"어떤 것이 같은 가운데 다른 것인가? '백로(白鷺)[809]가 눈 속에 서 있
으나 같은 색깔은 아니다.' 어떤 것이 다른 가운데 같은 것인가? '밝은
달과 갈대꽃[810]은 그와 같지 않다.'[811]

---

808 인증(引證) : 과거의 예를 인용하여 증명하다.

809 노란(鷺鸞) : 백로(白鷺).

810 명월노화(明月蘆花) : 밝은 달이 하얀 갈대꽃에 떨어지면 달빛인지 꽃빛인지 구분이
되지 않는다. 개별적으로 구분된 모습이 소멸된 전체의 통일된 모습을 가리킨다.

811 여기에 인용된 두 구절은 『경덕전등록』 제29권에 실린 「동안찰선사십현담(同安察禪師
十玄談)」 가운데 '일색(一色)'에서 등장하는 두 구절이다. '일색(一色)'의 전체 시(詩)는 다
음과 같다 : 마른 나무와 바위 앞에는 엇갈린 길이 많은데,/ 길가는 사람이 여기에 이르
면 모두들 발을 헛디딘다네./ 백로가 눈 속에 서 있으나 같은 색깔이 아니지만,/ 밝은 달

내가 이렇게 말할 때 그대들이 곧 이해한다고 하여도 다시 무슨 일을 성취할 수 있겠느냐? 이와 같은 것은 배울 필요가 없다. 큰 법을 밝힌 뒤에는 털 한 개만 들어도 곧 일시에 알아차린다. 마치 앙굴마라의 인연이나 담당 스님께서 말씀하신 방편과 같아서, 내가 방금 입도(入道)하여도 쓸모가 없고,[812] 부처에게 신통이 있어도 쓸모가 없다. 이미 쓸모가 없는데 무엇 때문에 아이를 낳겠는가? 만약 여기에서 알아차린다면, 석가 노인네가 곧 앙굴마라이고 앙굴마라가 곧 석가 노인네일 것이다. 만약 알아차리지 못한다면, 석가는 본래 석가이고 앙굴마라는 본래 앙굴마라이니, 아이를 낳지 못하고 고생하는 집의 일과는 아무 상관이 없을 것이다.”[813]

師云: “他悟後, 便解明他這一道眞言, 這些子藥頭. 不問雲門下·臨濟下·曹洞下·法眼下·潙仰下, 大法若不明, 各宗其宗, 各師其師, 各父其父, 各子其子, 只管理會宗旨, 熱大不緊. 老漢在衆中時, 嘗請益一尊宿, 禪門中說: ‘有語中無語, 無語中有語.’ 尊宿爲我引證云: ‘有語中無語, 路逢死蛇莫打殺, 無底籃子盛將歸, 喚這箇作有語中無語, 又喚作無語中有語. 如何是有語中無語? 路逢死蛇莫打殺. 如何是無

과 갈대꽃은 그렇지 않다네./ 또렷하고 또렷하고 또렷할 때는 또렷이 할 만한 것이 없고,/ 그윽하고 그윽하고 그윽한 곳에서도 꾸짖어야 한다네./ 간절히 그윽함 속의 노래를 부르지만,/ 허공 속의 달빛을 붙잡을 수 있겠는가?(枯木巖前差路多, 行人到此盡蹉跎. 鷺鷥立雪非同色, 明月蘆華不似他. 了了了時無可了, 玄玄玄處亦須訶. 殷勤爲唱玄中曲, 空裏蟾光撮得麽?) 마른 나무와 바위 앞은 수행자가 있는 곳을 가리킨다. 밝은 달과 갈대꽃이 그와 같지 않다는 것은 곧 밝은 달과 갈대꽃은 다른 색이 아니란 뜻이다.

812 사불착(使不着) : 소용없다. 쓸모없다. 필요 없다. 소용되지 않는다. 필요치 않다.
813 법은 법으로서 변함이 없고, 세간의 모습은 세간의 모습으로서 변함이 없다.

語中有語? 無底籃子盛將歸. 只這一句, 便具此兩義. 路逢死蛇莫打殺, 是無語中有語. 無底籃子盛將歸.' 乃是有語中無語. 謂既是死蛇, 更不消打殺." 又云: "如何是同中有異? '鷺鸞立雪非同色.' 如何是異中有同? '明月蘆華不似他.' 我如此說時, 爾便會得了, 卻濟得甚麼事? 似這般底莫要學. 大法明後, 舉一絲毫, 便一時會得. 恰似殃崛摩羅因緣, 湛堂說底方便, 我乍入道也使不著, 佛有神通也使不著. 既使不著, 因甚麼生下兒子? 若向這裏見得, 釋迦老子卽是殃崛摩羅, 殃崛摩羅卽是釋迦老子; 若也不會, 釋迦自釋迦, 殃崛自殃崛, 不干産難人家事."

이어서 합장을 하고 말했다.

"이제[814] 지금까지[815] 반야를 드러낸 한 마디 한 구절이 부처님과 조사의 뜻에 계합한 공덕을 계의(計議) 전공(錢公)의 돌아가신 부인[816]이신 여(呂) 씨에게 바치오니, 부디 이 세상에서도 벗어나시고 저 세상에서도 떠나셔서 늘 반야의 친척이 되시고, 몸을 버리고 몸을 받음에 영원토록 깨달음의 권속이 되시기를 바라나이다."

대중을 한 번 부르고는 말했다.

"잘 알겠는가? 당장 쉬고자 한다면, 내가 지금까지 말한 것을 기억하지 마라."

"악!" 하고 일할을 하고는 자리에서 내려왔다.

---

814 즉장(卽將): 곧. 당장. 머지않아.

815 상래(上來): 이상(以上).

816 실안인(室安人): 벼슬아치의 아내를 높여 부르는 말. 실인(室人)은 일반적으로 아내를 뜻하지만, 안인(安人)은 송대(宋代)에 조봉랑(朝奉郞) 이상의 벼슬아치의 부인에게 붙이던 칭호.

乃合掌云：“卽將上來, 擧揚般若, 所有一言一句, 契佛契祖底功德, 奉爲計議錢公
薦室安人呂氏, 伏願出此沒彼, 常爲般若之親姻; 捨身受身, 永作菩提之眷屬."

召大衆云：“還委悉麼? 若欲直下便休去, 莫記我今說底."

喝一喝, 下座.

6. 부 암주가 청한 보설

부(傅) 암주(菴主)가 보설을 청하자 대혜가 말했다.

"부암주가 승당에 들어와 괘탑(掛搭)[817]을 하고, 오늘 공양을 마련하고는 나[818]에게 대중을 위하여 보설을 해 달라고 청하였다. 말해 보아라. 무슨 말을 해야 하는가? 만약 칼날을 상하지 않고 겨루어 이기며, 함께 죽고 함께 살며, 정면으로 공격하고 측면으로 기습하며,[819] 이쪽으로 왔다가 저쪽으로 가며, 나무뿌리처럼 휘감기고 뒤엉키며,[820] 뿔에 맺힌 나선형 무늬처럼 뱅글뱅글 돈다면,[821] 여러분의 입장에서는 꼭 어린아이가 물건[822]을 가지고 놀면서[823] 힘들이지 않고 끄집어내는 것처럼 익숙할 것이다. 이미 이런 것들을 용납하지 않는다면, 여러분 각자는 그 사이[824] 몇 년

---

817 괘탑(掛搭) : 괘(掛)는 석장(錫杖)을 거는 것, 탑(搭)은 걸망을 놓아둔다는 뜻. 곧 승당(僧堂)에서 안거(安居)하는 것을 말함. 우리나라에서는 방부(榜付)라 함.

818 운문(雲門)은 대혜종고(大慧宗杲) 자신. 대혜는 천주 소계(小溪)의 운문암(雲門庵)에서 머물렀기 때문에 운문(雲門)이란 호로 불렸다.

819 정안방제(正按傍提) : 정방(正傍)은 정면과 측면. 안제(按提)는 '칼을 잡다', '칼을 들다'는 뜻인 안검(按劍)과 제도(提刀). 선사가 학인을 지도할 때 어떤 때는 제일의제(第一義諦)를 곧장 제시하여 정면으로 공격하고, 어떤 때는 측면으로 비켜서서 기습 공격하는 등 접화(接化)의 수단이 능수능란함을 가리킨다.

820 반근착절(盤根錯節) : 나무의 뿌리가 휘감기고 뿌리가 뒤엉키다. 일이 복잡하여 해결하기가 곤란하다. =반근착절(槃根錯節), 반근착절(蟠根錯節), 근반절착(根盤節錯).

821 이런 각종 표현은 종사(宗師)와 대중, 혹은 선객(禪客)들이 서로 종지(宗旨)를 거양(擧揚)하는 문답의 양상을 다양하게 나타낸 것이다.

822 가사(家事) : 기구. 물품. 물건.

823 즉극(則劇) : 즐기다. 희롱하다. 장난하다. 가지고 놀다.

824 요간(腰間) : 중간(中間). 그 사이.

세월[825] (동안 배운 것들)을 내려놓고,[826] 내 말을 들어라. 한 개 옛이야기를 말하겠다.

기억하건대, 이조(二祖)가 달마에게 물었다.

'제자의 마음이 편치 못합니다. 스님께서 편안하게 만들어 주십시오.'

달마가 말했다.

'마음을 가지고 오면, 너를 편안하게 해 주겠다.'

이조가 잠시 묵묵히 있다가 말했다.

'안에서도 밖에서도 중간에서도 마음을 찾을 수 없습니다.'

달마가 말했다.

'너의 마음을 편안하게 해 주었구나.'

이조는 그때 즉시 쉬어 버렸다.

또 삼조가 이조에게 물었다.

'제자의 몸이 풍양(風恙)[827]에 걸렸습니다. 스님께서 죄를 참회시켜 주십시오.'

이조가 말했다.

'죄를 가져오면, 그대를 참회시켜 주겠다.'

삼조가 잠시 묵묵히 있다가 말했다.

---

825 역일(曆日) : 책력(冊曆). 책력에 정한 날. 세월. 지나간 날.

826 해하(解下) : 풀다. 풀어 놓다.

827 풍양(風恙) : 중의학(中醫學)에서 바람의 삿된 기운을 맞아서 일어난다고 하는 여러 가지 질병.

'안에서도 밖에서도 중간에서도 죄를 찾을 수 없습니다.'

이조가 말했다.

'그대의 죄를 모두 참회시켜 주었구나.'

삼조는 그때 곧장 쉬어 버렸다.

傳菴主請普說, 師云: "傳菴主入堂挂搭, 就今日設供, 仍請雲門爲衆普說. 且道. 說

箇甚麼卽得? 若是全鋒敵勝, 同死同生, 正按旁提, 橫來竪去, 蟠根錯節, 結角羅紋,

於諸人分上, 正是小孩兒則劇家事, 不勞拈出. 旣不許恁麼, 各請解下腰間多年曆

日, 聽取雲門. 說箇古話. 記得二祖問達磨曰: '弟子心未寧. 請師與安.' 達磨曰: '將

心來, 與汝安.' 二祖良久曰: '內外中間, 覓心了不可得.' 達磨曰: '與汝安心竟.' 二祖

當時便休歇去. 又三祖問二祖曰: '弟子身纏風恙, 請師懺罪.' 二祖曰: '將罪來, 與汝

懺.' 三祖良久曰: '內外中間, 覓罪了不可得.' 二祖曰: '與汝懺罪竟.' 三祖當時便休

歇去.

이 두 칙(則)[828]의 공안을 총림에서 거론하는[829] 이가 삼대나 조 알갱이
만큼 많지만, 잘못 알고 있는 이도 곡식 알갱이만큼이나 많다. 만약 심

---

828 칙(則) : 고칙(古則), 고칙어(古則語), 고칙공안(古則公案). 칙(則)은 본보기, 모범이라
는 뜻. 부처나 조사의 말씀, 스승과 제자가 주고받은 말, 스승이 수시(垂示)하거나 보설
한 것 등은 언제라도 후인의 수행에 본보기가 될 수 있기 때문에 '고칙(古則)' 혹은 '고칙
공안(古則公案)'이라 한다. 고칙공안을 헤아릴 때는 1칙, 2칙 등으로 표시한다.

829 거창(擧唱) : 말하여 밝히다. 공안을 들어서 말하다. 말하여 보이다.

830 심성(心性) : 심성론(心性論)에서 일심(一心)을 성(性)과 상(相)으로 나누어 이해하는
것.

성[830]으로 이해하지 않으면 곧 현묘[831]로 이해하고, 현묘로 이해하지 않으면 곧 이사(理事)[832]로 이해하고, 이사로 이해하지 않으면 곧 직절(直截)[833]로 이해하고, 직절로 이해하지 않으면 곧 기특(奇特)[834]으로 이해하고, 기특으로 이해하지 않으면 곧 부싯돌을 치고 번개가 치는 곳[835]에서 이해하고, 부싯돌을 치고 번개가 치는 곳에서 이해하지 않으면 곧 일 없는 껍질

831 현묘(玄妙) : 마음을 일러 진공묘유(眞空妙有)라고 하는 등의 이치로 이해하는 것.

832 이사(理事) : 이(理)는 본질, 사(事)는 현상. 본질과 현상의 양 측면을 세워서 마음을 이해하는 것.

833 직절(直截) : 직절은 '곧장', '단도직입적으로'라는 뜻. 곧장 단도직입적으로 마음을 깨달아 들어간다고 이해하는 것.

834 기특(奇特) : 기특은 '기이하고 특별하다'는 뜻. 기이하고 특별한 경험을 통하여 마음을 깨닫는다고 이해하는 것.

835 격석화섬전광(擊石火閃電光) : 일체의 분별과 헤아림을 용납하지 않고 부싯돌을 치고 번갯불이 번쩍이는 것처럼 지금 이 한순간을 가리켜 선(禪)이라고 하는 것. 분별망상을 일으키지 못하게 하는 효과는 있으나, 분별망상을 배제한다는 치우침이 있다. 『대혜보각선사서(大慧普覺禪師書)』제29권 '51. 장시랑(張侍郞) 자소(子韶)에 대한 답서'에서 대혜는 이렇게 말하고 있다 : "님께서는 스스로 문득 벗어난 곳을 얻고는 이것을 지극한 도리로 여기고서, 이치의 길로 들어서는 것을 보자마자 진흙에 빠지고 물에 들어가며 사람을 위하는 것이라고 여겨 그 즉시 쓸어 내버리고 흔적을 없애 버리고자 합니다. … 님께서 도(道)를 보시는 것이 이와 같이 꼭 알맞음만을 살피면서, 혜충국사가 노파선(老婆禪) 말하는 것을 기뻐하지 아니하고, 깨끗하고 맑은 곳에 머물러 다만 부싯돌 불과 번갯불 같이 번쩍 스치는 한 수만을 좋아할 뿐, 그 밖에는 조금도 다른 도리(道理)를 용납하지 않으니, 참으로 안타까울 따름입니다. … 사람들에게 종사(宗師)라고 불리고 있다면, 모름지기 중생의 근기에 따라 알맞게 법을 말해야 합니다. 부싯돌불 같고 번갯불 같은 한 수는 이것을 소화할 만한 근기여야 비로소 떠맡을 수 있을 것이니, 근기가 그렇지 못한 경우에 그것을 쓴다면 싹을 잘라 버릴 것입니다."(左右以自所得瞥脫處爲極則, 纔見涉理路入泥入水爲人底. 便欲掃除使滅蹤跡. … 左右見道如此諦當, 而不喜忠國師說老婆禪, 坐在淨淨潔潔處 只愛擊石火閃電光一著子, 此外不容一星兒別道理, 眞可惜耳. … 被人喚作宗師, 須備衆生機說法. 如擊石火閃電光一著子 是這般根器 方承當得, 根器不是處 用之 則揠苗矣.)

276

속[836]으로 도망가고, 일 없는 껍질 속으로 도망가지 않으면 곧 옛사람의 몇몇[837] 공안을 말하고서 승당(僧堂)의 좌선하는 자리[838]에서 두 눈을 감고 검은 산 아래의 귀신굴 속[839]에 앉아서 생각으로 헤아리고 추측한다.

만약 이러한 일련의[840] 도리를 행하여 이 일을 밝히려고 한다면, 정주(鄭州)로 가면서 조문(曹門)을 나서는 것[841]과 꼭 같아서 전혀 관계가 없을

---

836 무사갑리(無事甲裏) : 일 없는 상자 속. 일 없는 껍질 속. 참으로 깨달아 마음이 쉬어진 것이 아니라, 지금 있는 그대로가 전체요 완전하여 더할 것도 뺄 것도 없다고 이치로 이 해하고는, 이 이해 속에 머물러 있으면서 다시는 참된 깨달음을 찾지 않는 선병(禪病).

837 양(兩) : 두어. 몇몇.

838 삼조연하칠척단전(三條椽下七尺單前) : 좌선(坐禪)하는 자리. 한 명의 선승이 승당에서 좌선할 때 앉는 자리의 폭이 머리 위 지붕의 서까래 세 개 정도의 폭에 해당하기 때문에 삼조연하(三條椽下)라 하고, 한 사람이 앉는 자리는 가로가 3척(尺) 세로가 7척이기 때문에 칠척단전(七尺單前)이라 한다.

839 흑산하귀굴(黑山下鬼窟) : 검은 산 아래의 귀신 소굴. 까마득히 정식(情識)을 잊고 아 득한 어둠 속에 빠져 있는 것을 삼매(三昧)니 적멸(寂滅)이니 하고 부르며 공부라고 착각 하는 것. 『대혜보각선사서(大慧普覺禪師書)』 제26권 '부추밀(富樞密) 계신(季申)에 대한 답 서(2)'에 다음 구절이 있다 : "오로지 공(空)에만 빠진다든지 고요함으로만 나아가는 짓은 절대로 하지 마십시오. 옛사람은 이것을 일컬어 검은 산 아래 귀신굴의 살림살이라고 했 습니다."(切不可一向沈空趣寂. 古人喚作黑山下鬼家活計.)

840 일락색(一絡索) : 한 줄의 예화(例話). 일련(一連)의 예화. 일련의 일.

841 정주출조문(鄭州出曹門) : 정주망조문(鄭州望曹門)이라고도 한다. 너무 멀리 돌아간다, 혹은 아무 관계가 없다는 뜻. 조문(曹門)은 북송(北宋)의 서울인 개봉(開封)의 동문(東門) 의 이름이고, 정주(鄭州)는 개봉의 서쪽 하남성(河南省)에 있는 도시다. 정주로 가려면 개봉의 서문(西門)을 나서야 하는데, 정주로 가는 사람이 동문인 조문(曹門)을 나서면 너 무 돌아가거나 잘못 가는 것이다. 송(宋) 장뢰(張耒)가 편집한 『명도잡지(明道雜誌)』에 실 린 '오도원(誤桃源)'이라는 시에 "꼭 정주로 가면서 조문을 나서는 것과 같다."(恰似鄭州去 出曹門)라는 구절이 있고, 또 청(淸) 연경(燕京) 소양산(小楊山) 조원초명(祖源超溟)이 지 은 『만법귀심록(萬法歸心錄)』 상권(上卷)에 "만약 이것에 의지하여 수행하여 부처의 도와 같고자 한다면, 꼭 정주에서 조문을 바라보는 것과 같아서 더욱더 멀어질 뿐이다."(若依

[842] 것이다. 이미 이런 것들을 허용하지 않는다면, 또 어떻게 이해해야 할까? 나는 이미 얼굴 두께가 3촌(寸)이나 되어서 여러분에게 명백히 말해 주었으니, 무엇보다도 내가 말한 것을 잘못 이해해서는 안 된다.

달마는 서쪽에서 한 개 무늬 없는 도장[843]을 가지고 와서, 이조(二祖)의 얼굴에 한 번 찍었다. 이조는 이 도장을 얻어서 털끝 하나도 바꾸지 않고 삼조(三祖)의 얼굴에 찍었다. 이후로 한 사람이 한 거짓말을 뭇 사람이 사실이라고 전하듯이,[844] 차례차례 도장을 찍어서 곧장 강서의 마조[845]에게까지 이르렀다. 마조는 남악[846] 화상에게서 이 도장을 얻고는 곧 말했다. '마음대로 살아온 30년, 단된장이 부족하지 않았다.'[847]"

斯修, 與佛之道同者, 大似鄭州望曹門, 遠之遠矣.)라는 구절이 있다.

842 차희몰교섭(且喜沒交涉) : 전혀 관계가 없다. 털끝만큼도 상관이 없다. 전혀 그런 것이 아니다. =차득몰교섭(且得沒交涉).

843 무문인자(無文印字) : 무문인(無文印) 또는 무문자인(無文字印)이라고도 함. 무늬 없는 도장을 찍는다는 것은 곧 불립문자(不立文字)·교외별전(敎外別傳)·이심전심(以心傳心)의 뜻으로서 달마가 전한 선(禪)을 말한다. 『선문강요집(禪門綱要集)』에 보면, 달마(達摩)가 무문인자(無文印字)를 가져와서 눈앞에 제시한 어구(語句)가 제일구(第一句)라 하고, 여기서의 인(印)은 곧 제불(諸佛)의 법인(法印)이요, 조사(祖師)의 심인(心印)이요, 삼요인(三要印)인데, 삼요(三要)는 무문인자(無文印字) 위의 무늬〔文彩〕라 한다. (『선문촬요(禪門撮要)』 제19장 강요집(綱要集))

844 일인전허만인전실(一人傳虛萬人傳實) : 한 사람이 거짓을 퍼뜨리면 뭇 사람이 사실로 퍼뜨린다. 없는 일도 뭇 사람이 말하면 있는 사실로 받아들여진다.

845 마조도일(馬祖道一; 709-788)

846 남악회양(南嶽懷讓; 677-744)

847 『사가어록(四家語錄)』 제1권 「마조도일선사광록(馬祖道一禪師廣錄)」에 나오는 마조의 말. 호란(胡亂)은 제멋대로 하는 것, 소홀한 것, 마음대로 하는 것, 편한 대로 하는 것. 여기에서 호란(胡亂)은 부정적인 뜻이 아니고, 초탈한 사람의 걸림 없는 삶을 가리키는 말이다. 염장(鹽醬)은 면장(面醬)이라고도 하는데, 밀가루로 만든 단맛이 나는 단된장. 단

278

這兩則語, 叢林擧唱者如麻如栗, 錯會者如稻似麻. 若不作心性會, 便作玄妙會; 不作玄妙會, 便作理事會; 不作理事會, 便作直截會; 不作直截會, 便作奇特會; 不作奇特會, 便向擊石火閃電光處會; 不向擊石火閃電光處會, 便颺在無事甲裏; 不颺在無事甲裏, 便喚作古人兩則公案, 向三條椽下七尺單前閉目合眼, 坐在黑山下鬼窟裏思量卜度. 若作這一絡索道理, 欲明此事, 大似鄭州出曹門, 且喜沒交涉. 旣不許恁麽, 又如何理會? 雲門已是面皮厚三寸, 分明爲諸人說破, 第一不得錯會我說底. 達磨從西天將得箇無文印子來, 把二祖面門一印印破. 二祖得此印, 不移易一絲頭, 把三祖面門印破. 自後, 一人傳虛, 萬人傳實, 遞相印授, 直至江西馬祖. 馬祖得此印於南嶽和尙, 便道: '自從胡亂後, 三十年不曾少鹽醬.'"

대혜가 "악!" 하고 일할을 하고서 말했다.

"도장 무늬가 나타났구나. 백장대지(百丈大智)[848] 선사는 마조에게서 이 도장을 얻고서 몸을 돌려 500생 이전의 여우굴[849] 속으로 뛰어 들어가 빠

된장은 중국요리에서 중요한 조미료이다.

848 백장회해(百丈懷海; 749-814)

849 백장야호(百丈野狐) : 백장(百丈)의 어록(語錄)에 있는 이야기. 백장(百丈)의 회상(會上)에 법회(法會) 때마다 한 노인이 법문(法門)을 듣고서 대중이 나가면 따라 나가곤 하였다. 하루는 법회가 끝나고도 그 노인이 가지 않으므로 백장이 누구냐고 묻자, 그 노인은 "저는 과거 가섭불(迦葉佛)의 시대에 이 산에서 주지 노릇을 하였습니다. 그때 어떤 학인이 '대수행인(大修行人)도 인과(因果)에 떨어집니까?'하고 묻기에, 제가 '인과에 떨어지지 않는다[不落因果]'하고 대답했는데, 그 때문에 500생(生) 동안 여우의 몸으로 살도록 되었습니다. 스님께서 저를 대신하여 한마디 하셔서 여우의 몸을 벗게 해 주시길 부탁드립니다."라고 하였다. 이에 백장이 "인과에 어둡지 않다.[不昧因果]"라고 말하니, 그 노인이 이 말을 듣고 여우의 몸을 벗어났다.

279

져나오질 못하였는데,[850] 지금까지도 기꺼이 돌아나오지 않고 있다.

황벽[851] 화상은 백장에게서 이 도장을 얻자 곧 말했다. '너희들은 전부 술지게미나 먹는 놈들이다. 이렇게 행각한다면 어디에 오늘의 일[852]이 있겠느냐? 이 큰 당나라에 선사가 없는 줄 아느냐?'[853]

임제(臨濟)[854] 화상은 황벽에게서 이 도장을 얻고는 곧 곳곳에서 날강도[855]질을 할 줄 알았으니,[856] 지금까지도 그 허물이 후손에게 미치고 있다.

---

850 두출두몰(頭出頭沒) : 물에 빠져 머리가 나왔다 들어갔다 하며 물에서 빠져나오지 못하다.

851 황벽희운(黃檗希運; ?-850)

852 금일(今日) : 오늘이란 곧 깨달음이 드러나 있는 지금 이 순간을 가리킨다.

853 『사가어록』 제5권 「황벽단제선사완릉록(黃檗斷際禪師宛陵錄)」에 나오는 다음의 대화 : 상당하여 말했다. "너희들은 모두 술지게미나 먹는 놈들이다. 이렇게 행각하여 다른 사람들을 웃기는구나. 모두들 이와 같이 경솔하니, 어디에 또 오늘의 일이 있겠느냐? 너희들은 큰 당나라에 선사(禪師)가 없는 줄 아느냐?" 그때 어떤 승려가 물었다. "지금 여러 곳에서 세상에 나타나 널리 중생을 교화하고 있는데, 무슨 까닭에 선사가 없다고 말씀하십니까?" 황벽이 말했다. "선(禪)이 없다고 말한 것이 아니라, 선사가 없다고 말했다."(上堂云 : "汝等諸人盡是噇酒糟漢. 與麼行脚, 笑殺他人. 總似與麼容易, 何處更有今日? 汝還知大唐國裡無禪師麼?" 時有僧問: "祇如諸方見今出世, 匡徒領衆, 爲什麼卻道無禪師?" 師云 : "不道無禪, 祇道無師.")

854 임제의현(臨濟義玄; ?-866)

855 백념적(白拈賊) : 날치기, 소매치기, 좀도둑.

856 분별을 내기만 하면 바로 빼앗아 버린다. 『경덕전등록』 제12권 '진주임제의현선사(鎭州臨濟義玄禪師)'에 다음 내용이 있다 : 하루는 상당하여 말했다. "그대들 모두의 육체 위에는 하나의 자리 없는 참사람이 있어서 늘 그대들의 얼굴에서 드나든다. 그대들이 알지 못한다면, 나에게 묻기만 하라." 그때 어떤 승려가 물었다. "어떤 것이 자리 없는 참사람입니까?" 임제가 곧 때리고서 말했다. "자리 없는 참사람이라니, 무슨 똥 닦는 막대기냐?" 뒷날 설봉이 그 이야기를 듣고서 말했다. "임제는 꼭 날강도 같구나."(一日上堂曰: "汝等諸人, 赤肉團上有一無位眞人, 常向諸人面門出入. 汝若不識, 但問老僧." 時有僧問: "如何是無位眞人?" 師便打云: "無位眞人, 是什麼乾屎橛?" 後雪峰聞乃曰: "臨濟大似白拈賊.")

홍화(興化)[857] 화상은 임제에게서 이 도장을 얻고서 곧 구름 머무는 곳에서 방편으로 한 개 질문을 던져 영초(影草)[858]로 삼을 줄 알았다.[859]

남원(南院)[860] 화상은 흥화에게서 이 도장을 얻어 곧장 붉은 고깃덩이[861] 위에 천 길이나 되는 절벽을 세웠는데,[862] 어떤 승려가 물었다. '옛 궁전을

857　흥화존장(興化存獎; 830-888)

858　영초(影草) : 탐간영초(探竿影草)와 같음. 탐간(探竿)과 영초(影草)는 모두 어민들이 물고기를 모여들게 한 뒤에 그물로 한꺼번에 잡는 어로법(漁撈法)이다. 『인천안목(人天眼目)』에 의하면, 탐간은 두견새의 깃을 엮어서 장대 끝에 꽂아 물속에 넣어 더듬어 고기를 모이게 하는 것이고, 영초는 풀더미를 베어 물속에 가라앉혀 그곳에 물고기가 모여들게 하는 것이다. 그렇게 물고기를 모여들게 한 뒤 그물을 던져 한꺼번에 몽땅 잡는 방법이다. 선종(禪宗)에서 종사가 학인을 다루는 솜씨를 가리키는 말. 종사가 방편의 말을 하여 학인의 관심이 한곳에 모이도록 한 뒤 문득 한꺼번에 그 관심을 부수어 버리는 것이다. 임제는 사할(四喝)을 말하면서 어떨 때의 일할(一喝)은 탐간영초(探竿影草)와 같다고 말한다.

859　『고존숙어록(古尊宿語錄)』 제5권 「흥화선사어록(興化禪師語錄)」에 다음 내용이 있다 : 흥화존장이 운거(雲居)에 이르러 물었다. "방편으로 하나의 질문을 던져 영초(影草)로 삼을 때는 어떻습니까?" 운거는 말이 없었다. 흥화가 세 번이나 말하였으나, 운거는 말이 없었다. 이에 흥화가 말했다. "스님이 말할 수 없다는 것을 확실히 알았으니, 이제 삼배 드리겠습니다."(師到雲居問: "權借一問以爲影草時如何?" 雲居道不得. 師三度擧話頭, 雲居無語. 師云: "情知和尙道不得, 且禮三拜.")

860　남원혜옹(南院慧顒; 860-930)

861　적육단(赤肉團) : 붉은 고깃덩이. 육신. 몸.

862　『고존숙어록』 제7권 「여주남원선사어요(汝州南院禪師語要)」에 다음 대화가 있다 : 상당하여 말했다. "붉은 고깃덩이 위에 천 길 절벽이 서 있다." 어떤 승려가 물었다. "붉은 고깃덩이 위에 천 길 절벽이 서 있다는 것이 어찌 스님의 말씀이 아니겠습니까?" 남원이 말했다. "내 말이 맞다." 그 승려가 곧 선상(禪床)을 뒤집어엎으니 남원이 말했다. "그대들은 보아라. 이 눈먼 작자가 함부로 행동하는 것을." 그 승려가 멈칫거리고 있자, 남원은 곧 그를 때려서 절에서 쫓아냈다.(上堂云: "赤肉團上, 壁立千仞." 有僧問: "赤肉團上, 壁立千仞, 豈不是和尙語?" 師云: "是." 僧便掀倒禪床, 師云: "你看. 這瞎漢亂做." 僧擬議, 師便打趁出院.) 벽립천인(壁立千仞)은 천 길이나 되는 절벽이라는 말이니 쉽게 오를 수 없다는 뜻이 있다.

다시 세울 때는 어떻습니까?' 남원이 말했다. '왕궁의 처마에 기와 한 장 얹는다.'[863] 승려가 말했다. '그렇다면 장엄(莊嚴)[864]을 다 갖추었겠군요.' 남원이 말했다. '풀을 베야 뱀 대가리가 떨어진다.'[865]

풍혈(風穴)[866] 화상은 남원에게서 이 도장을 얻자 곧 말했다. '무릇 공부하여 배운 안목이 있다면 모름지기 큰 작용이 드러나야 하고, 스스로 작은 마디에 구속되지 말아야 한다. 설사 말하기 이전에 깨닫는다고[867] 하여도 오히려 겉모습에 속아 막히고,[868] 비록 구절을 보고 정밀하게 통한다고 하여도 곳곳에서 어리석은 견해[869]를 벗어나지 못한다. 여러분이 이전에 배워 이해한 밝고 어두운 두 길을 이제 그대들을 위하여 일시에 청소해 버리니, 모름지기 한 사람 한 사람이 사자새끼가 어흥 하고 한 번

---

863 명당와삽첨(明堂瓦挿簷) : 명당(明堂)은 옛날 임금이 전례(典禮)를 행하고 정교(政教)를 베풀던 곳인 궁전, 왕궁. 명당에서 기와를 처마에 꽂는다는 말은 곧 궁전을 짓는 일을 함에 기와 한 장 없는 정도의 작은 일을 한다는 뜻.

864 장엄(莊嚴) : 아름답게 꾸민다는 뜻. 좋고 아름다운 것으로 국토를 꾸미고, 훌륭한 공덕을 쌓아 몸을 장식하고, 향과 꽃들을 부처님께 올려 장식하는 일.

865 참초사두락(斬草蛇頭落) : 풀을 베니 뱀 대가리가 떨어지다. 풀을 베니 뱀의 대가리가 떨어진다는 말은, 종사가 방편을 사용하니 학인이 깨달음을 얻는다는 말. 풀은 분별망상을 가리키고, 독을 가지고 사람을 물어 죽이는 뱀은 그 분별망상 속에 있는 아상(我相)이다. 종사가 방편을 사용하여 학인의 분별망상을 깨부수니, 학인의 아상(我相)이 사라진다는 말. 타초사경(打草蛇驚) 참조. 이 대화는『고존숙어록』제7권「여주남원선사어요(汝州南院禪師語要)」에 나오는 내용.

866 풍혈연소(風穴延沼; 896-973)

867 천(薦) : 알아차리다. 인식(認識)하다. 깨닫다.

868 체각미봉(滯殼迷封) : 껍질에 막히고 봉인(封印)에 속다. 겉모습에 끄달려 머물러 있다.

869 촉도광견(觸塗狂見) : 곳곳에서 제멋대로 어리석은 견해를 내다. 촉도(觸塗)는 '곳곳마다, 어디서든지'라는 뜻.

울부짖는 것처럼 천 길 절벽이 되면, 누가 감히 바른 눈을 엿보겠느냐?[870] 엿본다면 그의 눈이 멀어 버릴 것이다.' 또 '말과 침묵은 이미(離微)[871]에 저촉되니, 어떻게 통하여야 범하지 않겠습니까?'라고 누가 묻자, 곧 말하기를 '늘 기억하건대 강남의 삼월은, 자고가 우는 곳에 온갖 꽃이 향기롭다.'라고 하였다.[872]

수산(首山)[873] 화상은 풍혈에게서 이 도장을 얻고는 곧 죽비를 들고서 학인들에게 물었다. '죽비라고 부르면 저촉되고, 죽비라고 부르지 않으면 등진다.'[874] 또 '어떤 것이 부처입니까?'라고 누가 묻자, '신부가 나귀를

---

870 처착(覰着) : 엿보다. 살피다. 자세히 보다.

871 이미(離微):『경덕전등록』제13권 '여주풍혈연소선사(汝州風穴延沼禪師)'에 다음과 같은 이미(離微)의 설명이 나온다 : 조법사(肇法師)의 『보장론(寶藏論)』「이미체정품(離微體淨品)」에서 말한다 : '그 들어감은 이(離)고, 그 나옴은 미(微)다. 들어가는 이(離)를 알면 바깥 경계에 의지함이 없고, 나오는 미(微)를 알면 안 마음에 할 일이 없다. 안 마음에 할 일이 없으면 모든 견해가 바뀔 수 없고, 바깥 경계에 의지함이 없으면 만유(萬有)가 고동칠(機) 수 없다. 만유가 고동칠 수 없으면 생각이 달려가지 않고, 모든 견해가 바뀔 수 없으면 적멸하여 헤아림이 없다. 그러므로 본래 깨끗한 바탕은 이미(離微)라고 할 수 있는 것이다. 들어감에 의지하는 까닭에 이(離)라 부르고, 붙잡아 쓰는 까닭에 미(微)라 부른다. 이 둘이 뒤섞여 하나가 되면, 이(離)도 없고 미(微)도 없다. 바탕이 깨끗하여 더럽힐 수 없고, 더러움이 없기 때문에 깨끗함도 없다. 바탕이 미(微)함은 있을 수 없고, 있음이 없기 때문에 없음도 없다.'(肇法師 『寶藏論』「離微體淨品」云 : '其入離其出微. 知入離 外塵無所依, 知出微 內心無所爲. 內心無所爲 諸見不能移, 外塵無所依 萬有不能機. 萬有不能機 想慮不乘馳, 諸見不能移 寂滅不思議. 可謂本淨體離微也. 據入故名離, 約用故名微. 混而爲一, 無離無微. 體淨不可染, 無染故無)

872 『경덕전등록』제13권 '여주풍혈연소선사(汝州風穴延沼禪師)'에 이 두 가지 내용이 나온다.

873 수산성념(首山省念: 926-993)

874 『고존숙어록』제23권「광교감변어병행록게송(廣教勘辯語幷行錄偈頌)」에 이 내용이 나온다.

283

타고 시어머니[875]가 나귀 고삐를 끄는구나.[876]라고 하였다.[877]

분양(汾陽)[878] 화상은 수산에게서 이 도장을 얻고는 곧 말했다. '분양 문하(門下)에는 서하(西河)[879]의 사자(獅子)가 문을 가로막고 앉아 있다가 누가 오기만 하면 곧 물어 죽이니,[880] 무슨 수단을 써야 분양의 문 안으로 들어와 분양의 사람을 만나 보겠는가?'[881]

자명(慈明)[882] 화상은 분양에게서 이 도장을 얻고는 임제의 금강왕보검[883]을 붙잡아 두 조각으로 부러뜨려서 다만 낚싯줄을 감아올리는[884] 데에 쓸[885] 뿐이었다.

---

875 아가(阿家) : 시어머니.

876 신부기려아가견(新婦騎驢阿家牽) : 신부가 나귀를 타고 시어머니가 나귀 고삐를 붙잡고 이끈다. 주객(主客)이 전도(顚倒)되다. 위치를 거꾸로 하다. 중생이 전도되어 자기를 버리고 사물을 뒤쫓는다.

877 『고존숙어록』 제8권 「여주수산념화상어록(汝州首山念和尙語錄)」 뒤에 붙은 「차주광교어록(次住廣敎語錄)」에 이 내용이 나온다.

878 분양선소(汾陽善昭; 947-1024)

879 서하(西河) : 산서성(山西省)과 섬서성(陝西省)의 경계를 흐르는 황하(黃河)의 일부.

880 분별을 내기만 하면 쳐부수니.

881 『고존숙어록』 제10권 「분양소선사어록(汾陽昭禪師語錄)」에 이 내용이 나온다.

882 자명초원(慈明楚圓; 986-1040)

883 금강왕보검(金剛王寶釖) : 만물 가운데 가장 단단한 금강(金剛; 다이아몬드)으로 만든 보검이라는 뜻으로 부처님의 지혜가 일체 번뇌망상을 끊는 것에 비유한 말이다.

884 『속전등록(續傳燈錄)』 제3권 '담주석상초원자명선사(潭州石霜楚圓慈明禪師)'에 다음 대화가 있다 : 물었다. "행각(行脚)하면서 사람을 만나지 못할 때는 어떻습니까?" 자명이 말했다. "낚싯줄을 감아올린다."(問: "行脚不逢人時如何?" 師曰: "釣絲絞水.")

885 임제처럼 곧장 망상분별을 끊어 버리기만 하는 것이 아니라, 학인이 걸려든 만한 이야기를 가지고 미끼를 던져 걸려들면, 분별할 수 없는 진퇴양난의 함정에 빠져 스스로 살아나오기를 기다린다는 것.

양기(楊岐)[886] 화상은 자명에게서 이 도장을 얻고는 곧 죽은 땔나무 곁의 연기 없는 불에 이르렀다.[887]

백운(白雲)[888] 화상은 양기에게서 이 도장을 얻고는 곧 많은 곳에는 조금 더 보태어 주고 적은 곳에는 조금 더 덜어내 주었다.[889]

오조(五祖)[890] 화상은 백운에게서 이 도장을 얻고는 널판때기 짊어진 놈

---

886 양기방회(楊岐方會: 992-1049)

887 『양기방회화상어록(楊岐方會和尙語錄)』에 다음 내용이 있다 : 상당(上堂)하여 말했다. "복 없는 사람이 양기(楊岐)에 머무니, 해마다 기운이 약해지네. 찬 바람에 떨어지는 나뭇잎이, 도리어 즐거운 것은 옛사람이 돌아오기 때문이라네. 랄랄랄! 불 꺼진 땔나무를 집어 올리니, 바야흐로 연기 없는 불에 도달한다네."(上堂: "薄福住楊岐, 年來氣力衰. 寒風凋敗葉, 猶喜故人歸. 囉咪哩. 拈上死柴頭, 且向無煙火.")

888 백운수단(白雲守端: 1025-1072)

889 『속간고존숙어요(續刊古尊宿語要)』 제3집(集) 「백운단화상어(白雲端和尙語)」에 다음 내용이 있다 : 대지(大地)가 몽땅 사문(沙門)의 한 개 눈인데, 누구에게 이 진실한 경지를 알게 할까? 티끌 하나도 받아들이지 않는다면 어디로 갈까? 그러므로 말하기를 '세간 사람들이 머무는 곳에 나는 머물지 않고 다른 사람이 가는 곳으로 나는 가지 않는다.'고 했으니, 이것은 사람들과 어울리기 어려워서가 아니라 대체로 승(僧)과 속(俗)을 분명히 할 것을 요구한 것이다. 적은 곳에선 조금 덜어내고, 많은 곳에선 조금 보탠다. 무엇 때문에 적은 곳에서 덜어내고 많은 곳에서 보태는가? 신선(神仙)이 되는 비결은 아버지와 아들 사이에도 전할 수 없다. 오늘도 이것을 말하고 내일도 이것을 말하는데, 어떤 것이 이것인가? 캄캄한 자들은 공부하여라.(盡大地是沙門一隻眼, 敎阿誰識實際理地? 不受一塵, 向什麼處行? 所以道: '世人住處我不住, 他人行處我不行.' 不是與人難共聚, 大都緇素要分明. 少處減些子, 多處添些子. 爲什麼少處更減多處更添? 神仙秘訣, 父子不傳. 今日也道者簡, 明日也道者簡, 作麼生是那簡? 漆桶參堂去.)

890 오조법연(五祖法演: 1024-1104)

891 담판한(擔板漢) : '널판때기를 짊어진 사람'이란 뜻인데, 널판때기를 어깨에 짊어지면 앞만 보고 뒤를 돌아보지 못하기 때문에, 하나만 알고 둘은 모르는 자를 일컫는다. 완고한 사람. 자기 생각만 하는 사람. 외골수. 이 말의 최초 출처는 다음 대화이다. 목주(睦州)의 진존숙(陳尊宿)은 평소 납승(衲僧)이 찾아오는 것을 보면 곧 문을 닫기도 하고, 혹

891을 헐값에 팔고 삼 서 근892을 손해 보고 팔았지만,893 수십만 년 쌓인 재고894 때문에 발 디딜 곳이 없었다.895

원오896 노사(老師)897께서는 오조에게서 이 도장을 얻고서, 360개 뼈마디와 8만 4천 개 털구멍을 일시에 모든 사람의 품속898에 흩뿌렸다.899

은 강승(講僧)이 찾아오는 것을 보면 "좌주(座主)!" 하고 불렀는데, 그 승려가 "예!" 하고 답하면 진존숙은 이렇게 말했다. "널판때기를 짊어진 사람이로군."(師尋常或見衲僧來卽閉門, 或見講僧乃召云: "座主." 其僧應諾, 師云: "擔板漢.")(『경덕전등록』 제12권 '진존숙(陳尊宿)')

892　마삼근(麻三斤) : 동산양개(洞山良价)에게 어떤 스님이 "어떤 것이 부처입니까?"라고 물었을 때, 동산이 "삼이 서 근이다."(僧問洞山: "如何是佛?" 洞山云: "麻三斤.")라고 대답한 말에서 연유하는 이야기. 뒷날 화두(話頭)로 흔히 언급되었다.

893　첩칭(貼稱) : 거래에서 파는 쪽이 값을 깎아서 사는 쪽에 이익이 되게 팔다. 값을 깎아 주다.

894　체화(滯貨) : 팔리지 않아 남은 재고. 팔다 남은 물건.

895　무처착혼신(無處著渾身) : 몸뚱이가 하나 둘 곳이 없다. 발 디딜 곳이 없다. 『법연선사어록(法演禪師語錄)』 하권(下卷)에 이 내용이 실려 있다 : 상당하여 말했다. "담판한을 헐값에 팔고 마삼근을 손해 보고 팔았지만, 수십만 년 쌓인 재고가 있으니 어디에 발을 딛겠느냐?"(上堂云: "賤賣擔板漢, 貼稱麻三斤. 百千年滯貨, 何處著渾身?")

896　원오극근(圜悟克勤; 1063~1125)

897　노사(老師) : 노종사(老宗師), 노화상(老和尙), 노숙(老宿). 학덕과 수행이 높은 스님이라는 뜻의 선승(禪僧)에 대한 경칭.

898　회리(懷裏) : 품속. 자기 앞. 자기 쪽.

899　『원오불과선사어록(圜悟佛果禪師語錄)』 제3권에 다음 내용이 있다 : 상당하여 말했다. "산꼭대기에서 물결을 일으키고 우물 바닥에서 먼지를 일으키며, 눈으로 들으니 마치 우레소리 같고, 귀로 보니 마치 수 놓은 비단을 펼친 것 같구나. 360개 뼈마디 하나하나가 가없는 부처님의 몸을 드러내고, 8만 4천 개 털끝 하나하나가 부처님의 국토를 밝힌다. 이것은 신통묘용(神通妙用)도 아니고 법이 원래 그런 것도 아니다. 만약 천 개의 눈을 문득 뜰 수 있다면, 즉시 온 우주를 거꾸러뜨릴 것이다. 홀로 멀리 벗어난 한마디는 어떻게 말하느냐? 옥을 알아보려면 불에 구워봐야 하고, 구슬을 구하려면 진흙 속에 들어가야

師喝一喝, 云 : "印文生也. 百丈大智禪師得此印於馬祖, 翻身跳入五百生前野狐窟裏, 頭出頭沒, 直至如今不肯回. 黃檗和尙得此印於百丈, 便道: '汝等諸人盡是噇酒糟漢. 恁麽行脚, 何處有今日? 還知大唐國裏無禪師麽?' 臨濟和尙得此印於黃檗, 便解到處作白拈賊, 至今累及兒孫. 興化和尙得此印於臨濟, 便解向雲居處權借一問, 以爲影草. 南院和尙得此印於興化, 直得赤肉團上, 壁立千仞, 有僧問: '古殿重興時如何?' 曰: '明堂瓦揷簷.' 僧曰: '恁麽則莊嚴畢備也.' 曰: '斬草蛇頭落.' 風穴和尙得此印於南院, 則曰: '夫參學眼目, 直須大用現前, 勿自拘於小節. 設使言前薦得, 猶是滯殼迷封, 縱然句下精通, 未免觸途狂見. 汝等諸人, 應是從前學解, 明昧兩岐, 如今爲汝一時掃卻, 直須箇箇如師子兒吒[髟/沙]地哮吼一聲, 壁立千仞, 誰敢正眼覷著? 覷著則瞎卻渠眼.' 有問: '語默涉離微, 如何通不犯?' 則曰: '長憶江南三月裏, 鷓鴣啼處百華香.' 首山和尙得此印於風穴, 便拈起竹篦問學人曰: '喚作竹篦則觸, 不喚作竹篦則背.' 有問: '如何是佛? 則曰: 新婦騎驢阿家牽.' 汾陽和尙得此印於首山, 則曰: '汾陽門下有西河師子當門踞坐, 但有來者, 卽便咬殺. 作何方便入得汾陽門, 見得汾陽人?' 慈明和尙得此印於汾陽, 把臨濟金剛王寶劍折作兩段, 只用釣絲絞水. 楊岐和尙得此印於慈明, 便向無煙火於死柴頭畔. 白雲和尙得此印於楊岐, 便向多處添些子, 少處減些子. 五祖和尙得此印於白雲, 賤賣擔版漢, 貼稱麻三斤, 百千年滯貨, 無處著渾身. 圜悟老師得此印於五祖, 將三百六十骨節, 八萬四千毛竅, 一時撒向諸人懷裏."

대혜가 갑자기 주장자를 집어 들고 면전에 일획(一劃)을 긋고서 말했

한다."(上堂云: "山頭鼓浪井底揚塵, 眼聽似震雷霆, 耳觀如張錦繡. 三百六十骨節, 一一現無邊妙身, 八萬四千毛端, 頭頭彰寶王刹海. 不是神通妙用, 亦非法爾如然. 苟能千眼頓開, 直下十方坐斷. 且超然獨脫一句作麽生道? 試玉須經火, 求珠不離泥.")

다.

"경계를 넘을 수 없다."[900]

다시 집어 들고는 말했다.

"이 한 무리의 똑똑하지[901] 못한 노인네들[902]의 목숨이 모두 나의 손아귀에 놓여 있다.[903] 지금 여러분 앞에서 이 도장[904]을 때려 부수어, 후대의 자손들로 하여금 헛된 일을 이어받아[905] 번갈아 서로를 속이는[906] 짓을 벗어나 각각 따로 자신의 삶을 살게 하려 한다."[907]

이윽고 주장자로 법상을 한 번 내리치고는 말했다.

"도장이 산산조각 나 버렸다.[908] 말해 보아라. 이 한 무리의 노인네들이 어디에서 목숨을 부지하고 있겠느냐?[909] 알겠느냐?"

잠시 묵묵히 있다가 말했다.

---

900 이 경계(境界) 즉 이 법(法)을 넘어서는(벗어나는) 것은 없다.

901 즐류(喞溜) : 총명한. 영리한. 즐류(喞嚠)라고도 씀.

902 달마에서 원오까지 법을 이어온 종사(宗師)들.

903 부처와 조사를 죽이거나 살리는 것은 모두 나의 손 즉 나의 안목(眼目)에 달려 있다.

904 도장은 달마에게서 원오까지 인가하여 이어져 내려온 선의 종지(宗旨)를 가리킨다. 선의 종지는 곧 모든 사람의 마음이다. 마음 밖에 따로 전해 줄 종지가 있다면, 그것은 법상(法相)이라는 망상(妄相)이다.

905 승허접향(承虛接響) : 헛된 것을 이어받고 메아리 같은 것을 마주하다. 허망한 일을 이어받다

906 둔치(鈍置) : (심신을) 괴롭히다. 놀리다. 속이다. 조롱하다. 농락하다.

907 본래 누구나 자신의 살림에 의지하여 살아가는 것이고, 본래 그렇게 살 수밖에 없는 것이다.

908 백잡쇄(百雜碎) : 산산조각 나다. 산산조각으로 부서지다.

909 지금 이렇게 살아 있구나.

"눈썹⁹¹⁰이 모두 빠져 버려서⁹¹¹ 구경꾼들이 비웃지 않을 수 없도록 만들었구나."⁹¹²

다시 한 번 내리치고는 "악!" 하고 일할을 하였다.⁹¹³

師驀拈拄杖面前畫一畫, 云 : "不得過界."

復擧起云 : "這一隊 不唧𠺕老漢性命 盡在雲門手裏. 卽今對衆 將這印子 爲他打破, 欲使後代兒孫各別有生涯, 免得承虛接響遞相鈍置."

遂卓一下, 云 : "印子百雜碎了也. 且道. 這一隊老漢 在甚麼處 安身立命? 還見麼?"

良久, 云 : "眼睫眉毛都落盡, 轉使傍觀笑不休."

復卓一下, 喝一喝.

---

910 안첩미모(眼睫眉毛) : 안첩(眼睫)은 속눈썹, 미모(眉毛)는 겉눈썹. 눈썹.

911 중국에서는 예부터 여법(如法)하지 못한 말을 하면 눈썹이 빠진다는 말이 있었음.

912 헛소리를 많이 하였다는 말.

913 마지막 일할(一喝)이 없었다면, 정말 비웃음을 살 뻔했다.

7. 유 시랑이 청한 보설[914]

유 시랑[915]이 직접 쓴 『화엄경』을 대혜에게 주고는 보설을 청하였다.
한 승려가 물었다.

"대천세계([916]를 우주의 바깥[917])으로 내던지고, 수미산[918]을 겨자씨 속에
집어넣는 것은 어떤 사람의 일입니까?"

대혜가 말했다.

"몰량대인(沒量大人)[919]의 일이다."

승려 : "무슨 까닭에 저의 발밑에 밟혔습니까?"

대혜 : "그대가 무슨 도리를 보았기에 곧장 이렇게 큰소리를 치는
가?"

승려가 곧 "악!" 하고 고함을 한 번 지르자, 대혜가 말했다.

---

914 1146년(58세)에 행한 보설.

915 유(劉) 시랑(侍郎) : 해공(解空) 거사 유계고(劉季高). 저산(杵山) 거사라고도 한다.

916 대천세계(大千世界) : 삼천대천세계(三千大千世界)의 약칭이다. 세계에는 소천(小千) ·
     중천(中千) · 대천(大千)의 구별이 있는데, 4대주(大洲)의 해(日) · 달(月)과 여러 하늘을 일
     세계(一世界)라 하고, 그 일세계를 소천세계, 소천세계의 천 배를 중천세계, 중천세계의
     천 배를 대천세계라고 한다.

917 방외(方外) : 속세를 떠난 곳. 세상 밖. 여기에서는 시방세계의 밖, 우주의 바깥이라는
     말.

918 수미산(須彌山) : 고대 인도의 우주관에서 세계의 중심에 있다는 상상의 산. 수미 · 소
     미루(蘇迷漏) 등은 산스크리트의 수메루(Sumeru)의 음사(音寫)이며, 약해서 '메루'라고도
     하는데, 미루(彌樓·彌漏) 등으로 음사하고 묘고(妙高) · 묘광(妙光) 등으로 의역한다. 이것
     이 불교에 도입되었다.

919 몰량대인(沒量大人) : 헤아릴 수 없이 큰 사람이라는 말이니, 철저하게 깨달아서 범부
     의 분별이나 헤아림을 넘어선 사람을 가리킨다.

"고함 한 번 멋지게 질렀지만, 아직 주인이 없구나."

승려 : "53인의 선지식[920]도 여기에 이르면 손을 쓸 수 없음을 알아야
합니다."

대혜 : "그대의 일은 어떤가?"

승려 : "오늘은 강한 것을 만나 약해졌습니다."

대혜 : "어찌하여 절하지 않느냐?"

그 승려는 곧 절을 하였다.

劉侍郎親書『華嚴經』施師, 仍請普說. 僧問: "擲大千於方外, 納須彌於芥中, 是甚麼
人分上事?"

師云 : "是沒量大人分上事."

進云 : "因甚麼被學人蹋在脚下?"

師云 : "爾見箇甚麼道理, 便開許大口?"

僧便喝.

師云 : "好一喝, 未有主在."

進云 : "須知五十三人善知識到這裏也摸[扌+索]不著."

師云 : "爾分上事作麼生?"

進云 : "今日逢彊則弱."

師云 : "何不禮拜?"

僧便禮拜.

---

920 오십삼선지식(五十三善知識) : 『화엄경(華嚴經)』「입법계품」에서 선재 동자가 복성의 동
쪽 장엄당사라림에서 문수보살의 법문을 듣고 남방으로 향하여 차례차례 찾아가서 법문
을 들은 선지식.

대혜가 이어서 말했다.

"53인 선지식이 손을 쓸 수 없는 것이 곧 여러분의 일상생활의 소식이고, 여러분이 손을 쓸 수 없는 것이 곧 53인 선지식의 일상생활의 소식이다. 여러분의 일상생활의 소식을 53인 선지식은 결코 손댈 수 없고, 53인 선지식의 일상생활의 소식을 여러분은 결코 손댈 수 없다. 그러므로 말했다.

'모든 법은 움직임이 없고 또한 자성(自性)921도 없으니, 이 까닭에 그 모두는 각각 서로 알지 못한다. 또한 큰 불덩어리에서 맹렬한 불꽃이 동시에 나오지만 각각은 서로 알지 못하는 것과 같이, 모든 법도 역시 그러하다.'922

바로 이러하니, 세계를 우주의 바깥으로 내던지고 수미산을 겨자씨 속에 집어넣는 것이 어찌 분수 밖의 일이겠는가? 비록 이와 같지만 무엇보다도 조사의 문하를 지나쳐서는 안 되니, 만약 조사의 문하를 지나친다면 반드시 그대 당나귀923들의 허리를 꺾어 놓을 것이다."

불자를 가지고 선상을 한 번 내리쳤다.

師乃云 : "五十三人善知識摸捺不著處, 卽是諸人日用消息; 諸人摸捺不著處, 卽是

---

921 체성(體性) : 자성(自性), 본성(本性)과 같은 말. 본바탕을 체(體)라 하고, 변함 없는 것을 성(性)이라 하니, 체가 곧 성이다.

922 『대방광불화엄경』 제13권 「보살문명품(菩薩問明品」 제10. 가운데 이 구절이 빠져 있다 : "마치 강물속의, 여울이 다투어 흐르지만, 각각 서로 알지 못하는 것처럼, 모든 법도 역시 그러하다."(譬如河中水, 湍流競奔逝. 各各不相知, 諸法亦如是.) 서로 알지 못한다는 것은 서로를 상대하여 보지 않는다는 말. 서로 짝이 되지 않는다는 말.

923 당나귀 : 우둔한 사람을 가리킴. 중생을 가리킴.

293

五十三人善知識日用消息. 諸人日用消息, 五十三人善知識決定摸揀不著; 五十三
人善知識日用消息, 諸人決定摸揀不著. 所以道: '諸法無作用, 亦無有體性, 是故
彼一切, 各各不相知. 亦如大火聚, 猛焰同時發, 各各不相知, 諸法亦如是.' 便恁麼
去, 擲大千於方外, 納須彌於芥中, 豈是分外? 雖然如是, 第一不得向祖師門下過,
若向祖師門下過, 定打折爾驢腰."

以拂子擊禪床一下.

다시 말했다.

"저산(杼山) 거사 유공(劉公)께서 손으로 쓰신 『대방광불화엄경』 한 부
(部)를 나에게 주어서 받아 지니게 하시고, 또 돈을 들여서[924] 공양을 마련
하시어 경참(慶懺)[925]을 말씀하셨다. 나는 오늘 곡록상(曲彔床)[926]에 올라 거
사를 위하여 (불도를) 밝게 드러내어[927] 대중이 알게[928] 하고자 한다.

부처님께서 말씀하셨다.

'일체 세계의 모든 중생은, 성문승(聲聞乘)을 찾는 자가 적고, 독각(獨覺)
을 찾는 자는 더욱 적으며, 대승(大乘)으로 나아가는 자는 매우 만나기 어
렵다. 대승으로 나아가는 것은 오히려 쉽지만, 이 법을 잘 믿는 것은 곱

---

924 휘금(揮金) : 돈을 낭비하다. 돈을 아낌없이 쓰다.

925 경참(慶懺) : 불전(佛殿)에서 참회하여 마음이 깨끗해진 것을 기뻐하는 것. 기쁨을 주
     는 참회.

926 곡록상(曲彔床) : 휘어진 나무로 만든 의자. 선상(禪床)과 같음.

927 거양(擧揚) : 들어 날리다. 드날리다. 대중을 모아 놓고 문답하고 설법하며 종지(宗旨)
     를 명백히 들어내는 것.

928 지유(知有) : ①알다. ②깨닫다. =지(知), 지도(知道).

절이나 더 어렵다.[929]

　지금 이 법을 믿는 자가 있다면, 손으로 베껴 쓰는 것은 경(經)이고, 검은 것은 먹이고, 흰 것은 종이인데, 무엇을 일러 이 법이라 하는가? 이 법은 또 어떻게 밝게 드러내는가? 지금 이 법을 믿을 수 있는 자가 있는가? 앞으로 나와서 저산 거사에게 증명해 보아라. 만약 증명한다면 거사의 공덕이 헛되이 없어지지 않을 것이지만, 만약 증명하지 못한다면 내가 여러분의 수준에 맞추어 말하는 김에[930] 여러분에게 한 개 그림자[931]를 말하겠다.

　復云："杼山居士劉公 以手寫『大方廣佛華嚴經』一部 施妙喜道人受持, 仍揮金辦供, 以伸慶懺. 妙喜今日登曲彔木, 爲居士發揚, 且要大家知有. 佛言：'一切世界諸群生, 少有欲求聲聞乘, 求獨覺者轉復少, 趣大乘者甚難遇. 趣大乘者猶爲易, 能信此法倍更難.' 今有信此法者, 手寫是經, 黑底是墨, 白底是紙, 喚甚麼作此法? 此法又如何擧揚? 卽今還有能信此法者麼? 出來爲杼山居士證明. 若證明得, 居士功不唐捐; 若證明不得, 妙喜乘便下坡, 爲諸人說箇影子.

929　『대방광불화엄경』제15권 「현수품(賢首品)」 제12-2에 나오는 게송.

930　승편하파(乘便下坡) : 내리막을 내려가는 김에. 비탈길을 내려가는 김에. 승편(乘便)은 '-하는 김에' '-하는 때를 이용하여'라는 뜻이고, 하파(下坡)는 '내리막을 내려가다' '비탈을 내려가다'라는 뜻. 여기에서는 '대중의 수준에 맞게 낮추어 말하는 김에'라는 뜻.

931　영자(影子) : 그림자. 희미한 모습. 거울에 비친 모습.

932　면구담(黃面瞿曇) : 석가모니. 황면(黃面), 황두(黃頭)라고 약칭. 석가의 탄생지인 카필라성의 카필라는 황색(黃色)이라는 뜻이고, 석가의 씨족 명은 고오타마(Gotama. 구담(瞿曇)으로 음역)이므로 이렇게 부른다. 황면노자(黃面老子)라고도 한다.

석가모니[932]께서 처음 정각(正覺)을 이루셨을 때, 마가다[933]에 있는 아란
야[934]의 법보리도량(法菩提道場)[935]에 계셨는데, 한 개 티끌 속에서 이 한 개
티끌을 부수시고 여래의 드넓은 경계를 말씀하시는 묘한 소리가 멀리 울
려 퍼져서 미치지 않는 곳이 없었으니, 어찌 이 법이 아니랴?

모든 보리수 밑을 떠나지 않고 수미산에 오르셔서, 제석천의 묘승전
(妙勝殿) 속에 있는 보광명장사자좌(普光明藏師子座)[936] 위에서 「십주품(十住
品)」을 말씀하시니, 어찌 이 법이 아니랴?

모든 보리수 밑을 떠나지 않고 수미산 꼭대기에 이르고, 야마천궁(夜摩
天宮)에 있는 보장엄전(寶莊嚴殿) 속의 보련화장사자좌(寶蓮華藏師子座) 위에
서 보살선사유삼매(菩薩善思惟三昧)에 들어가 「십행품(十行品)」을 말씀하시
니, 어찌 이 법이 아니랴?

이 보리수 밑에서 떠나지 않고 수미산 꼭대기의 야마천궁에 이르고,
다시 도솔타천(兜率陀天)의 일체묘보소장엄전(一切妙寶所莊嚴殿)에 있는 마
니장사자좌(摩尼藏師子座) 위로 찾아가 「십회향품(十回向品)」을 말씀하시
니, 어찌 이 법이 아니랴?

---

933 마가다 : 마갈타국(摩竭陀國), 마갈제국(摩竭提國). 마갈타국(摩竭陀國; Magadha)은 고
대 인도에서 불교와 가장 관계가 깊은 나라로서, 석가모니가 성도(成道)한 땅이고 전도
(傳道)한 땅이다.

934 아란야(阿蘭若) : 음역은 아련야(阿練若), 아란나(阿蘭那)라고도 함. 의역은 무쟁성(無
諍聲), 한적(閑寂), 원리처(遠離處). 비구가 머무는 장소로서, 시끄러움이 없는 한적한 곳
으로 수행하기에 적당한 삼림(森林)·넓은 들·모래사장 등을 가리키는 말.

935 법보리도량(法菩提道場) : 법(法)은 진리, 보리(菩提)는 깨달음, 도량(道場)은 장소이므
로, 진리를 깨달은 장소 혹은 깨달음이 있는 장소란 뜻.

936 사자좌(師子座) : ①부처님이 앉으시는 상좌(牀座). 부처님은 인간세계에서 가장 높은
지위에 있는 분이므로 사자에 비유. ①설법할 때 쓰는 높고 큰 상을 말함.

도솔타천을 떠나지 않고 타화자재천궁(他化自在天宮)의 마니보장전(摩尼寶藏殿)을 방문하여 모든 보살의 지혜가 머무는 곳에 머물러 모든 여래의 지혜가 들어가는 곳에 들어가 「십지품(十地品)」을 말씀하시니, 어찌 이 법이 아니랴?

타화자재천궁을 떠나지 않고 다시 마가다의 보광명전(普光明殿)에 이르러 불화장엄삼매(佛華莊嚴三昧)에 들어가 「이세간품(離世間品)」을 말씀하시니, 어찌 이 법이 아니랴?

마가다를 떠나지 않고 사위국(舍衛國)[937]에 있는 기수급고독원(祇樹給孤獨園)의 기원정사(祇園精舍) 속의 대장엄중각(大莊嚴重閣)에서 헤아릴 수 없는 불국토의 티끌같이 많은 신변해삼매(神變海三昧)와 기타 온갖 삼매의 문(門)에 들어가 「입법계품(入法界品)」[938]을 말씀하시니, 어찌 이 법이 아니랴?

黃面瞿曇始成正覺時, 在摩竭提國阿蘭若法菩提場中, 於一塵內破此一塵, 演說如來廣大境界, 妙音遐暢, 無處不及, 豈不是此法? 不離一切菩提樹下而上升須彌, 向天帝釋妙勝殿普光明藏師子座上說〈十住品〉, 豈不是此法? 不離一切菩提樹下及須彌山頂, 而向夜摩天宮寶莊嚴殿寶蓮華藏師子座上, 入菩薩善思惟三昧說〈十行品〉, 豈不是此法? 不離於此菩提樹下及須彌頂夜摩天宮, 而往詣兜率陀天一切妙寶所莊嚴殿摩尼藏師子座上說〈十回向品〉, 豈不是此法? 不離兜率陀天而往詣他化自在天宮摩尼寶藏殿, 住一切菩薩智所住境, 入一切如來智所入處說〈十地品〉,

937　실라벌국(室羅筏國) : 사위국(舍衛國). 실라벌(室羅筏)은 śrāvastī의 음역. 중인도 가비라국 서북쪽에 있던 도성(都城).

938　여기 나오는 각 품(品)들은 전부 『화엄경』의 품(品)들이다.

豈不是此法? 不離他化自在天宮, 復至摩竭提國普光明殿, 入佛華莊嚴三昧說〈離
世間品〉, 豈不是此法? 不離摩竭提國, 向室羅筏國逝多林給孤獨園大莊嚴重閣, 入
不可說佛利微塵數神變海及種種三昧門說〈入法界品〉, 豈不是此法?

비로자나와 모든 큰 보살이 일곱 곳의 아홉 회상[939]에 전부 모여 서
로 주인과 손님이 되어 한 사람 한 사람이 서로 만나[940] 큰 신통변화를
나타내고, 또 선재 동자는 자기가 머무는 곳을 떠나지 않고 보현의 털
구멍 국토 속에 들어가 한 걸음 옮기면서 말할 수 없는 불국토와 티끌
처럼 많은 세계를 지난다. 이와 같이 영원토록 걸어가도, 도리어 한 개
털구멍 속 세계[941]의 차례·세계에 숨어 있음·세계의 차별·세계에 두
루 들어감·세계의 이루어짐·세계의 부서짐·세계를 꾸미고 있는 변
두리와 나아가 가없는 세계의 모든 곳에 순간순간 골고루 이르러 중생
을 교화하여 위없이 바르고 평등한 깨달음에 들어가게 함을 알지 못한
다. 바로 이러한 때 선재 동자는 곧 보현보살의 모든 행원(行願)[942]의 바
다를 차례차례 얻어, 보현과 같아지고 모든 부처와 같아져서, 한 몸이

---

939 칠처구회(七處九會) : 80권본 『화엄경』에서 1부(部) 39품(品)을 일곱 곳의 아홉 회상에
    서 말하였다고 하는 것. 제1회 6품은 보리도량(菩提道場), 제2회 6품은 보광명전(普光明
    殿), 제3회 6품은 도리천(忉利天), 제4회 4품은 야마천(夜摩天), 제5회 3품은 도솔천(兜率
    天), 제6회 1품은 타화천(他化天), 제7회 11품은 보광명전, 제8회 1품은 보광명전, 제9회
    1품은 중각강당(重閣講堂).

940 교참(交參) : 서로 만나다.

941 찰해(刹海) : 세계. 찰(刹)은 kṣetra의 음역으로서 토지, 육지라는 뜻. 찰해(刹海)는 육
    해(陸海) 즉 육지와 바다라는 뜻으로 세계를 말한다.

942 행원(行願) : 몸으로 하는 행(行)과 마음으로 바라는 원(願). 곧 실천과 바람.

모든 법계에 가득 찬다. 국토와 같고, 행원과 같고, 정각(正覺)과 같고, 신통과 같고, 법륜(法輪)과 같고, 변재(辯才)와 같고, 언사(言辭)와 같고, 나아가 불가사의해탈자재(不可思議解脫自在)와 모두 같으니, 어찌 이 법이 아니랴?

毘盧遮那及諸大菩薩七處九會, 咸集其所, 互爲主伴, 一一交參, 現大神變, 乃至善財不離自所住處, 入普賢毛孔刹中行一步, 過不可說不可說佛刹微塵數世界. 如是而行, 盡未來劫, 猶不能知一毛孔中刹海次第·刹海藏·刹海差別·刹海普入·刹海成·刹海壞·刹海莊嚴所有邊際, 乃至念念周遍無邊刹海, 敎化衆生, 令向阿耨多羅三藐三菩提. 當是之時, 善財童子則次第得普賢菩薩諸行願海, 與普賢等, 與諸佛等, 一身充滿一切世界. 刹等·行等·正覺等·神通等·法輪等·辯才等·言辭等, 及不可思議解脫自在悉皆同等, 豈不是此法?

이와 같다면,[943] 저산 거사가 붓[944]을 움직이거나 종이와 먹을 설치하기

---

943 약이(若爾) : =여차(如此). 이와 같다면, 이러하다면

944 모추(毛錐) : 붓. =모필(毛筆).

945 81권은 80권의 오기(誤記)가 아닐까? 『화엄경』은 산스크리트 원본은 전하지 않고 티베트어 번역본이 완역본으로 전해진다. 한역본은 북인도 출신 승려 불타발타라(佛陀跋陀羅) 번역의 60권본과 중국 당(唐)나라 때 승려 실차난타(實叉難陀) 번역의 80권본, 반야(般若) 번역의 40권본 등이 전해지는데 40권본은 60권본·80권본의 마지막 장인 「입법계품(入法界品)」에 해당하므로 완역본은 아니다. 구성은 60권본이 34품, 80권본이 39품, 티베트본이 45품으로 되어 있다. 화엄종을 대성시킨 당나라 현수(賢首) 대사 법장(法藏)이 60권본을 바탕으로 『화엄경탐현기(華嚴經探玄記)』라는 해설서를 쓴 이래 60권본이 가장 널리 유포되었다. 『화엄경』은 처음부터 완역본이 지어진 것이 아니라 별도로 전해지던 여러 경이 4세기 무렵 중앙아시아에서 합쳐져 완역본이 이루어진 것으로 추정된다.

도 전에 이미 비로자나여래와 말할 수 없고 티끌같이 많은 세계의 모든 부처님과 보살의 드넓은 경계와 하나하나 평등하고 하나하나 차별이 없고, 81권[945]을 빠짐없이 준비해[946] 점차 점차[947] 두루 막힘없이 통하고, 또 선재 동자가 아직 문수를 만나 위없이 바르고 평등한 깨달음을 얻고자 하는 마음을 내기 이전과 마음을 내어 모든 성(城)을 두루 돌아다니며 모든 선지식을 받들어 모시고[948] 보현의 모든 행원(行願)의 바다를 차례로 만족시키는 것과 차별이 없음을 알아야 한다. 이렇게 말한다면 어찌 이 법이 아니랴?

若爾, 則須知, 杼山居士未動毛錐, 未形紙墨時, 已與毘盧遮那如來及不可說微塵數利土諸佛菩薩廣大境界一一平等, 一一無差別, 以至周旋八十一卷, 行布圓融, 亦與善財未見文殊, 未發阿耨多羅三藐三菩提心, 及發心已來, 遍歷諸城, 承事諸善知識, 次第滿足普賢諸行願海, 亦無差別. 如上所說, 豈不是此法?

저산 거사가 이미 이러하다면, 나[949] 역시 이러하다. 내가 이미 이러하다면, 지금 앞에 있는 대중들 역시 이러하다. 지금 대중들이 이러하다면, 삼라만상과 산하대지(山河大地) 역시 이러하다. 이른바 하나하나의 티끌이 이러하고, 순간순간이 이러하고, 하나하나의 법이 이러하다. 한 개 법이 이미 이러하다면, 모든 법 역시 이러하다. 한 개 티끌이 이미 이러하

---

946 주선(周旋): 빈틈없이 준비하다. 상세하고 빠짐없다.
947 행포(行布): 차별. 깊고 얕은 단계를 두고 원인에서 결과로 차례차례 진행하는 것.
948 승사(承事): 받들어 모시다.
949 묘희(妙喜)는 대혜종고의 호(號).

다면, 모든 티끌 역시 이러하다. 모든 티끌이 이미 이러하다면, 이 순간을 벗어나지도 않고, 이 티끌을 부수지도 않고, 숨을 들이쉴 때 오온 십팔계에 머물지 않고, 숨을 내쉴 때 온갖 인연에 관계하지 않고, 언제나 이렇게 경전을 읽으니,[950] 백(百) 천(千) 만(萬) 억(億) 권이라 하더라도 또한 어찌 피로하랴?

杼山居士旣爾, 妙喜老漢亦爾. 妙喜老漢旣爾, 現前大衆亦爾. 現前大衆旣爾, 森羅萬象·大地山河亦爾. 所謂塵塵爾, 念念爾, 法法爾. 一法旣爾, 諸法亦然. 一塵旣爾, 諸塵亦然. 諸塵旣然, 則不越此念, 不破此塵, 入息不居陰界, 出息不涉萬緣, 常轉如是經, 百千萬億卷又何勞?

저산 거사는 서재를 잘 정돈하고서[951] 붓을 잡고 글을 쓰며[952] 다만[953] 시끄럽게 떠들었고,[954] 나는 헛된 메아리를 이어받아[955] 입술을 들썩이며 헛

---

950 전경(轉經) : =전독(轉讀). 전(轉)은 옮겨간다는 뜻. 경문(經文)의 글자를 처음부터 끝까지 한 자 한 자 다 읽는 것이 아니고, 권마다 처음과 가운데와 끝에서 몇 줄씩만을 읽고, 나머지는 책장만을 넘겨서 읽는 시늉을 함.

951 명창정궤(明窓淨几) : 밝은 창 밑에 놓은 깨끗한 책상. 잘 정돈된 서재(書齋)를 가리킴.

952 인필행묵(引筆行墨) : 붓을 잡고 글을 쓰다.

953 특지(特地) : 단지 −뿐. 도리어.

954 주차(周遮) : 말이 많다. 되풀이하여 말하다. 시끄럽게 떠들다.

955 승허접향(承虛接響) : 헛된 것을 이어받고 메아리 같은 것을 마주하다. 허망한 일을 이어받다.

956 무풍기랑(無風起浪) : 바람 없는 곳에서 물결을 일으킨다. 평지풍파를 일으키다. 생트집을 잡다. 공연히 시비를 걸다.

바닥을 놀려 평지풍파를 일으켰다.[956] 비록 이러하지만, 도리어[957]이 법의 그림자 곁의 일을 밝힐 뿐이라면, 이 법의 바른 무늬와는 전혀 관계가 없을 것이다. 여러분은 바른 무늬를 알고자 하는가? 잘 들어라! 잘 들어라! 물을 길어 오고 향불을 밝힘은 천녀(天女)가 논서(論書)를 짓는 장자(長者)를 시중드는 것이고,[958] 피부를 벗기고 뼈를 부러뜨림은 보살이 비로자나의 발심을 찬탄하는 것이다.[959]

보고 듣는 것으로써 선인(善因)[960]을 이루려 하기 때문에 붓과 먹으로 불사(佛事)[961]를 삼아, 온갖 향기가 나는 한 개 발우를 함께 나누어 동방(東

---

957   요차(要且) : 도리어. =각(却).

958   『석씨계고략(釋氏稽古略)』에 의하면 당(唐)나라 이통현(李通玄) 장자(長者)가 『화엄합론(華嚴合論)』을 지을 때, 매일 두 명의 여인이 물을 길어 오고 향을 밝혔으며, 밥 먹을 때가 되면 식사를 차려 주고 식사가 끝나면 흩어져 사라지기를 5년 동안 하자 드디어 논의 저술이 끝났다고 한다.

959   계빈국(罽賓國) 삼장(三藏) 반야(般若)가 번역한 『대방광불화엄경』(40권본) 제40권 「입불사의해탈경계보현행원품(入不思議解脫境界普賢行願品)」에 다음 내용이 있다 : "또 착한 남자여. 부처님을 따라서 늘 배우는 자를 말하자면, 마치 이 사바세계의 비로자나여래가 처음 발심(發心)한 때로부터 정진(精進)하여 물러나지 않고 말할 수 없는 몸과 마음을 가지고 보시(布施)함에 피부를 벗겨서 종이로 삼고 뼈를 꺾어서 붓으로 삼고 피를 내어 먹으로 삼아 경전을 베껴 적어서 수미산만큼 쌓아 놓는 것과 같으니, 법을 소중히 여기기 때문에 몸과 목숨을 아까워하지 않는 것이다."(復次善男子. 言常隨佛學者, 如此娑婆世界, 毘盧遮那如來, 從初發心, 精進不退, 以不可說不可說身命而爲布施, 剝皮爲紙, 折骨爲筆, 刺血爲墨, 書寫經典, 積如須彌, 爲重法故, 不惜身命.)

960   선인(善因) : 선근(善根)과 같음. 좋은 과보(果報)를 받을 좋은 원인(原因)이란 뜻. 착한 행업의 공덕 선근을 심으면 반드시 선과(善果)를 맺는다 함.

961   불사(佛事) : 깨달음의 일, 곧 깨달음. 혹은 깨달은 자인 부처님이 잘하는 일인 교화(敎化)를 가리키니, 여러 가지 일을 통하여 불법을 열어 보이는 것. 선원(禪院)에서 개안(開眼), 상당(上堂), 입실(入室), 안좌(安座), 염향(拈香) 등의 일들이나 절을 짓고 불상을 조성하고 경전을 만드는 것을 모두 불사라고 한다. 또 불교에서 행하는 법회를 일반적으로

方)[962]에서 나에게 성찬(盛饌)을 대접하셨다. 선지식은 선재처럼 많고 행원은 보현처럼 뛰어나, 십회향(十廻向)[963]을 갖추고 삼보리(三菩提)[964]를 깨달아, 아(我)와 인(人)과 중생(衆生)이 차별 없이 평등하고,[965] 불(佛)·법(法)·승(僧) 삼보(三寶)를 함께 깨달아 밝히기를 엎드려 바랍니다.

杼山居士明窓淨几, 引筆行墨, 特地周遮, 妙喜老漢承虛接響, 鼓舌搖脣, 無風起浪. 雖然如是, 要且只明得此法影子邊事, 與此法正文了無交涉. 諸人要識正文麼? 諦聽! 諦聽! 汲水炷香, 天女侍長者之著論, 剝皮析骨, 菩薩讚毘盧之發心. 欲見聞以成善因故, 筆墨而爲佛事, 借衆香之一鉢, 餉妙喜於東方. 伏願知識如善財之衆多, 行願如普賢之殊勝, 具十回向, 證三菩提, 我人衆生等無差別, 佛法僧寶共作證明.

불사 또는 법사(法事)라 한다.

962 동방(東方) : 동쪽 방향. 약사불(藥師佛)이 있는 방향. 대일여래(大日如來)가 있는 아촉불국(阿閦佛國).

963 십회향(十廻向) : 『화엄경』에서 설해지는 보살의 수행계위 52위(位) 중 제31위부터 제40위까지이다. 곧, 10신(十信), 10주(十住)의 20위를 거쳐 10행(十行)위에서 닦은 자리이타(自利利他)의 공덕을, 다시 불 보리 중생에게 되돌려주는 경지이다. ①구호일체중생이상회향(救護一切衆生離相廻向) ②불괴회향(不壞廻向) ③등일체제불회향(等一切諸佛廻向) ④지일체처회향(至一切處廻向) ⑤무진공덕장회향(無盡功德藏廻向) ⑥입일체평등선근회향(入一切平等善根廻向) ⑦등수순일체중생회향(等隨順一切衆生廻向) ⑧진여상회향(眞如相廻向) ⑨무박무착해탈회향(無縛無着解脫廻向) ⑩입법계무량회향(入法界無量廻向). 십회향까지는 범부의 수행이고, 그 다음 십지부터는 성인이라고 한다.

964 삼보리(三菩提) : 정각(正覺) 혹은 등각(等覺). 무상정등각(無上正等覺)의 준말.

965 『금강경』에서는 무상정등각(無上正等覺)을 얻으면 아상(我相)·인상(人相)·중생상(衆生相)·수자상(壽者相)이 없다고 하였다.

지금까지의 강찬(講讚)[966]은 한량없이 뛰어난 원인(原因)이 되니, 깨달음의 지혜[967]는 깨끗하여 둘도 없고 둘로 나누어짐도 없고 다름도 없고 끊어짐도 없기 때문이다. 밤이 오면 주(州)의 관청 앞에 있는 돌로 만든 사자가 까닭 없이 폴짝 뛰어올라 늘어선 네 개의 공주루(公酒樓)[968]에 달려들어가 상산조사(湘山祖師)[969]의 코를 물어뜯으니, 두순(杜順)[970] 화상이 아픔을 참지 못하고서[971] 밖으로 나와 말한다.

'회주(懷州)의 소가 곡식을 먹으니,
익주(益州)의 말이 배가 부르다.
의사를 찾는 천하의 사람들이,

---

966 강찬(講讚) : 경문(經文)의 의미를 강의하고, 그 뜻을 명확히 밝히는 것.

967 일체지지(一切智智) : 살바야나(薩婆若那)를 번역한 말. 모든 지혜 중에서도 가장 뛰어난 지혜. 즉 부처님의 지혜, 깨달음의 지혜.

968 공주루(公酒樓) : 정부에서 운영하는 술집.

969 상산조사(湘山祖師) : 상산(湘山)은 호남성(湖南省) 상담현(湘潭縣) 북쪽에 있는 산. 상산조사(湘山祖師)는 일반적으로 「목우가(牧牛歌)」의 저자인 상산종혜(湘山宗慧) 선사를 가리킨다.

970 두순(杜順; 557-640) : 중국 화엄종 스님. 옹주(雍州) 만년(萬年) 사람. 속성은 두(杜). 이름은 법순(法順). 18세에 출가. 인성사(因聖寺)의 위진(魏珍)에게 선업(禪業)을 받았다. 뒤에 종남산에 숨어 살며 『오교지관(五敎止觀)』 · 『화엄법계관문(華嚴法界觀門)』을 지음. 일대 불교를 판단하여 5문으로 나누고, 또 10현문(玄門)의 단서를 열어 화엄종의 교망(敎網)을 크게 펼쳤다. 당나라 태종이 지성으로 귀의, 제심존자(帝心尊者)란 호를 주었다. 항상 여러 곳으로 돌아다니면서 "아미타불"을 염하라고 권하고, 오회(五悔)란 글을 지어 정토(淨土)를 찬탄하였다. 정관(貞觀) 14년 11월에 나이 84세로 입적하였다. 후세에 그를 화엄종의 초조라 불렀다.

971 인통불금(忍痛不禁) : 고통을 참지 못하다. 고통을 참을 수 없다.

돼지의 왼쪽 다리 위에 뜸을 뜬다.[972]

이 말을 하자마자 모든 것이 다시 이전처럼 평안한 상태로 되돌아갔
다.[973] 여러분은 분명한 뜻을 알겠느냐?"

잠시 묵묵히 있다가 말했다.

"'이 법을 믿는 것은 갑절이나 더 어렵다.'[974]라는 말을 듣지도 못했느
냐?"

"악!" 하고 한 번 고함을 지르고는 자리에서 내려왔다.

上來講讚無限勝因, 一切智智淸淨, 無二無二分, 無別無斷故. 夜來州前石師子無
端踍跳, 撞入陳四公酒樓, 咬破湘山祖師鼻孔, 杜順和尙忍痛不禁, 出來道: '懷州牛
喫禾, 益州馬腹脹. 天下覓醫人, 灸豬左膊上.' 纔作是說, 各各平復如故. 汝等諸人
還知決定義也無?"

良久, 云 : "不見道: '能信此法倍更難.'"

喝一喝, 下座.

---

972 『천성광등록』 제18권 '원주남원산초원선사(袁州南源山楚圓禪師)'과 기타 여러 곳에서
    이 시를 중국 화엄종(華嚴宗) 초조(初祖)인 두순(杜順)의 작품으로 소개하고 있다.

973 평부(平復) : (질병이나 상처가) 회복되다. 편안한 상태로 되돌아가다.

974 『대방광불화엄경』(80권본) 제15권 「현수품(賢首品)」 제12-2의 게송에 다음 내용이 있
    다 : "모든 세계의 온갖 중생들 가운데/ 성문승을 구하려 하는 자는 적다./ 독각을 구하는
    자는 더욱 적으며/ 대승으로 나아가는 자는 만나기 매우 어렵다./ 대승으로 나아가는 것
    은 오히려 쉬우나/ 이 법을 믿을 수 있는 것은 배나 어렵다."(一切世界諸群生, 少有欲求聲
    聞乘. 求獨覺者轉復少, 趣大乘者甚難遇. 趣大乘者猶爲易, 能信此法倍更難.)

8. 부경간이 청한 보설

부경간(傅經幹)이 보설을 청하자 대혜가 말했다.

"경간(經幹) 도우(道友)를 나는 애초 알지 못했지만, 지난해에 형양을 지나갈 때[975] 일부러 찾아와 만났는데, 한 번 보고서 곧 마치 오래된 친구와 같이 되었으니 아마도 이 일대사인연[976]을 믿었기 때문일 것이다.

왜 그런가? 어찌 보지 못했는가? 화엄회상(華嚴會上)에서 지수(智首) 보살이 문수사리 보살에게 물었다.

'불자여! 보살은 어떻게 몸 · 말 · 생각의 세 가지 허물 없는 업(業) 등의 일을 얻는가?'

문수가 답했다.

'그 마음을 잘 쓴다면 모든 뛰어나고 묘한 공덕을 얻어 가고 · 머물고 · 앉고 · 눕는 일상 행위 속의 140대원(大願)을 말하게 되니, 그것을 일러 혼

---

975 형양(衡陽)은 곧 형주(衡州)이니, 대혜는 53세 때인 1141년 형주로 유배되었다. 그렇다면 이 보설은 1142년에 행해진 것이다

976 일대사인연(一大事因緣) : 선(禪)을 공부하고 도(道)를 배우는 일. 오직 하나뿐인 큰 일이라는 일대사(一大事)는 깨달음을 얻는 일을 가리킨다. 일대사인연이란, 깨달음을 얻기 위한 인연이 되는 공부를 가리키니, 선(禪)을 공부하고 도(道)를 배우는 일을 말한다. 『법화경(法華經)』에 다음과 같은 내용이 있다 : 사리불아, 어찌하여 모든 부처님은 오직 일대사인연 때문에 세상에 나오신다고 하는가? 모든 부처님은 중생으로 하여금 깨달음의 지견(知見)을 열어서 청정함을 얻도록 하시려고 세상에 나오신다. 중생에게 깨달음의 지견을 보여 주시려고 세상에 나오신다. 중생으로 하여금 깨달음의 지견을 깨닫도록 하시려고 세상에 나오신다. 중생으로 하여금 깨달음의 지견에 들어가도록 하시려고 세상에 나오신다. 사리불아, 이것이 곧 모든 부처님이 일대사인연 때문에 세상에 나오신다는 것이니라. (『묘법연화경(妙法蓮華經)』 제1권 「방편품(方便品)」 제2.)

탁함과 어지러움 없이 깨끗하게 큰 공덕을 행한다고 한다.[977]

傅經幹請普說, 師云 : "經幹道友, 妙喜初不相識, 去歲經由衡陽, 特來相訪. 一見便如故人, 蓋爲信得此段大事因緣及. 何以故? 豈不見? 華嚴會上智首菩薩問文殊師利菩薩言 : '佛子! 菩薩云何得無過失身語意業等事?', 文殊答 : '以善用其心, 則獲一切勝妙功德, 爲說行住坐臥四威儀中一百四十大願, 謂之無濁亂淸淨行大功德.'

이 공덕은 모두 신지(信地)[978]로부터 나오기 때문에, 문수는 이미 신심(信心)을 낸 자들에게는 두루 불청지우(不請之友)[979]가 되어, 게송으로써 현수(賢首) 보살에게 물었다.

'나는 이제 이미 여러 보살에게,
부처님이 과거 닦으신 깨끗한 행을 말하였다.
보살[980]께서도 역시 이 회중(會中)에 있으니,
수행의 뛰어난 공덕을 자세히 말씀해 보시지요.'

---

977 『대방광불화엄경』 제14권 「정행품(淨行品)」 제11에 나오는 내용.
978 신지(信地) : 십신(十信)의 위치에 있는 보살. 십신(十信)이란 보살이 수행하는 계위(階位) 52위 중 처음의 10위(位)로서, 부처님의 교법을 믿어 의심이 없는 지위. 신심(信心)·염심(念心)·정진심(精進心)·혜심(慧心)·정심(定心)·불퇴심(不退心)·호법심(護法心)·회향심(廻向心)·계심(戒心)·원심(願心) 등.
979 불청우(不請友) : =불청지우(不請之友). 부탁을 받지 않았는데도 자진하여 나아가 도와주는 친구. 보살은 부탁을 받지 않더라도 자진하여 중생의 친한 벗이 되어 이익을 준다는 뜻에서 불청지우(不請之友)라 한다.
980 인(仁) : 비슷한 신분의 사람, 혹은 약간 윗사람을 상대하여 일컫는 호칭. 2인칭.

현수 보살이 게송을 가지고 이에 답했는데, 그 속에서 이렇게 말했다.

'법의 위력으로써 세간을 드러내니,
곧 십지(十地)[981]와 열 가지 자재한 능력[982]를 얻었도다.'[983]

이 역시 초발심(初發心)[984]이 신지(信地)에서 일어나는 뜻을 말한 것이다.

此功德皆從信地而發, 故文殊普爲已發信心者作不請友. 以偈問賢首菩薩曰: '我
今已爲諸菩薩, 說佛往修淸淨行, 仁亦當於此會中, 演暢修行勝功德.' 賢首菩薩以
偈答之, 其中曰 '以法威力現世間, 則獲十地十自在', 亦是說初發心從信地起之義.

마지막[985]에 선재(善財)가 비로자나의 누각 앞에 이르자 미륵이 120종류
의 깨달은 마음을 말한 것도 역시 이 뜻이다. 그 가운데 한 종류의 비유
는 이러하다.

---

981 십지(十地):『화엄경』「십지품(十地品)」에 설해져 있는 보살 수행의 52위 가운데서 제
   41위에서 제50위까지를 가리키는데, '십주(十住)'라고도 한다. ①환희지(歡喜地)·②이구
   지(離垢地)·③발광지(發光地)·④염혜지(焰慧地)·⑤극난승지(極難勝地)·⑥현전지(現前
   地)·⑦원행지(遠行地)·⑧부동지(不動地)·⑨선혜지(善慧地)·⑩법운지(法雲地) 등이다.
982 십자재(十自在):보살이 갖추고 있는 10가지 자재한 능력. 명자재(命自在)·심자재(心
   自在)·재자재(財自在)·업자재(業自在)·생자재(生自在)·승해자재(勝解自在)·법자재(法
   自在)·원자재(願自在)·신통자재(神通自在)·지자재(智自在).
983 『화엄경』(80권본) 제14권 현수품(賢首品) 제12-1에 나오는 내용.
984 초발심(初發心):깨달음을 구하는 마음을 처음 일으킴. 천태종에서는 10주위(住位)의
   초위(初位), 화엄종에서는 10신위(信位)의 최후위(最後位)를 말함.
985 말후(末後):최후, 마지막.

309

'마치 사자의 왕이 울부짖으면 사자의 새끼들은 이 소리를 듣고 모두 용감함과 굳건함을 드높이지만, 나머지 짐승들이 이 소리를 들으면 모두 들 도망가서 숨는 것과 같이, 부처님 사자왕이 깨달은 마음을 울부짖음도 역시 그러함을 알아야 한다. 모든 보살은 듣고서 공덕을 드높이지만, 얻은 것이 있는 자가 들으면 모두 흩어져 물러난다.'

이 역시 이 뜻이다.

末後善財到毘盧樓閣前, 彌勒爲說一百二十種菩提心, 亦是此義. 其中有一種喩曰 : '如師子王哮吼, 師子兒聞皆增勇健, 餘獸聞之卽皆竄伏, 佛師子王菩提心吼, 應知亦爾. 諸菩薩聞, 增長功德, 有所得者, 聞皆退散', 亦是此義.

이미 믿음[986]이 있으면 이것이 곧 깨달음의 바탕이 되고, 문득 현재에 드러나[987] 행해지면 곧 위없이 바르고 평등한 깨달음을 얻는다. 마치 석가 노인네가 처음 정각산(正覺山)[988] 앞에서 머리를 들어 샛별이 나타난 것을 보고 문득 도를 깨닫고는 이에 찬탄하여 이렇게 말한 것과 같다.

---

986 신근(信根) : 믿음. 불교에 대한 믿음. 불도에 대한 믿음.
987 현행(現行) : 현재 드러나 행해지는 것. 현재 드러나 작용하는 것. ①유식(唯識)의 용어. 우주를 개발하는 근본 마음인 제8아뢰야식이 갖추고 있는 마음의 세력 또는 마음의 작용을 종자라 하고, 이 종자가 삼라만상으로 드러나는 것을 현행이라 함. ②현행법(現行法)의 준말. 종자에서 개발되어 나타나는 모든 삼라만상.
988 정각산(正覺山) : 중인도 마갈타국에 있는 산. 석존께서 6년 동안 고행을 한 뒤에도 아직 깨달음을 얻지 못하였으므로 고행을 버리고, 소 치는 여인에게서 유미죽(乳糜粥)을 받아 잡수시고는 이 산에 이르러 깨달음을 얻으려고 하셨으나 땅이 진동하여 금강정(金剛定)에 들 수 없으므로 결국 이 산을 내려와 보리수 아래에 이르러 정각(正覺)을 이루셨다고 함. 전정각산(前正覺山)이라고도 함.

'기이하구나! 모든 중생이 여래의 지혜와 공덕의 모습을 갖추고 있지만, 단지 망상하여 집착하는 까닭에 깨닫지 못하고 있구나. 위로는 시방(十方)의 모든 부처와 아래로는 육도(六道)[989]와 사생(四生)[990]에 이르기까지 모든 중생[991]이 내가 깨달은 곳에서 평등의 도장으로 하나하나 도장을 찍어 다시는 차별이 없구나.'[992]

그대들은 보아라! 석가모니[993]는 깨닫자마자 곧 이러한 드넓음을 보았

989 육도(六道) : 중생의 업인(業因)에 따라 윤회하는 길을 6으로 나눈 것. 지옥도(地獄道)·아귀도(餓鬼道)·축생도(畜生道)·아수라도(阿修羅道)·인간도(人間道)·천상도(天上道).

990 사생(四生) : 육도(六道)에 살고 있는 모든 중생을 가리키는데, 태어나는 방식에 따라 넷으로 나뉘므로 사생이라 한다. 모태에서 태어나는 태생(胎生), 알에서 태어나는 난생(卵生), 습기 가운데서 태어나는 습생(濕生), 과거의 자신의 업(業)에 의해 태어나는 존재인 화생(化生)이 그것이다. 인간과 짐승은 태생이고, 천인(天人)과 지옥(地獄)의 중생은 화생이다.

991 함준연동(含蠢蠕動) : 모든 꿈틀거리며 움직이는 것들. 중생(衆生).

992 어느 경전의 구절인지 찾을 수 없다. 단, 유사한 내용으로는 다음이 있다 : "불자(佛子)여, 여래가 바른 깨달음을 이루었을 때 그 몸속에서 모든 중생이 바른 깨달음을 이루었음을 두루 보고 나아가 모든 중생이 열반에 들어서 모두 하나의 자성(自性)으로 동일함을 두루 보았다."(佛子, 如來成正覺時, 於其身中, 普見一切衆生成正覺, 乃至普見一切衆生入涅槃, 皆同一性.)(실차난타(實叉難陀) 역 『대방광불화엄경(大方廣佛華嚴經)』 제52권 「여래출현품(如來出現品)」 제37-3.) 세존이 처음 바른 깨달음을 이루고서 찬탄하며 말했다. "기이하구나. 내가 이제 모든 중생을 두루 보니 여래의 지혜와 덕(德)의 모습을 모두 갖추고 있는데, 다만 헛된 생각에 집착하여 깨닫지 못하고 있구나. 이제 법계의 자성(自性)에 알맞게 화엄경(華嚴經)을 말하여 모든 중생으로 하여금 스스로 그 몸 속에서 여래의 드넓고 큰 지혜를 보아 법계를 깨달을 수 있도록 해야 겠다."(世尊初成正覺, 歎曰: "奇哉. 我今普見一切衆生, 具有如來智慧德相, 但以妄想執著, 而不證得. 於是稱法界性, 說華嚴經, 令一切衆生, 自於身中得見如來廣大智慧, 而證法界也.")(배휴(裴休) 술(述) 「주화엄법계관문서(注華嚴法界觀門序)」)

993 황면노자(黃面老子) : 석가모니. 황면(黃面), 황두(黃頭)라고 약칭. 석가의 탄생지인 카필라성의 카필라가 황색(黃色)이라는 뜻이므로, 이와 같이 말한다. 석가의 씨족명인 고

고, 그 뒤에 자비를 일으켜 삶과 죽음의 바다에서 차안에도 머물지 않고 피안에도 머물지 않고 바다 중간에도 머물지 않고서, 차안의 중생을 싣고서 피안으로 옮겨 주어 삶과 죽음의 바다 속에 머물지 않도록 하셨다.

既有信根, 即是成佛基本, 忽地與現行相應, 便證阿耨多羅三藐三菩提. 如釋迦老子初在正覺山前, 擧頭見明星出現, 忽然悟道, 遂乃歎曰 : '奇哉! 一切衆生具有如來智慧德相, 但以妄想執著而不證得. 謂上至十方諸佛, 下至六道四生, 含蠢蠕動, 於我悟處, 以平等印一印定, 更無差別.' 你看! 黃面老子纔悟了, 便見得如此廣大, 然後興慈運悲於生死海, 不著此岸, 不著彼岸, 不住中流, 而能運載此岸衆生到於彼岸, 不住生死中流.

이러한 도리 역시 자기의 믿음의 씨앗을 벗어나지 않는다. 그러므로 무진 거사[994]가 『해안경(海眼經)』을 주석하고 머리말에서 부처님의 성취를

오타마를 붙여 황면구담(黃面瞿曇)이라고도 한다.

994 장무진(張無盡) : 무진(無盡) 거사 장상영(張商英). 1043-1121. 도솔종열(兜率從悅; 1044-1091)의 문하에서 공부한 거사(居士). 보통 무진(無盡) 거사라 부른다. 자는 천각(天覺), 호는 문충(文忠)이다. 촉(蜀: 四川省)의 신진(新津) 사람으로, 19세 때 과거에 응시하여 중책을 두루 역임하였으며, 재상까지 지냈다. 소식(蘇軾)과 교유가 있었고, 또 선종(禪宗)의 황룡파(黃龍派) 선승들과도 사귀었는데, 특히 원오극근과는 밀접한 관계를 맺었다. 선에 심취하여 깊이 이해하였으므로 무진 거사라 불리었다. 무진 거사가 불교를 믿게 된 동기는 이렇다. 어느 날 절에 갔다가 비단 위에 금은으로 장식한 불경(佛經)을 보고서, '우리 공자님의 서적은 종이로 장식되어 있는데 불교의 책은 어찌 저같이 사치스러운가?' 하고 생각하고는, 시기심이 일어났다. 집에 돌아와 불교를 배척하는 논(論)을 지으려고 3경이 지나도록 자지 않고 앉아 있으니, 부인이 무엇을 하느냐고 물었다. 거사는 "부처가 없다는 무불론(無佛論)을 지으려고 한다."고 말하였다. 부인 향(向) 씨가 웃으며 말했다. "이미 부처가 없으면 그만이지 논은 지어 무엇합니까?" 거사는 그 말에 의심이

312

말하기를 '시각(始覺)⁹⁹⁵이 본각(本覺)과 합하는 것을 일러 부처라 한다.'고 하였으니, 그가 비록 속인(俗人)이지만 도리어 근본을 철저하게 보고 철저하게 알았다. 시각이라 할 때는 샛별로 말미암아 믿음을 일으켜 문득 자기의 본성이 본래 부처라는 사실을 깨달으니, 대지와 중생이 다시는 차별이 없었던 것이다. 무진 거사는 시각과 본각이 합하여 비로소 성불⁹⁹⁶한다고 하였다. 참선하는 사람이 이렇게 밝게 가려낼 수 있는 연후에야 몸과 마음을 쉬고 본래면목을 알아차려서 범부의 거친 마음⁹⁹⁷이 필요 없게 되는 것이다.

這⁹⁹⁸箇道理亦不出自家信種. 所以無盡居士注《海眼經》題說佛成就云 : '始覺合本之謂佛.' 他雖是箇俗人, 然卻見得徹, 識得根本. 謂始覺時, 從明星上起信, 忽然覺

나서 말이 없었고, 잠시 후에 부인은 불경을 읽어 보았느냐고 물었다. 거사가 읽어 보지 않았다고 하니, 부인이 말했다. "경을 읽어 보지도 않고 어떻게 논(論)을 쓰려고 합니까? 불경을 한번 읽어 보고 쓰시지요." 거사가 다음 날 인근 절에서 불경을 빌려 오니, 그 책이 바로 『유마경』이었다. 『유마경』을 읽다가 「문수사리문병품(文殊師利問病品)」제5의 구절에 이르러 불교의 깊은 이치를 깨달았다. 이에 참회하며 『호법론(護法論)』(구양수의 불교 비방을 공격한 내용) 1권을 지었다고 한다.

995 시각(始覺) : ↔ 본각(本覺).『대승기신론(大乘起信論)』의 말. 본각(本覺), 곧 모든 의식 있는 것들과 의식 없는 것들의 본바탕인 여래장진여(如來藏眞如)에 상대하여, 수행을 의지하여 확인하는 깨달음을 시각(始覺)이라 한다. 본각과 시각의 본체는 다르지 않으나, 다만 지위가 같지 않으므로 본각과 시각이라는 이름으로 구분한다. 비유하면, 땅 속에 묻힌 금덩이는 본각이고 그 금덩이를 노력하여 파내면 시각이다. 금덩이는 동일한 금덩이이다.

996 성불(成佛) : 깨달음을 이루다. 깨닫다.

997 추심(麤心) : 번뇌망상 하는 범부의 거친 마음.

998 '저(這)'는 궁내본과 덕부본에서는 모두 '차(遮)'로 되어 있다. 이하 동일.

悟自性本來是佛, 大地有情更無差別. 無盡喚作始覺合本覺, 方始成佛. 參禪人能
恁麼辨白得了, 然後休歇身心, 識取本來面目, 不要麤心.

옛 성인께선 깨닫고서 곧 깨달은 곳에서 생멸심(生滅心)[999]을 없애 버리
고, 또 적멸(寂滅)[1000]한 곳에도 머물지 않았으니, 이러한 것을 일러 적멸이
앞에 나타난다고 한다. 적멸한 곳에서 두 가지 뛰어남을 얻으니, 첫째는
위로 온 우주의 모든 부처님과 합하여 여래와 자력(慈力)을 함께하고, 둘
째는 아래로 육도(六道)의 중생들과 합하여 모든 중생과 비앙(悲仰)을 함께
한다.[1001] 앞서 말한 자비[1002]를 일으켜 행하여 악도[1003]에서 구해 낸다는 것

---

999   생멸심(生滅心) : 분별망상의 세계를 생멸(生滅)이라 하고, 분별망상에서 벗어난 세계
      를 적멸(寂滅)이라 한다. 분별망상으로 보면 세계의 모습은 끊임없이 생겨나고 소멸하
      기 때문이다. 생멸심은 곧 중생의 분별망상 하는 마음이다. 생사심(生死心), 중생심(衆生
      心), 분별심(分別心)과 같은 말.

1000 적멸(寂滅) : 열반(涅槃; nirvāṇa)을 번역한 말. 망상인 번뇌가 모두 소멸하여 시끄러움
      이 없이 고요한 것. 분별망상인 생멸심(生滅心)이 소멸한 것.

1001 이 구절은 『수능엄경』 제6권에 나오는 관세음보살(觀世音菩薩)의 다음과 같은 말을 인
      용한 것이다 : "생멸이 이미 멸하면 적멸이 앞에 나타나는데, 문득 세간과 출세간을 초월
      하여 온 우주에 두루 밝아 두 가지 뛰어남을 얻는다. 첫째는 위로 온 우주의 모든 부처님
      의 근본 되는 묘한 깨달음의 마음과 합하여 여래와 자력(慈力)을 함께하고, 둘째는 아래
      로 온 우주의 모든 육도의 중생과 합하여 모든 중생과 비앙(悲仰)을 함께 한다."(生滅旣滅
      寂滅現前, 忽然超越世出世間, 十方圓明獲二殊勝. 一者上合十方諸佛本妙覺心, 與佛如來同一慈
      力, 二者下合十方一切六道衆生, 與諸衆生同一悲仰.)

1002 자비(慈悲) : 중생에게 즐거움을 주는 것을 자(慈), 고통을 없애 주는 것은 비(悲). 또
      는 고통을 없애 주는 것을 자, 즐거움을 주는 것을 비라 하기도 함.

1003 악도(惡道) : 악취(惡趣)와 같음. 나쁜 일을 지은 탓으로 장차 태어날 곳. 업을 지어
      윤회하는 길. 지옥·아수라·축생·아귀·인간·천상 등 여섯 가지 윤회의 길. 지옥·아귀·
      축생을 특히 삼악도(三惡道)라 하여 악도 중에서도 가장 나쁜 길이라고 한다.

이 바로 이것이다. 중생은 깨닫지 못했기 때문에 생사(生死)에 윤회하는데, 먼저 깨달은 보살에게 만약 자비심이 없다면 어떻게 중생의 세계가 비워지겠느냐? 참으로 부처님의 은혜는 갚기가 어려움을 알겠도다.

古聖得了, 便於得處滅卻生滅心, 亦不住在寂滅地, 謂之寂滅現前. 於寂滅地獲二殊勝：一者上合十方諸佛, 與佛如來同一慈力; 二者下合六道衆生, 與諸衆生同一悲仰. 前所云興慈運悲, 救拔惡道是也. 衆生爲不覺, 故輪轉生死, 先覺之士若無慈悲, 如何得衆生界空? 信知佛恩難報.

오늘 경간(經幹) 도우가 나에게 보설을 청한 것은 돌아가신 아버님의 천도재[1004]를 받들어 모시고자 할 뿐만 아니라, 앞에 모인 대중에게 약간의 선병(禪病)도 말해 주기를 바랐기 때문이다. 유자후(柳子厚)[1005]가 천태(天台)[1006]의 가르침을 나침반[1007]으로 삼아 선병을 말한 것이 가장 많다. 참되도다, 그 말씀이여! 천태지자(天台智者)[1008]의 가르침은 공(空)·가(假)·중

1004 추수(追修)：죽은 자를 위하여 공양(供養)하여 그의 명복(冥福)을 비는 것. =추천(追薦), 추선(追善). 우리나라의 천도재, 49재 등.
1005 유자후(柳子厚)：유종원(柳宗元; 773-819). 중국 당(唐)나라 때 시인. 자는 자후(子厚). 하동(河東 ; 지금의 산서성 영제현) 출신. 당송팔대가(唐宋八大家)의 한 사람이며, 한유(韓愈)와 함께 한유(韓柳)라고 병칭되었다. 후세에는 출신지를 따서 유하동(柳河東), 또는 그 임지를 따서 유유주(柳柳州)라고 했다. 불교와 교류를 가져 여러 스님의 비명(碑銘)이나 불교 관련 글을 많이 지었다.
1006 천태(天台)：천태지의(天台智顗).
1007 사남(司南)：중국 고대의 나침반.
1008 천태지의(天台智顗; 538-597)：중국 수나라 스님. 천태종의 개조(開祖). 혜광(惠曠)에게 율학과 대승교를 배우고, 560년(진(陳) 천가(天嘉) 1) 광주 대소산에 혜사(慧思)를 찾

(中)의 삼관(三觀)[1009]으로 모든 법을 포섭하여, 사람들에게 근본을 붙잡아 수행하도록 가르쳤다.

今日經幹道友請妙喜普說, 不獨爲先考承事追修而已, 要與現前一衆說些禪病. 故柳子厚以天台敎爲司南, 言禪病最多. 誠哉是言! 天台智者之敎, 以空·假·中三觀攝一切法, 敎人把本修行.

선(禪)에는 문자(文字)가 없으니, 모름지기 깨달아야 하는 것이다. 나는

아 심관(心觀)을 받다. 30세에 남악혜사(南嶽慧思; 515~577)의 명으로 금릉에서 전도. 32세에 와관사에서 『법화경』을 강하다. 38세에 천태산에 들어가 수선사를 창건. 『법화경』을 중심으로 불교를 통일하여 천태종을 완성. 585년(수(隋) 개황(開皇) 5) 다시 금릉에 가서 진소주(陳少主)의 청으로 태극전에서 『지도론』·『법화경』을 강설. 591년 여산에 있으면서 진왕 양광(楊廣)에게 보살계를 주고, 지자대사(智者大師)라는 호를 받았다.

1009　천태삼관(天台三觀) : 천태종의 공관(空觀)·가관(假觀)·중관(中觀). 밝은 지혜로 공제(空諦)·가제(假諦)·중제(中諦)의 이치를 관하는 관법. 이 관하는 방법에 2종이 있음. ①차제삼관(次第三觀). 또는 격력불융(隔歷不融)의 3관. 공간적으로는 공은 공, 가는 가, 중은 중으로 독립되어 서로 관계가 없고, 시간적으로는 이 이치를 증득하여 아는 과정에 차례를 세워서 관하는 방법. 곧 먼저 공제의 이치를 관하여 견혹(見惑)·사혹(思惑)의 추혹(麤惑)과 정의(情意)의 미혹을 끊어서 공지(空智)를 얻고, 다음에 가제의 이치를 관하여 진사(塵沙)의 혹인 세혹(細惑)을 끊어서 가지(假智)를 얻고, 다시 나아가 중제의 이치를 관하여 견사와 진사의 근본인 무명(無明)의 세혹을 끊어서 중지(中智)를 얻는 것. ②일심삼관(一心三觀). 또는 불차제(不次第) 3관, 부종불횡(不縱不橫)의 3관. 자기의 일념 망심 위에 3제를 따로따로 하지 않고 동시에 관하는 방법. 공제·가제·중제는 서로 다른 것에 관계없는 단공(但空)·단가(但假)·단중(但中)이라 하지 않고, 이 셋이 서로 원융무애(圓融無礙)한 것이라 하여, 공에 즉(卽)하여 가와 중을 관하고, 가에 즉하여 공과 중을 관하고, 중에 즉하여 공과 가를 관하는 것. 이것을 즉공(卽空)·즉가(卽假)·즉중(卽中)의 관법이라하여 천태종의 정의(正義)로 삼는다.

17세부터 곧장 이 일을 의심하여 꼬박¹⁰¹⁰ 17년 동안 이 일에 참여하고서 야 비로소 쉴 수가 있었다.¹⁰¹¹ 아직 쉬기 전에는 늘 스스로 생각했다.

'내가 벌써 몇 살인데, 내가 남염부주(南閻浮州)¹⁰¹²에 아직 태어나지¹⁰¹³ 않았을 때 어디에서 왔는지를 모르고 있단 말인가? 마음이 어둡기가 칠흑 같으니 온 곳을 전혀 모르는 것이다. 온 곳을 모른다면, 사는 일이 큰일이다. 내가 죽은 뒤에는 도리어 어디로 가는가? 마음이 여전히 깜깜하게 어두우니 갈 곳을 알지 못하는구나. 갈 곳을 알지 못한다면, 죽는 일이 큰일이다.'

이것을 일러 '무상하게 흘러가는 시간은 재빠르고 삶과 죽음의 일은 크다.'¹⁰¹⁴고 한다.

禪無文字, 須是悟始得. 妙喜自十七歲便疑著此事, 恰恰參十七年, 方得休歇. 未得

1010 흡흡(恰恰) : 빽빽한 모습. 두루한 모습.

1011 37세에 깨달았으니 21세 담당문준을 만나 그 문하에서 공부한 때로부터 헤아려 17년 이다.

1012 남염부제(南閻浮提) : Jambu-dvīpa. 염부제(閻浮提)라고도 함. 수미산 남쪽에 있는 대 륙으로 4대주의 하나. 수미산(須彌山)을 중심으로 인간세계를 동서남북 네 주로 나누 었을 때, 염부제는 남주다. 인간세계는 여기에 속한다고 한다. 여기 16의 대국, 500의 중 국, 10만의 소국이 있다고 하며 이곳에서 주민들이 누리는 즐거움은 동북의 두 주보다 떨 어지지만 모든 부처가 출현하는 곳은 오직 이 남주뿐이라고 한다. 북쪽은 넓고 남쪽은 좁 은 지형으로 염부나무가 번성한 나라란 뜻이다. 원래는 인도를 가리키는 말이었는데, 후 세에는 인간세계를 아울러 지칭하는 말이 되었다.

1013 탁생(託生) : 어머니의 태에 의탁하는 것. 형체가 구비되어 태어나는 것. 또 극락세계 에서 연꽃에 의탁하여 태어남.

1014 이 구절은 원래 『육조대사법보단경』과 『경덕전등록』 등에서 영가현각(永嘉玄覺)이 육 조혜능을 찾아가서 한 말로 나온다.

已前, 常自思惟: '我今已幾歲, 不知我未託生來南閻浮提時, 從甚麼處來? 心頭黑
似漆, 並不知來處. 既不知來處, 卽是生大. 我百年後死時, 卻向甚麼處去? 心頭依
舊黑漫漫地, 不知去處. 既不知去處, 卽是死大.' 謂之無常迅速, 生死事大.

그대들도 일찍이 이렇게 의심하였느냐? 지금 앉기도 하고 서기도 함
에 분명하게 홀로 또렷하고, 법을 말하고 법을 들음에 손님과 주인이 서
로 만난다.[1015] 내가 입술을 놀리고[1016] 이빨을 부딪치고 배꼽[1017] 밑이 음식
의 기운으로 부풀어 오르고[1018] 입에서는 말이 많지만,[1019] 여기에서 하는
말은 소리인데, 이 소리는 두루 모든 사람의 몸속에 있고 모든 사람의 몸
은 동시에 나의 소리 속에 있다. 이 한 개 경계는 뒷날 죽은 뒤에는 도리
어 어디에 머무는가? 이미 머무는 곳을 알지 못한다면, 당나귀 자궁 속
이나 말의 배 속으로 들어가더라도 역시 알지 못하고, 즐거움으로 가득
한 쾌락천궁(快樂天宮)에 태어나더라도 역시 알지 못할 것이다.

你諸人還曾恁麼疑著麼? 現今坐立儼然, 孤明歷歷地, 說法聽法, 賓主交參. 妙喜簸
兩片皮, 牙齒敲磕, 臍輪下鼓起粥飯氣, 口裏切切怛怛, 在遮裏說, 說者是聲, 此聲
普在諸人髑髏裏, 諸人髑髏同在妙喜聲中. 這箇境界, 他日死了卻向甚處安著? 既

1015 교참(交參): 서로 만나다.
1016 파양편피(簸兩片皮): 입술을 놀리다.
1017 제륜(臍輪): 배꼽.
1018 고기(鼓起): 부풀어 오르다. 불러일으키다.
1019 도도달달(切切怛怛): =도도(切切), 도달(切怛), 도달(刀咀). 번거롭다. 말이 많다. 수
      다스럽다.

不知安著處, 則撞入驢胎馬腹亦不知, 生快樂天宮亦不知.

선객(禪客)[1020]들에게 평소 경론(經論)[1021]에서 얻을 수 있는 것들을 물어보면 알지 못하는 사람이 없고, 사대부가 구경(九經)[1022]과 십칠사(十七史)[1023]에서 배울 수 있는 것들을 물어보면 역시 알지 못하는 사람이 없지만, 문자를 떠나고 생각을 끊어 버리고서 그들에게 자기 자신의 일을 물어보면 열 사람이면 열 모두 알지 못하면서 남의 일은 도리어 이처럼 분명하게 안다. 이와 같다면 공연히 세상에 태어나는 인연을 한 번 만나 지은 업(業)을 따라 장차 과보를 받으면서도, 결국 자기의 본래면목[1024]이 어

1020 선화자(禪和子) : 사가(師家)의 입장에 있는 이가 학인(學人)을 대하여 부르는 말. 화(和)는 화상(和尙), 자(子)는 남자의 통칭이니, 선승(禪僧) 혹은 선객(禪客)이란 말과 같음.

1021 경론(經論) : 불교 대장경(大藏經)의 경(經)·율(律)·론(論) 삼장(三藏) 가운데 경장(經藏) 즉 경전(經典)과 논장(論藏) 즉 논서(論書).

1022 구경(九經) : 중국에 전래되는 아홉 가지 경서(經書). 『주역(周易)』, 『시전(詩傳)』, 『서전(書傳)』, 『예기(禮記)』, 『춘추(春秋)』, 『효경(孝經)』, 『논어(論語)』, 『맹자(孟子)』, 『주례(周禮)』.

1023 십칠사(十七史) : 한대(漢代)에 간행된 『사기(史記)』 이후 송대(宋代)까지의 중국의 정사(正史)를 기록한 17종의 역사서. 『사기(史記)』, 『한서(漢書)』, 『후한서(後漢書)』, 『삼국지(三國志)』(여기까지를 전사사(前四史)라 함), 『진서(晉書)』, 『송서(宋書)』, 『남제서(南齊書)』, 『양서(梁書)』, 『진서(陳書)』, 『위서(魏書)』, 『북제서(北齊書)』, 『주서(周書)』, 『수서(隋書)』(여기까지를 십삼사(十三史)라 함), 『남사(南史)』, 『북사(北史)』, 『신당서(新唐書)』, 『신오대사(新五代史)』 이상 17종의 역사서.

1024 본명원진(本命元辰) : 본명(本命)은 태어난 해의 간지(干支). 원진(元辰)은 사람의 운명을 좌우한다는 음양(陰陽)의 두 별. 선가(禪家)에서는 본명원진을 본래의 자기, 본성, 본래면목이라는 뜻으로 사용한다.

디로 돌아가는지[1025]는 알지 못하니, 슬프지 않을 수 없구나!

禪和子尋常於經論上收拾得底, 問著無有不知者; 士大夫向九經十七史上學得底, 問著亦無有不知者, 離卻文字, 絶卻思惟, 問他自家屋裏事, 十箇有五雙不知, 他人家事卻知得如此分曉. 如是則空來世上打一遭, 將來隨業受報, 畢竟不知自家本命元辰落著處, 可不悲哉!

그러므로 옛사람들은 여기에 이르러, 마치 머리에 붙은 불을 끄려는 듯이 스승을 찾아가 결판을 내어,[1026] 마음에 통하고 삶과 죽음을 의심하지 않으려 했던 것이다. 그러나 배워서 아는 경우도 있고 태어나면서 아는 경우도 있다.[1027]

어떤 것이 배워서 아는 경우인가?

예컨대, 어떤 스님이 조주[1028] 스님에게 물었다.

1025 낙착처(落着處) : 돌아가는 곳. 귀결점. =낙처(落處).

1026 결택(決擇) : 결판을 내다. 문제를 확실히 해결하다.

1027 『논어(論語)』에 이런 구절이 있다 : 공자가 말했다. "날 때부터 아는 자는 뛰어나다. 배워서 아는 자는 그다음이다. 어려움에 맞닥뜨려 배우면 다시 그다음이다. 어려움에 맞닥뜨리고도 배우지 않으면 백성은 그를 형편없다고 여길 것이다."(孔子曰: "生而知之者, 上也. 學而知之者, 次也. 困而學之, 又其次也. 困而不學, 民斯爲下矣")

1028 조주종심(趙州從諗) : 778~897. 남악(南嶽)의 아래. 산동성(山東省) 조주(曹州) 학향(郝鄕)의 사람. 성은 학(郝) 씨. 어릴 때 조주의 호통원(扈通院)에 출가하였다. 지양(池陽)에 이르러 남전보원(南泉普願)에게 알현하고 계오(契悟)하였다. 그 뒤에 황벽(黃檗)·보수(寶壽)·염관(鹽官)·협산(夾山) 등을 역참(歷參)하다가, 여러 사람의 청에 의하여 조주(趙州; 하북성) 관음원(觀音院)에 주석하여 40년간 독자의 선풍(禪風)을 선양하였다. 그의 문답(問答)과 시중(示衆)이 공안(公案)으로 전하는 것이 많다. 당의 건령(乾寧) 4년 11월 2일 시적하였다. 세수(世壽)는 120세. 진제대사(眞際大師)라고 시호하였고, 저술에는

'저는 방금 총림에 들어왔습니다. 스님께서 가리켜 주십시오.'

조주 스님이 말했다.

'그대는 밥을 먹었느냐?'

그 스님이 말했다.

'먹었습니다.'

조주 스님이 말했다.

'발우를 씻어라.'

그 스님은 이 말을 듣자마자 문득 크게 깨달아서 그 즉시 쉬어 버리고 곧 삶과 죽음이 가는 곳을 알았다.

나는 늘 (깨닫기가) 쉽지 않다고 말하지만, 이 스님은 역량이 있구나. 조주 스님이 120근이나 되는 가마[1029]를 한 번 밀어서 그의 어깨 위에 올려 놓았는데, 이 스님은 곧장 짊어지고서 단숨에[1030] 120리를 내달리고는 다시는 돌아보지 않았다. 마치 부처의 지위를 곧장 범부에게 주듯이 하니, 마음속이 곧 고요하고[1031] 자비의 힘이 생겨나 자비원력을 행하게 된다. 이것이 바로 배워서 아는 경우이다.

所以古人到這裏, 如救頭然, 尋師決擇, 要得心地開通, 不疑生死. 然有學而知之者,

有生而知之者. 那箇是學而知之者? 如僧問趙州 : '學人乍入叢林, 乞師指示.' 州云

: '你喫粥了也未?' 僧云 : '喫粥了.' 州云 : '洗鉢盂去.' 僧於言下忽然大悟, 當下休歇,

『조주진제대사어록(趙州眞際大師語錄)』 3권이 있다.

1029 첨자(檐子) : 어깨에 메는 가마. 당대(唐代) 초기에 성행하였다.

1030 일기(一氣) : ①단숨에. 단번에. ②잠시. 한바탕.

1031 첩첩지(帖帖地) : 조용한. 고요한.

便知生死去處. 妙喜常說不易, 這僧有力量. 趙州將一百二十斤擔子一送, 送在他肩上, 這僧荷得, 一氣走一百二十里更不回頭. 如將梵位直授凡庸, 心裏便怗怗地, 興得慈力, 運得悲願. 此是學而知之者.

어떤 것이 태어나면서 아는 경우인가? 예컨대, 조주 스님이 사미였을 때 본사(本師)[1032]와 함께 행각하여 남전에 이르렀는데, 마침 남전 스님이 누워 있었다. 본사가 절을 하고서 조주 스님이 막 절을 하려고 하는데 남전 스님이 물었다.

'최근 어디를 떠나왔는가?'

조주 스님이 말했다.

'서상(瑞像)을 떠나왔습니다.'

남전 스님이 물었다.

'서상을 보았는가?'

조주 스님이 말했다.

'서상은 보지 못했지만, 눈앞에서 다만 누워 있는 여래를 봅니다.'

남전 스님이 이에 일어나 물었다.

'그대는 스승[1033]이 있는 사미인가? 스승이 없는 사미인가?'

조주 스님이 말했다.

'스승이 있는 사미입니다.'

남전 스님이 말했다.

1032   본사(本師) : 출가(出家)할 때 계(戒)를 준 스승.

1033   주(主) : 학인(學人)의 스승.

'누가 그대의 스승인가?'

만약 요즈음의 선객이라면, 곧 가까이 다가가 손가락을 튕기거나, 한 개 원상(圓相)을 그리거나, 한 번 고함을 지르거나, 박수를 한 번 치거나, 소매를 털고서 곧장 가거나 하는 등등의 더러운 냄새를 풍겼을 것이다.[1034] 그대들은 보아라. 저 조주 스님은 천천히 앞으로 나아가 말했다.

'초봄이니 아직 춥습니다. 스님에게[1035] 만복이 깃들기를 삼가 빕니다.[1036]'

남전이 이에 유나(維那)를 불러 말했다.

'이 사미를 특별히 대접하여라.'[1037]

那箇是生而之知者? 如趙州作沙彌時, 同本師行脚到南泉, 値南泉臥次. 本師禮拜了, 趙州方禮拜, 南泉問云 : '近離甚處?' 州云 : '近離瑞像.' 泉云 : '還見瑞像麼?' 州云 : '瑞像則不見, 面前只見臥如來.' 南泉遂起, 問 : '你是有主沙彌? 無主沙彌?' 州云 : '是有主沙彌.' 泉云 : '那箇是你主?' 若是如今禪和家, 便近前彈指, 打箇圓相, 喝一喝, 拍一拍, 拂袖便行, 放出這般惡氣息. 你看. 他趙州緩緩地近前道 : '孟春猶寒, 伏惟和尙尊候萬福!' 泉乃喚維那云 : '此沙彌別處安排.'

1034 법상(法相)을 가지고 행동했을 것이다.

1035 존후(尊候) : (보통 서신(書信) 중간에서) 상대방의 여러 상황을 살피고 묻는 공경의 말.

1036 복유(伏惟) : 삼가 생각하다. 가만히 속으로 생각하다. (아랫사람이 윗사람에게 공손히 하는 말)

1037 별처안배(別處安排) : 보통과 다르게 특별하게 대우하는 것. 특별하게 대접하는 것.

다음 날 다시 와서 물었다.

'무엇이 도(道)입니까?'

남전 스님은 방망이를 휘두르지도 않고, 고함을 지르지도 않고, 현묘한 이야기를 하지도 않고, 경론을 인용하지도 않고, 옛사람의 공안을 말하지도 않고, 사실을 말하지도 않고, 도리를 말하지도 않고, 다만 확실하게[1038] 그에게 말했다.

'평소의 마음[1039]이 도(道)다.'

조주 스님은 이미 평소의 마음을 알고 있었기 때문에 곧 다시 물었다.

'향하여 다가갈[1040] 수 있습니까?'

남전 스님이 말했다.

'향하여 다가가려 하면 어긋난다.'

조주 스님이 말했다.

'향하여 다가가지 않으면, 어떻게 도(道)를 압니까?'

남전 스님이 말했다.

'도는 앎에 속하지도 않고, 알지 못함에 속하지도 않는다. 앎은 허망하

1038 실두(實頭) : ①(형)확고하다. 견고하다. ②(부)진실로. 틀림없이. 확실히.

1039 평상심(平常心) : 평소의 마음. 『마조어록』에서 다음과 같이 평상심을 말하고 있다. "도를 곧장 알고자 하는가? 평상심(平常心)이 바로 도다. 무엇을 일러 평상심이라 하는가? 조작하지 않고, 옳고 그름을 따지지 않으며, 취하거나 버리지도 않고, 끊어짐이 있다거나 끊어짐이 없다고 헤아리지 않으며, 범부도 아니고 성인도 아닌 것이 바로 평상심이다. 경전에서 말하기를, '범부의 행위도 아니고 성인의 행위도 아닌 것이 바로 보살의 행위다.'라고 하였다."(若欲直會其道? 平常心是道. 何謂平常心? 無造作, 無是非, 無取捨, 無斷常, 無凡無聖. 經云 : '非凡夫行, 非聖賢行, 是菩薩行.')

1040 취향(趣向) : 향하여 다가가다.

게 깨어 있는 것이고, 알지 못함은 깜깜한 어둠[1041]이다. 만약 참으로 의심 없이 도에 통달하면, 마치 커다란 허공과 같아서 막힘없이 텅 비었는데, 어떻게 그 속에서 억지로 옳으니 그르니 할 수 있겠느냐?'

조주 스님은 그 말을 듣자마자 밝게 깨달았다.

"次日却來問 : '如何是道?' 南泉也不行棒, 也不下喝, 也不談玄, 也不說妙, 也不牽經, 也不引論, 也不擧古人公案, 亦不說事, 亦不說理, 只實頭向他道 : '平常心是道.' 爲他趙州已理會得平常心了, 便却問 : '還假[1042]趣向也無?' 泉云 : '擬向卽乖.' 州云 : '不擬, 爭知是道?' 泉云 : '道不屬知, 不屬不知. 知是妄覺, 不知是無記. 若眞達不疑之道, 猶如太虛, 廓然蕩豁, 豈可於中彊是非耶?' 趙州於言下千了百當.

남전 스님은 '도는 앎에 속하지도 않고, 알지 못함에 속하지도 않는다.' 고 말했지만, 규봉[1043] 스님은 그것을 일러 '신령스러운 앎(영지(靈知))'이라

1041 무기(無記) : 세계가 사라진다거나 변함없다거나 한계가 있다거나 한계가 없다거나 하는 등으로 이해해서는 세계의 실상을 알 수 없는데, 이렇게 이해할 수 없는 경우를 일러 무기(無記)라 한다. 이 경우에 무기(無記)란 곧 '이해(理解)가 없다.' '알 수 없어서 깜깜하다.'는 뜻이다.

1042 '가(假)'는 '가(可)'의 가차자(假借字)이거나 오자(誤字). 『경덕전등록』과 『오등회원』 등에 실린 이 대화에서는 모두 '가(可)'라 되어 있다.

1043 규봉종밀(圭峰宗密) : 780~841. 중국 당나라 승(僧). 화엄종(華嚴宗) 제5조. 선종(禪宗) 쪽으로는 하택종(荷澤宗)에 속한다. 원화(元和) 3년(808) 도원(道圓)에게 구족계를 받고, 그의 권유에 의하여 정중사(淨衆寺) 신회(神會)의 제자 형남(荊南)의 장(張)을 찾고, 또 낙양(洛陽) 보국사(報國寺)의 신조(神照)를 찾는다. 원화 5년, 화엄종 징관(澄觀)의 제자인 회각사(恢覺寺)의 영봉(靈峰)에게서 『화엄대소(華嚴大疏)』와 『화엄경대소초(華嚴經大疏鈔)』를 받고서 크게 감격하였다. 다음 해 동도(東都)로 가서 영목사(永穆寺)에 들어가 『원각경』을 강(講)하였다. 그 뒤 징관(澄觀)을 찾아 화엄교학(華嚴教學)을 배운다. 원화

하였고, 하택(^{1044} 스님은 그것을 일러 '지(知) 한 글자는 온갖 묘함의 문(門)이다.'라 하였고, 황룡사심^{1045} 스님은 말하기를 '지(知) 한 글자는 온갖 재앙의 문이다.'라 하였으니, 규봉과 하택을 알기는 쉬우나^{1046} 사심(死心)을 알기는 어렵다. 여기에 이르러선 모름지기 테두리와 격식을 벗어난 안목^{1047}을 갖추어야 하니, 남에게 말해 줄^{1048} 수도 없고, 남에게 전해 줄 수도 없

　11년, 종남산(終南山)의 지거사(智炬寺)에 머물고, 장경(長慶) 원년(元年; 821) 규봉(圭峰)
　의 초당사(草堂寺)로 물러나 저작(著作) 활동에 전념하며 교선일치(敎禪一致)를 고취(鼓
　吹)하였다.

1044　하택신회(神會荷澤) : 668-760. 선종(禪宗)의 일파인 하택종(荷澤宗)의 개조(開祖).
　북종선(北宗禪)의 신수(神秀) 아래서 3년간 배운 뒤, 다시 선종의 제6조(祖) 혜능(慧能)에
　게서 공부하였다. 그 후 남양(南陽)의 용흥사(龍興寺)를 거쳐, 낙양(洛陽)으로 가 혜능이
　주장하는 '돈오(頓悟)의 선풍(南宗禪)을 펴다가 한때 추방되었으나, 뒤에 형주(荊州) 개
　원(開元)의 반야원(般若院)에 거주하였다. 북종선을 배격하고 남종선의 정통성을 주장한
　사람으로, 그는 '지(知)'를 중시하였는데, 하택종에서는 후일 징관(澄觀)·종밀(宗密) 등이
　활약하였다. 저서에『현종기(顯宗記)』,『신회어록(神會語錄)』이 있다.

1045　황룡사심(黃龍死心) : 황룡오신(黃龍悟新; 1043-1114). 임제종 황룡파(黃龍派)의 스님
　이며, 호는 '사심(死心)'이다. 황룡(黃龍)은 그가 주석한 산 이름. 속가의 성은 황(黃) 씨이
　며, 광동성(廣東省) 곡강(曲江) 사람이다. 불타원(佛陀院)의 덕수(德修)에게 귀의하여 구
　족계를 받았다. 그 후에 여러 지방을 행각하다가 희녕(熙寧) 8년(1075)에 황룡사(黃龍寺)
　에 이르러 회당조심(晦堂祖心)을 뵙고 인가를 받아 법을 이었다. 그 후 곳곳을 돌아다니
　다가 원우(元祐) 7년(1092)에 운암(雲巖)에서 법문을 열었고, 정화(政和; 1111-1118) 초에
　황룡산(黃龍山)에 머물렀다. 정화 4년에 입적하였으니, 세수 72이고 법랍은 46이었다.

1046　하택신회와 그 문하의 사람들이 깨달음을 '지(知)'라고 말한 것에 대하여, 당말(唐末)
　오대(五代)의 법안종의 개조인 법안문익(法眼文益; 885~958)은 이들을 '지해종도(知解宗
　徒)'라고 비판하였다. '지해종도(知解宗徒)'란 '알음알이로 근본을 이해하는 무리'라는 뜻
　이다.

1047　초방안(超方眼) : 모든 테두리와 격식을 벗어난 눈. 한계를 벗어난 진실을 볼 수 있는
　안목(眼目).

1048　설사(說似) : 말해 주다. 거사(擧似)와 같은 뜻. 여기서 사(似)는 동사의 접미사로서

다.

그러므로 원오 선사(先師)께서는 말씀하시길 '조주의 선(禪)은 다만 입술 위에 있을 뿐이니, 그것을 어떻게 하기는 어렵다.'[1049]라고 하였으니, 마치 용병(用兵)을 잘하는 자가 양식을 가지고 다니지[1050] 않고 그대의 물과 풀을 양식으로 삼아 그대를 죽이는 것[1051]과 같은 것이다.

南泉道：'道不屬知, 不屬不知.' 圭峰謂之靈知, 荷澤謂之：'知之一字, 衆妙之門.' 黃龍死心云：'知之一字, 衆禍之門.' 要見圭峰荷澤則易, 要見死心則難. 到這裏, 須是具超方眼, 說似人不得, 傳與人不得. 所以圜悟先師說：'趙州禪只在口脣皮上, 難奈他何.' 如善用兵者, 不齎糧行, 就你水草糧食, 又殺了你.

어떤 수재(秀才)[1052]가 물었다.

'부처님은 중생이 원하는 바를 어기지 않는다고 하는데 그렇습니까?'

조주 스님이 말했다.

'그렇습니다.'

수재가 말했다.

'－주다(給)'의 뜻을 부가해 주는 어조사.

1049 선(禪)이라는 말을 가지고 선(禪)을 말하는 자의 선(禪)에 대한 분별을 쳐부수지만, 조주는 선(禪)이 무엇이라는 분별을 가지고 있지 않다.

1050 재량(齎糧)：양식을 휴대하다. 양식을 가지고 다니다.

1051 상대의 논리를 이용하여 상대를 반박하다. 분별의 산물인 말을 가지고 분별하는 말을 쳐부수다.

1052 수재(秀才)：과거(科擧)에 응시할 자격이 있는 선비. 아직 과거에 급제하지 못하고 유교(儒敎)를 공부하는 학생.

'저는 스님 수중에 있는 주장자를 가지고 싶습니다. 되겠습니까?'

조주 스님이 말했다.

'군자(君子)는 남이 좋아하는 것을 뺏지 않습니다.'

수재가 말했다.

'저는 군자가 아닙니다.'

조주 스님이 말했다.

'저[1053] 역시 부처가 아닙니다.'

有一秀才問: '佛不違衆生願, 是否?' 州云: '是.' 才云: '弟子欲就和尙手中乞取拄杖, 得否?' 州云: '君子不奪人所好.' 才云: '某甲不是君子.' 州云: '老僧亦不是佛.'

또 어떤 스님이 물었다.

'어떤 것이 조사의 뜻입니까?'

조주 스님은 이에 선상(禪床)의 다리를 두드렸다. 그 스님이 말했다.

'이것이 바로 그것입니까?'

조주 스님이 말했다.

'그렇다면 떼 내어 가져가거라.'

又一僧問: '如何是祖師意?' 州乃敲禪床脚. 僧云: '莫只這便是否?' 州云: '是則脫取去.'

1053 노승(老僧): 선승(禪僧)이 자신을 가리킬 때 사용하는 말.

또 한 스님이 물었다.

'여러 곳에서는 모두 입으로 말하는데, 스님은 어떻게 사람에게 보여 주십니까?'

조주 스님이 발뒤꿈치로 화로를 두드려 보여 주자, 그 스님이 말했다.

'바로 이것입니까?'

조주 스님이 말했다.

'나의 발뒤꿈치를 딱 알아차렸구나.'

又一僧問 : '諸方盡向口裏道, 和尙如何示人?' 州以脚跟打火爐示之, 僧云 : '莫便是也無?' 州云 : '恰認得老僧脚跟.'

또 어떤 스님이 물었다.

'어떤 것이 조주입니까?'

조주 스님이 말했다.

'동문 · 남문 · 서문 · 북문이다.'

그 스님이 말했다.

'저는 그것을 물은 것이 아닙니다.'

조주 스님이 말했다.

'그대는 나에게 조주를 묻지 않았느냐?'

又僧問 : '如何是趙州?' 州云 : '東門 · 南門 · 西門 · 北門.' 僧云 : '某甲不問這箇.' 州

云 : '你問我趙州聻¹⁰⁵⁴?'

또 어떤 스님이 물었다.

'무엇이 도(道)입니까?'

조주 스님이 말했다.

'담벼락 바깥에 있는 것이다.'

그 스님이 말했다.

'저는 그 도(道)¹⁰⁵⁵를 물은 것이 아닙니다.'

조주 스님이 말했다.

'그대는 어떤 도를 묻느냐?'

그 스님이 말했다.

'저는 대도(大道)를 묻습니다.'

조주 스님이 말했다.

'대도(大道)는 장안(長安)¹⁰⁵⁶으로 가는 길이지.'

又僧問 : '如何是道?' 州云 : '牆外底.' 僧云 : '某甲不問這箇道.' 州云 : '你問那箇道?'
僧云 : '某甲問大道.' 州云 : '大道通長安.'

그대들은 별일이 없다고 이해해서도 안 되고, 현묘하다고 이해해서도

1054 니(聻) : 의문어조사 니(呢)의 전신(前身). 당오대(唐五代)에 많이 사용되었다. 일부러
      가리켜서 묻는 경우에 주로 사용한다. 또는, 가리키는 모양을 나타내는 의태어.
1055 그 도(道) : 담벼락 밖에 있는 사람이 다니는 길.
1056 장안(長安) : 당(唐)의 수도(首都).

안 되고, 기이하고 특별하다고 이해해서도 안 되고, 평범한 일이라고 이해해서도 안 된다. 조주 스님은 일 없는 곳에 있지도 않고, 현묘한 곳에 있지도 않고, 기이하고 특별한 곳에 있지도 않고, 평범한 일상에 있지도 않다. 결국 어떤 곳에 있는가? 안목을 갖춘 사람은 판별할 것이다.

你不得作無事會, 不得作玄妙會, 不得作奇特會, 不得作平常會. 趙州不在無事上, 不在玄妙上, 不在奇特上, 不在平常上. 畢竟在甚麼處? 具眼者辨取.

저 조주 노인네는 어떤 때 이렇게 말했다.

'출가하기 전에는 깨달음[1057]에 부림을 당하고, 출가한 뒤에는 깨달음을 부릴 수 있다.'[1058]

'그대들은 24시간에게 부림을 당하지만, 나는 24시간을 부릴 수 있다.'[1059]

또 말했다.

1057 보리(菩提) : 도(道)·지(智)·각(覺)이라 번역. 깨달음.

1058 『고존숙어록(古尊宿語錄)』 제13권에 실린 『조주진제선사어록(趙州眞際禪師語錄)』에 다음 대화가 있다 : 물었다. "출가하여 위없는 깨달음을 구하려 서원할 때는 어떻습니까?" 조주가 말했다. "아직 출가하지 않았을 때는 깨달음에 부림을 당하지만, 이미 출가한 뒤에는 깨달음을 부릴 수 있다."(問: "未審出家誓求無上菩提時如何?" 師云: "未出家被菩提使, 旣出家使得菩提.")

1059 『고존숙어록(古尊宿語錄)』 제13권에 실린 『조주진제선사어록(趙州眞際禪師語錄)』에 다음 대화가 있다 : 물었다. "24시간 동안 어떻게 마음을 씁니까?" 조주가 말했다. "그대는 24시간에 부림을 당하지만, 나는 24시간을 부릴 수 있다. 그대는 어떤 시간을 묻는 것이냐?"(問: "十二時中如何用心?" 師云: "你被十二時使, 老僧使得十二時. 你問那箇時?")

'불(佛)이라는 한 글자를 나는 듣기 좋아하지 않는다.'[1060]

불(佛)이라는 한 글자도 오히려 듣기를 좋아하지 않으니, 달마는 분명 팍 늙어 버린 누린내 나는 오랑캐요, 십지보살[1061]은 똥짐을 짊어진 놈이요, 등각(等覺)[1062]과 묘각(妙覺)[1063]은 보잘것없는 범부요, 보리와 열반은 나귀를 매어 놓는 말뚝이요,[1064] 십이분교(十二分敎)[1065]는 귀신의 장부이며 고

1060 『고존숙어록(古尊宿語錄)』제13권에 실린 『조주진제선사어록(趙州眞際禪師語錄)』에 실려 있는 시중(示衆) 법어(法語)의 한 구절.

1061 십지보살(十地菩薩) : 『화엄경』「십지품(十地品)」에 설해져 있는 보살수행의 52위 가운데서 제41위에서 제50위까지의 사이에 있는 보살. 보살로서 최고의 경지에 도달한 자.

1062 등각(等覺) : 보살수행의 52계위 가운데서 51위를 가리킨다. 이것은 십지(十地) 법운지(法雲地) 위에 있으며 최고의 불위(佛位)인 묘각(妙覺)의 아래에 있다.

1063 묘각(妙覺) : 불과(佛果)를 말한다. 보살 수행의 지위 점차인 52위(位)나 41위의 마지막 지위. 등각위(等覺位)에 있는 보살이 다시 1품의 무명을 끊고 이 지위에 들어간다. 온갖 번뇌를 끊어 버린 부처님의 자리.

1064 『임제록(臨濟錄)』에서 임제의현(臨濟義玄; ?-867.)은 이렇게 말했다. "나의 안목(眼目)에서는 보신불(報身佛)과 화신불(化身佛)의 머리를 꺾어 버리며, 십지보살(十地菩薩)은 비천한 놈과 같고, 등각(等覺)과 묘각(妙覺) 보살은 목에 칼을 쓰고 쇠사슬에 묶인 놈이며, 아라한과 벽지불은 뒷간의 더러운 똥과 같고, 깨달음과 열반(涅槃)은 당나귀를 비끄러매는 말뚝과 같다."(取山僧見處, 坐斷報化佛頭, 十地滿心, 猶如客作兒, 等妙二覺, 檐枷負鎖漢, 羅漢辟支, 猶如廁穢, 菩提涅槃, 如繫驢橛.)

1065 십이분교(十二分敎) : =십이부경(十二部經). 석가모니의 가르침을 그 성질과 형식에 따라 구분하여 12부로 분류하여 놓은 불교 경전. ①수다라(修多羅): 계경(契經). ②기야(祇夜): 중송(重頌). ③수기(授記): 예언. ④가타(伽陀): 풍송(諷頌). ⑤우타나(優陀那): 무문자설(無問自說). ⑥니타나(尼陀那): 연기(緣起). ⑦아파타나(阿波陀那): 비유(譬喩). ⑧이제왈다가(伊帝曰多伽): 본사(本事). ⑨사타가(闍陀伽): 본생(本生). ⑩비불략(毘佛略): 방광(方廣). ⑪아부타달마(阿浮陀達摩): 희유법(希有法). ⑫우바제사(優波提舍): 논의(論議).

름 닦는 휴지요, 사과(四果)[1066]·삼현(三賢)[1067]·초심(初心)[1068]·십지(十地)는 옛 무덤을 지키는 귀신이다.[1069] 그대들이 아직 이런 곳에 도달하지 못했다면, 이 일을 알 수 없을 것이다.

這老漢有時云:'未出家被菩提使, 出家後使得菩提.' '汝諸人被十二時使, 老僧使得十二時.' 又云:'佛之一字, 吾不喜聞.' 佛之一字, 尙不喜聞, 達磨灼然是甚老臊胡, 十地菩薩是擔糞漢, 等妙二覺是破凡夫, 菩提涅槃是繫驢橛, 十二分敎是鬼神簿·拭瘡膿紙, 四果·三賢·初心·十地是守古塚鬼. 你旣不到這箇田地, 是事理會

1066 사과(四果) : 소승(小乘)이 얻는 깨달음인 증과(證果)의 4계위(階位). 과(果)는 무루지(無漏智)가 생기는 지위. 수다원과(須陀洹果)·사다함과(斯陀含果)·아나함과(阿那含果)·아라한과(阿羅漢果).

1067 삼현(三賢) : 소승·대승에 따라 구별이 있다. ①대승은 보살 수행의 지위인 10주·10행·10회향 위(位)에 있는 보살을 말함. ②소승은 5정심위(停心位)·별상념주위(別相念住位)·총상념주위(總相念住位)를 말함. 이들은 성위(聖位)에 들어가기 위한 방편위(方便位).

1068 초심(初心) : ①초발심(初發心). 처음으로 깨달음을 구하는 마음을 낸 것. ②십신(十信) 가운데 첫 번째 지위. ③십주(十住) 가운데 첫 번째인 초발심주(初發心住). ④공부한 지 얼마 되지 않은 초학자(初學者).

1069 이것은 원래 덕산선감(德山宣鑒: 780~865.)의 말이다. "나의 선조(先祖)의 견처(見處)는 그렇지 않다. 여기에는 조사도 없고 부처도 없으며, 달마는 늙고 노린내 나는 오랑캐이며, 석가 노인은 똥 닦는 막대기이며, 문수와 보현은 똥 푸는 사내이며, 등각(等覺)과 묘각(妙覺)은 보잘것없는 것에 집착하는 범부(凡夫)이며, 보리(菩提)와 열반(涅槃)은 나귀 매는 말뚝이며, 십이분교(十二分敎)는 귀신의 명부(名簿)이자 상처의 고름을 닦는 종이이며, 사과(四果)와 삼현(三賢)과 초심(初心)과 십지(十地)는 옛 무덤을 지키는 귀신이므로, 스스로도 구제하지 못한다."(上堂: "我先祖見處卽不然. 這裡無祖無佛, 達磨是老臊胡, 釋迦老子是乾屎橛, 文殊普賢是擔屎漢, 等覺妙覺是破執凡夫, 菩提涅槃是繫驢橛, 十二分敎是鬼神簿拭瘡疣紙, 四果三賢初心十地是守古塚鬼, 自救不了.")(『오등회원』 제7권 '덕산선감선사')

不得也.

　배우는 사람이 성큼성큼 재빠르게 지나쳐서[1070] 곧장 한마디를 쥐고서 선요(禪要)[1071]로 삼아 사람을 응대하지만,[1072] 전혀 이러한 도리는 아니다.[1073] 그러므로 나는 방장실에서 늘 선객들에게 묻는다.

　'죽비라고 부르면 사물을 따라가고, 죽비라고 부르지 않으면 사물을 무시한다.[1074] 말을 해도 안 되고,[1075] 말을 하지 않아도 안 되고, 생각을 해도 안 되고, 헤아려 보아도 안 되고, 소매를 떨치고 곧장 가 버려도 안 되고, 어떻게 하든지 안 된다.'

　　學人麤走大步, 便把一句子禪要祇對人, 且不是這箇道理. 所以妙喜室中常問禪和
　　子 : '喚作竹篦則觸, 不喚作竹篦則背. 不得下語, 不得無語, 不得思量, 不得卜度,
　　不得拂袖便行, 一切總不得.'

　그대들이 곧 죽비를 빼앗아 버리면, 나는 우선 그대들이 죽비를 빼앗

1070　추주대보(麤走大步) : 성큼성큼 재빠르게 지나가다. 대강대강 얼른 지나치다.

1071　선요(禪要) : 선의 요점. =선지(禪旨).

1072　지대(祇對) : = 지대(只對). 응대하다. (공경하게) 응대하다.

1073　차불(且不) : 오랫동안 − 하지 않다. 좀처럼 −하지 않다. 전혀 −하지 않다.

1074　배촉관(背觸關)이다. 배(背)는 등을 돌리는 것이고, 촉(觸)은 붙잡는 것이다. 반야(般
　　若)를 경험하려면 등을 돌려서도 안 되고 붙잡아서도 안 된다고 하여 배촉구비(背觸俱非)
　　라 한다. 배촉관(背觸關)이란 놓아서도 안 되고 잡아서도 안 되는 경우에 어떻게 뚫어 낼
　　것인가 하는 공부의 관문(關門).

1075　득(得) : −해야 한다. =수(須).

334

도록 내버려 둔다. 내가 주먹이라고 부르면 사물을 따라가고, 주먹이라고 부르지 않으면 사물을 무시한다고 하면, 그대들이 내 주먹은 또 어떻게 빼앗겠느냐? 다시 그대들이 '스님 내려놓으십시오.' 하고 말한다면,[1076] 나는 우선 내려놓는다. 내가 기둥[1077]이라고 부르면 사물을 따라가고, 기둥이라고 부르지 않으면 사물을 무시한다고 하면, 그대들은 기둥은 또 어떻게 빼앗겠는가? 내가 산하대지라고 부르면 사물을 따라가고, 산하대지라고 부르지 않으면 사물을 무시한다고 하면, 그대들이 산하대지는 또 어떻게 빼앗겠는가?

你便奪却竹篦, 我且許你奪却. 我喚作拳頭則觸, 不喚作拳頭則背, 你又如何奪? 更饒你道箇'請和尚放下著', 我且放下著. 我喚作露柱則觸, 不喚作露柱則背, 你又如何奪? 我喚作山河大地則觸, 不喚作山河大地則背, 你又如何奪?

주봉(舟峯)이라는 장로가 있는데 이렇게 말했다.

'제가 스님의 죽비 말씀을 보니, 마치 죄인[1078]의 재산을 모조리 기록하여 몰수하고는[1079] 다시 그에게 재물[1080]을 내놓으라고 요구하는 것과 같습니다.'

내가 말했다.

1076 요(饒) : ①비록 ―이지만. 설사 ―라 하더라도. ②만약 ―라면.
1077 노주(露柱) : 법당이나 불전(佛殿)의 노출된 둥근 기둥.
1078 인가(人家) : 사람. =인(人). 여기에서는 문맥상 죄인(罪人)을 뜻한다.
1079 적몰(籍沒) : 죄인의 재산을 기록하여 몰수하다.
1080 물사(物事) : 일. 사정. 물건.

'그대의 비유가 지극히 묘하구나. 나는 참으로[1081] 그대에게 물건을 내놓으라고 요구한다. 그대가 내놓을 방도가 없다면,[1082] 곧장 죽음의 길로 가야만[1083] 한다. 물로 뛰어들든지 불로 달려들든지 하여 목숨을 서슴없이 버려야 비로소 죽을 수 있고, 죽어 버리면 도리어 다시 서서히 살아날 것이다.'

그대들을 보살이라 부르면 좋아하고 그대들을 도적놈이라 부르면 싫어하지만, 그대들은 여전히 다만 이전의 그 사람일 뿐이다. 그러므로 옛사람은 말했다.

'절벽에 매달려 손을 놓아 버려야 스스로 기꺼이 받아들일[1084] 것이다. 죽은 뒤에 다시 소생한다면, 그대를 속일 수 없을 것이다.'[1085]

여기에 이르러야 비로소 나의 죽비 이야기에 계합할 것이다."

有簡舟峰長老云: '某看和尙竹篦子話, 如籍沒卻人家財産了, 更要人納物事.' 妙喜曰: '你譬喩得極妙. 我眞簡要你納物事. 你無從所出, 便須討死路去也. 或投河赴火, 拚得命方始死得, 死了卻緩緩地再活起來.' 喚你作菩薩便歡喜, 喚你作賊漢便惡發, 依前只是舊時人. 所以古人道: '懸崖撒手, 自肯承當. 絶後再甦, 欺君不得.' 到這裏, 始契得竹篦子話."

1081 진개(眞箇) : =진(眞). 참된. 개(箇)는 적(的), 지(地)와 같은 조사(助詞).
1082 무종(無從) : ―할 길이 없다. 어쩔 도리가 없다.
1083 토(討) : ①초래하다. 야기하다. ②받다. ③(고생을) 사서 하다.
1084 승당(承當) : 맡다. 담당하다. 받들어 지키다. 수긍하고 인정한다는 말.
1085 『경덕전등록』 제20권 '소주영광원진선사(蘇州永光院眞禪師)'의 상당 법어 가운데 한 구절. 진선사(眞禪師)는 운거도응(雲居道膺)의 제자로서 청원행사의 6세손이다.

다시 게송을 말했다.

"부처라는 한마디도 오히려 좋아하지 않는데

상관할 무슨 삶과 죽음이 있겠는가?

당장[1086] 마주 보고서도 통하기[1087] 어려운데

무슨 능엄(楞嚴)의 뜻을 팔환(八還)[1088]으로 말하리오?"

復說偈云:

"佛之一字尚不喜, 有何生死可相關?

當機覿面難回互, 說甚楞嚴義八還?"

1086 당기(當機) : 당장. 즉시.

1087 회호(回互) : 둘 이상이 서로 섞여 들어가 관계를 맺으면서 서로 기대고 함께 존재하
는 모양이 되면서도 각각이 독자적인 뜻을 잃지 않는 것을 의미한다. 여기에서는 도(道)
에 통하는 것을 가리킨다.

1088 팔환(八還) : 『수능엄경』 정종분(正宗分)에서 경계(境界)의 모습을 8가지로 분류하여
구체적인 예를 든 것. ①밝음은 태양으로 돌아가고, ②어둠은 그믐달로 돌아가고, ③통
함은 창문으로 돌아가고, ④막힘은 담벼락으로 돌아가고, ⑤까닭은 분별로 돌아가고, ⑥
텅 빔은 허공으로 돌아가고, ⑦빽빽함은 티끌로 돌아가고, ⑧맑음은 비 갠 하늘로 돌아간
다.

9. 열 선인이 청한 보설

열(悅) 선인(禪人)¹⁰⁸⁹이 보설을 청했는데, 어떤 승려가 물었다.

"임제 스님이 시중(示衆)에서 말하길 '어떤 때는 사람은 빼앗으나 경계는 빼앗지 않고,¹⁰⁹⁰ 어떤 때는 경계는 빼앗으나 사람은 빼앗지 않으며, 어떤 때는 사람과 경계를 모두 빼앗고, 어떤 때는 사람과 경계를 모두 빼앗지 않는다.'¹⁰⁹¹고 하였는데, 어떤 것이 사람은 빼앗고 경계는 빼앗지 않

1089 선인(禪人) : 참선 공부하는 선승(禪僧). 선화자(禪和子), 선객(禪客), 운납(雲衲), 납자(衲子) 등과 같은 말.

1090 사람은 주관(主觀)이고 경계(境界)는 객관이라고 할 수 있다. 또, 사람은 이(理)이고 경계는 사(事), 사람은 마음이고 경계는 세계, 사람은 본질이고 경계는 현상, 사람은 공(空)이고 경계는 색(色) 등으로 대응시켜서 볼 수 있을 것이다.

1091 『임제록(臨濟錄)』에서 사료간(四料揀)이라는 이름으로 알려진 다음의 대화 : 임제가 저녁법회에서 대중에게 말했다. "어떤 때는 사람은 빼앗으나 경계는 빼앗지 않고, 어떤 때는 경계는 빼앗으나 사람은 빼앗지 않으며, 어떤 때는 사람과 경계를 모두 빼앗고, 어떤 때는 사람과 경계를 모두 빼앗지 않는다." 그때 어떤 승려가 물었다. "어떤 것이 사람은 빼앗고 경계는 빼앗지 않는 것입니까?" 임제가 말했다. "따뜻한 봄볕이 왕성하니 땅을 뒤덮은 비단 같은데, 아이의 땋아 늘어뜨린 머리카락은 희기가 실타래 같다." 그 승려가 물었다. "어떤 것이 경계는 빼앗고 사람은 빼앗지 않는 것입니까?" 임제가 말했다. "왕의 명령은 이미 천하에 두루 시행되었고, 장군은 국경 밖에서 전쟁을 멈추었다." 그 승려가 물었다. "어떤 것이 사람과 경계를 모두 빼앗는 것입니까?" 임제가 말했다. "병주(幷州)와 분주(汾州)는 소식이 끊어져서, 각기 한 쪽에 홀로 머물러 있다." 그 승려가 물었다. "무엇이 사람과 경계를 모두 빼앗지 않는 것입니까?" 임제가 말했다. "제왕은 보배로 장식한 궁전에 오르고, 시골 노인은 즐겁게 노래를 부른다."(晚參示衆云: "有時奪人不奪境, 有時奪境不奪人, 有時人境俱奪, 有時人境俱不奪." 時有僧問: "如何是奪人不奪境?" 師云: "煦日發生鋪地錦, 嬰孩垂髮白如絲." 云: "如何是奪境不奪人?" 師云: "王令已行天下遍, 將軍塞外絶煙塵." 云: "如何是人境兩俱奪?" 師云: "幷汾絶信, 獨處一方." 云: "如何是人境俱不奪?" 師云: "王登寶殿, 野老謳歌.")(『천성광등록』 제10권)

는 것입니까?"

대혜가 말했다.

"3,000리 밖에서 어지러운 말[1092]을 끊어라."

승려 : "어떤 것이 경계는 빼앗고 사람은 빼앗지 않는 것입니까?"

대혜 : "눈동자 속의 쐐기를 뽑아내라."

승려 : "임제 스님은 말하길 '따뜻한 봄볕[1093]이 왕성하니[1094] 땅을 뒤덮은 비단 같은데, 아이의 땋아 늘어뜨린 머리카락[1095]은 희기가 실타래 같다.'[1096]라고 하였는데, 스님의 답변과 같습니까? 다릅니까?"

대혜 : "남이 싸 놓은 똥덩이나 씹는다면 좋은 강아지가 아니다."

승려 : "왕의 명령은 이미 천하에 두루 시행되었고, 장군은 국경 밖[1097]

1092 효와(誵訛) : ①글이 까다로워 이해하기 어려움. 글이 난잡하여 오해하기 쉬움. 일부러 어렵게 보이도록 비틀어 말함. ②난잡하게 뒤섞임. 뒤흔들어 어지럽힘. 뒤섞여 잘못됨. =오아(謷牙), 효와(淆訛), 효와(殽訛), 요와(譊訛), 오와(謷訛). ③고칙공안(古則公案)의 성격을 말함. 고칙공안은 수수께끼 같은 문제를 내어 듣는 이가 자신의 본성(本性)을 놓치고 말에 끌려 헤매도록 유도하기 때문에 이렇게 말함.

1093 후일(煦日) : 따뜻한 햇빛. 따뜻한 햇살. 봄볕.

1094 발생(發生) : ①생기다. 발생하다. 나타나다. ②왕성하게 되다. ③봄, 봄철의 다른 이름.

1095 수발(垂髮) : 아이의 땋아 늘어뜨린 머리카락.

1096 주관은 객관에 매몰되어 사라지고, 객관만 나타나는 경우. 마음이 세계에 오염되어 마음은 존재가 나타나지 않고 세계만 나타나는 경우. 색(色)에 치우친 경우로서, 나타나는 모든 것들이 환상과 같다.

1097 새외(塞外) : 만리장성 밖의 변방 지역. 국경 관문 밖. 오랑캐와 접하여 전쟁을 하는 곳.

1098 연진(煙塵) : 연기와 먼지. 봉화 연기와 전쟁의 먼지. 곧 전란을 가리킴.

에서 전쟁[1098]을 멈추었을[1099] 때는 어떻습니까?"

대혜 : "아까는 아직[1100] 괜찮았는데, 지금은 더욱 곤란하구나."[1101]

승려 : "온 우주의 부처님[1102]들이 오로지 열반문(涅槃門)으로만 통하는데, 왕(王) 씨[1103]는 오늘 살아 있습니까? 죽었습니까?"

대혜 : "살았느냐? 죽었느냐?"

승려 : "과거와 현재에 떨어지지 않고, 또렷이 눈앞에 있습니다."

대혜 : "뒤통수에 박힌 화살을 뽑아 버려라."[1104]

승려 : "예컨대 하루 종일 한 물건에도 의지하지 않는 사람이 찾아오면, 스님은 응접하십니까?"

대혜 : "무엇을 일러 한 물건이라 하느냐?"

승려 : "게송의 언구(言句)를 거듭 말씀드릴 수는 없습니다."

대혜 : "사람을 꽉 가로막아 버리는구나."[1105]

1099　주관이 객관을 삼켜서 주관만이 드러나는 경우. 안으로 마음이 안정되고 밖으로 상대할 경계가 사라져서 갈등이 없다. 공(空)에 치우친 경우다.

1100　유자(猶自) : (부) 아직.

1101　낭당(郎當) : ①곤궁해지다. 곤란해지다. 뜻대로 되지 않다. 뜻을 이루지 못하다. ②헐렁헐렁하다. ③초췌하다. 위축되어 있다. ④피로하다. 피곤하다. ⑤죄수를 묶던 쇠사슬. ⑥쨍그랑쨍그랑. ⑦혼란하다. 어지럽다.

1102　박가범(薄伽梵) : 세존(世尊)이라는 뜻인 bhagavān의 음역.

1103　왕(王) 씨 : 보설을 청한 열(悅) 상좌(上座)의 죽은 어머니. 열 상좌는 죽은 어머니를 위하여 대혜에게 보설을 청하였다.

1104　뇌후전(腦後箭)은 뇌후삼근철(腦後三斤鐵)과 같음. 뒷머리 급소에 화살이 박혀 있다는 것은 치명적인 장애를 가지고 있다는 말. 깨달음을 결정적으로 가로막는 장애를 제거하라는 말.

1105　말을 못 하게 하는구나.

悦禪人請普說, 僧問:"臨濟示衆云:'有時奪人不奪境, 有時奪境不奪人, 有時人境兩俱奪, 有時人境俱不奪.' 如何是奪人不奪境?"

師云:"三千里外絶誵訛."

進云:"如何是奪境不奪人?"

師云:"拔出眼中楔."

進云:"臨濟道:'煦日發生鋪地錦, 嬰孩垂髮白如絲.' 未審與和尚答底是同是別?"

師云:"咬人屎橛, 不是好狗."

進云:"王令已行天下徧, 將軍塞外絶煙塵時如何?"

師云:"適來猶自可, 而今更郎當."

問:"十方薄伽梵, 一路涅槃門. 未審王氏今日是生耶? 是死耶?"

師云:"生耶死耶?"

進云:"今古應無墜, 分明在目前."

師云:"抽卻腦後箭."

進云:"只如十二時中不依倚一物人來, 師還接否?"

師云:"喚甚麼作一物?"

進云:"不可重說偈言."

師云:"礙塞殺人!"

이어서 말했다.

"살았는가? 죽었는가? 얻는 것도 아니고 잃는 것도 아니라고 말하지도 말고, 이치가 있고 사실이 있다고도 말하지 마라. 만약 이치가 있고 사실이 있는 곳에서 들어갈 곳을 얻는다면, 다만 교승(敎乘) 속에서 빠져

나오지 못한[1106] 것이다. 만약 얻는 것도 아니고 잃는 것도 아니라는 곳에서 들어갈 곳을 얻는다면, 여러분이 하루 24시간 속에서 아직 근심 없이 편안히 살[1107] 곳을 얻지는 못했다고 감히 말하겠다. 아직 근심 없이 편안히 살 곳을 얻지 못했다면, 왕(王) 씨가 돌아간 곳을 알지 못한다. 만약 왕 씨가 돌아간 곳을 알았다면, 자기가 근심 없이 편안히 지낼 곳도 알 것이다.

乃云: "生耶死耶? 非得非失不道, 不道有理有事. 若向有理有事處得箇入處, 只在教乘裏頭出頭沒. 若於非得非失處得箇入處, 敢保諸人十二時中未有安身立命處. 旣未有安身立命處, 則不知王氏落處. 若知得王氏落處, 卽知自己安身立命處.

말해 보아라. 왕 씨는 지금 살았는가? 죽었는가? 살아 있는 것이 아닌가? 죽은 것이 아닌가? 만약 살아 있는 것이 아니라고 한다면, 죽어 있는 것을 어찌하리오?[1108] 만약 죽은 것이 아니라고 한다면, 살아 있는 것을 어찌하리오? 만약 살아 있기도 하고 죽어 있기도 하다고 한다면, 이것은 희론(戲論)[1109]을 말하는 것이다. 만약 살아 있는 것도 아니고 죽은 것도 아

1106 두출두몰(頭出頭沒) : 물에 빠져 머리가 나왔다 들어갔다 하며 물에서 빠져나오지 못하다. 생사의 바다에 빠져서 빠져나오지 못하다.

1107 안신입명(安身立命) : 몸을 편안히 하고 목숨을 보존하다. 근심 없이 편안히 살다.

1108 쟁내(爭奈) −하(何) : −를 어찌하리오? −인 것을 어떻게 하겠는가? =쟁내(爭奈).

1109 희론(戲論) : 희롱(戲弄)의 담론(談論). 부질없이 희롱하는 아무 뜻도 이익도 없는 말. 여기에는 사물에 집착하는 미혹한 마음으로 하는 여러 가지 옳지 못한 말인 애론(愛論)과 여러 가지 치우친 소견으로 하는 말인 견론(見論)의 2종이 있다. 둔근인(鈍根人)은 애론, 이근인(利根人)은 견론, 재가인(在家人)은 애론, 출가인(出家人)은 견론, 천마(天魔)

343

니라고 한다면, 또한 어긋나는 말이다. 설사[1110] 사구(四句)[1111]를 떠나고 백비(百非)[1112]를 끊어서,[1113] 곧장 맑은 거울이 경대에 붙어 있고 맑은 구슬이 손바닥에 있는 것과 같아서, 오랑캐가 오면 오랑캐가 나타나고 한인(漢人)이 오면 한인이 나타나며, 각자 자신의 발밑이 깨끗하고 또렷하여 삶과 죽음이 꿈이나 환상이나 헛꽃과 같고, 오고 감이 뜬구름이나 물에 비친 달그림자 같다고 하여도, 여전히 아직은 철두철미한 곳이 아니다. 설사 여실(如實)하게 깨달아서, 예전의 생겨남은 본래 생겨남이 없었고, 오늘의 사라짐은 본래 사라짐이 없다고 하더라도, 역시 꿈이 없는데 꿈 이야기하는 것이다.

且道. 王氏卽今是生耶? 是死耶? 是不生耶? 是不死耶? 若道不生, 爭奈死何? 若道不死, 爭奈生何? 若道亦生亦死, 又是戲論說. 若道非生非死, 又是相違說. 直饒離四句, 絶百非, 直下如明鏡當臺, 明珠在掌, 胡來現胡, 漢來現漢, 當人各各脚跟下, 淨倮倮, 明歷歷, 生死如夢幻空華, 去來如浮雲水月, 猶未是徹頭處. 縱饒如實見得, 昔日之生, 本不曾生, 今日之滅, 本不曾滅, 亦是無夢說夢.

는 애론, 외도(外道)는 견론, 범부(凡夫)는 애론, 2승(乘)은 견론을 고집함.

1110 　직요(直饒) : 비록 −라고 하여도. 설사 −라고 하여도.

1111 　사구(四句) : 분별이 나타나는 4가지 형태. ①A다, ②A가 아니다, ③A이기도 하고 A가 아니기도 하다, ④A도 아니고 A 아닌 것도 아니다. 분별은 기본적으로 이 4가지 형태를 따라 이루어진다. 그러므로 사구(四句)란 곧 분별을 가리킨다

1112 　백비(百非) : 사구(四句)에 과거·현재·미래의 시간과 이전, 이후 등을 적용하여 더욱 세분하게 분별한 것. 온갖 종류의 분별을 가리키는 말이다.

1113 　사구를 떠나고 백비를 끊는다는 것은 모든 분별 사유를 벗어난다는 뜻.

왜 그런가? 생겨나도 생겨나지 않는 것은 거울 속의 모습이요, 사라져도 사라지지 않는 것은 물속의 달그림자다. 바로 이러한 때 어디에서 왕 씨는 몸을 빼내는가?[1114] 만약 남김없이 깨달았다면,[1115] 왕 씨는 지금 여러분과 손을 맞잡고 함께 걸어가 여래의 대적멸(大寂滅) 바다 속으로 같이 들어갈 것이다. 만약 아직 그렇지 못하다면, 세월은 그대의 목숨을 재촉하고 귀신은 그대의 복을 시샘할 것이다."[1116]

何以故? 生而不生, 鏡裏之形, 滅而不滅, 水中之月. 正當恁麼時, 那裏是王氏出身處? 若委悉得去, 王氏只今與諸人把手共行, 同入如來大寂滅海. 其或未然, 有寒暑兮促君壽, 有鬼神兮妒君福."

다시 말했다.

"이것이 근열(近悅) 상좌가 어머니 왕(王) 씨를 위하여 나에게 설법을 청한 뜻이다. 법을 어떻게 설명하는가? '법은 볼 수도 들을 수도 느낄 수도 알 수도 없다. 만약 보고 · 듣고 · 느끼고 · 알고 한다면, 이것은 보고 · 듣고 · 느끼고 · 아는 것이지 법을 구하는 것은 아니다.'[1117]는 말을 듣지도 못했는가? 보고 · 듣고 · 느끼고 · 아는 것으로 도(道)에 들어갈 수 없다면, 보지 않고 듣지 않고 느끼지 않고 알지 않는 것이 곧 옳은 것인가?"

1114 출신(出身): 자신을 모든 속박에서 빼내다.

1115 위실(委悉): 남김없이 잘 알다. 자세히 알다.

1116 마지막 구절은 본래 황룡혜남(黃龍慧南)의 말이다.

1117 『유마힐소설경』「불사의품(不思議品)」제6에 나오는 구절.

復云: "這箇是近悅上座爲母王氏請妙喜老漢說法底意旨. 且法作麼生說? 不見道: '法不可見聞覺知. 若行見聞覺知, 是則見聞覺知非求法也.' 見聞覺知旣不可以入道, 莫是不見不聞不覺不知便是麼?"

잠시 묵묵히 있다가 소리를 높여 말했다.

"또다시 무엇이 있겠는가? 내가 힘을 다하여 말했지만, 다만 이만큼 말할 수 있을 뿐이다. 이 일은 결코 언어 위에 있지 않다. 그 까닭에 예부터 모든 성인(聖人)이 한 분 한 분 세상에 나오셔서 각자 뛰어난 방편을 가지고 시시콜콜 말한[1118] 것은, 오직 사람들이 언어 위에서 더럽혀질까 봐 염려했던 때문이다. 만약 언어 위에 있다면, 일대장교[1119] 5,048권[1120]이 방편을 말하고, 진실을 말하고, 있음을 말하고, 없음을 말하고, 돈(頓)을 말하고, 점(漸)을 말하였는데, 어찌 말이 없겠는가?

良久, 高聲云: "更是箇甚麼? 妙喜盡力說, 只說得到這裏. 此事決定不在言語上. 所以從上諸聖次第出世, 各各以善巧方便, 切切怛怛, 唯恐人泥在言語上. 若在言語上, 一大藏教五千四十八卷, 說權說實, 說有說無, 說頓說漸, 豈是無言說?

1118 도도달달(切切怛怛) : =도도(切切). =도달(切怛). =도달(刀呾). ①번거롭다. ②말이 많다. 수다스럽다. 시시콜콜하다. ③귀찮다. 지겹다. 싫증 나다.

1119 일대장교(一代藏敎) : 경(經)・율(律)・론(論) 삼장(三藏)을 가리키는데, 일대시교(一代時敎)라고도 한다.

1120 5,048권의 대장경은 곧 송태조(宋太祖)의 칙령에 의하여 개보(開寶) 4년(971년)에 판각을 시작하여 태종(太宗) 태평흥국(太平興國) 8년(983년)에 완성한 개보장(開寶藏)이다.

무엇 때문에 달마는 서쪽에서 와 도리어 '다만 마음을 전할 뿐이고, 문자언어는 세우지 않으며, 사람의 마음을 바로 가리키고, 본성을 보아 부처가 된다.'[1121]고 말했겠는가? 무엇 때문에 현묘함을 전하고 언어를 전한다고 하지 않고, 다만 각자가 스스로 즉각 자기의 본래 마음을 밝혀서 자기의 본성을 보라고 요구하기만 하였는가? 부득이하여 마음을 말하고 본성을 말하지만, 이미 매우 시끄러운 것이다.[1122] 만약 삶과 죽음의 뿌리를 모조리 뽑아내고자 한다면, 절대로 내가 말하는 것을 기억해서는 안 된다.

因甚麼達磨西來卻言 : '單傳心印, 不立文字語言, 直指人心, 見性成佛? 因何不說傳玄傳妙, 傳言傳語, 只要當人各各直下明自本心, 見自本性? 事不獲已, 說箇心, 說箇性, 已大段狼藉了也. 若要拔得生死根株盡, 切不得記我說底.

설사 일대장교를 병에서 물을 쏟아내듯이 잘 기억한다고 하더라도, 똥을 가지고 들어온다고 하지 똥을 퍼낸다고 하지 않으며, 도리어 이 보잘것없는 것에 가로막혀서 자기의 바른 지견이 드러나지 않고, 자기의 신통이 발휘되지 못하고, 그저 눈앞의 그림자[1123]만을 희롱하며 선(禪)을 이해하고, 도(道)를 이해하고, 마음을 이해하고, 본성을 이해하고, 기특함을

1121 이심전심(以心傳心), 불립문자(不立文字), 직지인심(直指人心), 견성성불(見性成佛)은 곧 선(禪)의 특징을 나타내는 구절이다.

1122 낭자(狼藉) : 혼란. 번잡. 시끄러움. 어지러움.

1123 광영(光影) : ①빛. 햇빛. ②세월. 광음(光陰)과 같다. ③그림자. ④껍데기를 비유한 말. 피모(皮毛). 여기에서는 껍데기로서의 그림자 즉 허깨비라는 뜻.

이해하고, 현묘함을 이해하니, 마치 막대기를 휘둘러 달을 치려는 것처럼 헛되이 정신력[1124]을 낭비하는 짓이다.

縱饒念得一大藏敎如缾瀉水, 喚作運糞入, 不名運糞出, 卻被這些子障卻, 自己正
知見不得現前, 自己神通不能發現, 只管弄目前光影, 理會禪, 理會道, 理會心, 理
會性, 理會奇特, 理會玄妙, 大似掉棒打月, 枉費心神.

여래는 불쌍한 중생을 위하여 말씀하셨지만, 옛사람[1125]에게는 무릇 한 마디나 반 마디의 말이라도 있기만 하면, 한 개 금강권[1126]과 율극봉[1127]을 시설하여 그대들이 뚫고 벗어나게 하고 그대들이 삼키게 하고자 한 것이

1124 심신(心神): ①마음과 정신. 사고력과 정신력. ②정신. 정신 상태.
1125 여기서 옛사람은 선종(禪宗)의 사가(師家)를 가리킨다.
1126 금강권(金剛圈): 금강(金剛)은 결코 부서지지 않는 견고한 것이고, 권(圈)은 울타리를 나타내는 말이니, 금강권은 결코 부서지지 않는 울타리나 장벽을 뜻한다. 즉, 분별심으로는 결코 부술 수 없는 분별언어를 방편으로 시설하여 두고, 배우는 자가 그 분별언어의 장벽을 스스로 뚫고 나가기를 바라는 것. 선사(禪師)가 학인(學人)을 인도할 때 사용하는 방편. 율극봉(栗棘蓬)과 같은 뜻.
1127 율극봉(栗棘蓬): 가시투성이인 밤송이. 밤송이라는 뜻의 율봉(栗蓬)에 가시를 강조하여 율극봉(栗棘蓬)이라 함. 입 안에 밤송이를 넣으면, 삼키려고 해도 가시가 찔러 아프고 뱉으려고 해도 가시가 찔러 아프니 삼킬 수도 없고 뱉을 수도 없는 진퇴양난의 상태를 가리킨다. 사가(師家)가 학인에게 율극봉 같은 화두(話頭)를 시설해 놓고 분별로 이해하지도 못하게 하고 버리지도 못하게 하는 것, 혹은 마치 쥐가 덫에 빠진 것처럼 학인의 공부가 나아갈 수도 없고 물러설 수도 없는 상태에 봉착한 것을 가리킴. 금강권(金剛圈)과 같은 것. 『원오불과선사어록(圓悟佛果禪師語錄)』제2권에 "율극봉을 삼키고, 금강권을 뛰어넘어서, 분수 밖에서 가풍을 펼친다.(呑底栗棘蓬, 跳底金剛圈, 分外展家風.)"는 구절이 있다.

었다. 만약 영리하고 뛰어난 사람이 분별의식의 티끌을 벗어나고 이성을 초월한다면, 금강권과 율극봉이 무엇이겠는가? 원숭이의 살림살이를 가지고 노는 것이요, 귀신의 음식물을 살펴보는 짓이다.

如來說爲可憐愍者, 古人凡有一言半句, 設一箇金剛圈·栗棘蓬, 敎伊吞, 敎伊透. 若是箇英靈獨脫, 出情塵, 超理性者, 金剛圈·栗棘蓬是甚麽? 弄猢猻家具, 察鬼神茶飯.

대개 그대들은 한 생각이 반연하여 일어나는 것을 없애지 못하고, 다만 한결같이 분별심[1128] 속에서 살 궁리를 하고 있다. 그러므로 종사가 입을 여는 것을 보자마자 곧 종사의 입 속에서 현묘함을 찾으니, 도리어 종사에게 붙잡혀 뒤집혀져서 곤두박질하게 되지만,[1129] 자기의 본래면목은 여전히 간 곳을 알지 못하고, 발밑은 깜깜하게 어두우니 이전과 같이 단지 칠통[1130]일 뿐인 것이다.

1128 심의식(心意識) : 심(心)은 범어 질다(質多)의 번역, 모여서 발생한다는(集起) 뜻. 의(意)는 범어 말나(末那)의 번역, 헤아려 생각한다는(思量) 뜻. 식(識)은 범어 비야남(毘若南)의 번역, 분별하여 알아차린다는(了別) 뜻. 분별심(分別心)을 말함.

1129 근두(筋斗) : 곤두박질(하다).

1130 칠통(漆桶) : 칠통(漆桶)은 가구에 칠하는 새까만 옻나무의 진액을 넣은 통. 아주 까맣고, 또는 아주 깜깜하여 아무것도 알 수 없다는 뜻. ①불법에 대해 아무것도 모르는 안목(眼目) 없는 승려를 매도하는 말. 무안자(無眼者). 바보 같은 사람. ②타파칠통(打破漆桶)이라고 할 때 칠통(漆桶)은 앞을 가로막은 은산철벽(銀山鐵壁)이나 사방을 가로막은 금강권(金剛圈)과 같은 말. 의단(疑團)과도 같은 말

蓋你不能一念緣起無生, 只管一向在心意識邊作活計. 纔見宗師動口, 便向宗師口
裏討玄討妙, 卻被宗師倒翻觔斗, 自家本命元辰依舊不知落處, 脚跟下黑漫漫, 依
前只是箇漆桶.

아까 상좌가 질문한 '사람은 빼앗고 경계는 빼앗지 않는다'고 하는 한
마디의 이야기에 대하여,[1131] 단지 책자(冊子) 위에서 생각하여[1132] 여법하
게 그것에 답한다고만 안다면, 역시 이해하지 못한 것이다. 한마디 묻는
말이 끝나기도 전에 또 한마디를 물으니, 마치 시골뜨기가 군대의 암호
를 전하는 것과 같다. 나는 이제 구업 짓는 것을 마다하지 않고 여러분에
게 한번 설명해[1133] 보겠다.

只如適來上座問奪人不奪境一段話, 只知冊子上念將來如法答他, 又理會不得. 問
一段未了, 又問一段, 恰如村人打傳口令相似. 我今不惜口業, 爲你諸人葛藤註解
一偏.

임제 스님이 하루는 대중에게 말했다.
'어떤 때는 사람은 빼앗고 경계는 빼앗지 않으며, 어떤 때는 경계는 빼

1131　지여(只如) : =지우(至于), 약부(若夫), 지여(祗如). -에 대하여는. -과 같은 것은. 예
　　　컨대. 그런데.
1132　장래(將來) : -장래(將來)에서 장(將)은 지속 혹은 개시를 나타내는 조동사, 래(來)는
　　　방향보어로서 동작의 방향을 나타낸다.
1133　갈등주해(葛藤註解) : 갈등(葛藤)은 언어문자, 주해(註解)는 주석을 달아 해석하는
　　　것. 언어문자를 통하여 해석한다는 뜻.

350

앗고 사람은 빼앗지 않으며, 어떤 때는 사람과 경계를 모두 빼앗고, 어떤 때는 사람과 경계를 모두 빼앗지 않는다.'

알겠느냐?"

잠시 묵묵히 있다가 좌우를 돌아보고는 곧 법상에서 내려갔다.

臨濟一日示衆云: '有時奪人不奪境, 有時奪境不奪人, 有時人境兩俱奪, 有時人境俱不奪.' 會麼?"

良久, 左右顧視, 便下座.

(다음 날 다시 법좌에 올라 이어서 말했다.)

"이것은 곧 금강왕보검[1134]이다. 내가 어제 말했던 것[1135]은, 지네 · 독사 · 전갈 등 온갖 독 있는 것들을 한 개 항아리 속에 넣어 두고 그대들이 한 번 그 속에 손을 넣어 독 없는 것을 하나 집어내 보라는 것이었다. 만약

1134 금강왕보검(金剛王寶劒): 만물 가운데 가장 단단한 금강(金剛; 다이아몬드)으로 만든 보검이라는 뜻으로 부처님의 지혜가 일체 번뇌를 끊는 것에 비유한 말이다. 선화본(宣和本) 『임제록(臨濟錄)』에 다음의 내용이 나온다 : 임제가 어떤 승려에게 물었다. "어떤 때의 할(喝)은 금강왕(金剛王)의 보검(寶劍)과 같고, 어떤 때의 할은 웅크리고 앉은 금모사자(金毛獅子)와 같고, 어떤 때의 할은 어부가 물고기를 유인하는 장대와 풀 같고, 어떤 때의 할은 할로서 작용하지 못한다. 그대는 어떻게 알고 있는가?" 그 승려가 머뭇거리고 있자 임제가 곧 "악!" 하였다.(師問僧 : "有時一喝如金剛王寶劍, 有時一喝如踞地金毛師子, 有時一喝如探竿影草, 有時一喝不作一喝用. 汝作麼生會?" 僧擬議, 師便喝.) 『인천안목(人天眼目)』제2권에서 이 부분을 주석하면서 "금강왕보검이란 한 번 칼을 휘둘러 모든 분별심의 이해를 사라지게 하는 것이다."(金剛王寶劍者, 一刀揮盡一切情解.)라고 하였다.

1135 임제의 사료간(四料揀).

집어낸다면 이 일에 조금은 들어맞다고 하겠지만,[1136] 만약 집어내지 못한다면 당연히[1137] 그대들의 근성이 둔하고 옛날부터 지혜[1138]가 없기 때문이니, 나를 괴이쩍게 여겨서는 안 된다.

"遮箇便是金剛王寶劍. 我昨日說底, 將蜈蚣・毒蛇・蝎子幷諸雜毒貯在一甕裏, 你試將手就中拈一箇不毒底出來看. 若拈得出, 不妨於此事有少分相應; 若拈不出, 自是你根性遲鈍, 夙無靈骨, 也怪妙喜不得.

임제 스님이 그 당시 이 몇 마디의 쓸데없는 것들을 주절주절 말함에[1139] 자기의 면목(面目)이 드러나 있었지만, 그대들이 알아차리지 못한 것이다. 그대들이 만약 이 뜻을 알아차렸다면, '마음대로 살아온 오랜 세월

1136 불방(不妨)− : −는 무방(無妨)하다. −는 괜찮다. −라고 해도 괜찮다. 마음대로 −하다.

1137 자시(自是) : ①당연히. ②스스로. ③제멋대로. ④옳게 여기다. ⑤이로부터.

1138 영골(靈骨) : 본래 화장(火葬)한 뒤에 남는 사리(舍利)를 뜻하지만, 여기에서는 깨달음의 지혜를 가리킨다.

1139 한언장어(閑言長語) : 한언(閑言)은 쓸데없는 말, 장어(長語)는 길게 많이 하는 말.

1140 『마조록(馬祖錄)』에 나오는 다음 이야기 : 회양 화상은 마조가 강서(江西)에서 가르침을 펼친다는 소문을 듣고서 대중(大衆)에게 물었다. "도일(道一)이 대중에게 법(法)을 말하느냐?" 대중이 대답하였다. "이미 대중에게 법을 말하고 있습니다." "소식을 가져오는 사람을 전혀 보지 못하겠구나." 드디어 회양은 한 스님을 그곳에 보내어, 마조가 상당(上堂)할 때 '어떻습니까?' 하고 묻고, 그가 대답하거든 기억해 오라고 시켰다. 그 스님이 회양이 시키는 대로 가서 물으니, 마조가 말했다. "마음대로 살아온 오랜 세월 동안 단된장이 부족하지 않았다." 그 스님이 돌아와 회양에게 그대로 말하니, 회양은 고개를 끄덕였다.(讓和尙聞師闡化江西, 問衆曰: "道一爲衆說法否?" 衆曰: "已爲衆說法." 讓: "總未見人持箇消息來." 遂遣一僧往彼, 俟伊上堂時, 但問: "作麼生?" 待渠有語, 記取來. 僧依教往問之, 師曰: "自從

352

동안 단된장이 부족하지 않았다.″[1140], '종루(鐘樓)에 올라가면 염찬(念讚)[1141] 하고, 법상(法床)을 내려오면 야채 씨앗을 뿌린다.″[1142] 등과 같은 부류의 말을 남에게 묻지 않고도 하나하나 스스로 그 귀결점을 알 것이다. 옛사 람이 말씀한 방편이 어찌 쓸데없이 입을 연 것이겠는가? 모름지기 물렁 물렁한 진흙 속에 가시가 있음을 알아야 한다.[1143]

臨濟當時道這幾句閑言長語, 面目現在, 自是你不會看得出. 你若領得此意, '自從 胡亂後, 三十年不少鹽醬'·'鐘樓上念讚, 床脚下種菜' 之類, 不著問人, 一一自知下 落. 古人垂箇方便, 豈是間[1144]開口? 須知爛泥裏有刺.

그 당시 극부도자(克符道者)[1145]라는 사람이 있었는데, 임제 스님의 뜻을

胡亂後三十年, 不少鹽醬.″ 僧回擧似讓, 讓然之.) 호란(胡亂)은 제멋대로 하는 것, 소홀한 것, 마음대로 하는 것, 편한 대로 하는 것. 여기에서 호란(胡亂)은 부정적인 뜻이 아니고, 초 탈한 사람의 걸림 없는 삶을 가리키는 말이다. 염장(鹽醬)은 면장(面醬)이라고도 하는데, 밀가루로 만든 단맛이 나는 단된장. 단된장은 중국요리에서 중요한 조미료다.

1141 　염찬(念讚) : 염불(念佛)하고 찬불(讚佛)하다. 염불(念佛)은 부처님을 기억하는 것이 고, 찬불(讚佛)은 부처님을 찬탄(讚歎)하는 것이다.

1142 　황룡혜남(黃龍慧南)의 말. 『오등회원』제17권 '융흥부보봉극문운암진정선사'(隆興府 寶峰克文雲庵眞淨禪師), '서주황벽유승진각선사'(瑞州黃檗惟勝眞覺禪師) 등에 소개되어 있 다.

1143 　난니리유자(爛泥裏有刺) : 물렁물렁한 진흙 속에 가시가 있다. 평범한 듯이 보이는 말 속에 정곡을 찌르는 뜻이 숨겨져 있다. 평범한 말인 줄 알고 헤아렸다간 바로 속는다.

1144 　'間'은 영락북장본에서는 '閒'으로 되어 있다. 한(閒)은 간(間) 혹은 한(閑)과 통용되는 글자다. 여기에서는 '쓸데없다'는 뜻인 '한(閑)'으로 번역해야 맞다.

1145 　극부도자(克符道者)는 탁주(涿州)의 지의(紙衣) 화상을 가리킨다. 『오등회원』제11권 에 소개된 내용은 다음과 같다 : 처음 임제를 찾아가 물었다. "어떤 것이 사람은 빼앗고

알아차리고는 곧 앞으로 나와 물었다.

경계는 빼앗지 않는 것입니까?" "봄볕이 왕성함에 땅을 뒤덮은 비단 같고, 어린아이의 늘
어뜨린 머리카락은 하얀 실타래 같구나." "어떤 것이 경계는 빼앗고 사람은 빼앗지 않는
것입니까?" "왕의 명령은 이미 천하에 두루 시행되었고, 장군은 국경 밖에서 전쟁을 멈추
었도다." "어떤 것이 사람과 경계를 모두 빼앗는 것입니까?" "병주(幷州)와 분주(汾州)는
소식을 끊고 각기 따로 독립하여 있도다." "무엇이 사람과 경계를 모두 빼앗지 않는 것입
니까?" "제왕은 보배 궁전에 오르고, 시골 노인은 태평가를 부르는구나." 극부는 말을 듣
자마자 그 뜻을 깨달았다. 뒷날 게송을 지었다. "사람을 빼앗고 경계는 빼앗지 않음이여,
스스로 뒤틀리고 어지러운 말을 가지고 있기 때문이네. 현묘한 뜻을 찾고자 하면서, 사량
한다고 도리어 나무라는가? 여주(驪珠)의 빛이 찬란하니, 달그림자가 아른거린다. 얼굴
을 마주 보고 어긋남이 없다면, 도리어 그물에 걸릴 것이다. 경계를 빼앗고 사람은 빼앗
지 않음이여, 말의 뜻만 헤아린다면 어디가 진실하겠는가? 선(禪)을 묻는다면 선은 허망
하고, 도리를 탐구한다면 도리에 가깝지 않다네. 해가 비치니 맑은 빛이 고요하고, 산에
내리쬐니 푸른색이 새롭구나. 설사 현묘하게 알았다고 하더라도, 눈 속의 티끌일 따름이
로다. 사람과 경계를 모두 빼앗음이여, 이전부터 바른 명령은 행하여졌도다. 부처와 조
사도 따지지 않는데, 어떻게 성인과 범부의 정(情)을 말하겠는가? 취모검(吹毛劍)을 건
드리려 하면, 도리어 나무토막을 마주한 것처럼 깜깜할 것이다. 앞으로 나아가 묘한 이해
를 찾는다면, 단지 정식의 신령스러움을 끊을 뿐이다. 사람과 경계를 모두 빼앗지 않음이
여, 사량해도 뜻이 치우치지 않는다. 주인과 손님의 말이 별다름이 없고, 질문에도 답변
에도 이치가 모두 온전하다. 맑은 연못의 달을 밟고, 푸른 하늘을 뚫어 열어젖힌다. 묘한
작용을 밝히지 못하면, 깨달을 인연이 없는 곳에 빠질 것이다."(初問臨濟: "如何是奪人不奪
境?" 濟曰: "煦日發生鋪地錦, 嬰兒垂髮白如絲." 師曰: "如何是奪境不奪人?" 濟曰: "王令已行天下
遍, 將軍塞外絶煙塵." 師曰; "如何是人境俱奪?" 濟曰: "幷汾絶信, 獨處一方." 師曰; "如何是人境俱
不奪?" 濟曰: "王登寶殿, 野老謳歌." 師於言下領旨. 後有頌曰: "奪人不奪境, 緣自帶 [言肴] (淆)
訛. 擬欲求玄旨, 思量反責麼. 驪珠光燦爛, 蟾桂影婆娑. 覿面無差互, 還應滯網羅. 奪境不奪人, 尋
言何處眞? 問禪禪是妄, 究理理非親. 日照寒光澹, 山搖翠色新. 直饒玄會得, 也是眼中塵. 人境兩俱
奪, 從來正令行. 不論佛與祖, 那說聖凡情. 擬犯吹毛劍, 還如值木盲. 進前求妙會, 特地斬情靈. 人
境俱不奪, 思量意少偏. 主賓言少異, 問答理俱全. 踏破澄潭月, 穿開碧落天. 不能明妙用, 淪溺在無
緣.")

'어떤 것이 사람은 빼앗고 경계는 빼앗지 않는 것입니까?'

임제 스님은 당시 어디에서 그 많은 쓸데없고 장황한 말이 모여[1146] 알맞게[1147] 되는지를 알지 못하고서 곧장 말했다.

'봄볕이 왕성함에 땅을 뒤덮은 비단 같고, 어린아이의 늘어뜨린 머리카락은 하얀 실타래 같구나.'

여러분은 알겠는가? 봄볕이 왕성함에 땅을 뒤덮은 비단 같다는 것은 경계이고, 어린아이의 늘어뜨린 머리카락은 하얀 실타래 같다는 것은 사람이다. 이 두 마디 말은 한 마디는 경계를 둔 것이고, 한 마디는 사람을 빼앗은 것이다.

當時有箇克符道者, 理會得臨濟意, 便出來問:'如何是奪人不奪境?' 臨濟當時不知那裏得許多閑言長語, 鬪湊得恰好, 便道:'煦日發生鋪地錦, 嬰孩垂髮白如絲.' 諸人還會麼? 煦日發生鋪地錦是境, 嬰孩垂髮白如絲是人. 此兩句, 一句存境, 一句奪人.

극부는 다시 게송을 지어서 말했다.

'사람은 빼앗고 경계는 빼앗지 않음이여,

스스로 뒤틀리고 어지러운 말을 가지고 있기 때문이네.'

(대혜가 말한다. "어떤 뒤틀리고 어지러운 말이 있는가?")

1146 투주(鬪湊) : ①한곳에 모이다. 가까이 오다. ②보조를 맞추다. 양보하다. 아쉬운 대로 지내다. ③친하다. 의좋다.

1147 흡호(恰好) : ①바로. 마침. 꼭. 마침 잘. ②적당하다. 알맞다.

'현묘한 뜻을 찾고자 하면서,

사량한다고 도리어 나무라는가?'

(대혜가 말한다. "생사람 잡은 죄가 있다.")

'여주(驪珠)[1148]의 빛이 찬란하니,

달그림자가 아른거린다.'[1149]

(대혜가 말한다. "어찌하여 일찍이 이렇게 말하지 않았는가?")

'얼굴을 마주 보고 어긋남[1150]이 없다면,

도리어 그물에 걸릴 것이다.'

(대혜가 말한다. "어렴풋이[1151] 곡조 같아서 들어 보려 하는데, 다시 바람이 불자 다른 음조로구나.")

克符又作頌曰:

1148 여주(驪珠) : 여룡주(驪龍珠). 여룡의 턱 밑에 있는 구슬. 여룡(驪龍)은 깊은 바다 속에 살고 있는 사나운 용인데, 그 턱 밑에는 귀중한 구슬이 있다고 한다. 이 구슬은 여룡이 잠든 틈에 찾아서 캐내 온다고 한다. 원래 출전은 『장자(莊子)』「잡편(雜篇)」〈열어구(列禦寇)〉에 나오는 다음의 구절이다 : "대저 천금의 가치가 있는 구슬은 반드시 아홉 겹 깊은 연못에 있는 여룡(驪龍)의 턱 아래에 있다. 그대가 그 구슬을 얻으려면, 반드시 그 용이 잠든 틈을 타야 한다. 여룡의 잠을 깨운다면, 그대가 어찌 살아날 수 있겠는가?"(夫千金之珠, 必在九重之淵而驪龍頷下. 子能得珠者, 必遭其睡也. 使驪龍而寤, 子尚奚微之有哉?)

1149 파사(婆娑) : ①천천히 도는 모습. ②흔들리는 모습. ③천천히 걷는 모습. ④흩어져 있는 모습.

1150 차호(差互) : 차별. 불일치. 어긋남.

1151 의희(依俙) : 어렴풋하다. 희미하다. 아련하다.

356

'奪人不奪境, 緣自帶聱訛.'

(師云 “有甚麼聱訛?”)

'擬欲求玄旨, 思量反責麼?'

(師云 : “誣人之罪.”)

'驪珠光燦爛, 蟾桂影婆娑.'

(師云 : “何不早恁麼道?”)

'覿面無差互, 還應滯網羅.'

(師云 : “依稀似曲纔堪聽, 又被風吹別調中.”)

이 게송의 요점은 '여주의 빛이 찬란하니, 달그림자가 아른거린다.'에 있다. 대개 이 두 구절은 경계다. 배우는 자가 경계를 빼앗지 않음을 묻는 것은 현묘한 뜻을 찾으려는 것이니, 사량한다고 도리어 나무라겠는가? 대의(大意)는 다만 사량하거나 의논할 수 없다. 사량하거나 의논하는 것은 사람이다. 마주하여 손 한 번 쓰지[1152] 못한다면[1153] 곧 언어의 그물에 걸린 것이다. 극부의 이 게송은 오로지 '봄볕이 왕성함에 땅을 뒤덮은 비단 같다.'를 밝힌 것이다. 그 까닭에 '여주의 빛이 찬란하니, 달그림자가 아른거린다.'라는 구절을 말한 것이니, 이것은 곧 경계는 두고 사람은 빼앗은 것이다. 그러므로 '얼굴을 마주 보고 어긋남이 없다면, 도리어 그물에 걸릴 것이다.'라고 한 것이다. 사람을 빼앗은 뜻은 제호[1154]와 독약이

1152 일착자(一着子) : (바둑에서) 한 수 두다. 손을 한 번 쓰다. 한 번 행동하다.

1153 차각(蹉卻) : 실패하다. 헛되이 보내다. 헛다리 짚다.

1154 제호(醍醐) : ①다섯 가지 맛인 유(乳)·락(酪)·생소(生酥)·숙소(宿酥)·제호(醍醐)의 하나. 우유를 정제한 유제품으로 맛이 최고라고 일컬어진다. ②불심·진실교(眞實敎)·불

함께 뒤섞여 있어서 안목을 갖춘 자라야 비로소 판별할 수 있다.

此頌大概在 '驪珠光燦爛, 蟾桂影婆娑' 之上, 蓋此兩句是境. 學者問不奪境, 擬欲
求玄旨, 思量反責麼? 大意只是不可思量擬議. 思量擬議者, 人也. 蹉卻覿面相呈一
著子, 卽被語言網羅矣. 克符此頌, 專明煦日發生鋪地錦, 所以有 '驪珠光燦爛, 蟾
桂影婆娑' 之句, 乃是存境而奪人. 故曰 '覿面無差互, 還應滯網羅'. 奪人之義, 醍醐
毒藥, 一道而行, 具眼者, 方能辨別."

다시 물었다. '어떤 것이 경계는 빼앗고 사람은 빼앗지 않는 것입니
까?.'
답했다. '왕의 명령은 이미 천하에 두루 시행되었고, 장군은 국경 밖에
서 전쟁을 멈추었도다.'
(대혜가 말한다. "왕의 명령이 이미 천하에 두루 시행되었다는 것은 경계를 모조리
빼앗은 것이고, 장군이 국경 밖에서 전쟁을 멈추었다는 것은 사람은 놓아두고 빼앗지
않은 것이다.")

又問 : '如何是奪境不奪人?'
答云 : '王令已行天下徧, 將軍塞外絶煙塵.'
(師云 : "王令已行天下徧, 是奪了境; 將軍塞外絶煙塵, 是存人而不奪.")

극부가 게송으로 말했다.

성, 혹은 열반에 비유함.

'경계는 빼앗고 사람은 빼앗지 않음이여,

말의 뜻만 헤아린다면 어디가 진실하겠는가?'

(대혜가 말한다. "놀리고 있는 땅에도 제방(隄防)은 만들어야 한다.")[1155]

'선(禪)을 묻는다면 선은 허망하고,

도리를 탐구한다면 도리에 가깝지 않다네.'

(대혜가 말한다. "좋은 일도 일 없는 것보다는 못하다.")

'해가 비치니 맑은 빛이 고요하고,

산에 내리쬐니 푸른색이 새롭구나.'

(대혜가 말한다. "거지가 옛날에 진 빚 갚을 생각을 하는구나."[1156])

'설사 현묘하게 알았다고 하더라도,

눈 속의 티끌일 따름이로다.'

(대혜가 말한다. "스스로 일어나서 스스로 자빠지는구나.")

그대들은 '해가 비치니 맑은 빛이 고요하고, 산에 내리쬐니 푸른색이
새롭구나.'를 알고 싶으냐? 이 두 구절은 경계다. '설사 현묘하게 알았다

1155 한처작제방(閑處作隄防) : 놀리고 있는 땅이라 하더라도 수해(水害)를 예방하기 위하
여 미리 둑을 쌓아 놓아야 한다. 홍수가 들이닥치면 놀리고 있는 땅만 침수되는 것이 아
니라 논밭도 함께 침수되기 때문이다.

1156 빈아사구채(貧兒思舊債) : 거지가 갚을 수도 없는 옛날의 빚을 이리저리 생각해 보듯
이 별 도리 없는 헛된 짓을 하다.

고 하더라도, 눈 속의 티끌일 따름이로다.'라고 하였으니, 곧 **빼앗아** 버린
것이다. 그 나머지 사람과 경계를 모두 **빼앗**거나 사람과 경계를 모두 **빼**
앗지 않거나 하는 것은 모두 말에 의지하여 배우는 사람의 물음에 답한
것이다.

頌曰：

'奪境不奪人, 尋言何處眞?'

(師云 : "也須閑處作隄防.")

'問禪禪是妄, 究理理非親.'

(師云 : "好事不如無.")

'日照寒光澹, 山遙翠色新.'

(師云 : "貧兒思舊債.")

'直饒玄會得, 也是眼中塵.'

(師云 : "自起自倒.")

你要會日照寒光澹, 山遙翠色新麼? 此兩句是境. 直饒玄會得, 也是眼中塵, 便奪了
也. 其餘人境兩俱奪, 人境俱不奪, 盡是依語就學家問處答.

다시 물었다. '어떤 것이 사람과 경계를 모두 **빼앗는** 것입니까?'
답했다. '병주(幷州)와 분주(汾州)는 소식을 끊고, 각기 따로 독립하여 있
도다.'

(대혜가 말한다. "바로 여기에 사람과 경계를 모두 **빼앗는** 태도가 있다.")

又問 : '如何是人境兩俱奪?'

答云 : '幷汾絶信, 獨處一方.'

("便有人境兩俱奪面目.")

극부가 게송으로 말했다.

'사람과 경계를 모두 빼앗음이여,

이전부터 바른 명령은 행하여졌도다.'

(대혜가 말했다. "이미 두 번째[1157]에 떨어졌다.")

'부처와 조사도 따지지 않는데,

어떻게 성인과 범부의 정(情)을 말하겠는가?'

(대혜가 말했다. "바위를 사니 구름도 덤으로 얻는구나."[1158])

'취모검(吹毛劍)[1159]을 건드리려 하면,

도리어 나무토막을 마주한 것처럼 깜깜할 것이다.'

1157　두 번째 : 차별문(差別門). 언어분별(言語分別). 첫 번째는 진여문(眞如門)이다.

1158　『전당시(全唐詩)』 제498-2권 요합(姚合)의 「무공현중작30수(武功縣中作三十首)」(일명; 무공현한거(武功縣閒居))에 나오는 다음의 싯귀를 인용한 것이다 : 꽃을 옮기니 나비도 따라오고, 바위를 사니 구름도 덤으로 얻네.(移花兼蝶至, 買石得雲饒)

1159　취모검(吹毛劍) : 파릉모검(巴陵毛劍)이라고도 한다. 불어서 날린 터럭을 자를 정도로 예리한 칼을 뜻하는데, 분별망상의 번뇌를 단박에 절단하는 자성반야(自性般若)의 능력을 가리키는 말로 쓰인다. 한 스님이 파릉호감(巴陵顯鑑) 화상에게, "사람마다 다 갖추고 있다는 반야지검(般若智劍, 吹毛劍)이란 무엇입니까?" 하고 물으니, 파릉 화상이, "산호(珊瑚) 가지마다 영롱한 달빛으로 흠뻑 젖은 것과 같지"라고 대답했다는 데서 유래한다.

(대혜가 말했다. "법을 아는 자를 두려워하라.")

'앞으로 나아가 묘한 이해를 찾는다면,

단지 정식의 신령스러움을 끊을 뿐이다.'

(대혜가 말했다. "앞서의 화살은 오히려 가벼웠는데 뒤 화살이 깊이 박혔구나.")[1160]

바른 명령이 이미 행해졌다면, 부처도 조사도 남겨 둘 필요가 없다. 여기에 이르면 앞으로 나아가든 뒤로 물러나든 그 목숨은 모두 종사(宗師)[1161]의 손아귀에 들어 있으니, 마치 취모검의 칼날을 건드릴 수 없는 것과 같다.

頌曰:

'人境兩俱奪, 從來正令行.'

(師云:"已落第二.")

'不論佛與祖, 那說聖凡情?'

(師云:"買石得雲饒.")

'擬犯吹毛劍, 還如值木盲.'

(師云:"識法者懼.")

1160 『설두송고(雪竇頌古)』 하권(下卷), 『벽암록(碧巖錄)』 '제35칙' 등에도 언급되고 있는 구절이다.

1161 종사(宗師) : 사가(師家)는 곧 종사(宗師)와 같다. 종사는 일반적으로 종지를 체득하여 만인의 사범(師範)이 될 만한, 학덕(學德)을 겸비한 고승을 의미한다. 이에 더하여 경·율·논 삼장을 닦아 체득한 자를 법사(法師)·율사(律師)·논사(論師) 등으로 칭하는 것에 대해, 선문(禪門)의 종지를 체득한 사람을 종사(宗師) 또는 종사가(宗師家)라고 한다.

'進前求妙會, 特地斬精靈.'

(師云: "前箭猶輕後箭深.")

正令旣行, 不留佛祖. 到這裏, 進之退之, 性命都在師家手裏, 如吹毛劍, 不可犯其
鋒.

다시 물었다. '무엇이 사람과 경계를 모두 빼앗지 않는 것입니까?'

답했다. '제왕은 보배 궁전에 오르고, 시골 노인은 태평가를 부른다.'

"又問: '如何是人境俱不奪?'

答云: '王登寶殿, 野老謳歌.'

극부가 게송으로 말했다.

'사람과 경계를 모두 빼앗지 않음이여,'

사량해도 뜻이 치우치지 않는다.'

(대혜가 말했다. "알겠느냐? 법(法)은 법의 자리에 머물러 있고,"[1162])

'주인과 손님의 말에 별다름이 없고,'

(대혜가 말했다. "세간의 모습도 늘 변함없이 머물러 있다."[1163])

'질문에도 답변에도 이치가 모두 온전하다.'

1162 『묘법연화경』「방편품(方便品)」제2의 게송에 나오는 구절. 아래 인용된 말과 앞뒤 구
절로 이루어져 있다. "是法住法位, 世間相常住."

1163 앞과 같음.

(대혜가 말했다. "털끝 하나도 더할 수 없고, 털끝 하나도 뺄 수 없다.")

'맑은 연못의 달을 밟고,'

(대혜가 말했다. "여전히 이러한 것이 있구나.")

'푸른 하늘을 뚫어 열어젖힌다.'

(대혜가 말했다. "애는 썼지만 보람이 없네."[1164])

'묘한 작용을 밝히지 못하면,'

(대혜가 말했다. "움직이면 바로 어긋난다.")

'깨달을 인연이 없는 곳에 빠질 것이다.'

(대혜가 말했다. "도리어 예전의 자리에 의지하고 있다.")

頌曰:

'人境俱不奪, 思量意不偏.'

(師云 : "會麼? 是法住法位.")

'主賓言不異.'

(師云 : "世間相常住.")

'問答理俱全.'

(師云 : "添一毫不得, 減一毫不得.")

'踏破澄潭月.'

1164 사족(蛇足)을 붙였구나.

(師云 : "猶有這箇在.")

'穿開碧落天.'

(師云 : "勞而無功.")

'不能明妙用.'

(師云 : "動著卽錯.")

'淪溺在無緣.'

(師云 : "卻依舊處著.")

이것이 아까 상좌가 가르침을 청했던 공안인데, 이것을 사료간(四料揀)이라고 일컫는다. 그대들이 만약 임제 스님의 뜻을 분명하게 이해하고자 한다면, 다만 그 당시 수시(垂示)[1165]했던 것을 보아라. 어떻게 보는가?

나는 어떤 때는 사람을 빼앗고 경계는 빼앗지 않으며, 어떤 때는 경계를 빼앗고 사람은 빼앗지 않으며, 어떤 때는 사람과 경계를 모두 빼앗으며, 어떤 때는 사람과 경계를 모두 빼앗지 않는다. 이와 같으면 즉시 옳다.

그대들이 만약 내가 어떤 때는 사람을 빼앗고 경계는 빼앗지 않으며, 어떤 때는 경계를 빼앗고 사람은 빼앗지 않으며, 어떤 때는 사람과 경계를 모두 빼앗으며, 어떤 때는 사람과 경계를 모두 빼앗지 않는다고 한다면, 즉시 옳지 않다.

1165 수시(垂示) : 색어(索語), 조어(釣語), 수어(垂語)라고도 한다. 선사가 수행인의 역량을 시험하기 위하여 질문을 던지는 것. 여기에서는 임제가 사료간(四料揀)을 말한 것을 가리킨다.

這箇是適來上座請益底公案, 謂之四料揀. 你若要分明理會得臨濟意, 但向他當時垂示處看. 如何看? 山僧有時奪人不奪境, 有時奪境不奪人, 有時人境兩俱奪, 有時人境俱不奪. 若恁麼便是; 你若作山僧有時奪人不奪境, 有時奪境不奪人, 有時人境兩俱奪, 有時人境俱不奪, 便不是了也.

그러므로 오조(五祖) 노스님[1166]은 이렇게 말씀하셨다.

'어떤 것이 조사가 서쪽에서 오신 뜻인가? 뜰 앞의 측백나무니라. 이렇게 알면 옳지 않다. 어떤 것이 조사가 서쪽에서 오신 뜻인가? 뜰 앞의 측백나무니라. 이렇게 알아야 비로소 옳다.'

여러분은 알겠는가? 이러한 부류의 이야기를 여러분이 이해하지 못한다고도 하지 말고, 묘희[1167] 자신도 이해하지 못한다고도 하지 마라.

우리의 이 문중(門中)에는 이해할 수 있는 것도 없고 이해할 수 없는 것도 없다.[1168] 마치 모기가 무쇠로 만든 소 위에 올라앉아 있듯이, 그대들이 입을 댈 곳이 없다. 모름지기 옛사람이 자비를 베풀었음을 믿어야 법이 있기도 하고 법이 없기도 한 것이다. 자비를 베풀지 않았다면, 도를 보는 눈이 열리지 못하여 큰 법(法)이 밝아지지 않았을 것이니, 어떻게 남의 입 속에서 선(禪)을 찾고 도(道)를 찾고 현(玄)을 찾고 묘(妙)를 찾는 일에서 벗어나겠느냐?

그대들은 법을 찾은 뒤에는 남이 알까 봐 오로지 두려워하고, 말할 때

1166　사옹(師翁) : 스승의 스승. 계보에서 할아버지 스승에 해당하는 사람. 여기에서는 대혜종고의 할아버지인 오조법연(五祖法演)을 가리킨다.

1167　묘희(妙喜) : 대혜종고 자신의 호(號).

1168　이해하고 이해하지 못하고와 이 일은 상관이 없다.

가 되면 또 말을 다 해 버려 마지막에 말할 것이 없을까 봐 두려워한다. 이 법은 테두리가 없는 법인데, 그대들이 테두리 있는 마음을 가지고 그 귀결점에 도달하려 한다면, 착각하지 말기 바란다.

예컨대 세존께서 영취산의 법회에서 수많은 사람 앞에서 꽃을 들어 올려 두루 보여 주셨을 때 오직 가섭(迦葉)만이 빙그레 미소를 지었는데, 어찌 남이 알까 봐 두려워했겠는가? 또 어찌 밀실(密室) 속에서 전해 주었겠는가?

所以五祖師翁有言：'如何是祖師西來意? 庭前柏樹子. 恁麼會, 便不是了也. 如何是祖師西來意? 庭前柏樹子. 恁麼會, 方始是.' 你諸人還會麼? 這般說話, 莫道你諸人理會不得, 妙喜也自理會不得. 我此門中無理會得理會不得. 蚊子上鐵牛, 無你下嘴處. 須信古人垂慈, 則有法無法. 不垂慈, 道眼未開, 大法未明, 豈免向他人口裏覓禪覓道, 覓玄覓妙? 覓得了, 唯恐人知. 及至說時, 又恐說盡了, 末後無可說. 這箇是無限量底法, 你以有限量心擬窮他落處, 且莫錯. 只如世尊在靈山會上百萬衆前拈華普示, 獨迦葉破顔微笑, 何曾怕人知? 又何曾密室裏傳授來?

나의 이 선(禪)은 여러분이 듣는 것은 허락하지만, 여러분이 이해하는 것은 허락하지 않는다. 위와 같이 풀어서 주석(注釋)한 이 사료간(四料揀)을 여러분은 다같이 듣고서 다같이 이해하였지만, 임제 스님의 뜻이 과연 이와 같을까? 만약 단지 이와 같다면, 임제 스님의 종지(宗旨)가 어떻게 오늘날까지 이르렀겠는가?

여러분은 내가 말한[1169] 것을 듣고서, 단지[1170] 이와 같구나 하고 오해하지만,[1171] 내가 진실로 그대들에게 말한다. 내가 했던 말들은 가장 나쁜 말들[1172]이다. 만약 내가 했던 말들에서 기역자 뒷다리라도 기억한다면, 이것은 곧 살고 죽는[1173] 뿌리가 될 것이다. 여러분이 이곳저곳에서 배운 것이 현(玄)한 가운데 더욱 현(玄)하고 묘(妙)한 가운데 더욱 묘(妙)한 것이라면, 이 무슨 더러운 똥 같은 선(禪)인가? 한결같이 가죽 포대기[1174] 속에 막혀서 이러한 일이 진실로 있다고 오해하고 있으나, 착각하지 말기 바란다.

여러 스님들이여! 그대들이 진실로 나의 선(禪)에 참여하고자 한다면, 이곳저곳에서 배운 것들을 싹 쓸어서 내버리고 아무것도 알지 못하고[1175] 아무것도 이해함 없이 마음을 비워 버려야,[1176] 비로소 그대들과 함께 깨

1169 득(得)과 락(落)은 모두 동사 뒤에 쓰여 동작의 완료를 나타내는 조동사.

1170 지(止) : 단지. 다만

1171 장위(將謂) : −라고 여겼는데(결국 그렇지 않다는 뜻을 내포함). −라고 잘못 알다.

1172 악구(惡口) : 악랄한 말. 욕설. 나쁜 말.

1173 삶과 죽음 속에 빠져 헤어나지 못하는 어리석은 마음을 생사심(生死心)이라 한다. 불교에서는 삶과 죽음을 반복하는 윤회(輪廻) 속에 갇혀 있는 까닭은 깨달음이 없기 때문이라 하여, 깨달음을 얻으면 삶과 죽음 속을 흘러 다니는 어리석음 윤회에서 해탈한다고 가르친다. 삶과 죽음 속을 흘러 다닌다는 것은 곧 깨달음이 없어서 어리석게 윤회의 그물 속에 갇혀 있다는 말

1174 피대(皮袋) : =피대자(皮袋子). 가죽 자루. 육체를 가리키는 말 혹은 마음을 천하게 가리키는 말. 본래 피부 즉 육체를 가리키지만, 망상하는 어리석음 중생의 분별심을 뜻한다.

1175 백불(百不) : 전혀 −아니다. 어느 것도 −아니다. 어떤 것도 −아니다. 아무것도 −아니다.

1176 허심(虛心) : 겸허(謙虛)하다. 겸손하다. 경건하다. 마음을 비우다.

달게[1177] 될 것이다."

我這裏禪許你衆人聞, 不許你衆人會. 如上所解註者四料揀, 你諸人齊聞齊會了,
臨濟之意果如是乎? 若只如是, 臨濟宗旨豈到今日? 你諸人聞妙喜說得落, 將謂止
如此, 我實向你道. 此是第一等惡口. 若記著一箇元字脚, 便是生死根本也. 你諸人
諸方學得底, 玄中又玄, 妙中又妙, 是甚麼屎禪? 一向堅在皮袋裏, 將謂實有恁麼
事, 莫錯. 諸上座! 你眞箇要參妙喜禪, 盡將諸方學得底掃向他方世界, 百不知, 百
不會, 虛却心來, 共你理會."

다시 게송으로 말했다.
"무제(無諸) 비구는 이름이 근열(近悅)인데,
어머니 왕(王) 씨를 위하여 보설을 청하였네.

묘희가 곧 곡록상(曲彔床)에 올라,
시시콜콜 내키는 대로 말이 많았구나.[1178]

예부터 법은 본래 말로써 나타낼 수 없고,
사량과 분별에도 의지하지 않는다네.
무슨 지옥과 천당을 말하는가?

1177   이회(理會) : ①이해(理解)하다. 알아차리다. ②깨닫다. ③따지다. 헤아리다. ④처리
하다. 요리하다.
1178   요설(饒舌) : 말을 많이 하다. =다취(多嘴).

사성(四聖)과 육범(六凡)[1179]이 모두 끊어졌도다.

설사 마왕(魔王)이 곤란하게 만들려 하여도,
금강왕의 보검이 당장[1180] 끊어 버린다.

왕 씨의 양자(養子)[1181]여, 선(禪)에 참여하고 싶은가?
다만 이 한순간[1182]이 영원히 사라지지 않는단다.

손가락을 튕겨 모든 법문[1183]을 문득 밝히니,
석가와 미륵[1184]을 모두 뛰어넘는다네.

1179 사성(四聖)과 육범(六凡) : 사성(불, 보살, 연각, 성문)과 육범(천상, 인간, 수라, 아귀, 축
    생, 지옥)을 말한다. 사성육범을 합하여 십법계(十法界)라 한다.

1180 당두(當頭) : 당장. 즉시. 그 자리에서.

1181 근열(近悅) 비구가 왕 씨 앞으로 입양된 양자(養子)였던 모양이다.

1182 일념(一念) : 머리카락 한 올을 세로로 열 등분 내지는 백 등분, 천 등분으로 가른다.
    그리고 그 가른 것 하나를 옥판(玉板) 위에다 놓고, 날카로운 칼날을 갖다 대어서 자른
    다. 그 날카로운 칼날이 옥판에 도달할 때까지의 시간이 한 생각(一念)이다. (堅析一髮爲
    十分乃至白分千分. 以其一分置玉板上, 擧利刀斷. 約其利刃至板時爲一念也.)(『화엄일승법계도
    총수록(華嚴一乘法界圖叢髓錄)』)

1183 법문(法門) : 법은 가르침 즉 교법(敎法), 문은 드나든다는 뜻. 부처님의 교법은 중생
    으로 하여금 나고 죽는 고통 세계를 벗어나, 이상경(理想境)인 열반에 들게 하는 문이므
    로 이렇게 이름.

1184 미륵(彌勒) : Maitreya. 대승(大乘)의 보살. 매달려야(梅呾麗耶)·매달례야(昧怛隷野)라
    음역하고, 자(慈) 씨라 번역한다. 이름은 아일다(阿逸多)인데, 무승(無勝)·막승(莫勝)이
    라 번역한다. 인도 바라내국의 바라문 집에 태어나 석존의 교화를 받고, 미래에 성불하리
    라는 수기를 받아, 도솔천에 올라가 있으면서 지금 그 하늘에서 천인들을 교화한다. 석존
    입멸 후 56억 7천만 년을 지나 다시 이 사바세계에 출현하여 화림원(華林園) 안의 용화수

370

마치 도독고(塗毒鼓)[1185]가 매달린 누각과 같아서,

한번 치면 듣는 사람은 모두 뇌가 찢어진다.

가없는 번뇌를 모두 제거하고,

옛 업(業)과 오래된 재앙을 깨끗이 씻어 낸다네.[1186]

마지막 한마디를 거듭 말하노니,

변함없이[1187] 만리(萬里)는 한 개 쇳조각이로다.'"[1188]

(龍華樹) 아래서 성도하여, 3회의 설법으로써 석존의 교화에서 빠진 모든 중생을 제도한다고 한다. 석존의 업적을 돕는다는 뜻으로 보처(補處)의 미륵이라 하며, 현겁(賢劫) 천불의 제5불(佛)이다. 이 법회를 용화삼회(龍華三會)라 함.

1185 도독고(塗毒鼓) : 독고(毒鼓)라고도 한다. 도리천(忉利天)에 있는 북으로서, 독(毒)을 발라 놓았기 때문에 그 소리를 듣는 사람은 모두 죽는다고 한다. 이것은 부처님의 바른 가르침을 상징한다. 부처님의 바른 가르침을 들으면, 중생의 어리석은 아상(我相)이 모두 죽어 버리기 때문이다.

1186 탕옥(湯沃) : 씻어 내다.

1187 응연(凝然) : 단정하고 점잖다. 진중하다. 단단하다. 꿈쩍도 하지 않다. 변함없다.

1188 만리일조철(萬里一條鐵) : 만리가 한 개 무쇠이다. 온 우주가 변함없이 한결같다. 모든 것이 평등하고 견고한 법계(法界)를 가리키는 말.『경덕전등록』제20권 '양주봉황산석문사헌선사(襄州鳳凰山石門寺獻禪師)'에 다음 대화가 있다 : 반야사(般若寺)에 화재가 났을 때 어떤 사람이 물었다. "이미 반야(般若)인데 무엇 때문에 불에 탔습니까?" 스님이 말했다. "만리가 한 개 무쇠 조각이다."(因般若寺遭焚, 有人問曰 : "旣是般若爲什麼被火燒?" 師曰 : "萬里一條鐵.")『오등회원』제20권 '임안부정자긍당언충선사(臨安府淨慈肯堂彦充禪師)'에 다음 게송이 있다 : 사람을 위하려면 철저해야 하고, 사람을 죽이려면 피를 보아야 한다. 덕산(德山)과 암두(巖頭)는, 만리가 한 개 무쇠 조각이었다.(爲人須爲徹, 殺人須見血. 德山與巖頭, 萬里一條鐵.)『속간고존숙어요』제5집 '둔암연화상어(遯菴演和尙語)'에 다음 구절이 있다 : 내가 있으면 병이 생기고, 내가 없으면 병이 사라진다. 나도 아니고 병도 아니면, 만리가 한 개 무쇠 조각이다.(有我卽病生, 無我卽病滅. 我病兩俱非, 萬里一條鐵.)

"악!"하고 일할 하고는 법좌에서 내려갔다.

復說偈云:

"無諸比丘名近悅, 爲母王氏請普說.

妙喜便登曲彔床, 叨叨怛怛恣饒舌.

從來法本離言詮, 不假思量與分別.

說甚地獄及天堂? 四聖六凡俱泯絶.

縱有魔王欲作難, 金剛寶劍當頭截.

王氏養子要參禪? 只這一念永不滅.

彈指頓明諸法門, 釋迦彌勒齊超越.

還如塗毒鼓當軒, 一擊聞之皆腦裂.

無邊煩惱悉鏟除, 夙業舊殃湯沃雪.

末後一句爲重宣, 凝然萬里一條鐵."

喝一喝, 下座.

372

10. 예시자 단칠이 청한 보설

예시자(禮侍者) 단칠(斷七)이 청한 보설에서 어떤 승려가 물었다.

"스님께선 실중(室中)[1189]에서 이렇게 말씀하십니다. '죽비라고 부르면 저촉되고, 죽비라고 부르지 않으면 등진다. 말해도 안 되고, 침묵해도 안 된다.'"

이어서 방석[1190]을 가지고 땅을 한 번 치고는 말했다.

"학인이 뱀의 다리를 그렸습니다. 스님께서 머리 위에 다시 머리를 얹어[1191] 주십시오."

대혜가 말했다.

"스스로 일어나고 스스로 자빠지면서 남의 미움을 받는구나."[1192]

승려 : "스님께서 잘 아시길[1193] 바랍니다."

대혜 : "장화 속에서 발가락을 움직이지 마라."[1194]

승려 : "사람을 위하는 곳이 있습니까?"

대혜 : "없다."

1189 실중(室中) : 실내(室內). 종사(宗師)와 학인(學人)이 개별적으로 실내에서 만나는 것. 주로 학인이 종사가 거처하는 조실(祖室)이나 방장(方丈)을 찾아가 이루어지는 만남이다.

1190 좌구(坐具) : =좌구(座具). 절을 하거나 앉을 때 쓰는 도구, 즉 돗자리나 방석 등을 말한다. 비구가 소지하는 6물(物) 중의 하나. 베를 가지고 사각형 모습으로 만든 자리 깔개.

1191 두상안두(頭上安頭) : 머리 위에 다시 머리를 얹다. 중첩시키다. 불필요한 짓을 하다

1192 잘난척하는구나.

1193 위실(委悉) : 남김없이 잘 알다. 자세히 알다. 상(相)은 경어(敬語)를 나타냄.

1194 남몰래 수작 부리지 마라. 소용없다. 누가 알아주겠느냐?

승려 : "도리어 조금 낫군요."[1195]

대혜 : "그대의 눈[1196]을 바꾸어라."[1197]

禮侍者斷七請普說, 僧問 : "和尙室中道 : '喚作竹篦則觸, 不喚作竹篦則背. 不得下語, 不得無語.'"

遂以坐具打地一下, 云 : "學人爲蛇畫足, 却請和尙頭上安頭."

師云 : "自起自倒得人憎."

進云 : "也要和尙相委悉."

師云 : "切忌鞾裏動指頭."

進云 : "還有爲人處也無?"

師云 : "無."

進云 : "却較些子."

師云 : "換却你眼睛."

이어서 말했다.

"죽비라고 부르면 사물을 따라가고, 죽비라고 부르지 않으면 사물을 무시한다.[1198] 말을 해서도 안 되고, 침묵해서도 안 되고, 생각해서도 안

1195 교사자(較些子) : 조금 좋다. 아직 미흡하지만 일단 우선은 좋다. 이제 겨우 조금 좋다. = 유교사자(猶較些子).

1196 안정(眼睛) : 글자 그대로는 눈동자를 뜻하지만, 눈 전체를 가리키는 말이다. 선에서는 주로 본래면목을 알아보는 안목(眼目)을 뜻한다.

1197 중생의 눈을 부처의 눈으로 바꾸어라.

1198 배촉(背觸) : 배(背)는 등을 돌리는 것이고, 촉(觸)은 부딪혀 집착하는 것이다. 반야(般若)를 경험하려면 등을 돌려서도 안 되고 부딪혀 집착해서도 안 된다고 하여 배촉구

되고, 의논해서도 안 된다. 바로 이러한 때는 석가 노인네와 달마 대사에게 비록 코가 있다고 하더라도, 즉시 숨 쉴 곳이 없다.[1199] 잘 알겠느냐? 귀함을 만나면 천해지고, 천함을 만나면 귀해진다.[1200] 만약 귀하고 천한 곳[1201]에 도달한다면, 다시 짚신을 사 신고 행각[1202]하여야만 한다. 그러므로 말한다.

'마음을 가짐으로써 찾을 수도 없고, 마음을 없앰으로써 찾을 수도 없고, 언어로써 만들 수도 없고, 침묵으로써 통할 수도 없다.'[1203]

비록 이와 같지만, 마치 하늘이 두루 뒤덮고 있고 땅이 두루 받치고 있듯이, 완전히 놓으면 완전히 거두어들이고, 완전히 죽으면 완전히 살아난다. 내가 이렇게 말하는 것은 이 소식을 떠나지 않은 것이니, 아까 선객(禪客)이 방석을 가지고 땅을 한 번 두드린 것과 똑같다."

乃云: "喚作竹篦則觸, 不喚作竹篦則背. 不得下語, 不得無語, 不得思量, 不得擬議, 當恁麼時, 釋迦老子達磨大師雖有鼻孔, 直是無出氣處. 還委悉麼? 遇貴則賤, 遇賤則貴. 若向貴賤處著到, 更須買草鞋行脚始得. 所以道: '不可以有心求, 不可以無心得, 不可以語言造, 不可以寂黙通.' 雖然如是, 如天普蓋, 似地普擎, 全放全收, 全

비(背觸俱非)라 한다.

1199 본래면목을 깨달았더라도 드러낼 길이 없다.

1200 법이 있으면 망상에 떨어지고, 세간에서 일이 없으면 해탈이다.

1201 세간과 출세간이 하나인 곳.

1202 행각(行脚): 선종의 승려가 공부하기 위하여 여러 지방의 안목(眼目) 있는 고승(高僧)을 찾아 여행하는 것.

1203 양기방회(楊岐方會; 992-1049)의 제자인 보령인용(保寧仁勇) 선사의 상당(上堂) 법어(法語)에 나오는 구절. 『열조제강록(列祖提綱錄)』제22권에 실려 있다.

殺全活. 妙喜恁麼道, 也不離這[1204]箇消息, 正如適來禪客以坐具打地一般."

이어서 선상(禪床)을 한 번 내리치고는 말했다.

"말해 보아라. 어느 쪽의 일을 밝힐까? 지금[1205] 비구 요현(了賢)은 근체시자(近體侍者)[1206]인데, 속가(俗家)에서 보내온 옷과 기물의 값을 말하면서 노승(老僧)[1207]에게 종지를 드러내어 보토(報土)[1208]를 꾸며 달라고 부탁하고 있다. 아깝게도 이 형제는 처음 죽비 이야기에서 밝힌 곳이 있었으나, 지금은 이미 재작년의 이야기가 되어 버렸다. 하루는 그에게 물었다.

'죽비라고 하면 사물을 따라가고, 죽비라고 하지 않으면 사물을 무시한다. 어떠냐?'

그는 답을 하지 못하고 도리어 말했다.

'스님께서 저를 위하여 방편을 써서 가리켜 주시기 바랍니다.'

내가 그에게 말했다.

'그대는 복주(福州) 사람이니, 내가 그대에게 한 개 비유를 말하겠다. 마치 진귀한 물건인 여지(荔枝)[1209]의 껍질을 일시에 다 벗겨서 손으로 그대의 입가에 내밀었는데, 다만 그대가 삼킬 줄 모르는 것과 같다.'

1204 '저(這)'는 궁내본과 덕부본에서는 모두 '차(遮)'로 되어 있다. 이하 동일.

1205 사진(斯辰) : 오늘. 지금. 이때.

1206 근체시자(近體侍者) : 가까이에서 모시는 시자.

1207 노승(老僧) : 선승(禪僧)이 자신을 가리킬 때 사용하는 말.

1208 보지(報地). =보토(報土). 애써서 수행한 결과로 얻은 불토. 보신(報身)이 있는 국토. 아미타불의 정토는 법장 비구 때 세운 원력과 그 소원을 실천 수행하여 얻은 국토이므로 보토라 함.

1209 여지(荔枝) : 복주(福州)에서 많이 생산되는 향기로운 과실(果實)의 이름.

그가 이 말을 듣더니 자기도 모르게 웃으면서 말했다.

'스님! 삼켰다면 재앙입니다.'[1210]

얼마의 시간이 지난 뒤에 다시 그에게 물었다.

'일전에 삼킨 여지를 단지 그대는 맛을 알지 못하고 있다.'

그가 말했다.

'만약 맛을 안다면 더욱 재앙이 될 것입니다.'[1211]

나는 그의 이 두 마디 재치 있는 말[1212]을 좋아한다.

乃拍禪床一下, 云:"且道. 明甚麼邊事? 斯辰比丘了賢, 爲近體侍者, 將俗家寄來衣物估唱, 請老漢擧揚宗旨, 莊嚴報地. 可惜這兄弟方於竹篦子話有箇發明處, 而今已是說前年話. 一日, 問他:'喚作竹篦則觸, 不喚作竹篦則背. 如何?' 渠答不得, 却曰:'望和尙爲某作箇方便指示.' 山僧向他道:'你是福州人, 我說箇喩子向你. 如將名品荔枝和皮殼一時剝了, 以手送在你口邊, 只是你不解呑.' 渠聞之, 不覺失笑曰:'和尙! 呑著卽禍事.' 過得幾時, 又問他:'前日呑了底荔枝, 只是你不知滋味.' 渠曰:'若知滋味, 轉見禍事.' 我愛他這兩轉語.

이른바 대문으로 들어온 것은 집안의 보물이 아니다. 종사(宗師)에게

1210 법을 얻었다면 재앙이다.

1211 법상(法相) 즉 법에 대한 개념을 가지고 있다면 더 큰 재앙이다.

1212 전어(轉語): 그때그때의 상황에 따라 말을 자유자재하게 사용하여 선지(禪旨)를 가리키는 것. 심기(心機)를 바꾸어서(一轉) 깨닫게 하는 힘이 있는 말이라는 뜻이기도 하다.

는 사람에게 줄 진실한 법이 없다는 것을 참으로 믿어야 한다. 대개[1213] 세간의 정교한 기예(技藝) 같은 것들은 견본[1214]이 있으면 곧 만들 수 있겠지만, 이 한 번의 풀려남[1215]이라면[1216] 모름지기 스스로 깨달아야 하며 마음에서 얻고 손에서 응용해야 한다.[1217] 만약 안락한 곳을 아직 얻지 못했다면, 한결같이 지견(知見)을 찾고 이해로 알려고 할 것이지만, 이러한 잡다한 독(毒)이 마음속으로 들어오기만 하면, 마치 밀가루에 기름이 밴 것처럼 영원히 빼낼 수 없을 것이다. 비록 빼낼 수 있다 하더라도, 역시 처리하는데[1218] 힘이 들 것이다. 이 일은 마치 푸른 하늘의 밝은 태양과 같아서 원래 장애가 없는데, 도리어 이러한 사소한 독(毒)에 가로막히는 까닭에 법(法)에 자재하지 못한 것이다.

所謂從門入者, 不是家珍. 信知宗師家無實法與人. 且如世間工巧技藝, 有樣子便做得, 若是這一解, 須是自悟始得, 得之於心, 應之於手. 若未得箇安樂處, 一向求知見, 覓解會, 這般雜毒纒入心, 如油入麵, 永取不出. 縱取得出, 亦費料理. 此事如青天白日, 元無障礙, 卻被這些雜毒障卻, 所以於法不得自在.

1213　차(且) : 대개. 무릇. 부(夫)와 같음.

1214　양자(樣子) : 본보기. 견본. 표본.

1215　일해(一解) : ①한 번 풀려남. 한 번 결정적으로 풀려남. ②하나의 근본적인 해결(解決). ③해결해야 할 한 개 근본 문제.

1216　약시(若是) : 만약 −라면. 만약 −한다면.

1217　일상생활에서 실제로 몸소 체험해야 한다.

1218　요리(料理) : 처리하다. 처치하다.

노승은 평소 진정(眞淨)[1219] 스님의 이 말씀을 좋아한다.

'지금 사람들은 흔히 몸과 마음이 적멸하여 앞뒤의 시간이 끊어지고 쉬고 또 쉬어서 한순간이 만년(萬年)과 같고 옛 무덤 속의 향로(香爐)와 같이 썰렁하게[1220] 되어야 곧 구경(究竟)이라고 여긴다. 그러나 이들은 도리어 이 뛰어나고 묘한 경계에 가로막혀서 자기의 바른 지견(知見)이 나타나지 못하고 신통한 밝음이 드러나지 못함을 전혀 알지 못한다.

또 어떤 경우에는 평상시(平常時)의 모든 마음이 곧 도(道)라는 것을 지극한 법칙으로 여겨서, 하늘은 하늘이고·땅은 땅이고·산은 산이고·물은 물이고·승(僧)은 승이고·속(俗)은 속이고·크게는 30일이고 작게는 29일이라고 한다. 온갖 행위를 함에 반드시[1221] 평상(平常)[1222]이라는 한 길을 옳다고[1223] 여겨 결정적이게 하고 알맞게 하여, 다시는 감히 다른 쪽으로는 한 발자국도 떼지 않고 구덩이에 떨어질까 봐 두려워하며, 언제나 한결같이 두 눈이 먼 장님이 길을 가듯이 한 개 주장자를 반걸음에도 손에

1219　진정극문(眞淨克文; 1025-1102) : 늑담극문(泐潭克文)이라고도 한다. 송대(宋代)의 스님으로 임제종 황룡파(黃龍派)이다. 늑담(泐潭)은 머물렀던 산의 이름이다. 호는 운암(雲岩)이며, 동산(洞山)이라고도 한다. 보봉극문(寶峰克文)이라고도 한다. 25세에 득도하여 구족계를 받고, 처음엔 경론을 배웠지만 선이 있음을 알고 남쪽으로 가, 치평(治平) 2년(1065) 대위산(大潙山)에서 수도하였다. 한 스님이 들려주는 운문문언(雲門文偃)의 이야기를 듣고 크게 깨달았다. 적취(積翠) 황룡혜남(黃龍慧南)을 찾아가 공부하여 그 법을 이었다. 황룡조심(黃龍祖心), 동림상총(東林常總)과 함께 임제종 황룡파 발전의 기초를 세운 중진이다.

1220　냉추추지(冷湫湫地) : 스산한. 썰렁한. 적막한. 냉담한. =냉청청지(冷淸淸地)

1221　수요(須要) : 반드시 -해야 한다. -할 필요가 있다.

1222　평상(平常) : 평소(平素). 평시(平時). 평범(平凡).

1223　온당(穩當) : 타당하다. 믿음직하다.

서 놓지 못하고 꽉 붙잡고 기댈 곳으로 삼아 걸음걸음에 의지한다.

어느 날 만약 도(道)를 보는 눈이 활짝 열려 앞서의 잘못을 문득 깨닫고는 주장자를 내버리고 양손을 놓는다면, 온 우주가 탁 트여 종횡으로 동서남북으로 해야 할 일도 없고 하지 말아야 할 일도 없게 될 것이다."[1224]

여기에 이르러야 비로소 자재함을 얻은 것이다. 요즘 사람들 가운데 주장자를 버리고 손을 놓은 사람이 몇 명이나 있을까?

老漢常愛眞淨和尙道 : '如今人多是得箇身心寂滅, 前後際斷, 休去·歇去·一念萬年去·似古廟裏香爐去·冷湫湫地去, 便爲究竟. 殊不知卻被此勝妙境界障蔽, 自己正知見不能現前, 神通光明不能發露, 或又執箇一切平常心是道以爲極則. 天是天, 地是地, 山是山, 水是水, 僧是僧, 俗是俗, 大盡三十日, 小盡二十九, 凡百施爲, 須要平常一路子以爲穩當, 定將去, 合將去, 更不敢別移一步, 怕墮坑落塹, 長時一似雙盲人行路, 一條拄杖子, 寸步抛不得, 緊把著憑將去, 步步依倚. 一日, 若道眼豁開, 頓覺前非, 抛却杖子, 撤開兩手, 十方蕩蕩, 七縱八橫, 東西南北, 無可不可.' 到

1224 『고존숙록』 제44권 「보봉운암진정선사주금릉보녕어록3(寶峰雲庵眞淨禪師住金陵報寧語錄三)」에 이 말이 나오는데, 다만 대혜는 '小盡二十九'와 '凡百施爲' 사이에 있는 다음의 구절을 생략하고 인용하였다 : 이것은 풀에 의지하고 나무에 빌붙은 것과 같아서, 자기도 모르는 사이에 한결같이 어리석음으로 나아가는 것이다. 문득 그에게 '내 손이 어찌하여 부처님의 손과 같은가?' 하고 물으면, 그는 곧 말하기를 '그것은 스님의 손입니다.'라 하고, 또 '내 다리가 어찌하여 당나귀의 다리와 같으냐?' 하고 물으면, 그는 곧 말하기를 '그것은 스님의 다리입니다.'라 하고, 또 '사람마다 모두 태어난 곳이 있는데 어느 곳이 상좌가 태어난 곳인가?' 하고 물으면, 곧 말하기를 '저는 어느 곳의 사람입니다.'라고 답하니, 이 무슨 말인가? 잘못 알지를 마라.(此依草附木, 不知不覺一向迷將去. 忽然問他, '我手何似佛手?' 便道, '是和尙手.' '我脚何似驢脚?' 便道, '是和尙脚.' '人人盡有生緣處, 那箇是上座生緣處?' 便道, '某是某州人.' 是何言歟? 且莫錯會好.)

380

這裏, 方得自在. 如今人能有幾箇放得杖, 撒得手?

옛날 진정(眞淨) 스님이 새로 어록(語錄)을 펴내셨는데, 그때 우리 노스님[1225]은 오조당(五祖堂)[1226]에서 수좌 노릇을 하고 계셨다. 오조(五祖)[1227] 스님께서 하루는 회랑 아래서 한 승려가 책[1228] 한 권을 손에 쥐고 있는 것을 보자 물으셨다.

'그대의 손에 있는 것은 무슨 책인가?'

그 승려가 답했다.

『진정화상어록(眞淨和尙語錄)』입니다.'

이에 오조께서 건네받아 읽어 보고는 곧 찬탄하며 말했다.

'희유하구나!'[1229] 말세에 이런 존숙이 계시다니.'

그리하여 수좌를 불렀다. 우리 노스님께선 그때 후가(後架)[1230]에서 버선을 빨고 있었는데, 부르는 소리를 듣고 재빨리 달려 나오니 오조께서 말씀하셨다.

'내가 책 한 권을 얻었는데, 불가사의하게도 이른바 〈법의 요체를 잘 말한다.〉[1231]로구나. 네가 한 번 보아라.'

1225 스승인 원오극근을 가리킨다.

1226 원오극근(圓悟克勤)의 스승인 오조법연(五祖法演)의 절.

1227 오조법연(五祖法演; 1024−1104)

1228 문자(文字) : 문건(文件). 서류. 책(冊).

1229 참괴(慚愧) : ①감격스러운. ②요행인. ③희유한. 얻기 어려운.

1230 후가(後架) : 선원(禪院)에서 승당(僧堂)의 뒤쪽에 설치된 세면대. 세수와 빨래를 하던 곳.

1231 '법의 요체를 잘 말한다.(善說法要)'는 『대반야경』 등 경전에 흔히 등장하는 구절.

昔因眞淨和尙新開語錄, 其時我老和尙在五祖堂中作首座. 五祖一日廊下見僧把一册文字, 祖曰: '你手中是甚文字?' 僧曰: '是『眞淨和尙語錄』.' 祖遂取讀, 卽讚歎曰: '慚愧! 末世中有恁地尊宿.' 乃喚首座. 我老和尙時在後架洗襪, 聞呼, 很忙走出來, 祖曰: '我得一本文字, 不可思議, 所謂善說法要. 你試看.'

쉬고 또 쉬어서 한순간이 곧 만년이고 앞뒤의 시간이 끊어진다 하니, 지금 방방곡곡에서 이러한 경지에 도달한 자가 몇이나 될까? 이것을 일러 뛰어나고 묘한 경계라고 한다. 옛날 보봉(寶峯)에 광도자(廣道者)란 사람이 있었는데, 그가 바로 이런 사람이었다. 하나의 몸뚱아리도 전혀 알지 못하였고 세간의 일이 있는 줄도 전혀 알지 못하였으니, 세간의 온갖 번뇌가 그를 어둡게 만들지 못했다. 비록 그러했지만, 도리어 이 뛰어나고 묘한 경계가 그의 도안(道眼)[1232]을 가로막아 버렸던 것이다. 한 생각도 일어나지 않고 앞뒤의 시간이 끊어진 곳에 도달하면 바로 존숙의 가르침이 필요함을 알아야 한다.

休去歇去, 一念萬年, 前後際斷, 諸方如今有幾箇得到這田地? 他卻喚作勝妙境界. 舊時寶峰有箇廣道者, 便是這般人. 一箇渾身都不理會, 都不見有世間事, 世間塵勞昧他不得. 雖然恁麽, 卻被這勝妙境界障卻道眼. 須知到一念不生, 前後際斷處, 正要尊宿.

1232 도안(道眼): 대도(大道)를 보는 안목. 제법실상의 도리를 바르게 파악하는 능력.

예컨대 마조가 등나무를 캐고 있을 때 수료(水潦)[1233] 화상이 찾아와 물었다.

'어떤 것이 조사께서 서쪽에서 오신 뜻입니까?'

마조가 말했다.

'가까이 오너라. 그대에게 말하겠다.'

수료가 가까이 오자마자, 마조는 수료의 가슴을 한 번 차서 넘어뜨렸다. 수료가 문득 크게 깨닫고는 자기도 모르게 일어나서 껄껄 하고 크게 웃었다. 마조가 말했다.

'그대는 무슨 도리를 보았는가?'

수료가 말했다.

'온갖 법문과 헤아릴 수 없이 묘한 뜻을 다만 한 개 털끝에서 곧장 그 뿌리를 알아차렸습니다.'[1234]

이것이 교학(敎學)에서 말하는 '흐름에 들어가니 머무는 곳이 없고, 들어감이 사라지고 나니, 움직임과 고요함의 두 모습이 분명히 생기지 아니한다.'[1235]라는 것이다. 들어가자마자 곧 정해진 모습이 없어지는데, 정

1233 홍주수료(洪州水潦) : 수로(水老)라고도 쓴다. 생몰연대 미상. 당대(唐代) 스님. 홍주
는 머물렀던 곳의 지명. 마조도일을 찾아와 공부하여 깨달아 마조의 법을 이었다. 자세한
전기는 알 수 없다.

1234 『마조어록』에 소개된 내용. 『경덕전등록』 제8권 '홍주수로화상(洪州水老和尚)'에는 좀
더 간략히 소개되어 있다.

1235 『수능엄경』 제6권 첫 부분에 나오는 구절. 앞뒤의 내용은 이렇다 : 그때 관세음보살이
곧 자리에서 일어나 부처님의 발에 머리를 조아려 절을 하고는 부처님께 아뢰었다. "세
존이시여, 제가 옛날 헤아릴 수 없이 오랜 세월 이전을 기억해 보았습니다. 그때 관세음
(觀世音)이라는 이름의 부처님께서 세상에 나타나셨습니다. 저는 그 부처님에게서 깨닫
고자 하는 마음을 냈습니다. 그 부처님께선 저에게 듣고 생각하고 닦는 것을 따라 삼매

해진 모습이 없어지고 나면 유위(有爲)에도 떨어지지 않고 무위(無爲)에도 떨어지지 않는다. 움직임과 고요함의 두 모습이 분명히 생기지 아니하면, 곧 관음(觀音)이 도리에 들어가는 문이다.[1236]

如水潦和尙因採藤次, 問馬祖曰: '如何是祖師西來意?' 祖曰: '近前來. 向你道.' 水潦纔近前, 馬祖當胸一蹋蹋倒. 水潦忽然大悟, 不覺起來呵呵大笑. 祖曰: '你見箇甚麼道理?' 潦曰: '百千法門, 無量妙義, 只向一毛頭上便識得根源去.' 這箇敎中謂之'入流亡所, 所入旣寂, 動靜二相, 了然不生.' 纔得箇入處, 便亡了定相, 定相旣亡, 不墮有爲, 不墮無爲. 動靜二相了然不生, 便是觀音入理之門.

그는 깨닫고 나자 곧 자기의 창고를 열어서 자기의 보물을 가지고 나

에 들어가라고 가르치셨습니다. 처음 듣는 가운데 흐름에 들어가니 머물 곳이 없었습니다. 들어감이 이미 사라지고 나니, 움직임과 고요함의 두 모습이 분명히 생겨나지 않았습니다. 이와 같이 점점 더 하자 듣는 일과 들을 대상이 사라졌습니다. 들을 것이 사라져 들음에 머물지 않자, 깨닫는 일과 깨달을 대상이 비워졌습니다. 깨달음이 비워져 지극히 원만해지자, 비우는 일과 비워질 것이 사라졌습니다. 생겨남과 소멸함이 이미 사라지고 나니, 적멸(寂滅)이 나타났습니다. 그러자 문득 세간과 출세간을 뛰어넘었습니다. 온 우주가 두루 밝아지니, 두 개의 뛰어남을 얻었습니다. 첫째는 위로 온 우주의 모든 부처님의 본래 묘한 깨달음의 마음에 합하여, 부처님이신 여래와 자(慈)의 힘이 같아지는 것입니다. 둘째는 아래로 온 우주의 육도(六道)에 윤회하는 모든 중생과 합하여, 모든 중생과 함께 비(悲)를 우러름이 같게 되었습니다."(爾時觀世音菩薩卽從座起, 頂禮佛足而白佛言: "世尊, 憶念我昔無數恒河沙劫. 於時有佛出現於世名觀世音. 我於彼佛發菩提心. 彼佛敎我從聞思修入三摩地. 初於聞中入流亡所. 所入旣寂, 動靜二相了然不生. 如是漸增, 聞所聞盡. 盡聞不住, 覺所覺空. 空覺極圓, 空所空滅. 生滅旣滅, 寂滅現前. 忽然超越世出世間. 十方圓明獲二殊勝. 一者上合十方諸佛本妙覺心, 與佛如來同一慈力. 二者下合十方一切六道衆生, 與諸衆生同一悲仰.)

1236 앞 각주의 『수능엄경』 내용 참조.

와 말하기를 '온갖 법문과 헤아릴 수 없이 묘한 뜻을 다만 한 개 털끝에서 곧장 그 뿌리를 알아차렸습니다.'라 하고는 다시 껄껄 하고 크게 웃었던 것이다. 마조는 그가 이미 이러한 경지에 도달한 것을 알고는 다시 그를 다그치지도 않았고 또 뒷말을 하지도 않았다. 뒷날 수료암(水潦菴)에 머물게 되자, 선객들이 찾아와 천여 명을 헤아렸다. 법을 드러낼 때면 언제나 마조에게 한 번 차인 일을 자랑하며[1237] 말하곤 했다.

'마조에게 한 번 차인 이래로 지금까지 웃음이 그치질 않는다.'

그가 어찌 일찍이 '산봉우리는 첩첩이 푸르고, 계곡물은 졸졸졸 흐른다. 강 언덕 버드나무는 물안개를 머금고, 마당에 핀 꽃은 해를 보고 웃는구나. 앵무새는 높은 나무에서 지저귀고, 나비는 향기로운 풀숲에서 춤을 춘다.'는 따위의 말을 한 적이 있었는가? 그는 다만 '마조에게 한 번 차인 이래로 지금까지 웃음이 그치질 않는다.'고 말했을 뿐이다.

이것이 첫 번째 '흐름에 들어가니 머무는 곳이 없고, 움직임과 고요함의 두 모습이 분명히 생기지 아니한다.'는 모습이다.[1238]

他既悟了, 便打開自己庫藏, 運出自己家珍, 乃曰: '百千法門, 無量妙義, 只向一毛頭上便識得根源去.' 又呵呵大笑. 馬祖知他已到這箇田地, 更不采他, 亦無後語. 後來住水潦菴, 禪和家來參, 他有百十衆. 纔擧揚, 便賣弄這一踢云: '自從一喫馬師

1237 매롱(賣弄) : 자랑하다. 뽐내다. 으스대다.
1238 선(禪)을 문학(文學)으로 만들어 종지(宗旨)를 시(詩)로써 읊는 일에 매달리는 당시의 풍토를 비판하고 있다. 선(禪)은 살아 있는 체험이고 삶 자체이지, 문학적 은유(隱喩)의 대상은 아니다. 깨달음에 충실하지 못하고 언어로 표현하는 일에 매진하는 잘못된 공부를 지적하고 있다.

蹋, 直至而今笑不休.' 渠又何曾有'峰巒疊翠, 澗水潺湲. 岸柳含煙, 庭華笑日. 鷰啼
喬木, 蝶舞芳叢.'底說話來? 只道: '自從一喫馬師蹋, 直至而今笑不休.' 這箇便是第
一箇'入流亡所, 動靜二相了然不生'底樣子.

또 보지 못했느냐? 운문(雲門)[1239]이 동산(洞山)[1240]에게 물었다.

'요즘 어느 곳을 떠나왔느냐?'

동산이 말했다.

'사도(査渡)를 떠나왔습니다.'

운문이 물었다.

'여름 안거는 어디에서 보냈느냐?'

동산이 말했다.

'호남의 보자사(報慈寺)에서 보냈습니다.'

운문이 물었다.

'언제 그곳을 떠났느냐?'

동산이 말했다.

'8월 25일에 떠났습니다.'

운문이 말했다.

'그대는 방망이 3대쯤 맞아야 하겠구나.'[1241]

1239 운문문언(雲門文偃: 864~949) : 당말(唐末) 5대(五代) 스님이며, 오가칠종(五家七宗)의
       하나인 운문종(雲門宗)의 개조(開祖).

1240 운문문언의 제자인 동산수초(洞山守初; 910~990).

1241 방여삼돈봉(放汝三頓棒) : 너를 방망이로 3대 때려야 할 것을 눈감아 준다(용서해 준
       다). 방(放)은 '용서하여 눈감아 주다', '용서하여 풀어주다.'(=요(饒))는 뜻. 속뜻은 당장

옛사람은 순박하여 사실 그대로 대답했던[1242] 것이니, 혼자 중얼거렸다.

'나는 이번에 실제로 사도에서 돌아왔는데, 무슨 허물이 있기에 곧장 나에게 방망이 세 대를 때려야 한다고 하셨을까?'

대장부라면 모름지기 이 노인네처럼 이해하여야 한다. 다음 날이 되자 곧 가서 물었다.

'어제 스님에게 방망이 세 대를 용서받았지만, 허물이 어디에 있는지 모르겠습니다.'

운문이 말했다.

'밥통 같은 놈! 강서로 호남으로 곧장 그렇게 가거라.'

동산은 문득 크게 깨달았는데, 다시는 통할 소식이 따로 없고 또한 집어낼 도리도 없었고 다만 절을 올릴 뿐이었다.[1243]

又不見? 雲門問洞山: '近離甚處?' 山曰: '査渡.' 門曰: '夏在甚處?' 山曰: '湖南報慈.' 門曰: '幾時離彼?' 山曰: '八月二十五.' 門曰: '放你三頓棒.' 古人淳樸據實祇對, 自言: '我此回實從査渡來, 有甚麼過, 便道放我三頓棒?' 大丈夫漢, 須共這老漢理會始得. 至明日, 便去問曰: '昨日蒙和尙放三頓棒, 未審過在甚麼處?' 門曰: '飯袋子! 江西湖南便恁麼去.' 洞山忽然大悟, 更無消息可通, 亦無道理可拈出, 只禮拜而已.

때리지는 않지만 몽둥이를 맞아야 할 허물이 있다는 뜻. 허물을 지적하는 말.

1242 지대(祇對). = 지대(只對). 응대하다. (공경하게) 응대하다. 응답하다.

1243 『경덕전등록』 제23권 '양주동산수초숭혜대사(襄州洞山守初崇慧大師)'에 이 이야기가 실려 있다.

이미 깨닫고 나자 곧장 자기의 창고를 열어서 자기의 보물을 가지고 나와 말했다.

'이후 사람이 없는 곳에서 한 초암(草菴)에 머물며 쌀 한 알도 모으지 않고 나물 한 뿌리도 심지 않고, 온 세상에서 찾아오는 자들을 접대하여 그들에게 박힌 못과 쐐기를 모조리 빼내 주고 기름때 절은 모자와 악취 나는 옷[1244]을 벗겨 주어서, 그들을 씻은 듯이 깨끗하고 어엿한 납승이 되도록 해 주겠습니다. 이 어찌 멋지지 않겠습니까?'

운문이 말했다.

'너는 몸집도 야자나무처럼 커다란데, 이렇게 크게[1245] 입을 여는구나.'

이것이 두 번째 '흐름에 들어가니 머무는 곳이 없고, 움직임과 고요함의 두 모습이 분명히 생기지 아니한다.'는 모습이다.

既悟了, 便打開自己庫藏, 運出自己家珍, 乃曰 : '他後向無人煙處, 住箇草菴, 不蓄一粒米, 不種一莖菜, 接待十方往來, 盡與伊出卻釘, 拔卻楔, 拈卻炙脂帽子, 脫卻鶻臭布衫, 敎伊灑灑地作箇衲僧, 豈不俊哉?' 雲門曰 : '你身如椰子大, 開得許大口.' 這箇是第二箇'入流亡所, 動靜二相了然不生'底樣子.

또 고산(鼓山)의 안(晏) 국사[1246]는 설봉에서 여러 해 있었는데, 어느 날

1244 골취포삼(鶻臭布衫) : 중국의 북방에 있는 회골(回鶻; 위구르)이라는 야만인의 냄새가 배어 있는 삼베옷. 수행에 있어서 마음에 자취나 흔적을 떨쳐 버리지 못한 상태를 가리킨다.

1245 허대(許大) : 이렇게 크다.

1246 고산신안(鼓山神晏) : ?–943. 당말(唐末) · 오대(五代)의 스님. 설봉의존(雪峰義存;

설봉이 그가 깨달을 인연이 무르익은 것을 보고서 문득 일어나 그를 붙들어 세우고는 물었다.

'무엇이냐?'

안국사는 개운하게[1247] 깨닫고는 다만 손을 들어 흔들 뿐이었다. 설봉이 물었다.

'네가 도리를 이루었느냐?'

안 국사가 말했다.

'무슨 도리가 있겠습니까?'[1248]

뒷날 양대년(楊大年)[1249]이 『전등록』에 이 이야기를 수록하면서, 그것을 일러 '깨달은 마음도 없었다'[1250]고 하였다.

이것이 세 번째 '흐름에 들어가니 머무는 곳이 없고, 움직임과 고요함

821-908)에게 의지하여 깨달음을 얻고 법을 이었다. 뒤에 민사왕(閩師王) 연빈(延彬)이 법요(法要)를 묻더니 복주(福州) 고산(鼓山)에 용천선원(湧泉禪院)을 짓고 머물게 하여 종지(宗旨)를 선양케 하였다. 천복년중(天福年中; 936-944)에 77세로 입적하니 흥성국사(興聖國師)라 시호하였다. 저서로는 『고산선흥성국사화상법당현요광집(鼓山先興聖國師和尚法堂玄要廣集)』 1권이 있다.

1247 석연(釋然): 의문이 풀려 개운하다.

1248 『경덕전등록』 제18권 '복주고산흥성국사(福州鼓山興聖國師)'에 나오는 이야기.

1249 양대년(楊大年): 974-1020. 양억(楊億). 송대(宋代) 거사(居士). 이름은 억(億), 자(字)는 대년(大年). 복건성 건주(建州) 출신. 송(宋)의 저명한 관리로서 여주(汝州)에서 광혜원련(廣慧元璉)을 만나 선(禪)을 공부하였다. 오래 공부한 끝에 수산성념(首山省念)을 만나 깨닫고는 예리한 선풍(禪風)을 드날렸다. 이유(李維), 왕노(王瑙) 등과 함께 『경덕전등록(景德傳燈錄)』을 재정(裁定)하고, 그 서문을 썼다. 또 왕흠약(王欽若)과 함께 『책부원구(冊府元龜)』도 엮었다.

1250 현존 『경덕전등록』 동일한 부분에 '개운하게 깨달았다(釋然了悟).'는 구절 뒤에 '또한 그 깨달은 마음도 잊었다(亦忘其了心).'는 구절이 있다.

의 두 모습이 분명히 생기지 아니한다.'는 모습이다.

又鼓山晏國師在雪峰多年, 一日, 雪峰知其緣熟, 忽起搊住曰 : '是甚麼?' 晏釋然了
悟, 唯擧手搖曳而已. 峰曰 : '子作道理耶?' 晏曰 : '何道理之有?' 後來楊大年收在
『傳燈錄』中, 謂之'亡其了心.' 此是第三箇'入流亡所, 動靜二相了然不生'底樣子.

또 관계(灌溪)[1251] 화상이 하루는 임제를 만나 뵈었는데, 임제는 승상(繩
床)에서 내려와 곧장 관계를 움켜잡았다. 관계가 곧 말했다.

'알겠습니다. 알겠습니다.'[1252]

이것이 네 번째 '흐름에 들어가니 머무는 곳이 없고, 움직임과 고요함
의 두 모습이 분명히 생기지 아니한다.'는 모습이다. 이것은 남에게 말해[1253]
줄 수도 없고, 남에게 전해 줄 수도 없다.

1251 관계지한(灌溪志閑) : ?-895. 임제종. 위부(魏府, 하북성) 관도인(館陶人). 속성은 사
(史) 씨. 어려서 백암(柏巖)을 따라 출가하였고, 뒤에 임제의현(臨濟義玄)의 법을 이었다.
장사(長沙, 호남성) 관계(灌溪)에 주석하였다. 당, 소종(昭宗) 건녕(乾寧) 2년 5월 29일에
시적하였다.

1252 현존 『경덕전등록』 제12권 '관계지한선사(灌谿志閑禪師)'의 내용은 다음과 같다 : 뒤에
임제 스님을 만났는데, 임제는 관계를 붙들고서 한동안 말없이 있다가 놓아 주었다. 이에
관계가 말했다. "알겠습니다." 그뒤 대중들에게 말했다. "나는 임제 스님이 말이 없으신
것을 보고서 곧장 지금까지 배고픈 적이 없었다."(後見臨濟和尚, 和尚住良久放之. 師曰: "領
矣." 往後謂衆曰: "我見臨濟無言語, 直至如今飽不饑.") 여기에 인용된 내용은 『오등회원』의 내
용과 같다.

1253 설사(說似) : 말해 주다. 거사(擧似)와 같은 뜻. 여기서 사(似)는 동사의 접미사로서
'−주다(給)'의 뜻을 부가해 주는 어조사

390

又灌谿和尙一日見臨濟, 濟下繩床纔擒住, 谿便云 : '領. 領.' 這箇是第四箇'入流亡所, 動靜二相了然不生'底樣子. 這箇說似人不得, 傳授人不得.

나는 17년 동안 공부하면서, 일찍이 자질구레한[1254] 깨달음도 있었고, 운문의 문하에서도 이해한 바가 조금 있었고, 조동(曹洞)의 문하에서도 이해한 바가 조금 있었지만, 앞뒤의 시간이 끊어지지는 못하고 있었다. 뒤에 서울[1255]의 천녕사(天寧寺)에서 노스님[1256]께서 상당(上堂)하여 설법하시는 것을 들었는데, 어떤 승려가 운문에게 묻기를 '어떤 것이 모든 부처님이 나타나는 곳입니까?' 하자, 운문이 '동산(東山)이 물 위로 간다.'고 한 것을 언급하고는 말씀하시길, '만약 나라면 그렇지 않다. 어떤 것이 모든 부처님이 나타나는 곳이냐? 따뜻한 바람이 남쪽에서 불어오니, 전각(殿閣)이 조금 시원하구나.'라고 하셨다.

나는 이 말을 듣자 문득 앞뒤의 시간이 끊어졌다. 비유하자면 마치 한 타래 엉긴 실뭉치를 칼로써 단번에 몽땅 잘라 버린 것과 같았다. 그 당시 온몸에 땀이 솟았다. 비록 그렇지만, 활동하는 모습[1257]은 생기지 않고 도리어 깨끗이 벗어난[1258] 곳에 머물러 있었다.

1254 영영쇄쇄(零零碎碎) : 자질구레하다. 소소하다. 세세하다. =영영세세(零零細細).

1255 경사(京師) : 서울. 수도(首都). 여기선 북송(北宋)의 서울인 동경(東京), 즉 개봉(開封).

1256 노스님 : 대혜종고의 스승인 원오극근.

1257 동상(動相) : 활동하는 모습. 움직이는 모습. 능동적으로 활용하는 모습.

1258 정나라(淨倮倮) : 벌거벗은 듯이 깨끗하다. 깨달음을 얻은 뒤 모든 구속에서 벗어난 자유로운 상태. 적쇄쇄(赤灑灑)와 같은 뜻. 정나라적쇄쇄(淨倮倮赤灑灑)라고 함께 쓰기도 한다. 정나라(淨裸裸), 정나라(淨躶躶)라 쓰기도 함.

老漢十七年參, 也曾零零碎碎悟來, 雲門下也理會得些子, 曹洞下也理會得些子,

只是不能得前後際斷. 後來在京師天寧見老和尚陞堂, 擧, '僧問雲門 : 如何是諸佛

出身處? 門曰 : 東山水上行. 若是天寧卽不然. 如何是諸佛出身處? 薰風自南來, 殿

閣生微涼.' 向這裏忽然前後際斷. 譬如一綟亂絲, 將刀一截, 截斷相似. 當時通身汗

出. 雖然, 動相不生, 卻坐在淨倮倮處.

하루는 방장실에 들어갔는데, 노스님께서 말씀하셨다.

'그대가 이런 경지에 이른 것도 물론 쉽지는 않지만, 그대는 죽어 버리
고 살아날 줄을 모르니 안타깝구나. 언구(言句)를 의심하지 않는 것이 곧
큰 병이다. 듣지도 못했느냐? 〈절벽에 매달려 손을 놓아 스스로 기꺼이
받아들여 죽었다가 다시 살아난다면, 그대를 속일 수 없을 것이다.〉[1259]
반드시 이런 도리가 있음을 믿어야 한다.'

나는 혼자 말했다.

'나는 다만 지금 얻은 곳에 의지하여 편하게 지낼[1260] 뿐, 다시 깨닫지는
[1261] 못하고 있구나.'

노스님께선 다시 나를 택목료(擇木寮)[1262]에 머물게 하시고, 자잘한 시자

1259 『경덕전등록』 제20권 '소주영광원진선사(蘇州永光院眞禪師)'의 상당 법어 가운데 한
     구절. 진선사(眞禪師)는 운거도응(雲居道膺)의 제자로서 청원행사의 6세손이다. 이 말은
     분별심을 벗어나 불이중도를 이루는 깨달음의 체험을 표현한 말이다.

1260 쾌활(快活) : 기분이 좋다. 쾌적하다. 편하다. 잘 지내다. 막힘없이 잘 통하다.

1261 이회(理會) : 이해(理解)하다. 깨닫다. 알아차리다. 따지다. 헤아리다. 처리하다. 요리
     하다.

1262 택목료(擇木寮) : =택목당(擇木堂). 절을 방문한 관리(官吏)들이 머물며 쉬는 집.

의 일을 시키지는 않으셨다. 매일 사대부들과 함께 서너 번 입실[1263]하였는데, 노스님께선 다만 '있다는 구절과 없다는 구절은 마치 등나무 덩굴이 나무에 기대어 있는 것과 같다.'라는 말씀을 하셨는데, 내가 입을 열자마자 노스님께선 곧 '아니다.'라고 말씀하셨다. 반년 동안 나는 단지[1264] 이와 같이 참(參)[1265]였다.

得一日去入室, 老和尙曰: '也不易你到這箇田地, 可惜你死了不能活. 不疑言句, 是爲大病. 不見道:「懸崖撒手, 自肯承當, 絶後再甦, 欺君不得.」須信有這箇道理.' 老漢自言: '我只據如今得處已是快活, 更不能理會得也.' 老和尙卻令我在擇木寮, 作不釐務侍者. 每日同士大夫須得三四回入室, 只擧 '有句無句, 如藤倚樹.' 纔開口, 便道: '不是.' 如是半年間, 只管參.

1263 입실(入室) : 학인이 방장이나 조실의 방에 들어가 공부를 점검받는 것.
1264 지관(只管) : 단지. 오로지. 다만. 다만 −만 돌보다.
1265 참(參) : 지금은 일반적으로 '참구(參究)한다'라고 표현하는 경우가 많지만, 당송(唐宋) 시대의 선승(禪僧)들은 주로 '참(參)'이라고 하였지 '참구(參究)'라는 표현은 거의 사용하지 않았다. 당시의 문헌을 조사해 보면, '참구(參究)'라는 말은 『조당집』 0번, 『경덕전등록』 1번, 『천성광등록』 0번, 『오등회원』 4번(南嶽下十三世부터 나타남), 『분양무덕선사어록』 0번, 『황룡혜남선사어록』 0번, 『양기방회화상어록』 0번, 『법연선사어록』 0번, 『원오불과선사어록』 2번, 『대혜어록』 1번 등으로 거의 사용되지 않았고, 화두(話頭) 혹은 선(禪)을 공부하라는 의미에서 했던 말은 주로 '참(參)'이라는 표현이었다. 참(參)에는 '(어떤 것, 일, 행사에)참여하다.'와 '(윗사람을)만나뵙다.'의 두 가지 의미가 있다. 참선(參禪; 선에 참여하다), 참구(參究; 탐구에 참여하다), 참학(參學; 배움에 참여하다), 참상(參詳; 자세히 밝힘에 참여하다), 참당(參堂; 법당의 법회에 참여하다) 등의 단어에서는 '참여하다'(동참(同參)하다)는 뜻으로 사용되었고, 참례(參禮; 만나뵙고 인사하다), 참견(參見; 만나뵙다), 참문(參問; 만나뵙고 묻다), 자참(咨參; 물어보려고 찾아뵙다), 내참(來參; 와서 만나뵙다) 등의 단어에서는 '만나뵙다'는 뜻으로 사용되었다. 여기에선 참구(參究) 혹은 참학(參學)의 의미.

하루는 여러 관원과 함께 방장실에서 약석(藥石)¹²⁶⁶을 먹을 때, 나는 젓가락을 손에 쥐고 있을 뿐 먹을 생각을 까맣게 잊고 있었다. 노스님께서 말씀하셨다.

'이 자는 황양목선(黃楊木禪)¹²⁶⁷에 참여하더니 도리어¹²⁶⁸ 움츠러들어 버렸구나.'

나는 드디어 한 개 비유를 말씀드렸다.

'스님! 이 도리는 마치 강아지가 뜨거운 기름 솥을 보고 있는 것과 같아서 핥고 싶어도 핥을 수가 없고 버리고 싶어도 버릴 수가 없습니다.'

노스님이 말씀하셨다.

'그대의 비유가 지극히 좋구나! 다만 이것이 곧 금강권이요 율극봉이니라.'

一日, 同諸官員在方丈藥石次, 我只把箸在手, 都忘了喫食. 老和尙曰 : '這漢參得 黃楊木禪, 卻倒縮去.' 我遂說箇譬喩曰 : '和尙! 這箇道理恰如狗看著熱油鐺相似, 要舐又舐不得, 要捨又捨不得.' 老和尙曰 : '你喩得極好! 只這箇便是金剛圈栗棘 蓬.'

1266 약석(藥石) : 총림에서 쓰는 말. 저녁밥. 본래 오후에는 먹지 않는 법이나 배고픈 병을 치는 약이라는 뜻으로 저녁밥을 약석이라 함.

1267 황양목선(黃楊木禪) : 황양목(黃楊木)은 회양목이다. 회양목은 자라는 것이 극히 느려서 1년에 손가락 한 마디 길이도 자라지 않다가, 윤년(閏年)에는 도리어 한 마디 정도가 줄어든다고 한다. 황양목선이란, 해탈한 자리에 머물러서 공부가 더이상 나아가지 않고 있는 것을 가리킨다. 즉, 해탈한 곳에 주저앉아서 자유롭게 활용하는 능력이 없는 경우를 꾸짖은 말이다.

1268 각도(卻倒) : 도리어.

하루는 노스님에게 물었다.

'스님께서 그때 오조산(五祖山)에서 오조[1269] 스님에게 이 이야기를 질문하신 적이 있다고 들었습니다. 오조 스님은 어떻게 답하셨습니까?'

스님은 말씀하지 않으려 하셨다. 내가 말씀드렸다.

'스님, 그때 혼자서 질문하신 것이 아니고 대중 앞에서 질문하셨을 터인데, 지금 다시 말씀하신다고 무슨 거리낄 일이 있겠습니까?'

노스님께서 이에 말씀하셨다.

'내가 〈있다는 구절과 없다는 구절이 마치 등나무 덩굴이 나뭇가지에 기대어 있는 것과 같을 때는 어떻습니까?〉 하고 물으니, 오조께서 말씀하셨다. 〈말해도 말이 되지 않고, 그려도 그림이 되지 않는다.〉 내가 다시 물었다. 〈문득 나무가 넘어지고 등나무가 말라죽을 때는 어떻습니까?〉 오조께서 말씀하셨다. 〈함께 간다.〉[1270]'

나는 그 말을 듣자마자 곧 알아차리고서[1271] 말했다.

'제가 알았습니다.'

노스님이 말씀하셨다.

1269 원오극근의 스승인 오조법연(五祖法演).

1270 상수래(相隨來) : 서로 뒤쫓는다. 상축(相逐)과 같은 말. 서로 뒤따르다. 서로 의지하고 있다. 서로 뗄 수 없는 한 물건이다. 함께 간다

1271 이회(理會) : ①이해(理解)하다. ②깨닫다. 알아차리다. ③따지다. 헤아리다. ④처리하다. 요리하다. 여기에서 이회(理會)했다는 것은 앞서 법문을 듣다가 경험한 앞뒤가 끊어지는 불가사의한 체험과는 달리, 이해를 통한 통찰 혹은 직관과 같은 경험이라고 해야 할 것이다. 그러므로 깨달음이라는 뜻의 '오(悟)'나 '각(覺)'이나 '증(證)'이라는 글자 대신에 이회(理會)라는 단어를 사용했다고 여겨진다. 따라서 여기에선 이회(理會)를 '알아차리다.'라고 번역하였다.

'다만 그대가 공안을 아직 뚫고 벗어나지[1272] 못했을까 봐 걱정이다.'

내가 말씀드렸다.

'스님께서 한번 공안을 말씀해 보십시오.'

노스님께선 이에 연달아 몇몇[1273] 까다롭고 난해한[1274] 공안을 말씀하셨는데, 나는 두 번 세 번[1275] 끊어 버리고, 마치 태평하여 일 없는 때 길에 들어서 곧장 가는 것과 같이 다시는 막힘이 없었다. 노스님께서 말씀하셨다.

'내가 너를 속일 수 없음을 이제 비로소 알겠구나.'[1276]

一日, 因問老和尙 : '見說和尙當時在五祖曾問這箇話. 不知五祖和尙如何答?' 和尙不肯說. 老漢曰 : '和尙當時不可獨自問, 須對大衆前問, 如今說又何妨?' 老和尙乃曰 : '我問 : 有句無句, 如藤倚樹時如何? 祖曰 : 描也描不成, 畫也畫不就. 又問 : 忽遇樹倒藤枯時如何? 祖曰 : 相隨來也.' 老漢纔聞擧, 便理會得, 乃曰 : '某會也.' 老和尙曰 : '只恐你透公案未得.' 老漢曰 : '請和尙擧.' 老和尙遂連擧一絡索[言+肴]訛公案, 被我三轉兩轉截斷, 如箇太平無事時, 得路便行, 更無滯礙. 老和尙曰 : '如

1272 투득(透得) : 돌파하여 벗어남. 뚫고 지나가다. 깨달음을 가로막는 장애를 뚫고 벗어나 깨달음에 이른다는 말. =투탈(透脫), 투과(透過), 투출(透出), 투취(透取).

1273 일락색(一絡索) : 한 줄의 예화(例話). 일련(一連)의 예화. 일련의 일.

1274 효와(誵訛) : ①글이 까다로워 이해하기 어려움. 글이 난잡하여 오해하기 쉬움. 일부러 어렵게 보이도록 비틀어 말함. ②난잡하게 뒤섞임. 뒤흔들어 어지럽힘. 뒤섞여 잘못됨. =오아(聱牙), 효와(淆訛), 효와(殽訛), 요와(譊訛), 오와(聱訛). ③고칙공안(古則公案)의 성격을 말함. 고칙공안은 수수께끼 같은 문제를 내어 듣는 이가 자신의 본성(本性)을 놓치고 말에 끌려가 헤매도록 유도하기 때문에 이렇게 말함.

1275 삼전양전(三轉兩轉) : 두 바퀴 세 바퀴. 두 차례 세 차례. 두 번 세 번.

1276 지도(知道) : 알다. 깨닫다. =지(知), 지유(知有).

396

今方知道我不謾你.'

나는 알아차리고 나자 도리어 몇몇 수좌[1277]를 의심하게 되어 노스님에게 물었다. 노스님이 말씀하셨다.

'나의 이 선(禪)은 마치 큰 바다와 같다. 그대는 이 큰 바다를 다 쏟아서 버려야만 한다. 만약 단지 발우를 가지고 조금 퍼담고서 곧 쉰다면, 그대의 그릇이 다만 그와 같을 뿐이니, 내가 어떻게 하겠느냐? 몇 사람이나 그대와 같은 경지에 이르렀는가? 예전에 다만 경(璟) 상좌라는 사람이 그대와 같았는데, 그만 죽어버렸다.'[1278]

얼마 지난 뒤에 노스님께서 나를 입승(立僧)[1279]으로 천거하셨다.

我既會了, 卻倒疑著幾箇禪頭, 乃問老和尚. 老和尚曰 : '我箇禪如大海相似. 是你將得箇大海來傾取去始得. 若只將得鉢盂來, 盛得些子去便休, 是你器量只如此, 敎我怎奈何? 能有幾箇得到你田地? 舊時只有一箇璟上座與你一般, 只是死了.' 過得幾時, 便擧我立僧.

뒤에 운거(雲居)의 수좌료(首座寮)[1280]에 있을 때 밤중에 늘 형제들을 입

1277   선두(禪頭) : 수좌(首座)의 별칭.

1278   이로써 보면 적어도 이때까지는 원오극근 밑에서 제대로 깨달은 사람이 대혜종고 한 사람뿐이었음을 알 수 있다.

1279   입승(立僧) : 선원(禪院)의 기강(紀綱)을 맡은 소임. 대중의 진퇴(進退)와 동작을 지시하는 소임. 유나(維那)와 비슷.

1280   수좌료(首座寮) : 수좌가 머무는 방. 수좌(首座)는 선종의 승당(僧堂)에서 한 대중의 우두머리 되는 이. 제일좌(第一座)·좌원(座元)·선두(禪頭)·수중(首衆) 등이라고도 함.

실하게 하였는데,[1281] 노스님께선 자주[1282] 오셔서 귀를 기울이시곤 하셨다. 어느 날 입실을 마치고 다시 방장실로 올라가 노스님을 뵈었다. 함께 화롯가에 앉았는데, 노스님께서 말씀하셨다.

'만약 나와 같은 선객이 또 있다면, 그대는 또 어떻게 대응[1283]하겠느냐?'

내가 말씀드렸다.

'그렇다면 얼마나 다행이겠습니까? 소동파[1284]가 〈망나니가 되어 한 명 살진 놈의 살을 발라내겠다.〉라고 말한 것처럼, 저는 도리어 노스님을 저에게 입실하게 하여 스님을 벽 위로 몰아붙이겠습니다.'

노스님께선 '껄! 껄!' 하고 크게 웃으셨다. 노스님을 생각해 보면, 뼈를 부수고 몸을 조각내도 그 은혜를 다 갚지 못할 것이다.

後來在雲居首座寮, 夜間常與兄弟入室, 老和尙愛來聽. 有時入室了, 卻上方丈見
老和尙. 同在火爐頭坐, 老和尙曰 : '或有箇禪和子得似老僧, 你又如何支遣?' 老漢
曰 : '何幸如之? 正如東坡說, 〈作劊子得一箇肥漢剮.〉我卻倒與老和尙入室, 被我

1281 여(與) : ①=이(以). ②=사(使), 교(敎). ③=피(被). 여기서 '여(與)'는 '사(使)' 혹은 '피(被)'의 뜻. 대혜(大慧)의 방에 선승(禪僧)들이 입실(入室)하여 가르침을 받았다는 것.

1282 애(愛) : 늘. 자주.

1283 지견(支遣) : 대응하다, 대처하다, 다루다, 맞서다.

1284 소동파(蘇東坡) : 소식(蘇軾; 1036-1101). 중국 북송(北宋) 때 정치가·문인. 식(軾)은 이름. 자는 자첨(子瞻), 호는 동파(東坡) 거사. 사천성 미산현 출생. 소식은 송나라 때뿐만 아니라 중국의 근세를 대표하는 사대부이며 당송팔대가의 한 사람으로, 이지적 학자이면서 섬세한 감각의 시인이었다. 대표작 「적벽부(赤壁賦)」가 있고, 저서로 『동파칠집』이 있다. 인용된 구절은 소동파가 어디에서 한 말인지 알 수 없다.

拶得上壁.' 老和尙呵呵大笑. 思量這老和尙, 粉骨碎身亦未能報得.

예(禮) 상좌의 말에 내가 복주(福州) 사람이 여지 먹는 이야기를 하자 예 상좌가 이쪽을 언뜻 본 곳이 있었기에 이야기가 여기까지 왔다. 이 형제[1285]는 총림에서 언행이 곧아서 납자로서 허물이 없었다. 안타깝게도 옷감[1286]이 모자랐으나,[1287] 한번의 곤두박질에서 빠져나오자[1288] 결정적으로 그것에 어둡지 않게 되었다.

옛이야기 하나를 여러분에게 말해 주겠다. 경전에 이런 말이 있다.

'만약 보는 일이 사물이라면, 너도 내가 보는 일을 볼 수 있을 것이다. 만약 함께 보는 것을 일러 나를 본다고 한다면, 내가 보지 않을 때는 어떻게 내가 보지 않는 것을 볼 수 있겠느냐? 만약 보지 않는 것을 본다면, 당연히 그렇게 보지 않는 모습이 아니다. 만약 내가 보지 않는 것을 보지 않는다면, 당연히 사물이 아니니 어떻게 네가 아니겠느냐?'[1289]

1285 예(禮) 상좌를 가리킴.

1286 척두(尺頭): 옷감. 피륙.

1287 처음 대혜의 여지(荔枝) 비유를 듣고서 통밑이 몽땅 빠지지 못하고 언뜻 본 것을 가리킨다.

1288 타개근두출래(打箇筋斗出來): 한 번의 곤두박질에서 빠져나오다. 근두(筋斗)는 '곤두박질하다'는 뜻. 타(打)는 개사(介詞)로서 '-로부터, -에서'라는 뜻

1289 『수능엄경』 제2권에서 부처님이 아난에게 하신 말씀의 일부. 앞뒤 부분을 보충하면 다음과 같다: 아난이 말했다. "제가 비록 이 보는 자성이 돌아갈 데가 없음을 안다고 하더라도, 어떻게 (이 보는 자성이) 저의 참 자성임을 알 수 있겠습니까?" 부처님이 아난에게 말씀하셨다. "…아난아, 이 모든 가깝고 먼 것들에는 전부 사물의 자성이 있어서 비록 다시 다름과 같음의 차이가 있지만 너의 보는 정기(精氣)가 깨끗하게 본다면, 온갖 사물의 부류에 본래 차별이 있더라도 보는 자성에는 다름이 없다. 이 보는 정기의 묘하고 밝음이 진실로 너의 보는 자성이다. 만약 보는 일이 사물이라면, 너도 내가 보는 일을 볼 수

뒷날 담당 스님께서 이것을 노래하셨다.

'늙은 오랑캐는 노파심이 철저하지만,
아난을 위하는 그 뜻은 더욱 깊구나.
한간(韓幹)[1290]의 말은 물결치는 푸른 들에서 울부짖고,
대숭(戴崇)[1291]의 소는 푸른 버드나무 그늘에 누웠네.'[1292]

나 역시 이것에 대하여 노래 한 곡조를 지었는데, 비록 문채(文彩)가 심하지는 않으나 도리어 담당의 아래에 있지는 않다.

있을 것이다. 만약 함께 보는 것을 일러 나를 본다고 한다면, 내가 보지 않을 때는 어떻게 내가 보지 않는 것을 볼 수 있겠느냐? 만약 보지 않는 것을 본다면, 당연히 그렇게 보지 않는 모습이 아니다. 만약 내가 보지 않는 것을 보지 않는다면, 당연히 사물이 아니니 어떻게 네가 아니겠느냐? 또 그렇다면, 네가 지금 물건을 볼 때, 네가 물건을 보았으면 물건도 너를 본 것이다. 바탕의 본성이 어지럽게 많다면, 너와 나와 모든 세계는 성립하지 못할 것이다. 아난아, 만약 네가 볼 때라면, 너이지 내가 아니다. 보는 자성이 빠짐없이 두루한데, 네가 아니고 누구이겠느냐? 너의 참된 자성을 어떻게 스스로 의심할 수 있느냐? 자성을 네가 진실하게 보지 못하니, 나를 붙잡고 진실을 구하는 것이다."(阿難言: "我雖識此見性無還, 云何得知是我眞性?" 佛告阿難: "…阿難, 是諸近遠諸有物性, 雖復差殊同, 汝見精淸淨所矚, 則諸物類自有差別見性無殊. 此精妙明誠汝見性. 若見是物, 則汝亦可見吾之見. 若同見者名爲見吾, 吾不見時何不見吾不見之處? 若見不見, 自然非彼不見之相. 若不見吾不見之地, 自然非物云何非汝? 又則汝今見物之時, 汝旣見物物亦見汝. 體性紛雜, 則汝與我幷諸世間不成安立. 阿難, 若汝見時, 是汝非我. 見性周遍, 非汝而誰? 云何自疑汝之眞性? 性汝不眞, 取我求實.) 무엇을 보든 보지 않든 모두 자기 마음의 자성이 발휘되는 것이라는 사실을 말하고 있다.

1290 한간(韓幹): 한간(韓干; 701~761). 당대(唐代)의 화가. 말 그림을 잘 그렸다. 달빛 아래의 흰 말을 그린 〈조야백도(照夜白圖)〉가 대표작이다.

1291 대숭(戴崇): 당대(唐代)의 화가. 소 그림을 잘 그렸다. 〈유우도(乳牛圖)〉가 유명하다.

1292 그림 속의 말과 소를 살아 있게 하는 것은 바로 자기 마음의 살아 있는 자성이다.

'거친 밭에 밭 가는 이 없더니만,
갈아 놓으니 다투는 사람이 있네.
바람도 없는데 연잎이 흔들리면,
분명코 물고기가 다니는 것이다.'"[1293]

因禮上座聲, 老漢擧福州人喫荔枝, 有箇瞥地處, 所以說到這裏. 這兄弟在叢林中,
規行矩步, 無衲子之過. 可惜尺頭短, 然打箇筋斗出來, 決定昧他不得. 有一則古話
擧似大衆, 敎中道: '吾不見時何不見吾不見之處? 若見不見, 自然非彼不見之相.
若不見吾不見之地, 自然非物云何非汝?' 後來湛堂和尙頌曰: '老胡徹底老婆心,
爲阿難陀意轉深. 韓幹馬嘶靑草渡, 戴嵩牛臥綠楊陰.' 妙喜亦有箇頌子, 雖不甚文
彩, 卻不在湛堂之下. '荒田無人耕, 耕著有人爭. 無風荷葉動, 決定有魚行.'"

1293   삼라만상이 나타나고 사라지는 것은 모두 자기 마음의 자성이 살아 있기 때문이다.

11. 신감현의 여러 관원이 청한 보설[1294]

대혜는 소흥(紹興) 26년(1156년) 3월 11일 임강군(臨江軍) 신감현(新淦縣)[1295] 동산사(東山寺)에서 교지(教旨)[1296]에 의하여 다시 승적(僧籍)을 회복하게 되자[1297] 그 은혜에 감사를 드렸다. 향을 사르며[1298] 임금의 만수무강을 빈[1299] 뒤에 법좌에 올라가 말했다.

"푸른 양탄자[1300]는 본래 내 물건인데, 오늘 다시 옛날의 승복을 입는구나. 진중(珍重)[1301]하여 임금님의 은혜를 갚을 수 있을까? 만년 된 소나무 위의 한 개 등나무 넝쿨이로다."

紹興二十六年三月十一日於臨江軍新淦縣東山寺被旨還僧, 謝恩罷. 拈香祝聖畢, 乃就座云:"靑氈本是吾家物, 今日重還舊日僧. 珍重聖恩何以報? 萬年松上一枝藤."

이윽고 주장자를 들고 말했다.

1294 1156년(68세)에 승적을 회복하고서 한 보설.

1295 현재 강서성(江西省) 청강현(淸江縣) 동북에 있는 장수진(樟樹鎭)이다.

1296 교지(教旨) : 임금의 뜻, 혹은 임금의 뜻을 전달하는 문서.

1297 소흥(紹興) 11년(1141년) 5월에 진회(秦檜)가 대혜를 금나라와의 전쟁을 주장한 장구성(張九成)과 일당이라 모함하여, 대혜는 승복(僧服)과 도첩(度牒)을 박탈당하고 형주(衡州)에서 15년 동안이나 귀양살이를 하고, 이때 승적을 다시 회복하였다.

1298 염향(拈香) : 향을 집어서 향로에 넣어 사르는 것.

1299 축성(祝聖) : 황제(皇帝)의 만수무강을 빎.

1300 청전(靑氈) : 푸른 양탄자. 스님들이 사용하던 일용품 가운데 하나

1301 진중(珍重) : 큰일을 위하여 자신을 소중히 여기는 것. 헤어질 때의 인사말로 쓴다.

"한 개 등나무 넝쿨이 여기에 있으니, 은혜를 갚는 한마디를 어떻게 말할까? 만약 말할 수 있다면, 뼈를 부수고 몸을 쪼개도 다 갚을 수 없으니, 한마디가 또렷이 백억 마디를 뛰어넘는다. 만약 아직 말할 수 없다면, 내가 여러분에게 말해 줄 수밖에 없다. 언제나 해와 달로써 천안(天眼)을 삼고, 수미산(須彌山)을 가리켜 수산(壽山)[1302]이라 한다."

遂拈起拄杖云:"一枝藤在這裏, 且報恩一句作麼生道? 若也道得, 粉骨碎身未足酬, 一句了然超百億. 其或未然, 山僧不免爲諸人道破. 長將日月爲天眼, 指出須彌作壽山."

신감현의 여러 관원이 보설을 청하자, 한 승려가 물었다.

"성은(聖恩)을 입고서 스님의 모습이 다시 원만해지셨군요. 학인이 올라와 스님께 더욱 새로워진 불법을 가리켜 주실 것을 청합니다."

대혜가 말했다.

"비가 지나자 계곡의 모습이 산뜻하고, 구름이 걷히자 산의 색깔이 새

1302 수산(壽山) : 현재 복건성(福建省) 민후현(閩侯縣)의 북쪽에 있는 산. 복건성(福建省) 민후현(閩侯縣)의 송대(宋代) 지명은 천주(泉州)이며, 대혜는 천주 소계(小溪)의 운문암(雲門庵)에서 48세 때인 1136년에서 이듬해까지 머물렀다.

1303 용도(龍圖) : 하도(河圖)의 다른 이름. 중국 복희씨(伏羲氏) 때, 황하(黃河)에서 용마(龍馬)가 지고 나왔다는 쉰다섯 점으로 된 그림. 동서남북 중앙으로 일정한 수로 나뉘어 배열되어 있으며, 낙서(洛書)와 함께 주역(周易)의 기본 이치가 되었다. 여기에서는 용도(龍圖)는 유교를 나타내고, 불일(佛日)은 불교를 나타낸다. 유교는 곧 임금의 정치이고, 불교는 곧 대혜의 선(禪)이다.

1304 구고(久固) : 장기간 안정됨. 영구히 견고함.

404

롭구나."

승려 : "그렇다면 용도(龍圖)[1303]는 더욱 오래도록 안정되고,[1304] 불일(佛日)은 더욱 밝게 빛납니다."

대혜 : "한결같이 옛날 가던 길을 말하니, 아래위가 저절로 분명하구나."

1305 『연등회요』 제19권 '조주대전화상(潮州大顚和尙)'에 나오는 다음 이야기 : 시랑(侍郎) 한유(韓愈) 문공(文公)이 대전 선사에게 물었다. "연세가 얼마입니까?" 선사는 염주를 집어 올리면서 말했다. "아시겠습니까?" 한유가 말했다. "모르겠습니다." 선사가 말했다. "밤낮으로 108입니다." 한유는 어찌할 바를 몰랐다. 집으로 돌아갔지만, 불만스러워서 즐겁지가 않았다. 부인이 물었다. "시랑께선 기분이 좋지 않으시군요. 무슨 일이 있습니까?" 한유가 앞서의 일을 말해 주자, 부인이 말했다. "어찌하여 '밤낮으로 108이라는 뜻이 무엇입니까?' 하고 물어보시지 않았습니까?" 한유는 다음 날 이른 새벽에 다시 선사를 찾아갔다. 문 앞에 이르러 수좌를 만났는데, 수좌가 물었다. "시랑께서 어찌 이렇게 일찍이 절에 오십니까?" 한유가 말했다. "일부러 당두(堂頭) 스님을 만나러 왔습니다." 수좌가 말했다. "무슨 까닭이 있습니까?" 한유가 앞서의 이야기를 해 주자, 수좌가 말했다. "시랑께선 어떻게 이해하십니까?" 한유가 말했다. "밤낮으로 108이라는 뜻이 무엇입니까?" 이에 수좌는 아래윗니를 세 번 부딪혔다. 다시 방장(方丈)에 이르러 앞에서처럼 물으니, 선사 역시 아래윗니를 세 번 부딪혔다. 한유가 말했다. "불법이 한결같다는 것을 참으로 알겠습니다."(侍郎韓愈文公問師: "春秋多少?" 師提起數珠云: "會麼?" 愈云: "不會." 師云: "晝夜一百八." 愈罔措. 歸宅, 怏怏不樂. 夫人問: "侍郎情思不懌. 復有何事?" 愈擧前話, 夫人云: "何不進語云: '晝夜一百八, 意旨如何?'" 愈明日凌晨復去. 及門逢首座, 座云: "侍郎入寺何早?" 愈云: "特去堂頭通話." 座云: "有何因緣?" 愈擧前話, 座云: "侍郎怎生會?" 愈云: "晝夜一百八, 意旨如何?" 座扣齒三下. 復至方丈, 進前語, 師亦扣齒三下. 愈云: "信知佛法一般.") 『조당집』 제5권 '대전화상(大顚和尙)'의 이야기는 조금 다르다 : 그 후 시랑은 일부러 산사(山寺)로 찾아가서, 대전 선사에게 절하고는 물었다. "제자는 군주(軍州)의 일이 많습니다. 불법 속의 요긴한 곳을 스님께서 가리켜 주십시오." 대전이 말없이 묵묵히 있자, 시랑은 어찌할 바를 몰랐다. 그때 삼평(三平)이 시자로 있었는데, 시랑의 등 뒤에서 선상(禪床)을 두드렸다. 대전 선사가 머리를 돌려 바라보며 말했다. "무엇 하느냐?" 삼평이 말했다. "먼저 선정을 가지고 움직이고, 뒤에 지혜를 가지고 뽑아내는 것입니다." 이에 시랑이 삼평에게 말했다.

승려 : "예컨대 대전(大顚)이 이빨을 마주치자 한문공(韓文公)은 곧장 귀결점을 알았고,[1305] 황벽이 이름을 지어 주자[1306] 배상국(裵相國)은 곧 요지를 알았습니다.[1307] 스님께선 오늘 지현조의(知縣朝議)[1308]를 만나 어떻게 가리켜 주시겠습니까?"

"화상의 격조가 높고 험하여 제자는 어찌할 바를 몰랐는데, 이제 시자 쪽에 도리어 들어갈 곳이 있군요."(自後侍郞特到山, 復礼乃問: "弟子軍州事多. 佛法中省要處, 乞師指示." 師良久, 侍郞罔措. 當時三平造侍者, 在背後敲禪床. 師乃廻視云: "作摩?" 對曰: "先以定動, 然後智拔." 侍郞向三平云 : "和尙格調高峻, 弟子罔措. 今於侍者邊, 却有入處.")

1306 안명(安名) : 이름을 지어 주다. 불교에서 계(戒)를 받은 사람에게 처음 법명(法名)을 지어 주는 일.

1307 『경덕전등록』 제12권 '배휴(裵休)'에 다음 이야기가 있다 : 희운(希運) 선사는 처음 황벽산(黃檗山)에서 대중을 떠나 대안정사(大安精舍)로 들어가 종적을 감추고 대중 속에 섞여 불전(佛殿)과 승당(僧堂)을 청소하며 지내고 있었다. 그때 상공(相公) 배휴가 절로 들어와 향을 사르자, 주사(主事)가 그를 접대하였다. 배휴는 벽에 걸린 그림을 보다가 물었다. "이것은 무슨 그림입니까?" 주사가 대답하였다. "고승의 초상화입니다." 배휴가 물었다. "초상화는 볼 수 있는데, 고승은 어디에 있습니까?" 승려들이 아무도 대답하지 못하였다. 그러자 배휴가 물었다. "여기에 선객(禪客)은 없습니까?" "요사이 한 스님이 절에 들어와 일을 하고 있는데, 자못 선객답습니다." 배휴가 말했다. "그를 불러 물어볼 수 있겠습니까?" 이에 곧 희운 선사를 찾았다. 배휴가 그를 보고 기뻐하며 물었다. "제가 아까 질문 한 개를 던졌는데, 모든 스님이 말씀을 아끼십니다. 이제 스님에게 대신 한 말씀 해 주실 것을 청합니다." 희운이 말했다. "상공(相公)께선 질문해 보십시오." 배휴가 곧 앞서와 같은 질문을 하였다. 희운이 밝은 목소리로 말했다. "배휴!" 배휴가 "예!" 하고 응답하자, 희운이 말했다. "어디에 있습니까?" 배휴는 그 즉시 뜻을 알아차렸다.(運禪師初於黃檗山捨衆入大安精舍, 混跡勞侶掃灑殿堂. 公入寺燒香, 主事祇接. 因觀壁畫乃問: "是何圖相?" 主事對曰: "高僧眞儀." 公曰: "眞儀可觀高僧何在?" 僧皆無對. 公曰: "此間有禪人否?" 曰: "近有一僧投寺執役, 頗似禪者." 公曰: "可請來詢問得否?" 於是遽尋運師. 公睹之欣然曰: "休適有一問諸德各辭. 今請上人代酬一語." 師曰: "請相公垂問." 公卽擧前問. 師朗聲曰: "裵休!" 公應諾, 師曰: "在什麼處?" 公當下知旨.)

1308 지현조의(知縣朝議) : 조의대부(朝議大夫)의 벼슬을 가진 현(縣)의 우두머리.

대혜 : "두 눈으로 두 눈을 마주한다."

승려 : "곧장 가리켜 주는 것입니까?"

대혜 : "그대 마음대로 거북껍질에 구멍을 뚫고 기왓장을 깨뜨려 보아라."[1309]

승려가 이에 절을 하였다.

新淦縣衆官請普說, 僧問 : "聖恩已受, 僧相再圓, 學人上來, 乞師指示重新底佛法."

師云 : "雨過谿光澹, 雲開嶽色新."

進云 : "恁麼則龍圖增久固, 佛日轉光輝."

師云 : "一道舊行路, 高下自分明."

進云 : "只如大顚叩齒, 韓文公直下知歸; 黃檗安名, 裴相國便知落處. 未審和尙今日與知縣朝議相見, 有何指示?"

師云 : "兩眼對兩眼."

進云 : "莫便是指示也無?"

師云 : "一任鑽龜打瓦."

僧禮拜.

이어서 대혜가 말했다.

"질문하여도 좋고, 질문하지 않아도 또한 가깝다. 무슨 까닭인가? 말을 꺼내기 전의 한 개 길은 천 명의 성인도 전하지 못하고, 배우는 자가 애쓰는 모습은 마치 원숭이가 그림자를 잡으려는 것과 같기 때문이다.

1309 거북껍질에 구멍 뚫고 기왓장을 깨뜨리는 것은 점(占)을 치는 행위다.

만약[1310] 한 사람 영리한 자가 있어서, 이렇게 혹은 이렇지 않게 말하는 것을 한번 듣고는[1311] 벌떡[1312] 일어나 곧장 나간다고 하여도, 여전히 갈등 속에 있는 것이다. 곧장 안으로는 깨달을 것이 없고 밖으로는 닦을 것이 없어서, 마치 땅이 산을 받치고 있는 듯하고 돌이 옥(玉)을 품고 있는 듯하여도, 역시 아직 납승이 목숨을 버릴 곳은 아니다. 만약 알아차렸다면, 하나하나의 티끌과 한순간 한순간에 전혀 모자람이 없어, 뒤집고 구르고 구부리고 펴는[1313] 것이 모두 그 속에 있다. 바로 이러한 때는 결국 누구의 풍류(風流)인가? 알겠는가? 천 명의 성인들도 어디로 가야 할지 모르는데, 하늘에 비낀 큰 칼이 사람을 위협하여 떨게 만드네."

師乃云:"問得亦好, 不問更親. 何故? 聲前一路, 千聖不傳, 學者勞形, 如猿捉影. 可中有箇英靈漢, 恁麼不恁麼, 聊聞擧著, 剔起便行, 猶在葛藤窠裏. 直得內無所證, 外無所修, 似地擎山, 如石含玉, 亦未是衲僧放身命處. 若也知得, 塵塵念念, 皆無空闕, 折旋俯仰, 盡在其中. 正當恁麼時, 畢竟是誰家風月? 還委悉麼? 千聖不知何處去, 倚天長劍逼人寒."

다시 말했다.

1310 가중(可中) : 만일. 만약.

1311 요문거착(聊聞擧著) : 말하는 것을 한 번 듣다.

1312 척(剔) : (저돌적인 행동을 나타내는 의태어) 불쑥. 발딱. 확.

1313 절선부앙(折旋俯仰) : (몸을) 뒤집고, 구르고, 앞으로 구부리고, 뒤로 젖히다. 몸의 자세를 이리저리 바꾸며 발버둥치다.

408

"이것이 지현조의(知縣朝議)께서 오늘 모든 동관(同官)[1314]과 기숙(寄宿)[1315]하는 현사(賢士) 대부(大夫)들을 이끌고 함께 오셔서 내[1316]가 머리 깎고 승복을 걸치는[1317] 기쁨을 함께하고[1318] 법을 말해 줄 것을 청한 뜻이다. 이 한 개 인연을 부처님께 물을 때는 과거의 인연이 있는 것이다. 더욱이 내가 형매(衡梅)[1319]에 머문 지 어언 17년이 지나 오늘 뜻밖에 신감(新淦)에 한 번 와서 이 법회(法會)에 동참하게 되었으니, 어찌 앞서 과보를 받은 세상에서 일찍이 영산회상[1320]의 법문(法門)[1321]을 함께 들은 사람들이 아니겠는가? 원래 법을 말함에는 때와 장소가 있기 마련이니,[1322] 만약 때[1323]를 만나지 못하면 법을 말할 수 없다. 그러므로 석가 노인이 360여 회 법을 말함에는 모두 때와 장소가 있었던 것이다.

復云 : "這箇是知縣朝議, 今日率諸同官泊寄居賢士大夫同來隨喜宗杲披剃, 請說

1314 동관(同官) : 같은 관청에서 일하는 동료.

1315 기거(寄居) : 얹혀살다. 기숙(寄宿)하다. 타향에 머물다

1316 종고(宗杲) : 대혜의 이름.

1317 피체(披剃) : 삭발하고 승복을 입다. 출가하여 스님이 되다.

1318 수희(隨喜) : 기쁨을 함께하다. 선행을 같이 하다.

1319 대혜종고가 귀양살이를 했던 형주(衡州)와 매양(梅陽).

1320 영산회상(靈山會上) : 석존 당시 왕사성 부근의 영취산(靈鷲山)에서의 법회(法會). 『법화경』을 설법(說法)한 곳이며, 선종(禪宗)에선 석가모니가 제1조 마하가섭에게 염화미소(拈花微笑)를 통하여 법을 전해 준 곳이다.

1321 영산회상의 법문이란 곧, 석가모니가 꽃을 들자 마하가섭이 미소지었는데, 석가모니가 정법안장(正法眼藏)과 열반묘심(涅槃妙心)을 마하가섭에게 부탁한 법문.

1322 자유(自有) : 저절로 −이 있다. 자연히 −이 있다. 응당 −이 있다.

1323 시절인연(時節因緣) : 때. 알맞은 때의 인연. 봄이 되면 꽃이 피고 가을이 되면 낙엽이 지듯이, 때가 되면 나타나고 사라지는 인연.

法底意旨. 此一段因緣, 問佛有因. 況宗杲自居衡梅, 首尾十七年, 今日不覺不知一
來新淦, 同此法會, 豈非前報世中曾在靈山會上同爲聽法之人? 元來說法自有時
處, 若時節因緣未會, 說法不成. 所以釋迦老子說法三百六十餘會, 皆立時處.

무엇을 일러 때와 장소라 하는가? 어찌 보지 못했는가? 『원각경』의 첫
부분에서 말한다.

'이와 같이 나는 들었다. 한때 세존(世尊)께서 신통대광명장삼매(神通大
光明藏三昧)[1324]에 들어가셨다.'

다만 이것이 곧 오늘 법을 말하는 때다. 그러므로 말한다.

'불성(佛性)의 뜻을 알려고 하면, 마땅히 때를 만나야 한다. 때가 되면
그 도리가 저절로 드러난다.'[1325]

1324 신통대광명장삼매(神通大光明藏三昧) : 신통(神通)한 대광명(大光明)을 품고 있는 삼
매(三昧). 정수(正受)는 삼매(三昧)의 의역(意譯). 정(定)을 바르게 받아들이기 때문에 삼
매(三昧)를 정수(正受)라고 의역한다.

1325 이 말은 백장회해(百丈懷海)가 위산영우(潙山靈祐)에게 한 말에 처음 나타난다. 『경덕
전등록』제9권 '담주위산영우선사(潭州潙山靈祐禪師)'에서 백장은 다음과 같이 말한다 :
"이것은 잠깐 동안의 갈림길일 뿐이다. 경(經)에서 말하기를 '불성을 보려고 한다면, 시절
인연을 보아야 한다'고 하였다. 시절이 도래하면, 어리석은 자가 문득 깨달은 듯하고, 잊
고 있던 것을 문득 기억하는 듯하여, 비로소 자기의 물건은 남에게서 얻지 못함을 알게
된다. 그러므로 조사께서 말씀하시길 '깨닫고 난 뒤와 깨닫기 전이 같고, 얻을 마음도 없
고 법도 없다'고 하셨다. 다만 범부니 성인이니 하는 허망한 마음이 없기만 하면, 본래 마
음이라는 법은 스스로 갖추어져 있다. 그대가 이미 이러하니, 잘 지키도록 하여라."(百丈
曰: "此乃暫時岐路耳. 經云: '欲見佛性, 當觀時節因緣.' 時節旣至, 如迷忽悟, 如忘勿憶, 方省己物不
從他得. 故祖師云: '悟了同未悟, 無心得無法.' 只是無虛妄凡聖等心, 本來心法元自備足. 汝今旣爾,
善自護持.") '불성을 보려고 한다면, 시절인연을 만나야 한다'는 구절은 이후 여러 선사(禪
師)들의 어록에서 인용되고 있지만, 현재 『대정신수대장경』에 수록된 경전에서는 이 구절

410

보지도 못했는가? 천태지자대사(天台智者大師)[1326]가 『법화경』을 읽다가 약왕보살(藥王菩薩)이 분신(焚身)하는 곳에 이르러 '이것이 참된 정진이니, 이것을 일러 참된 법으로 여래를 공양한다고 한다'[1327]라는 구절을 보자, 탁 트이며[1328] 앞뒤의 시간이 끊어지고는 곧 법화삼매(法華三昧)를 깨달았다. 이 삼매 속에서 보니, 영산회상의 석가 노인과 백만 대중이 아직 흩어지지 않고 그대로[1329] 있었다.

何謂時處? 豈不見 『圓覺經』末上云 : '如是我聞. 一時, 婆伽婆入於神通大光明藏三昧正受.' 只這箇, 便是今日說法底時節. 所以道 : '欲識佛性義, 當觀時節因緣. 時節若至, 其理自彰.' 不見? 天台智者大師因讀 『法華經』, 至藥王菩薩焚身處云 : '是眞精進, 是名眞法供養如來.' 於此豁然, 前後際斷, 便證法華三昧. 於三昧中, 見靈山會上釋迦老子與百萬大衆儼然未散.

을 찾을 수 없다.

1326 천태지자대사(天台智者大師) : 천태지의(天台智顗; 538-597). 중국 수나라 스님. 천태종의 개조(開祖). 자는 덕안(德安), 속성은 진(陳) 씨. 형주 화용현 사람. 18세 과원사에서 법서(法緒)에게 출가. 혜광(惠曠)에게 율학과 대승교를 배우고, 560년(진(陳) 천가 1) 광주 대소산의 혜사(慧思)를 찾아 심관(心觀)을 받다. 38세에 천태산에 들어가 수선사를 창건. 『법화경』을 중심으로 불교를 통일하여 천태종을 완성. 591년 여산에 있으면서 진왕 양광(楊廣)에게 보살계를 주고, 지자대사(智者大師)의 호를 받다. 당양현에 옥천사를 창건하고 『법화현의(法華玄義)』・『마하지관(摩訶止觀)』을 강하다. 법을 전한 제자가 32인이고, 장안관정(章安灌頂)이 그 상수 제자임.

1327 『묘법연화경』「약왕보살본사품(藥王菩薩本事品)」 제23에 나오는 구절.

1328 활연(豁然) : (마음이) 활짝 (탁) 트이는 모양, 확 (환히) 뚫리는 모양.

1329 엄연(儼然) : 엄숙하고 위엄이 있다. 장엄하다. 가지런하다. 정돈되어 있다.

지금 사람들에게 말해 주어도, 만약 일찍이 이러한 경지에 들어가 본 적이 없다면, 여전히[1330] 믿지 않는다. 무슨 까닭인가? 지자(智者)는 본래 진(陳)나라와 수(隋)나라 때의 사람이니 석가 노인과는 2,000년이나 차이가 나는데, 무슨 까닭에 '이것이 참된 정진이니, 이것을 일러 참된 법으로 여래를 공양한다고 한다'라는 구절에서 곧 법화삼매에 들어가 영산에 모인 대중이 아직 흩어지지 않고 그대로 있음을 보는가? 사람을 속이는 것인가? 가정하여 말한 것인가?

이 일은 오직 깨달아야만, 헤아리기 어려움을 알 수 있다. 내가 오늘 법을 말하는 것과 석가 노인이 영산회상에서 법을 말하는 것이 다름이 없고, 지자(智者) 대사가 남악(南嶽)에서 '이것이 참된 정진이니, 이것을 일러 참된 법으로 여래를 공양한다고 한다.'를 깨달은 것 역시 다름이 없음을 알아야 한다.

如今說與人, 若是不曾入得這般境界, 劃地不信. 何故? 智者自是陳隋時人, 與釋迦老子相去二千年, 如何因 '是眞精進, 是名眞法供養如來' 便於法華三昧中見靈山一會儼然未散? 爲復是謾人耶? 是假說耶? 此事唯證乃知難可測. 須知妙喜今日說法與釋迦老子在靈山會上說法無異, 與智者大師在南嶽證得 '是眞精進, 是名眞法供養如來' 亦無異.

진실로 깨달은 자는 결코 속이지 않는다. 아직 깨닫지 못했다면 한결같이 꿈 이야기를 하는 것과 같다. 그러므로 말했다. '과거의 모든 시간

1330 잔지(劃地) : ①여전히. 변함없이. 아직도. ②공연히. 까닭 없이. ③도리어.

을 미래인 지금에 놓고, 미래와 현재의 모든 시간을 과거에 돌이켜 놓는다.[1331] 해인삼매[1332]라는 한 개 도장을 가지고 확실히 도장을 찍으면, 다시는 어긋남[1333]도 없고, 가는 일도 없고, 오는 일도 없고, 앞도 없고, 뒤도 없다.

나 한 사람만 이와 같은 것이 아니라, 판부랑중(判府郎中)도 이와 같다. 판부랑중만 이와 같은 것이 아니라, 판현조의(判縣朝議)와 모든 동료 관료와 기숙하는 현사와 대부들 역시 이와 같다. 비단 판현조의와 모든 동료 관료와 기숙하는 현사와 대부들만 이와 같은 것이 아니라, 승(僧)이든 속(俗)이든 귀하든 천하든 앞에 있는 모든 분 역시 이와 같다.

眞實證者, 必不相欺. 未證者, 一似說夢. 所以道 : '過去一切劫, 安置未來今, 未來現在劫, 回置過去世.' 以海印三昧一印印定, 更無透漏, 無去無來, 無前無後. 非但妙喜一人如是, 判府郎中亦如是. 非但判府郎中如是, 判縣朝議與諸同官寄居賢士大夫亦如是. 非但判縣朝議與諸同官寄居賢士大夫如是, 乃至現前若僧若俗, 若貴若賤亦如是.

1331 『대방광불화엄경』(80권 화엄경) 제59권 「이세간품(離世間品)」 제38-7의 게송에 있는 구절.

1332 해인삼매(海印三昧) : 해인정(海印定). 부처님이 『화엄경』을 설하려 할 때 들어간 선정(禪定)의 이름. 바다에 풍랑이 쉬면, 삼라만상이 모두 바닷물에 비치는 것같이, 번뇌가 끊어진 부처님의 안정된 마음 가운데에는 과거 · 현재 · 미래의 모든 법이 밝게 나타나므로 해인정(海印定)이라 한다.

1333 투루(透漏) : ①뚫고 새나가다. 드러나다. 폭로되다. 허점이 드러나다. ②어긋남. 허점(虛點). 허물.

이와 같은 법은 하늘에서는 하늘과 같고, 사람에게서는 사람과 같고, 불신(佛身)을 가지고 제도해야 한다면 곧 불신을 드러내어 법을 말하고, 벼슬아치나 바라문이나 부녀의 몸을 가지고 제도해야 한다면 이 모든 몸을 드러내어 법을 말한다. 이것은 한 맛의 깨끗하고 평등한 법문이다.

만약 여기에서 각자의 본지풍광(本地風光)과 본래면목(本來面目)을 밝힌다면, 비로소 일대장교 5,048권의 한마디 한마디가 다른 일을 말하는 것이 아님을 알 것이다. 세월은 재빨리 지나가니 게을리해서는 안 된다. 그러므로 말했다. '노력하여 이번 생에 반드시 끝내 버려서, 영원히 남은 재앙을 받는 일이 없도록 하라.'[1334] 사람의 몸을 얻기도 어렵지만, 귀인(貴人)이 되기는 더욱 어렵다.

如是之法, 在天同天, 在人同人, 應以佛身得度者, 卽現佛身而爲說法, 應以宰官身乃至婆羅門・婦女身得度者, 悉現其身而爲說法. 此是一味淸淨平等法門. 若向這裏明得各人本地風光, 本來面目, 方知一大藏敎五千四十八卷, 句句不說別事. 無常迅速, 莫作等閑. 所以道 :'努力今生須了卻, 莫敎永劫受餘殃.' 人身難得, 爲貴人復難.

보지 못했느냐? 석가 노인이 말씀하신 『42장경』[1335] 속에는 20개의 어

1334 설봉의존(雪峰義存)의 법을 이은 현사사비(玄沙師備; 835−908)의 『복주현사종일대사광록(福州玄沙宗一大師廣錄)』 하권(下卷)에도 고덕의 말이라 하여 인용되어 있으나, 누구의 말인지는 알 수가 없다.

1335 사십이장경(四十二章經) : 후한(後漢) 시대에 가섭마등(迦葉摩騰)과 축법란(竺法蘭)이 67년에 백마사(白馬寺)에서 번역하였다. 사문의 수행·중생들의 10가지 선과 악·참회

려운 일이 있으니, 가난하면서 보시하기 어렵고, 부귀하면서 도를 배우기 어렵고, 세력이 있으면서 군림하지 않기 어렵다고 하였다. 그중에서도 특히[1336] 목숨을 버리면서[1337] 죽지 않기가 어렵다는 것이 있는데, 그대들은 알겠는가? 만약 목숨을 버리면 죽지 않을 수 없는데, 어떻게 죽지 않는 도리를 말하는가?

不見? 釋迦老子說『四十二章經』裏面有二十難, 謂貧窮布施難, 豪貴學道難, 有勢不臨難, 就中有箇抖命不死難, 你諸人還會麼? 若抖得命, 無有不死者, 如何說不死底道理?

만약 이것을 알아차린다면, 비로소 20개의 어려움을 붙잡아 한 번 뒤집어엎어서 모두 쉬운 일이 될 것이다. 목숨을 버리고서 죽지 않기도 쉽고, 가난하면서 보시하기도 쉽고, 부귀하면서 도를 배우기도 쉽고, 세력이 있으면서 군림하지 않기도 쉽다. 깨달으면 쉽고, 깨닫지 못하면 어렵다. 그러나 어렵고 쉽다는 두 단어도 본지풍광과 본래면목의 일에는 상관이 없다. 무슨 까닭인가? 이 법문(法門)에는 본래 어려움도 없고 쉬움도

· 아라한에게 공양하는 것 · 보배를 돌과 같이 보는 것 등의 여러 가지 교훈을 42단락으로 나누어 집성한 경전이다. 이 경은 범본을 직접 번역한 것이 아니라 가섭마등과 축법란이 여러 경전에서 요점을 간추려 뽑아낸 것이 42장(章)이 됨에 따라 『사십이장경』이란 이름을 붙인 것이라고 한다. 이 경은 불교가 중국에 전래된 첫해에 번역된 것으로, 경의 첫머리에는 이 경이 제작된 경위가 소개되어 있다. 이 경은 서장역도 현존하는데, 그것은 한역으로부터 중역된 것이다.

1336 취중(就中) : 그중에서도 특히.

1337 반명(抖命) : 목숨을 버리다. 죽을 힘을 다하다. 목숨을 내걸다.

없다. 만약 어렵지도 않고 쉽지도 않은 곳에 곧장 눈길을 주고서 밖으로 모든 인연을 쉬고 안으로 마음에 헐떡임이 없다면,[1338]비로소 본래 어려움과 쉬움이 없는 법을 알아볼 것이다.

若會得這箇, 方始把二十難, 一翻翻轉來, 總是易底事. 拚命不死也易, 貧窮布施也易, 豪貴學道也易, 有勢不臨也易. 若悟卽易, 不悟卽難. 然難易兩字亦不干本地風光, 本來面目事. 何故? 此箇法門, 本無難, 本無易. 若能向不難不易處急著眼看, 外息諸緣, 內心無喘, 方知本無難易底法.

지금 총명하고 영리한 사람이 재빨리 깨닫지 못하는 것은 그 병이 무엇에 있는가? 도리어 의식(意識)이 먼저 발동하여, 이 의식이 자기의 광명(光明)을 가로막고 자기가 가는 길을 막아 버리기 때문에 앞으로 나아갈

1338 이조혜가(二祖慧可)의 말. 『경덕전등록』 제3권, 제28조보리달마(第二十八祖菩提達磨)에 작은 글씨로 주(註)되어 있는 전체 내용은 다음과 같다 : 별기(別記)에서 말한다. "달마 스님이 처음 소림사(少林寺)에서 9년간 머물다가 2조에게 설법(說法)하여 다만 가르치기를 '밖으로 온갖 인연을 쉬고 안으로 마음에 헐떡임이 없어서, 마음이 담벼락과 같아야 도에 들어갈 만하다.'라고 하였다. 혜가(慧可)는 여러 번 심성(心性)의 이치를 설명하였으나, 도에는 계합하지 못하고 있었다. 달마는 다만 그것이 아니라고 저지할 뿐, 생각 없는 마음의 바탕을 말해 주지는 않았다. 혜가가 말했다. '저는 이미 모든 인연을 쉬었습니다.' 달마가 물었다. '단멸을 이룬 것은 아니냐?' '단멸을 이루지 않았습니다.' '어떻게 확인하였기에 단멸이 아니라고 하느냐?' '또렷이 늘 알고 있는 까닭입니다. 말로써 설명할 수는 없습니다.' 이에 달마가 말했다. '이것이 바로 모든 부처님이 전하신 마음의 바탕이니 다시는 의심하지 마라.'"(別記云: "師初居少林寺九年, 爲二祖說法祇敎曰: '外息諸緣, 內心無喘, 心如牆壁, 可以入道.' 慧可種種說心性理, 道未契. 師祇遮其非, 不爲說無念心體. 慧可曰: '我已息諸緣.' 師曰: '莫不成斷滅去否?' 可曰: '不成斷滅.' 師曰: '何以驗之云不斷滅?' 可曰: '了了常知故. 言之不可及.' 師曰: '此是諸佛所傳心體, 更勿疑也.'")

416

수 없는 것이다. 그러므로 여기에서는 총명하고 영리한 것은 쓸모가 없으니,[1339] 모름지기 안에서는 내놓지 말고 밖에서는 들여놓지 말아야 한다. 안에서 내놓지 않으면 안으로 마음에 헐떡임이 없고, 밖에서 들여놓지 않으면 밖으로 모든 인연을 쉬게 된다. 안에서 마음이 안정(安定)되면 밖의 모든 인연도 안정된다. 그러므로 '나가(那伽)는 늘 정(定)에 있으니, 안정되지 않은 때가 없다.'[1340]고 하는 것이다.

如今聰明靈利底人, 不能便悟, 病在於何? 卻爲心意識先行, 被心意識障卻自己光明, 塞卻行路, 進步不得. 所以這裏使聰明靈利不著, 要須內不放出, 外不放入. 內不放出則是內心無喘, 外不放入卽是外息諸緣. 內心旣定, 則諸緣亦定. 故曰: '那伽常在定, 無有不定時.'

이 하나의 대사인연(大事因緣)[1341]은 크기가 이와 같다. 만약 이와 같이

1339　사불착(使不着) : 소용없다. 쓸모없다. 필요 없다. 소용되지 않다. 필요치 않다.

1340　『번역명의집(翻譯名義集)』2 「축생편(畜生篇)」제22, 『석씨요람(釋氏要覽)』중권(中卷) '천중천(天中天)' 등에 다음의 문장이 소개되어 있다. 『본행집경(本行集經)』에서 부처를 용(龍)이라 부르는 것은, 세간의 애욕을 모두 멀리 벗어나 구속에서 해탈하고 모든 번뇌가 이미 소멸하였기 때문에 이를 일러 용(龍)이라 한 것이다. 그러므로 말한다. "나가(那伽)는 늘 정(定)에 있으니, 안정되지 못한 때가 없다."(『本行集經』稱佛爲龍者, 謂世間有愛皆遠離之, 繫縛解脫, 諸漏已盡, 故名爲龍. 故曰: "那伽常在定, 無有不定時.") 그러나 현재 『대정신수대장경』속에 들어 있는 『불본행집경(佛本行集經)』속에는 이런 문장이 없다. 나가(那伽)는 산스크리트 nāga로서 용(龍)이라는 뜻을 가진 단어다.

1341　대사인연(大事因緣) : 일대사인연(一大事因緣). 선(禪)을 공부하고 도(道)를 배우는 일. 오직 하나뿐인 큰일이라는 일대사(一大事)는 깨달음을 얻는 일을 가리킨다. 일대사인연이란 깨달음을 얻기 위한 인연이 되는 공부 혹은 공부하여 얻은 깨달음을 가리킨다.

믿고, 이와 같이 이해하고, 이와 같이 닦고, 이와 같이 깨닫는다면, 삼세의 모든 부처님이 모두 그대들 자신이고, 여러분 모두가 곧 삼세의 모든 부처님이어서, 옛날도 없고 지금도 없이 동일한 해탈이다. 세간에 이러한 뛰어난 일이 있는데도, 백성들이 매일매일 이용하면서도 알지를 못하니 안타깝구나. 그러나 오늘 이 한 번의 모임 역시 작은 인연이 아니로다. 여러 산사(山寺)의 선사들과 모든 남녀 신도[1342]님들을 모시고 함께 여기에서 법을 들었으니, 하나를 듣고 천 개를 깨달아서 대총지(大總持)[1343]를 얻으시기를 삼가 바랍니다. 한 번 귀에 스쳐 간 말이 영원토록 도(道)의 씨앗이 됩니다. 오래 서 있었으니, 그만 쉬시길 바랍니다.'[1344]

這一段大事因緣, 大底如是. 若能如是信, 如是解, 如是修, 如是證, 則三世諸佛卽是汝諸人, 汝諸人卽是三世諸佛, 無古無今, 同一解脫. 世間有如此殊勝之事, 可惜百姓日用而不知. 然今日一會, 亦非小緣. 又承諸山禪師泊諸善男信女同此聽法, 伏願一聞千悟, 得大總持. 一歷耳根, 永爲道種. 久立, 伏惟珍重!"

1342   선남신녀(善男信女) : 선남(善男), 선남자(善男子), 신사(信士)는 남자 신도. 선녀(善女), 선녀인(善女人), 신녀(信女)는 여자 신도.

1343   대총지(大總持) : 다라니(陀羅尼)를 말한다. 다라니는 총지(摠持)·능지(能持)·능차(能遮)라 번역된다. 불교와 힌두교에서 일반인들이 자신을 보호하기 위한 부적이나 주문(呪文)으로 사용하거나, 요가 수행자들이 정신집중의 상태에 이르기 위해 암송하면 커다란 효험이 있다고 믿는 신성한 글귀. 다라니에는 외우는 주문(呪文)인 진언(眞言)과 그 주문이 나타내는 지혜(智慧)의 두 가지 뜻이 있다. 여기에서는 지혜를 말한다. 말을 잊지 않고 뜻을 분별하며 우주의 실상에 계합하여 수많은 법문을 보존하여 가지기 때문에 지혜라 한다.

1344   복유(伏惟) : 삼가 생각하다. 가만히 속으로 생각하다. (아랫사람이 윗사람에게 공손히 하는 말)

12. 전 계의가 청한 보설[1345]

전(錢) 계의(計議)[1346]가 보설을 청하자 대혜가 말했다.

"법은 볼 수도 들을 수도 느낄 수도 알 수도 없다. 만약 보고 듣고 느끼고 아는 것을 수행한다면, 이것은 곧 보고 듣고 느끼고 아는 것이지 법을 구하는 것이 아니다."[1347] 보고 듣고 느끼고 아는 것을 벗어나 다시 무엇을 일러 법이라 하는가? 여기에 이르면 마치 사람이 물을 마셔서 그 차고 따뜻함을 스스로 아는 것과 같다. 다만 직접 증험하고 직접 깨달아야만[1348] 비로소 알 수 있는 것이다. 만약 참으로 증험하고 깨달은 사람이라면, 털 끝 하나만 집어 들어도 온 세계가 일시에 분명해진다.

錢計議請普說, 師云 : "法不可見聞覺知. 若行見聞覺知, 是則見聞覺知非求法也.' 既離見聞覺知外, 卻喚甚麽作法? 到這裏, 如人飲水, 冷煖自知. 除非親證親悟, 方可見得. 若實曾證悟底人, 拈起一絲毫頭, 盡大地一時明得.

요즘은 선객들뿐만 아니라 사대부들도 총명하고 영리하여 아주 많은 책을 두루 섭렵한 사람들이지만, 각자에게는 두 종류의 병이 있다. 만

1345 『대혜연보』에 의하면 전계의가 청하여 행한 보설은 1156년(68세)의 일이라고 되어 있다. 그런데 『대혜어록』에 실린 전계의가 청한 보설은 앞서 5장의 것과 이것 두 개다. 둘 다 1156년에 행한 보설인지는 확인할 수 없다.

1346 전계의(錢計議) : 성(姓)은 전(錢), 이름은 자허(子虛). 계의(計議)는 관직 이름. 대혜의 재가(在家) 도우(道友)라 하나 자세한 것은 알 수 없다.

1347 『유마힐소설경』「불사의품(不思議品)」제6에 나오는 구절.

1348 제비(除非) : 다만 ─함으로써만 비로소. 오직 ─해야 비로소. ─아니고는. ─하지 않고 서는.

419

약 주의를 기울이지 않으면 곧 잊어버리게 되는데, 잊어버리면 검은 산 아래 귀신굴 속에 떨어질 것이다. 교학에서는 그것을 일러 혼침(昏沈)이라 한다. 주의를 기울인다면 심식(心識)이 어지러이 날게 되는데, 한 생각이 또 한 생각으로 연결되고, 앞생각이 아직 그치지 않았는데도 뒷생각이 잇달아 일어난다. 교학에서는 이것을 일러 도거(掉擧)라고 한다. 이들은 사람들의 발밑에 혼침하지도 않고 도거하지도 않는 한 개 대사인연(大事因緣)이 있어서, 하늘이 두루 뒤덮는 것 같고, 땅이 두루 떠받치고 있는 것 같은데, 세계가 아직 있기 이전에 먼저 이 한 개 대사인연이 있는 줄은 알지 못한다. 세계가 부서질 때도 이 한 개 대사인연은 털끝 하나도 움직인 적이 없다.

今時不但禪和子, 便是士大夫聰明靈利, 博極群書底人, 箇箇有兩般病. 若不著意, 便是忘懷, 忘懷則墮在黑山下鬼窟裏. 教中謂之昏沈. 著意則心識紛飛, 一念續一念, 前念未止, 後念相續. 教中謂之掉擧. 不知有人人脚跟下不沈不掉底一段大事因緣, 如天普蓋, 似地普擎, 未有世界, 早有此段大事因緣. 世界壞時, 此段大事因緣不曾動著一絲毫頭.

흔히 사대부들은 도거(掉擧)하기 쉽다. 그런데 지금 여러 곳에 있는 묵조(黙照)라는 삿된 선(禪)을 하는 무리는 사대부들이 분별망상에 막혀서 마음이 평안하지[1349] 못한 것을 보고는, 곧 그들에게 불 꺼진 재나 고목나무처럼 되라 하고, 한 폭의 하얀 명주(明紬)처럼 되라 하고, 오래된 사당

1349 녕첩(寧怗) : =녕첩(寧帖), 녕첩(寧貼). 마음이 편안하다. 평온하다.

(祠堂)의 향로처럼 되라 하고, 썰렁하고 적막해지라고[1350] 시킨다. 이렇게 쉬는 사람을 그대들은 쉬었다고 말할 수 있는가? 이 원숭이[1351]가 죽지 않은 것을 전혀 알지도 못하면서, 어떻게 쉬었다는 것인가? 이 원숭이가 올 때는 맨 먼저 오고, 갈 때는 맨 나중[1352]에 가면서 죽질 않는데, 어떻게 쉬었다는 것인가?

> 往往士大夫多是掉擧. 而今諸方有一般黙照邪禪, 見士大夫爲塵勞所障, 方寸不寧怗, 便敎他寒灰枯木去·一條白練去·古廟香爐去·冷湫湫地去. 將這箇休歇人, 你道還休歇得麽? 殊不知這箇猢猻子不死, 如何休歇得? 來爲先鋒, 去爲殿後底不死, 如何休歇得?

이러한 풍조는 지난날 복건 지방에서 매우 성행하였는데, 내가 소흥[1353] 초에 민(閩)[1354] 땅에 들어가 암자에 머물렀을 때 곧 애써 배척하였으며, 그들을 일러 부처님의 지혜를 끊는 자들이니, '천 분의 부처님이 세상에 나오셔도 참회할 수 없을 것이다.'[1355]라고 하였다. 그들 속에 정상명(鄭尙明)이라는 선비가 있었는데, 매우 총명하여 불교의 교리도 이해하였고

1350 냉추추지(冷湫湫地) : 스산한. 썰렁한. 적막한. 냉담한. =냉청청지(冷淸淸地).

1351 원숭이는 분별의식(分別意識) 즉 심식(心識)을 가리킨다.

1352 전후(殿後) : 행군할 때 군사대열의 맨 뒤에 서는 것. 후미.

1353 소흥(紹興) : 남송(南宋) 고종(高宗)의 연호. 1131년~1162년 사이.

1354 민(閩) : 복건성(福建省) 지역. 복건성에는 민강(閩江)이 있다.

1355 "천 분의 부처님이 세상에 나오셔도 참회할 수 없을 것이다." : 『천수천안관세음보살광대원만무애대비심다라니경(千手千眼觀世音菩薩廣大圓滿無礙大悲心陀羅尼經)』 혹은 『천수천안관세음보살대비심다라니(千手千眼觀世音菩薩大悲心陀羅尼)』에 나오는 구절.

도교의 경전도 이해하였으며, 유교도로서 앞사람을 본받고 뒷사람을 가르치는[1356] 입장이었다.

此風往年福建路極盛, 妙喜紹興初入閩住菴時, 便力排之, 謂之斷佛慧命, '千佛出世, 不通懺悔.' 彼中有箇士人鄭尙明, 極聰明, 敎乘也理會得, 道藏也理會得, 儒敎則故是也.

하루는 그가 한 조각 향을 지니고 나의 방을 찾아왔는데, 분노한 기색이 역력하였고 목소리와 얼굴빛을 모두 사납게 하여 말했다.[1357]

'저에게 있는 한 조각 향이 다 타기 전에 스님과 더불어 한 가지 일을 이해하고자 합니다. 묵묵히 말이 없는 것은 법문(法門) 가운데 가장 뛰어나게 쉬는 곳인데도 스님께선 제멋대로[1358] 꾸짖으시니, 저의 마음에서는 스님께서 이러한 경지에 아직 이르지 못했기 때문에 믿지 못하는 것이 아닌가 하고 의심이 됩니다. 석가 노인은 마갈타국에서 21일 동안 방문을 닫고 말씀을 하지 않으셨는데,[1359] 어찌 부처님의 침묵이 아니란 말입니까? 비야리성에서 32분의 보살이 각자 불이법문(不二法門)을 말할 때

1356 칙고시(則故是) : 앞을 본받아 뒤를 가르치다. 앞사람에게 배워 뒷사람을 가르치다.

1357 정상명과의 만남은 1134년(46세)에 양서암(洋嶼菴)에서의 일이다

1358 사의(肆意) : ①제멋대로. 방자하게. ②제멋대로 하다.

1359 마갈엄실(摩竭掩室) : 마갈타국(摩竭陀國; Magadha)은 고대 인도에서 불교와 가장 관계가 깊은 나라로서, 석가모니가 성도(成道)한 땅이고 전도(傳道)한 땅이다. 『대지도론(大智度論)』 제34권에서 말하기를, "석가모니는 깨달음을 얻은 뒤 57일 동안 법(法)을 말하지 않았다."(又如釋迦文佛成佛已五十七日不說法)고 하였다.

마지막에 유마힐이 말이 없자 문수가 훌륭하다고 찬탄하였는데,[1360] 이 어찌 보살의 침묵이 아니란 말입니까? 수보리는 바위산 속에서 가부좌하고 앉아서 말이 없었는데, 이 어찌 성문의 침묵이 아니란 말입니까? 제석천이 수보리가 바위산 속에서 가부좌하고 앉아 있는 것을 보고는 꽃비를 내려 공양하면서도 역시 말이 없었는데, 이 어찌 범부의 침묵이 아니란 말입니까? 달마가 양나라와 위나라를 유랑하다가 소림사에서 9년을 가만히 앉아 있었는데, 이 어찌 조사의 침묵이 아니란 말입니까? 노조(魯祖)[1361]는 스님이 찾아오는 것을 보기만 하면 곧 벽을 보고 돌아앉았는데, 이 어찌 종사의 침묵이 아니란 말입니까? 스님께선 무슨 까닭으로 도리어 묵조를 삿되고 그릇되다고 여겨 힘써 배척하는 것입니까?

一日, 持一片香來妙喜室中, 怒氣可掬, 聲色俱厲曰：'昂有一片香未燒在, 欲與和尚理會一件事. 只如默然無言, 是法門中第一等休歇處, 和尚肆意詆訶, 昂心疑和尚不到這田地, 所以信不及. 且如釋迦老子在摩竭提國三七日中掩室不作聲, 豈不是佛默然? 毘耶離城三十二菩薩各說不二法門, 末後維摩詰無語, 文殊讚善, 豈不

1360 　비야두구(毘耶杜口)：『유마힐소설경(維摩詰所說經)』「입불이법문품(入不二法門品)」에 의하면, 비야리에 사는 유마 거사가 병으로 누워 있자, 석가모니의 제자 32명이 유마 거사를 문병하게 되었다. 문병 온 32명의 보살에게 유마 거사는 불이법을 물어보는데, 모두 2변(二邊)을 넘어선 하나를 제시하였고, 마지막으로 문수보살은 "일체법에 대하여 말이 없고, 보여 줌도 알음알이도 없어서 문답 자체를 떠난 것이 불이법문에 들어가는 것이다."라고 답했다. 문수보살이 이번에는 유마 거사에게 같은 질문을 하였는데, 유마는 입을 다물고 침묵으로 대하였다. 이에 문수보살이 유마의 침묵을 "훌륭하다. 이렇게 문자와 언어가 없는 것에 이르러야 참으로 불이법문에 들어간 것이다."라고 찬탄하였다.

1361 　노조(魯祖)：노조산(魯祖山) 보운선사(寶雲禪師). 당나라 중기의 사람. 마조도일(馬祖道一)의 제자. 지주(池州; 안휘성) 노조산(魯祖山)에 주석하면서 교화를 폈다.

是菩薩默然? 須菩提在巖中宴坐, 無言無說, 豈不是聲聞默然? 天帝釋見須菩提在巖中宴坐, 乃雨華供養, 亦無言說, 豈不是凡夫默然? 達磨游梁歷魏, 少林冷坐九年, 豈不是祖師默然? 魯祖見僧便面壁, 豈不是宗師默然? 和尙因甚麽卻力排黙照, 以爲邪非?'

내가 말했다.

'상명(尙明)! 당신이 나에게 물었으니, 내가 당신에게 말해 주기를 기다리시오. 내가 만약 말해 주지 못한다면, 이 향을 태우고 나서 당신에게 삼배하겠소. 내가 만약 말해 준다면, 도리어 당신이 향을 태우고 나에게 절하도록 하시오. 나는 당신에게 석가 노인과 옛 스님들의 이야기를 얘기하지 않을 것이오. 나는 곧장 당신의 집 안에서 말할 것이오.[1362] 이른바 할머니의 치마를 빌려 입고 할머니에게 세배하는[1363] 격이지요.'

이어서 물었다.

'당신은 『장자(莊子)』를 읽어 본 적이 있으시오?'

그가 말했다.

'어찌 읽지 않았겠습니까?'

내가 말했다.

'『장자』에 이런 말이 있어요.

〈말을 하여 충분하면 하루 종일 말하여도 모두가 도(道)이고, 말을 하

1362 정상명이 유가(儒家)와 도가(道家)를 공부한 사람이므로, 대혜는 자신이 공부하는 불가(佛家)를 말하지 않고 정상명이 공부한 유가와 도가를 가지고 말하겠다는 뜻.

1363 차파피자배파년(借婆帔子拜婆年) : 할머니의 치마를 빌려 입고 할머니에게 세배를 드리다. 상대방의 주장을 이용해 상대방의 허점을 드러내다.

여 충분하지 못하면 하루 종일 말하여도 모두가 사물이다. 도는 사물의 지극함이니 말과 침묵으로는 다할 수 없다. 말도 아니고 침묵도 아닐 때 그 뜻이 지극한 것이다.〉¹³⁶⁴

나는 곽상(郭象)¹³⁶⁵의 해석도 여러 학자의 주석도 본 적이 없고, 다만 내 나름의 해석¹³⁶⁶에 의거하여 당신의 그 침묵의 내막을 밝히겠소.¹³⁶⁷

보지 못했습니까? 공부자(孔夫子)¹³⁶⁸가 하루는 하찮은 일로 크게 놀라서¹³⁶⁹ 말했습니다.

〈삼(參)아! 나의 도(道)는 하나로 꿰어지느니라.〉

증자(曾子)¹³⁷⁰가 말했습니다.

1364 『장자(莊子)』「잡편(雜篇)」'칙양(則陽)'의 마지막 구절

1365 곽상(郭象) : ?-312. 중국 진대(晉代)의 현학자(玄學者). 신도가(新道家)의 사상가로 도가의 가장 기본적인 책인 『장자』를 현존본처럼 편집하였다. 『장자』는 원래 52편(篇)이었다고 하는데, 현존하는 것은 곽상(郭象)이 깎고 다듬어 만든 33편(內篇 7, 外篇 15, 雜篇 11)으로, 그중에서 내편이 원형에 가장 가깝다고 한다.

1366 두찬(杜撰) : 제 나름으로 말하다. 제멋대로 말하다. 본래는 시문(詩文)이나 그 외의 저작에서 전고(典故)가 없는 것을 제멋대로 서술하는 것. 송대의 두묵(杜黙)이 시를 지으면서 율(律)에 맞지 않게 많이 지었는데, 당시의 사람들이 법식에 맞지 않는 것을 '두찬'이라고 한 데서 시작되었다고 한다.

1367 설파(說破) : 숨김없이 말하다. 누설하다. 폭로하다. 내막을 밝혀 말하다.

1368 공부자(孔夫子) : 유교(儒教)의 개조(開祖)인 공자(孔子; BC 552-BC 479). 부자(夫子)라고도 함. 공자의 이름은 구(丘), 자(字)는 중니(仲尼). 공자(孔子)라고 할 때의 자(子)는 존칭이다.

1369 대경소괴(大驚小怪) : 하찮은 일에 크게 놀라다. 조금 괴상한 일에 크게 놀라다.

1370 증자(曾子; BC 506-BC 437) : 공자(孔子) 말년의 제자. 자는 자여(子輿). 성은 증(曾), 이름은 삼(參). 노(魯)나라의 남무성(南武城) 출신. 공자 사후 노나라의 유교 교단의 후계자였을 것으로 추정된다. 공문후계자(孔門後繼者)중에서 예(禮)를 중시하는 자하(子夏) 등 객관파(客觀派)에 반하여, 증자는 인(仁)·심(心)의 내성에 중점을 두는 주관파(主觀

〈예!〉[1371]

그대 조대가(措大家)[1372]들은 이 〈예!〉라는 한 글자를 듣자마자 곧 여기에다 더러운 입을 들이대고는 도리어 말하기를 〈이 한 개 예!는 천지(天地)와 뿌리가 같고 만물과 한 몸이며, 임금이 되면 요순(堯舜)보다도 더 뛰어나고, 가정을 이루고 나라를 세우며, 나가면 장수이고 들어오면 재상이며,[1373] 늙어 죽을 때가 되어도[1374] 이 한 개 예!를 벗어나지 않는다.〉라 합니다. 하지만 이 말은 전혀 엉뚱한 소리이니, 이 도리를 증자도 말하여 충족하였고 공자도 말하여 충족하였음을 전혀 알지 못한 것입니다.

공자를 따르는 무리는 알아듣지 못하고 다시 물었습니다.

〈무슨 말입니까?〉

증자는 그들이 이해하지 못함을 보고서 다시 두 번째 대답을 그들에게 하였으니, 공자의 도(道)라고 하면 말이 없을 수 없는 것입니다. 그러므로

派)라고 할 수 있다.

1371 『논어(論語)』「제4이인편(里仁篇)」에 나오는 공자와 증삼(曾參)의 대화.

1372　조대가(措大家) : 조대(措大)라고도 하는데, 조대란 '큰일을 처리하다'란 뜻이니 조대가(措大家)는 '큰일을 처리할 수 있는 사람'이란 뜻이 된다. 이 말의 유래를 보면, 한무제(漢武帝)가 반고(班固)에게 명하여 한나라의 역사를 쓰게 했는데, 반고는 이 저작을 완성하지 못하고 죽었고, 그 뒤 반고의 딸인 조수(曹守)의 처(妻)가 문장에 능하고 배운 것이 많다는 사실을 알고 무제(武帝)가 그 딸에게 명하여 아버지의 작업을 완성하도록 하고는 그 딸을 일러 '큰일을 할 만한 사람' 즉 조대가(措大家)라 하였다. 그 뒤로 문장에 능하고 배운 것이 많은 사대부(士大夫)를 조대 혹은 조대가라 일컬었다. 조대가에 이처럼 긍정적인 뜻이 있지만, 한편으로는 '생각만 크고 실제 행동은 따르지 못하는 사람' 혹은 '글만 읽고 세상 경험이 없는 서생(書生)'을 조롱하거나 스스로 겸손의 뜻으로 사용하기도 한다.

1373　출장입상(出將入相) : 나가면 장수이고 들어오면 재상. 문무(文武)를 겸비한 인재.

1374　계수족(啓手足) : 계수(啓手) 혹 계족(啓足)과 같은데, 천수(天壽)를 다하고 죽는다는 뜻인 선종(善終)과 같다

말했습니다.

〈부자(夫子)의 도(道)는 충서(忠恕)일 뿐이다.〉[1375]

요약하면 도(道)와 사물이 지극한 곳은 언어 위에 있지 않고 침묵하는 곳에 있지도 않으며, 말해도 다할 수가 없고 침묵해도 다할 수가 없다는 것입니다. 공(公)의 말은 오히려 장자(莊子)의 뜻에도 들어맞지 않는데, 하물며 석가 노인과 달마 대사의 뜻에 들어맞길 어떻게 바라겠습니까? 당신은 장자의 말도 아니고 침묵도 아닌 뜻에 지극함이 있음을 알고 싶습니까? 바로 운문 대사가 부채를 집어 올리며 말했습니다.

〈부채가 풀쩍 뛰어서 33천(天)으로 올라가, 제석(帝釋)의 코를 쥐어박고는[1376] 동해의 잉어를 한 대 때리니, 비가 물동이를 쏟듯이 퍼붓는다.〉[1377]

당신이 운문의 이 말을 알아차린다면, 이것은 곧 장자의 말, 증자의

1375 『논어』「제4이인편」에서 앞서의 대화에 이어지는 다음의 대화 : 공자가 나가자 문인이 물었다. "무슨 말입니까?" 증자가 말했다. "부자의 도는 충서(忠恕)일 뿐이다."(子出, 門人 問曰: "何謂也?" 曾子曰: "夫子之道 忠恕而已矣.") 공자(孔子)가 "나의 도(道)는 하나로 통하여 있다."라고 말한 것을 제자인 증삼(曾參)이 해설하여 "선생님의 도는 충서일 따름이다."라고 말한 것이다. 충(忠)은 '본래의 마음속으로부터 우러나 자기를 극진히 한다'(中心盡己)는 뜻이며, 서(恕)는 '자기 마음 그대로(如心)를 가지고 얻는 것'이라는 뜻이다. 즉 자기에 충실하고 수양을 다하여 자기를 속이지 않는 때가 충(忠)이며, 그 같은 인격이 다른 사람에게까지 미치어서 자기와 같이 타인을 용서할 줄 아는 때를 서(恕)라 한다. 송(宋)나라의 주희(朱熹)는 "자기를 다하는 것을 충이라 하고 자기를 미루어 가는 것을 서라 한다."라고 설명하였다

1376 축착(築著) : 축(築)은 '부딪치다' 또는 '단단히 다지다'는 뜻. 착(著)은 조사(助詞). 들이받다. 부딪치다. 쥐어박다. 치다. 때리다. 늑찰파(扐破). 곡(摑). 일설(一說)에 축(築)은 축(塑)과 같은 뜻으로서, '틀어막다. 채우다'는 뜻.

1377 『운문광진선사광록(雲門匡眞禪師廣錄)』 중권(中卷)에 나오는 운문문언(雲門文偃)의 말.

427

말, 공자의 말과 같습니다.'

그는 드디어 더이상 입을 열지 않았다.

妙喜曰: '尙明! 你問得我也是, 待我與你說. 我若說不行, 卻燒一炷香禮你三拜. 我
若說得行, 卻受你燒香禮拜. 我也不與你說釋迦老子及先德言句. 我卽就你屋裏
說. 所謂借婆帔子拜婆年.' 乃問: '你曾讀『莊子』麽?' 曰: '是何不讀?' 妙喜曰: '『莊
子』云: 〈言而足, 終日言而盡道; 言而不足, 終日言而盡物. 道物之極, 言默不足以
載. 非言非默, 義有所極〉我也不曾看郭象解幷諸家註解, 只據我杜撰說破你這默
然. 豈不見? 孔夫子一日大驚小怪曰: 〈參乎! 吾道一以貫之〉曾子曰: 〈唯!〉你措
大家纔聞箇唯字, 便來這裏惡口, 卻云: 〈這一唯與天地同根, 萬物一體, 致君於堯
舜之上, 成家立國, 出將入相. 以至啓手足時, 不出這一唯〉且喜沒交涉, 殊不知這
箇道理便是曾子言而足, 孔子言而足. 其徒不會, 卻問曰: 〈何謂也?〉曾子見他理
會不得, 卻向第二頭答他話, 謂夫子之道, 不可無言. 所以云: 〈夫子之道, 忠恕而已
矣〉要之, 道與物至極處, 不在言語上, 不在默然處, 言也載不得, 默也載不得. 公
之所說, 尙不契莊子意, 何況要契釋迦老子 · 達磨大師意耶? 你要理會得莊子非言
非默義有所極麽? 便是雲門大師拈起扇子云: 〈扇子[跳-兆+字]跳上三十三天,
築著帝釋鼻孔, 東海鯉魚打一棒, 雨似傾盆〉你若會得雲門這箇說話, 便是莊子說
底, 曾子說底, 孔子說底一般.' 渠遂不作聲.

내가 말했다.

'당신이 비록 말을 하지는 않으나, 마음으로는 아직 굴복하지 않고 있
습니다. 그러나 옛사람들이 침묵하는 곳에 절대로 앉아 있지 않았던 것

428

은 분명합니다. 당신이 아까 석가가 마갈타에서 문을 닫아건 것과 유마가 말없이 있었던 것을 말하였지만, 이제 옛날 조법사(肇法師)[1378]라고 불린 좌주[1379]가 어떤 말 없는 곳을 사람들에게 말해 주었는지 살펴봅시다.

조법사가 말했습니다.

〈석가가 마갈타에서 방문을 닫고, 유마가 비야리에서 입을 다물고, 수보리가 말 없음을 외쳐서 도를 드러내자 제석천이 들은 말도 없었지만 꽃비를 내렸다고 하는 이 모든 이치는 신령스럽게 부린 것이다. 그러므로 입을 가지고 침묵하는 것이니, 어찌 말이 없다고 하겠는가? 말할 수 없는 것을 말하는 것이다.〉[1380]

이러한 이치가 정신(精神)과 문득 마주치면, 자기도 모르게 말할 수 없는 곳에 이르는 것입니다. 비록 말을 하진 않지만, 그 소리는 우레와 같습니다. 그러므로 〈어찌 말이 없다고 하겠는가?〉라 한 것이니, 모두 말할 수 없는 것을 말한 것입니다.

여기에서는 세간의 총명함과 말재주가 한 점도 쓸모없으니, 이러한 경지에 도달하여야 비로소 몸을 놓고 목숨을 버리는 곳인 것입니다. 이러한 경지는 모름지기 자신이 직접 확인하고 직접 깨달아야 합니다. 그 까

1378 조법사(肇法師) : 승조(僧肇). 384-414년 생존. 중국 동진(東晉)의 장안(長安) 출신. 가난한 집에서 태어나 일찍이 노장(老將) 사상에 기울었다가, 유마경을 읽고서 불문(佛門)에 귀의하여, 구마라집(鳩摩羅什) 문하에서 공부하고, 역경(譯經)에 힘썼다. 414년에 세수 31세의 나이로 죽임을 당하였다. 저서에 『조론(肇論)』, 『주유마힐경(注維摩詰經)』이 있다.

1379 좌주(座主) : 선가(禪家)에서 교학(敎學)을 강의하는 강사(講師)를 일컫는 말.

1380 『조론(肇論)』 「열반무명론제사(涅槃無名論第四)」의 '구절십연자(九折十演者) 개종제일(開宗第一)'에 나오는 구절.

닭에 『화엄경』에서 말했습니다.

〈여래의 궁전(宮殿)은 가장자리가 없지만, 깨달은 자는 저절로 그 속에 있다.〉[1381]

이것은 예부터 모든 성인의 대해탈법문(大解脫法門)이니, 가장자리도 없고, 크기도 없고, 얻을 것도 없고, 잃을 것도 없고, 침묵할 것도 없고, 말할 것도 없고, 갈 것도 없고, 올 것도 없고, 하나하나의 티끌이 그렇고, 하나하나의 국토가 그렇고, 순간순간이 그렇고, 하나하나의 삼라만상이 그렇습니다. 다만 중생의 근성(根性)이 좁고 못났기 때문에 삼교(三教)[1382] 성인들의 경계에 이르지 못하고서, 이것을 구분하고 저것을 구분하는 것입니다.

경계가 이와 같이 드넓은 줄 전혀 알지 못하고, 도리어 검은 산 아래의 귀신굴 속에서 묵묵히 앉아 있기 때문에, 옛 성인들이 해탈의 깊은 구덩이 속에 빠졌다고 꾸중한 것이니, 이것은 두려워해야 할 곳입니다. 신령스러이 통하는 도안(道眼)을 가지고 본다면, 그들은 칼산의 칼숲과 끓는 기름 솥과 시뻘건 숯불 속에 앉아 있는 것과 마찬가지입니다. 좌주조차

1381 『대방광불화엄경』(80권 화엄경) 제5권 「세주묘엄품(世主妙嚴品)」 제1-5에 있는 게송의 구절.

1382 삼교(三教) : (1)불교(佛教) · 유교(儒教) · 도교(道教) 등 중국의 대표적인 3개의 가르침. (2)석가모니 일대의 설교를 세 가지로 나눈 것. 여러 스님의 견해가 각각 다르다. 하나를 예로 들면 다음과 같다. ①점교(漸教). 녹야원에서 처음 설법한 이후로 입멸할 때까지 소승경에서 대승경에 이르는 점차적인 설법을 말함. ②돈교(頓教). 부처님이 보리 나무 아래에서 깨달으신 뒤 그 깨달은 내용을 그대로 말씀한 것. 『화엄경』을 말함. ③부정교(不定教). 점교 · 돈교에 속하지 아니한 것. 불성상주(佛性常住)를 말한 것으로 『승만경』· 『금광명경』 등.

오히려 침묵하는 곳에 빠져 있지 않은데, 하물며 조사 문하의 선객이라는 자가 그래서야 되겠습니까? 또 입을 열면 즉시 금시(今時)[1383]에 떨어진다고 하니, 전혀 맞지 않은 소리입니다.'

여기서 상명은 자기도 모르는 새에 절을 하였다. 내가 말했다.

'공(公)이 비록 절을 하였지만, 다시 할 일이 있을 것입니다.'

妙喜曰:'你雖不語, 心未伏在. 然古人決定不在黙然處坐地明矣. 你適來擧釋迦掩室, 維摩黙然, 且看舊時有箇座主, 喚作肇法師, 把那無言說處說出來與人. 云:〈釋迦掩室於摩竭, 淨名杜口於毘耶, 須菩提唱無說以顯道, 釋梵絶聽而雨華, 斯皆理爲神御. 故口以之而黙, 豈曰無辯? 辯所不能言也.〉這箇是理與神忽然相撞著, 不覺到說不得處. 雖然不語, 其聲如雷. 故云豈曰無辯? 蓋辯所不能言也. 這裏世間聰明辯才用一點不得, 到得恁麽田地, 方始是放身捨命處. 這般境界, 須是當人自證自悟始得. 所以『華嚴經』云:〈如來宮殿無有邊, 自然覺者處其中.〉此是從上諸聖大解脫法門, 無邊無量, 無得無失, 無黙無語, 無去無來, 塵塵爾, 刹刹爾, 念念爾, 法法爾. 只爲衆生根性狹劣, 不到三敎聖人境界, 所以分彼分此. 殊不知境界如此廣大, 卻向黑山下鬼窟裏黙然坐地, 故先聖訶爲解脫深坑, 是可怖畏之處. 以神通道眼觀之, 則是刀山劍樹, 鑊湯鑪炭裏坐地一般. 座主家尙不滯在黙然處, 況祖師門下客? 卻道纔開口便落今時, 且喜沒交涉.' 尙明不覺作禮. 妙喜曰:'公雖作禮,

---

1383 금시(今時)와 본분: 금시(今時)는 바로 지금 현재 눈앞에 펼쳐지는 온갖 경험세계로서, 망상(妄相) 혹은 생멸문(生滅門)이라 하며, 시간과 공간이 분별되는 세계. 본분은 본래부터 부여받아 타고난 본성(本性)으로서, 실상(實相) 혹은 진여문(眞如門)이라 하며, 시간과 공간이 없는 불이(不二)의 세계. 금시와 본분을 나누어 말하는 것도 역시 하나의 방편일 뿐, 진실로 금시와 본분이 따로 있는 것은 아니다.

然更有事在.'

저녁때가 되어 방으로 찾아왔기에, 그에게 물었다.

'올해 나이가 몇이오?'

그가 말했다.

'64살입니다.'

다시 물었다.

'공은 64년 전에 어디에서 왔습니까?'

그가 입을 열지 못하자, 나는 죽비를 들어 등줄기를 후려쳐 내쫓았다. 다음 날 그가 다시 방장실로 찾아와 물었다.

'64년 전에는 아직 제가 있지도 않았는데, 어찌하여 스님께선 제가 어디에서 왔느냐고 물으십니까?'

내가 말했다.

'당신이 64년 전에 복주의 정 씨 집안에 원래 있지 않았다면, 지금 법을 듣고 법을 말하는 이 한 개 또렷하고 홀로 밝은 것은 태어나기 이전에는 결국 어디에 있었겠소?'

그가 말했다.

'알지 못하겠습니다.'

내가 말했다.

'당신이 알지 못한다면, 곧 사는 일이 큰일입니다. 이번 생애는 길어야 100년인데, 100년 뒤에는 당신이 삼천대천세계[1384] 밖으로 날아가기를 기

1384 천대천세계(三千大千世界) : =삼천세계(三千世界). 불교 우주관에서는 수미산을 중심

다릴 것인데, 모름지기 그렇게 관 속으로 들어가야만 합니다. 그러한 때에 이르면 사대(四大)와 오온(五蘊)은 일시에 흩어져 버려서 눈이 있어도 사물을 볼 수 없고, 귀가 있어도 소리를 들을 수 없고, 마음[1385]이 있어도 분별이 행해지지 않고, 몸뚱이가 불에 타거나 칼에 잘리더라도 아픔을 전혀 느끼지 못합니다. 여기에 이르러 또렷하고 홀로 밝은 것은 다시 어디로 갑니까?'

그가 말했다.

'저는 모르겠습니다.'

내가 말했다.

'당신이 알지 못한다면, 곧 죽는 일이 큰일입니다. 그러므로 〈세월이 재빠르니 살고 죽는 일이 크다.〉[1386]고 한 말이 바로 이 도리입니다. 여기에서는 총명해도 소용없고 잘 기억해도 소용없습니다. 내가 다시 당신에게 묻겠소이다. 평생 온갖 케케묵은 지식만 익히다가[1387] 죽음에 다다라

으로 4방에 4대주(大洲)가 있고, 그 바깥 주위를 대철위산(大鐵圍山)이 둘러싸고 있다고 한다. 이것이 1세계 또는 1사천하(四天下)라 함. 사천하를 천 개 합한 것을 1소천세계(小千世界), 소천세계를 천 개 합한 것이 1중천세계(中千世界), 중천세계를 천 개 합한 것이 1대천세계임. 1대천세계에는 소천·중천·대천의 3가지 천(千)이 있으므로 1대 3천 세계, 또는 3천 대천세계라 함. 이 일대천세계(一大千世界)를 삼천대천세계(三千大千世界)라 하며, 또 삼천세계(三千世界)라고도 함.

1385 육단심(肉團心) : 심장을 말함. 8판(瓣)의 육엽(肉葉)으로 되었다 함. 여기에서는 마음이라는 뜻으로 쓴 것 같다.

1386 영가현각(永嘉玄覺)이 육조혜능을 만나 처음 한 말. 『조당집』 제3권 '일숙각화상(一宿覺和尙)', 『경덕전등록』 제5권 '온주영가현각선사(溫州永嘉玄覺禪師)' 등에 나타난다.

1387 지호자야(之乎者也) : 지호자야의언재(之乎者也矣焉哉)의 준말. 지호자야의언재(之乎者也矣焉哉)는 문어(文語)의 어조사(語助辭)들인데, 곧 옛날 말투나 케케묵은 지식을 자랑하는 경우를 가리킨다.

서 어느 한 구절을 가지고 저 삶과 죽음에 대처할 것입니까? 모름지기 태어나는 곳과 죽어 가는 곳을 분명히 알아야 합니다. 만약 알지 못한다면, 곧 어리석은 사람입니다.'

그는 비로소 마음으로 승복하였다. 이로부터 드디어 말 없는 곳에 앉지 않게 되었고, 기꺼이 나의 문하로 와 공부를 하였다.

至晚間來入室, 乃問他:'今年幾歲?' 曰:'六十四.' 又問:'你六十四年前從甚麼處來?' 渠開口不得, 被我將竹篦劈脊打出去. 次日, 又來室中曰:'六十四年前尙未有昂在, 如何和尙卻問昂從甚麼處來?' 妙喜曰:'你六十四年前不可元在福州鄭家, 只今這聽法說法一段歷歷孤明底, 未生已前畢竟在甚麼處?' 曰:'不知.' 妙喜曰:'你若不知, 便是生大. 今生且限百歲, 百歲後, 你待飛出三千大千世界外去, 須是與他入棺材始得. 當爾之時, 四大五蘊一時解散, 有眼不見物, 有耳不聞聲, 有箇肉團心分別不行, 有箇身火燒刀斫都不覺痛. 到這裏, 歷歷孤明底卻向甚麼處去?' 曰:'昂也不知.' 妙喜曰:'你旣不知, 便是死大. 故曰:〈無常迅速, 生死事大〉便是這箇道理. 這裏便聰明也不得, 記持也不得. 我更問你. 平生做許多之乎者也, 臘月三十日, 將那一句敵他生死? 須是知得生來死去處分曉始得. 若不知, 卽是愚人.' 渠方心伏. 從此邃救他不坐在無言無說處, 肯來這下做工夫.

오늘 한번 함께 모여 법을 들음에, 모름지기 사람마다 가지고 있는 이 한 개 대사인연(大事因緣)은 옛날이나 지금이나 변동이 없음을 잘 알아서,

잊어버리지도[1388] 말고 의식하고[1389] 있지도 말고, 다만 스스로 순간순간 (대사인연(大事因緣)을) 일깨워야[1390] 한다. 허망한 생각이 일어날 때도 고의로[1391] 눌러 막지는 말아야 한다. '움직임을 멈추어 멈춤으로 돌아가면, 멈

1388   망회(忘懷) : 잊다, 잊어버리다.

1389   착의(着意) : 의식하다. 주의를 기울이다. 일부러, 고의로, 의식적으로. 관대(管帶)와 같음.

1390   제시(提撕) : 한문 전적(典籍)에서 제시(提撕)의 사례를 보면 다음과 같다. ①일깨워 주다.(『詩經, 大雅, 抑』 匪面命之, 言提其耳.「鄭玄箋」親提撕其耳.) ②교도(敎導)하다. 깨우쳐 주다.(北齊 顔之推『顔氏家訓, 序致篇』 業以整齊門內, 提撕子孫.) ③떨쳐 일으키다. 진작(振作)하다.(唐 韓愈『南內朝賀歸呈同官詩』 所職事無多, 又不自提撕.) 이처럼 제시(提撕)는 '(마음을) 일깨우다' '(양심을) 일깨우다' '깨우쳐 주다' '주의를 환기시키다'는 뜻이다. 간화선(看話禪)에서 '화두(話頭)를 제시(提撕)한다'고 하는 것은 '화두를 일깨우다' '화두에 주의를 돌리다'는 뜻이다. 그러나 거각(擧覺)의 경우처럼 제시(提撕)도 제(提)와 시(撕)의 합성어로서의 의미가 있다고 보아야 한다. '말을 꺼내다' '끄집어내어 말하다' '언급하다' '제시(提示)하다' '제출하다'는 뜻인 제(提)와 '일깨우다' '깨우치다'는 뜻인 시(撕)가 합성된 말이다. 그러므로 제시(提撕)는 '(무슨 말을) 끄집어내어 말하여 일깨우다' '(무슨 말을) 제시하여 깨우쳐 주다' '(무슨 말을) 언급하여 일깨우다'는 뜻이다. 『대혜어록』에서 대혜가 화두(話頭)를 취급하는 말로서 언급하는 용어는 간(看)·거(擧)·거기(擧起)·제철(提掇)·거각(擧覺)·제시(提撕) 등이다. 이 가운데 거(擧)·거기(擧起)·제철(提掇)은 모두 화두를 '말하다' '말해 주다' '제기하다' '제출하다' '언급하다'라는 뜻이고, 거각(擧覺)과 제시(提撕)는 이러한 뜻에 '일깨우다' '깨우치다'라는 뜻이 부가된 것이지만, 이들은 기본적으로 동일한 행위를 가리키고 있다. 이 책에서는 거(擧)·거기(擧起)·제철(提掇)은 문맥에 따라서 화두를 '끄집어내다' '말해 주다' '제기하다' '제출하다' '기억해 내다'라고 번역한다. 거각(擧覺)과 제시(提撕)는 둘 다 '말해 주어 일깨우다'는 뜻이지만, 거각(擧覺)은 거(擧)에 초점을 두어 '말해 주다' '제시하다'로 주로 번역하고, 제시(提撕)는 시(撕)에 초점을 두어 '일깨우다'로 번역한다. 그러나 문맥에 따라 거각(擧覺)과 제시(提撕)를 모두 '말해 주어 일깨우다' '기억해 내 일깨우다' '제시하여 일깨우다' 등 적절한 번역어를 찾아서 번역하였다. 김태완『간화선 창시자의 선』하권(침묵의 향기) 부록「간화용어의 번역에 관하여」참조.

1391   장심(將心) : 일부러, 고의로, 마음먹고, 의도적으로, 존심(存心)과 같음.

춤이 더욱 심하게 움직인다."[1392] 다만 움직이고 멈추고 하는 곳에서 한 개 화두(話頭)를 살펴보면,[1393] 곧 석가 노인과 달마 대사가 출현하는[1394] 것이 다만 이것이다. 어떤 스님이 조주에게 묻기를 '개에게도 불성이 있습니 까?' 하니, 조주가 말하길 '없다.'라 하였다.

今日一會, 同此聽法, 須知人人有此一段大事因緣, 互古互今, 不變不動, 也不著忘 懷, 也不著著意, 但自時時提撕. 妄念起時, 亦不得將心止遏. 止動歸止, 止更彌動. 只就動止處看箇話頭, 便是釋迦老子·達磨大師出來, 也只是這箇. 僧問趙州 : '狗

1392 삼조승찬의 「신심명(信心銘)」의 한 구절.
1393 간개화두(看箇話頭) : =간화(看話). 간화(看話)란 화두(話頭)를 살펴본다는 말. 대혜 가 간화선(看話禪)에서 화두를 취급하는 자세를 말한 단어들은 간(看)과 더불어 거(擧)· 거각(擧覺)·제시(提撕)·여지시애(與之廝崖)·애장거(崖將去)·참(參)·처포(覷捕) 등의 용어들이 같은 문맥에서 화두를 공부하는 방식으로서 동시에 언급되고 있다. 이로써 본 다면 이들 용어 모두는 간화(看話)라는 동일한 행위를 가리키는 말들이다. 거(擧)와 거각 (擧覺)은 '자기에게 화두를 말해 줌'으로써 '화두를 살펴보는' 것이다. 이 경우 때로는 입 을 열어 소리 내어 말할 경우도 있을 것이고, 때로는 입을 다물고 마음속으로 말할 경우 도 있을 것이다. 제시(提撕)는 '자기에게 화두를 일깨워 주고, 화두에 주의를 환기시켜 줌'으로써 '화두를 살펴보는' 것이다. 여지시애(與之廝崖)와 애장거(崖將去)는 '화두와 맞 붙어서 물러남 없이 버팀'으로써 '화두를 살펴보는' 것이다. 이처럼 화두를 자기에게 말해 주고, 화두를 자기에게 일깨워 주고, 화두와 맞붙어 물러나지 않고 버티면서 화두를 살펴 보는 일이 곧 간화(看話)이다. 참(參)은 '화두를 보는 일에 참여하라'는 뜻이다. 처포(捕) 는 '화두의 취지를 살펴보며 찾아라'는 뜻이다. 우리나라의 간화선(看話禪)에서는 '화두를 살펴본다'고 하지 않고, '화두를 든다'고 말한다. 여기에서 '든다'는 거(擧)·거각(擧覺)·제 시(提撕)를 번역한 것인데 정확한 번역이 아니다. 이 간화(看話) 및 그와 관련된 용어들 의 정확한 번역에 관해서는 졸저 『간화선 창시자의 선』 하권(침묵의 향기) 부록 「간화용어 의 번역에 관하여」를 참조하기 바란다.
1394 출래(出來) : (안에서 밖으로) 나오다. 출현하다. 나타나다. 얼굴을 내밀다. 나서다. 생 기다. 발생하다.

子還有佛性也無?' 州云 : '無.'

그대들 조대가들은 흔히 파고들기를 좋아하여 말하길 '이것은 있다·없다 할 때의 없다가 아니고 참으로 없는 것이니, 세간에서 말하는 텅 비어서 없는 것에 속하지는 않는다.'라고 한다. 이렇게 말할 때 저 삶과 죽음에 맞설 수 있겠는가? 저 삶과 죽음에 맞설 수 없다면, 아직 옳지 않은 것이다. 아직 옳지 않다면, 모름지기 움직일 때도 (화두를) 일깨우고, 앉아 있을 때도 (화두를) 일깨우고, 즐거울 때나 성날 때나 기쁠 때나 슬플 때나 일을 하거나 사람을 대할 때나 모두 (화두를) 일깨우는 때이어야 한다. (화두를) 일깨우고 또 일깨우다 보면 맛이 없어져 마음이 마치 한 개 뜨거운 쇳덩이를 놓아둔 것과 같아지는데, 그러한 때가 곧 좋은 때이니 놓아 버리면 안 된다. 문득 마음 꽃이 밝게 피어 온 우주를 비추면, 한 개 털끝에서 부처님의 국토[1395]를 드러내고 티끌 먼지 속에 앉아 커다란 법(法)의 바퀴를 굴리게 될 것이다.

그대들은 이러한 말을 들으면 흔히 마음속으로 '묘희(妙喜) 노인네가 입을 놀려서 말하는 것은 그럴듯한데, 그 뱃속은 어떤지 알 수 없단 말야.'라고 생각하지만, 나는 말하는 것이 곧 행하는 것이어서 결코 둘이 아님을 알아야 한다.

你措大家多愛穿鑿說道 : '這箇不是有無之無, 乃是眞無之無, 不屬世間虛豁之無.'

1395 보왕찰(寶王刹) : 부처님의 국토. 즉 불국토(佛國土). 보왕(寶王)은 부처님, 찰(刹)은 찰토(刹土) 즉 국토(國土)를 뜻함.

恁麼說時, 還敵得他生死也無? 旣敵他生死不得, 則未是在. 旣然未是, 須是行也
提撕, 坐也提撕, 喜怒哀樂時, 應用酬酢時, 總是提撕時節. 提撕來, 提撕去, 沒滋味,
心頭恰如頓一團熱鐵相似, 那時便是好處, 不得放捨. 忽然心華發明, 照十方刹, 便
能於一毛端現寶王刹, 坐微塵裏轉大法輪. 汝等諸人聞恁麼說話, 往往心裏道:'妙
喜老漢搖脣鼓舌, 說得也相似, 不知他肚裏如何?' 須知妙喜說得底, 便是行得底,
更無兩般.

인도의 제13대 조사인 가비마라(迦毘摩羅) 존자가 제자 한 사람을 찾아
서 조사의 지위를 잇게 하려고 하였을 때, 깊은 산의 막다른 골짜기에 필
히 뛰어난 사람이 머물 것이라고 여겨서 그곳으로 찾으러 갔다. 그러므
로 제자가 스승을 간절히 찾을 뿐만 아니라 스승도 제자를 간절히 찾는
다는 사실을 알 수 있다. 이윽고 산에 들어가니 과연 한 사람이 나와서
그를 맞이하며 말했다.

'깊은 산 속 외롭고 고요한 곳은 용이나 이무기가 머무는 곳인데, 지극
히 존귀하신 대덕(大德)께서 어찌하여 헛걸음을 하십니까?'

조사가 말했다.

'나는 지극히 존귀하지 않다네. 다만 현자(賢者)를 찾아왔네.'

그는 말없이 생각하며 속으로 말했다.

'이 스님은 본성[1396]을 파악하여 도를 보는 눈을 밝혔는가? 진승(眞乘)[1397]
을 이어받은 큰 성인인가?'

1396 결정성(決定性) : 결정되어 있는 본성(本性).
1397 진승(眞乘) : 진실한 수레, 즉 진실한 교법(敎法). 방편(方便)으로 말한 교법에 대하
      여, 방편이 가리키는 진실한 교법을 말함.

438

조사가 말했다.

'그대가 비록 마음속으로 말해도 나는 이미 의식(意識)으로 알고 있다네. 다만 출가하면 될 뿐인데, 어찌하여 내가 성인인지 아닌지를 염려하는가?'

그는 이 말을 듣고서 후회하며 사과하고는 조사에 의지하여 출가하였다.[1398] 이 분이 곧 제14조 용수(龍樹)이시다.

요즈음 도를 배우는 자들은 흔히 스스로는 의심하지 않고 도리어 남을 의심한다. 그러므로 '큰 의심이 있어야 반드시 크게 깨닫는다.'고 하는 것이다. 말해 보아라. 무엇을 깨닫는가?"

所以西天第十三祖迦毘摩羅尊者欲求一弟子繼紹祖位, 謂深山窮谷中必有高人居止, 因往求之. 故知非但弟子求師切, 師求弟子亦切. 遂入山, 果見一人出迎曰: '深山孤寂, 龍蟒所居, 大德至尊, 何枉神足?' 祖曰: '吾非至尊. 來訪賢者.' 彼默念曰: '此師得決定性明道眼否? 是大聖繼眞乘否?' 祖曰: '汝雖心語, 吾已意知. 但辦出家, 何慮吾之不聖?' 彼聞已悔謝, 於是投祖出家, 卽第十四祖龍樹是也. 今時學道者多不自疑, 卻疑他人. 所以道: '大疑之下, 必有大悟.' 且道. 悟得箇甚麼?"

잠시 말없이 있다가 말했다.

"내가 그대들을 경솔하게 대할 수 없구나. 그대들은 모두 부처가 될 것이니."

자리에서 내려왔다.

1398 『경덕전등록』 제1권 '제13조가비마라(第十三祖迦毘摩羅)'에 나오는 내용.

良久, 云 : "我不敢輕於汝等, 汝等皆當作佛."

下座.

13. 정 성충이 청한 보설

정(鄭) 성충(成忠)[1399]이 보설을 청하자 대혜가 말했다.

"평강(平江)의 신사(信士)[1400]인 정시(鄭偲)는 이 대사인연(大事因緣)을 알고서 일부러 찾아와 나를 만나 반야를 듣고자 한다. 진신사리[1401]를 모신 보탑(寶塔)에 공양한[1402] 공덕과 재운당(齋雲堂)의 청정선중(淸淨禪衆)이 보설을 청한 공덕이 다른 일이 아니라 오로지 위없는 불과(佛果)[1403]인 보리로 회향[1404]하려는[1405] 것이다. 그 발심(發心)을 보아도 이미 드넓으니, 다만 한 순간의 이 드넓은 마음이 대지를 바꾸어 황금으로 만들고 긴 강을 저어서 우유로 만들 수 있다.

鄭成忠請普說, 師云 : "平江信士鄭偲, 知有此段大事因緣, 得得來見妙喜, 要聞般

1399 정성충(鄭成忠) : 성충(成忠)은 송대(宋代) 무관(武官) 벼슬 이름인 성충랑(成忠郞)인 듯하고, 시(偲)는 이름인 듯하다.

1400 신사(信士) : 우바새(優婆塞). 불교를 믿고 배우는 재가(在家)의 남자. 청신사(淸信士)와 같음.

1401 진신사리(眞身舍利) : 석가모니의 뼈. 석가모니가 입멸한 뒤에 화장하고 남은 뼈를 가리킴. 진신(眞身)은 죽은 승려의 시신을 가리키는 말이고, 사리(舍利)는 범어(梵語) śarīra의 음역(音譯)으로서 신체(身體) 혹은 유골(遺骨)이란 뜻.

1402 장(將)은 '일을 처리하다'는 뜻의 동사.

1403 불과(佛果) : 수행한 원인이 되어 도달하는 결과인 깨달은 자 즉 부처님의 지위.

1404 회향(回向) : =회향(廻向). 회전취향(廻轉趣向)의 약자. (무엇을 어디로) 향하여 돌리다는 뜻. 자기가 닦은 선근(善根) 공덕을 다른 중생이나 불과(佛果)로 향하여 돌림. 보리회향(菩提廻向)은 자기가 지은 온갖 선근을 보리를 향하여 돌려서 보리 즉 깨달음인 불과(佛果)를 얻으려 하는 것.

1405 용(用) : −해야 한다. −하려는 것이다. −할 필요가 있다. =수(須), 요(要).

若. 所將供養眞身舍利寶塔洎齋雲堂, 淸淨禪衆請普說功德, 不爲別事, 專用回向
無上佛果菩提. 觀其發心, 亦已廣大, 只這[1406]一念廣大之心, 能變大地作黃金, 攬
長河爲酥酪.

어떤 사람들은 이러한 이야기를 믿지 않고 흔히 사물만을 붙잡고 있으
니 도리에 통하기 어렵다. 마치 부루나[1407]가 모습에 집착하여 자성(自性)
에 통하지 못하고 세존에게 묻기를 '만약 땅의 본성이 두루하다면, 어떻
게 물을 용납합니까? 물의 본성이 두루하다면, 불은 생겨나지 않을 것입
니다.'라 하고 다시 묻기를 '물과 불 두 자성이 함께 허공에 두루함을 어
떻게 밝혀야 서로 모순되지 않겠습니까? 세존이시여, 땅의 자성은 가로
막는 것이고 허공의 자성은 텅 비어 통하는 것인데, 어떻게 이 둘이 함께
법계(法界)에 두루할 수 있습니까?'[1408]라고 한 것과 같다. 여기를 떠나 모
습에 집착하여 의심을 낸 것이다. 그 때문에 석가 노인은 앞서 아난에게
'본성이 물인 참다운 허공과 본성이 허공인 참다운 물'을 말하고, 나아가
지수화풍(地水火風) 하나하나가 세계에 두루하여 중생의 마음을 따르고

1406 '저(這)'는 궁내본과 덕부본에서는 모두 '차(遮)'로 되어 있다. 이하 동일.
1407 부루나(富樓那) : 인도 교살라국 사람. 바라문 종족의 출신. 아버지는 가비라성주(迦
毘羅城主)로서 정반왕의 국사(國師). 가정은 큰 부자이고, 석가모니와 생년월일이 같다.
대단히 총명하여 어려서 4베다(吠陀)·5명(明)을 통달함. 진세(塵世)를 싫어하여 입산수
도하다가, 석가모니가 성도(成道)하여 녹야원에서 설법하심을 듣고 친구들과 함께 부처
님께 귀의하여 아라한과를 얻었다. 말솜씨가 훌륭하여 불제자 중에 설법에 제일 뛰어났
다고 함. 뒤에 여러 곳으로 다니며 뛰어난 말솜씨로 중생 교화에 전력하였다.
1408 『수능엄경』 제4권에 나오는 내용.

442

업(業)을 따라서 나타남을 말한 것이다.[1409]

有者不信這般說話, 多執事難理, 如富樓那執相難性, 問世尊曰: '若地性遍, 云何

容水? 水性周遍, 火則不生.' 復云 : '何明水火二性俱遍虛空, 不相陵滅? 世尊! 地性

障礙, 空性虛通, 云何二俱周遍法界?' 去這裏執相生疑, 是故釋迦老子先爲阿難說,

性水眞空性空眞水, 乃至地水火風, 一一周遍法界, 隨衆生心, 循業發現.

1409 『수능엄경』 제3권에 나오는 다음 내용 : "아난아, 물의 성질은 일정하지 않아서 흐르
고 그침이 한결같지 않느니라. 저 실라벌성(室羅筏城)의 선인(仙人) 가비라(迦毗羅)와 선
인 작가라(斫迦羅)와 발두마(鉢頭摩)와 하살다(訶薩多)와 같은 여러 뛰어난 환술사(幻術
士)들이 달의 정기(精氣)를 받아서 환술약을 만들 때, 그들은 보름날 밤중에 구슬 소반을
손에 들고 달 속의 물을 받는다. 이 물은 구슬 소반에서 나오겠느냐? 허공 가운데 저절로
있겠느냐? 달에서 나오겠느냐? 만일 달에서 나온다면, 오히려 먼 곳인데도 구슬 소반에
서 물이 나올 수 있게 하였으니, 거쳐 온 숲과 나무들은 다 당연히 물을 토해서 흘려보내
야 한다. 흐른다면 무엇 때문에 구슬 소반에서 물이 나오기를 기다리겠으며, 흐르지 않
는다면 물이 달에서 흐르지 않음이 분명하다. 만일 구슬 소반에서 나온다면, 이 구슬 소
반에서는 마땅히 항상 물이 나와야 할 텐데, 무엇 때문에 한밤중의 보름달을 기다려 물을
받겠느냐? 만일 허공에서 생긴다면, 허공의 본질은 끝이 없으니 물도 마땅히 끝없이 흘
러야 한다. 그러면 인간에서 하늘까지 모두 함께 물속에 잠길 텐데, 어찌 물과 육지와 허
공을 따로 행할 수 있겠느냐? 너는 자세히 살펴보아라. 달은 하늘에서 떠오르고, 구슬 소
반은 손에 잡혀 있고, 구슬 안의 물을 받는 소반은 그 사람이 펴놓은 것인데, 물은 어디에
서 와서 여기까지 흘러들었느냐? 달과 구슬은 서로 멀리 떨어져서 어울리지도 않고 합하
지도 않으며, 물의 정기가 온 곳 없이 저절로 있다고도 하지 못한다. 너는 오히려 여래장
안에 성품이 물인 진실한 공과 성품이 공인 진실한 물(性水眞空性空眞水)이 본래 그대로
청정하여 법계에 두루 원만한 가운데, 중생의 마음을 따라 각자의 아는 능력에 응하는 이
치를 모르고 있느니라. 한 곳에서 구슬을 잡으면 한 곳에서 물이 나오고, 법계에서 두루
구슬을 잡으면 법계에 가득 물이 생길 텐데, 어찌 따로 장소가 있겠느냐? 업(業)을 좇아
서 출현하는 것을 세상 사람들은 무지하여 인연과 자연의 본질로 잘못 알고 있느니라. 이
것은 다 이 인식하는 마음으로 분별하여 헤아리는 작용이니, 단지 말만 있을 뿐 전혀 진
실한 뜻이 없느니라."

내가 옛날 행각할 때가 생각나는구나. 서울로 들어가는 길에 등주(鄧州)의 천녕(天寧)에 도착하니, 채주(蔡州)의 도사(道士)[1410]가 있었다. 그의 이름은 잊었지만, 의원으로서 남양(南陽)으로 왔다고 하였다. 어느 날 그가 사람을 시켜 장사(藏司)[1411]에 가서 『보적(寶積)』과 『화엄』 두 경(經)을 빌려 오게 하는 것을 보고는, 나는 그가 좋은 사람이라는 것을 알아차렸다. 다음 날 만나 함께 이야기를 나누어 보니 과연 말이 통했다. 그때 경전을 빌린 이유를 물어보니 그가 말했다.

'저는 훌륭한 사람이 이렇게 말하는 것을 대강 들었습니다. 〈만약 본명원진(本命元辰)[1412]의 행방[1413]을 알고자 한다면, 모름지기 석가 노인에게 돌아가야 한다.〉'

이야기하는 도중에 문득 그가 나에게 물었다.

'부처님은 정편지(正遍知)[1414]를 갖추고서 세계의 일들을 하나하나 모두 말씀하셨는데, 무슨 까닭에 금목수화토(金木水火土)[1415]가 인연하여 일어나

1410 도사(道士) : 출가득도(出家得道)하여 도교의 교단에 속하며 도관(道觀)이나 사당에서 거주하는 사람. 도류(道流)·우사(羽士)·황관(黃冠) 등의 별칭이 있다. 중국 진·한 시대의 방사(方士)가 그 선구이다.

1411 장사(藏司) : 선원(禪院)에서 경장(經藏)을 관리하는 장주(藏主)가 거처하는 곳.

1412 본명원진(本命元辰) : 본명(本命)은 태어난 해의 간지(干支). 원진(元辰)은 사람의 운명을 좌우한다는 음양(陰陽)의 두 별. 선가(禪家)에서는 본명원진을 본래의 자기, 본성, 본래면목이라는 뜻으로 사용한다.

1413 하락(下落) : 결말. 행방. 간 곳. 떨어지다.

1414 정편지(正遍知) : 바르게 두루 아는 지식.

1415 금목수화토(金木水火土) : 오행(五行). 유학(儒學)의 기철학(氣哲學)에서 음양(陰陽) 2기(氣)의 운동에 의하여 형성되어 나타나는 다섯 가지 원소. 사람과 만물은 이 다섯 가지 원소가 이합집산(離合集散)하여 만들어진다고 한다.

는 것을 말씀하신 적은 없습니까? 우리 스님께서 보고 들은 것이 있으시면, 아낌없이 가리켜 주시기 바랍니다.'

바야흐로 그때는 나 자신의 칠통(漆桶)이 아직 부수어지지 못하여 이러한 것을 이해할 겨를이 없었기 때문에, 다만 그에게 이렇게 말했다.

'경전 속에 말해 놓았을 것입니다.[1416] 저는 아직 공부하는 중입니다.'

비로소 사람을 만나고자 하였으나, 둘 다 부끄러워하며[1417] 그만두었다.

嘗記得山僧往年行脚. 將入京師, 到鄧州天寧, 有蔡州道士, 忘其姓名, 以醫來南陽. 一日, 見他敎人來藏司借『寶積』·『華嚴』二經, 山僧竊知其爲佳士. 翌日相見, 與之說話, 果然契合. 因問所以借經之意. 曰: '某粗聽好人說話來, 〈若要理會本命元辰下落, 須還釋迦老子始得.〉' 話間忽問山僧: '佛具正遍知, 世界上事一一說盡, 何故不曾見說金木水火土之所緣起? 吾師有所聞見, 無惜開示.' 方是時, 自家漆桶未破, 未暇理會這般底, 只向他道: '藏經中莫須說著, 某尚居學地.' 方要見人, 二俱懷懼而休.

서울[1418]에 이르러 이 일을 찾아냈다.[1419] 『능엄경』을 읽어 보니, 원래 그 속에서 대단히 분명하게 말하고 있었다. 부처님께서 부루나에게 말씀하

1416 막수(莫須) : 설마 –란 말인가? 설마 –은 아니겠지? 혹시 –는 아닐까? 아마 –일 것이다. –임에 틀림없다. 혹시 –일지도 모른다.

1417 마라(懷懼) : 부끄러움, 치욕, 창피, 불명예 등을 당하는 모양.

1418 이문(夷門) : 하남성(河南省)에 있는 송나라 수도 개봉(開封)의 다른 이름.

1419 타발(打發) : ①보내다. 파견하다. 내쫓다. ②돌보아 주다. 도와주다. ③찾아내다.

445

셨다.

'같음과 다름이 흔들리고 어지러이 서로 대응하니 피로가 생기고, 그 피로가 오래되면 번뇌가 생겨서 자연 서로 혼탁하게 된다. 이로 말미암아 오염과 번뇌가 일어난다. 일어나는 것은 세계가 되고, 고요하게 있는 것은 허공이 되는데, 허공은 같으나 세계는 다르다. 그곳에 같고 다름이 없으면 법으로 여길 것이 참으로 있는데, 깨달음의 밝음과 허공의 어두움이 서로 대응하여 흔들리니, 그 때문에 풍륜(風輪)이 있어 세계를 잡아 지탱한다.'[1420]

이로 말미암아, 세계가 성립하는 것은 풍륜(風輪)[1421]이 지탱하기 때문

[1420] 『수능엄경』 제4권에 있는 내용. 약간 생략한 부분이 있다. 전체는 이와 같다 : "깨달음은 밝혀지는 것이 아닌데, 밝힘으로 인하여 밝혀야 할 것이 이루어졌다. 밝혀야 할 것이 이미 망령되게 이루어지면, 너의 허망한 능력을 생기게 해서 같고 다름이 없는 가운데서 불꽃처럼 성하게 다름을 이루었다. 그를 다르게 보니 다르게 되고, 다름으로 인해 같음이 성립되어, 같음과 다름이 밝혀졌다. 이로 말미암아 다시 같음도 없고 다름도 없음이 성립된다. 이와 같이 흔들리고 어지러이 서로 대응(對應)하니 피로가 생기고, 그 피로가 오래되면 번뇌가 생겨서 자연 서로 혼탁하게 된다. 이로 말미암아 오염과 번뇌가 일어난다. 일어나는 것은 세계가 되고, 고요하게 있는 것은 허공이 되는데, 허공은 같으나 세계는 다르다. 그곳에 같고 다름이 없으면 법으로 여길 것이 참으로 있는데, 깨달음의 밝음과 허공의 어두움이 서로 대응하여 흔들리니, 그 때문에 풍륜(風輪)이 있어 세계를 잡아 지탱한다."(覺非所明, 因明立所. 所旣妄立, 生汝妄能, 無同異中, 熾然成異. 異彼所異, 因異立同, 同異發明. 因此復立 無同無異. 如是擾亂 相待生勞, 勞久發塵 自相渾濁. 由是引起 塵勞煩惱. 起爲世界, 靜成虛空, 虛空爲同, 世界爲異. 彼無同異, 眞有爲法, 覺明空昧 相待成搖, 故有風輪, 執持世界.)

[1421] 풍륜(風輪) : 풍륜(風輪) · 수륜(水輪) · 금륜(金輪) 3륜의 하나. 불교의 세계관에서 이 세계를 붙들어 받치고 있는 3륜의 맨 밑에 있는 윤(輪). 넓이는 무수(無數). 두텁기는 16억 유순(由旬), 이 풍륜의 밑은 허공인데, 허공을 공륜(空輪)이라 하면 모두 합하여 4륜임.

446

임을 알았다. 대개 바람의 성질은 움직이는 것인데, 움직여서 쉬지 않으면 문득 견고하게 가로막는다. 그러므로 말했다.

'허공에 움직임이 생김으로 말미암아 견고한 밝음이 가로막는 장애물이 된다. 저 쇠라는 보배는 밝게 알아차림이 견고해진 것이다. 그러므로 금륜(金輪)이 국토를 떠받치고 있다.'[1422]

대개 바람과 쇠 두 물건이 서로 부딪치면 그 속에서 불이 일어난다. 그러므로 말한다.

'견고한 알아차림이 보배롭게 이루어져 밝음을 뒤흔들면 바람이 나온다. 바람과 쇠가 서로 비비기 때문에 불빛이 있게 되어 변화라는 성질이 된다. 보배로운 밝음에선 축축함이 나오니, 불빛 위에서 끓는다. 그러므로 수륜(水輪)이 시방세계를 품고 있는 것이다. 불은 위로 올라가고 물은 아래로 내려가며 함께 견고함을 만드니, 습기는 큰 바다가 되고 건조함은 육지가 된다. 이러한 뜻 때문에 저 큰 바다 속에 불빛이 늘 일어나고, 저 육지 속에 강물이 늘 흐른다. 물의 기운이 불의 기운보다 못하면 맺혀서 높은 산이 된다. 이 까닭에 산의 돌멩이를 때리면 불꽃이 일어나고, 돌멩이를 녹이면 물이 된다. 흙의 기운이 물의 기운보다 못하면 빠져나와 풀과 나무가 된다. 이 때문에 숲이 불타면 땅이 되고 초목을 짓누르면 물이 생긴다. 서로서로 허망하게 발생하여 번갈아 씨앗이 되니 이러한 인연으로 세계가 이어진다.'[1423]

1422   앞 인용문의 다음 구절.
1423   앞 인용문의 다음 구절

逮到夷門, 打發此事了. 因讀『楞嚴經』, 元來裏面說得極分曉. 佛謂富樓那曰: '同異擾亂, 相待生勞, 勞久發塵, 自相渾濁, 由是引起塵勞煩惱. 起爲世界, 靜成虛空, 虛空爲同, 世界爲異. 彼無同異, 眞有爲法, 覺明空昧, 相待成搖, 故有風輪執持世界.' 由是而知, 世界成就, 因風輪所持. 蓋風性動搖, 動搖不息, 忽生堅礙. 故曰: '因空生搖, 堅明立礙. 彼金寶者, 明覺立堅. 故有金輪保持國土.' 蓋風與金二物相觸, 於中生火. 故曰: '堅覺寶成, 搖明風出. 風金相摩, 故有火光, 爲變化性. 寶明生潤, 火光上烝. 故有水輪含十方界. 火騰水降, 交發立堅, 濕爲巨海, 乾爲洲潭. 以是義故, 彼大海中, 火光常起, 彼洲潭中, 江河常注. 水勢劣火, 結爲高山. 是故山石擊則成燄, 融則成水. 土勢劣水, 抽爲草木. 是故林藪遇燒成土, 因絞成水. 交妄發生, 遞相爲種, 以是因緣, 世界相續.'

저 석가 노인께서 이렇게 금목수화토를 말씀하신 것을 보니 매우[1424]분명하였다. 다시 그 도사를 만나 이러한 사실을 지적해 주지 못하는 것이 아쉬웠다. 원래 교승(敎乘)의 문자를 살펴보더라도 요컨대 큰 법(法)이 밝아진 연후에야 저절로 힘을 낭비하지 않는 것이다. 내가 선(禪)에 참여하고서[1425] 한 번 붙잡아 살펴보니 곧 부루나가 모습에 집착하여 자성을 어려워하고 있는 것이 보였다. 다시 여래께서 아난을 위하여 자성 위에서 지수화풍(地水火風)을 말씀하시는 것을 보니, 하나하나에서 깨끗한 본연(本然)이 법계(法界)에 두루하여 가슴속이 또렷하여 엉김이나 막힘이 없었다.

1424 가살(可殺) : 지극히. 매우.

1425 선(禪)에 참여하였다는 것은 깨달음을 얻었다는 말.

看他釋迦老子恁麼說金木水火土, 可殺分曉. 惜乎不復見此道士, 待點似他. 元來
看教乘文字也, 要大法明後, 自然不費力. 自家參得禪了, 一把來看, 便見得富樓那
執相難性. 又見如來爲阿難就性上說地水火風, 一一淸淨本然, 周遍法界, 胸中了
無凝滯.

지금 마음을 아직 밝히지 못했다면, 이러한 의심을 면하지 못할 것이
다. 세계는 어디로부터 나왔는가? 세계는 장차 어디로 사라질 것인가?
세계가 먼저 있었는가? 사람이 먼저 있었는가? 만약 세계가 먼저 있었
다고 한다면, 예전의 덕 높은 스님이 이렇게 말하지 말았어야 했다. '삼
계(三界)는 오직 마음이 나타난 것이요, 만법은 오직 의식이 변화된 것이
다.'[1426] 만약 사람이 먼저 있었다고 한다면, 아직 세계도 없는데 사람이
도리어 어디에 머물 것인가?

　이런 것들에서 완전히 막혀 버리면, 세계가 먼저 있었다고 해도 옳지
않고, 사람이 먼저 있었다고 해도 옳지 않다. 큰 법이 한번 밝아지면, 배
척할[1427] 필요 없이 저절로 분명해진다.

如今心地未明底, 不免疑道 : 世界從甚麼處起? 將來卻向甚麼處滅? 爲復先有世

1426　삼계유심만법유식(三界唯心萬法唯識) : 현장(玄奘)이 번역한 세친(世親)의 『유식이십
　　　론(唯識二十論)』 1권의 첫머리에 "삼계는 오직 식이다."(三界唯識) "삼계는 오직 마음이
　　　다."(三界唯心.)라는 구절이 나온다. 그러나 인도 찬술의 경론(經論)에는 '삼계유심만법유
　　　식(三界唯心萬法唯識)'이라는 구절이 등장하지 않는다. 이 구절은 중국에서 찬술된 장수
　　　자선(長水子璿)의 『금강경찬요간정기(金剛經纂要刊定記)』 제1권 등에 비로소 나온다.
1427　배견(排遣) : 배척하다. 배제하다. 축출하다.

界? 爲復先有人? 若道先有世界, 古德不應云: '三界唯心所現, 萬法唯識所變.' 若
道先有人, 旣未有世界, 人却在甚麼處安頓? 這些子不妨被他窒礙, 說先有世界也
不是, 先有人也不是. 大法一明, 不著排遣, 自然分曉.

아까 말한 '대지를 변화시켜 황금으로 만들고 긴 강을 저어서 우유로
만든다'는 것이 이상한 일[1428]이 아니다. 나아가 겨자씨 속에 수미산을 집어
넣고 수미산 속에 겨자씨를 집어넣는다는 등의 일들도 다른 술수에 의지
한 것이 아니다. 예컨대 수미산 속에 겨자씨를 집어넣는 것은 그렇다 하
더라도,[1429] 겨자씨 속에 어떻게 한 개 수미산을 집어넣을 수 있는가? 여
기에 이르면, 모름지기 직접 한번 맛을 보아야 한다.

適來所謂變大地作黃金, 攪長河爲酥酪, 不是差事. 以至芥子納須彌, 須彌納芥子
之類, 亦非假於他術. 只如須彌納芥子則故是, 芥子裏面如何著得一座須彌山? 到
這裏, 也須親見一回始得.

이 하나의 일은 사람마다 본래 가지고 있으며 각자 타고난 것이다. 다
만 오랜 예로부터 무명(無明)의 업식(業識)[1430]에 뒤덮여 있었기 때문에 앞

1428 차사(差事) : ①쓸모없다. 기준 미달이다. 품질이 나쁘다. ②이상한 일.

1429 즉고시(則故是) : 그렇다 하더라도. (어기가 전환될 경우, 앞절의 어기(語氣)를 이어 주
  고, 뒷절을 이끌어 준다)

1430 업식(業識) : 진여의 법이 본래 평등일미하고 무차별이라는 것을 있는 그대로 지각할
  수 없는 무명(無明) 때문에, 불각망상심이 가동하는 것을 말한다. 분별하여 업을 짓는 버
  릇에 물든 중생의 망상심(妄想心).

에 나타나지 않고 있다. 그 까닭에 도리어 밖에서 따로 자기 집을 찾게 된 것이다. 나는 늘 방장실 안에서 형제들에게 묻는다. '마음도 아니고, 부처도 아니고, 물건도 아니라면, 무엇이냐?' 아직 묻지 않았을 때는 원래[1431] 자기 집에 앉아 있었는데, 무엇이냐 하고 묻자마자 곧 본래 자리를 벗어나 문밖으로 달려나간다. 비유하자면 어떤 사람에게 '너는 어디에 있느냐?' 하고 물으니 그가 말하기를 '집 안에 있다.'고 하는데, 다시 그에게 집안과 자식의 형편을 물으면 곧 집을 잊어버리고 밖으로 나가 언어로써 따져서 응대하려 하는 것과 같다. 이른바 차이가 털끝만큼이라도 있으면, 잃는 것은 천리(千里)라는 것이다. 만약 진실로 알고자 한다면, 이 일은 결코 언어 위에 있지 않다.

這一段事, 人人本有, 各各天眞. 只爲無始時來無明業識所覆, 所以不能現前. 卻去外頭別覓家舍. 尋常室中問兄弟: '不是心, 不是佛, 不是物, 是甚麼?' 未問時幸自在家裏坐, 纔問他是甚麼, 便離卻本位, 走出門前, 譬如問人: 爾在那裏? 云: 在家裏. 卻問他屋裏家兒事子, 便忘卻家, 去外面討言語來祇對. 所謂差之毫釐, 失之千里. 若要眞實理會, 此事決定不在言語上.

오늘날 배우는 자들은 이러한 길을 벗어나지 못하고 있다. 그들에게 언어 위에 있지 않다고 하면, 곧 마주하는 경계 위에서 알려고 한다. 또 마주하는 경계 위에 있지 않다고 말하면, 곧 말을 꺼내는 곳에서 곧장 받

1431 행자(幸自) : 본시(本是). 원래(原來). 본래(本來). =행시(幸是).

아들이려[1432] 하고, 마음도 아니고 부처도 아니고 사물도 아니라고 말하면 말하자마자 곧 이해해 버린다. 원오 선사(先師)께서 늘 말씀하셨다.

'요즈음 이곳저곳에서는 모두 소굴[1433]을 만들고 있다. 오조(五祖)[1434] 문

1432 거기처승당(擧起處承當) : 말을 하는 곳에서 곧장 받아들이다. 말을 끄집어내는 곳에서 곧장 인정하고 수긍하다. =향거기처승당(向擧起處承當). 거기(擧起)는 '말을 끄집어내다' '말을 하다'는 뜻이고, 승당(承當)은 '맡다' '담당하다' '받들어 지키다' '수긍하고 인정한다'는 뜻이다.

1433 오조법연(五祖法演) : ?-1104. 기주(蘄州) 오조법연(五祖法演) 선사. 남악(南嶽) 문하 13세손에 해당한다. 송대(宋代) 선승. 임제종(臨濟宗) 양기파(楊岐派)의 3대 법손. 면주(綿州)의 등(鄧) 씨 아들로 출생. 35세에 출가하여 유식론(唯識論), 백법론(百法論) 등의 교학을 배우다가 회의를 느끼고, 선(禪)을 찾아서 혜림종본(慧林宗本)을 찾아 가르침을 받고, 다시 부산법원(浮山法遠)을 찾았고, 뒤에 백운수단(白雲守端; 1025-1072)을 스승으로 섬기며 공부하여 크게 깨달았다. 처음에는 사면산에 있다가 만년에 오조산(五祖山)에 머물렀기 때문에 오조법연이라 한다. 문하에 극근(克勤), 혜근(慧勤), 청원(清遠) 등이 있다.

1434 오조법연(五祖法演) : ?-1104. 기주(蘄州) 오조법연(五祖法演) 선사. 남악(南嶽) 문하 13세손에 해당한다. 송대(宋代) 선승. 임제종(臨濟宗) 양기파(楊岐派)의 3대 법손. 면주(綿州)의 등(鄧) 씨 아들로 출생. 35세에 출가하여 유식론(唯識論), 백법론(百法論) 등의 교학을 배우다가 회의를 느끼고, 선(禪)을 찾아서 혜림종본(慧林宗本)을 찾아 가르침을 받고, 다시 부산법원(浮山法遠)을 찾았고, 뒤에 백운수단(白雲守端; 1025-1072)을 스승으로 섬기며 공부하여 크게 깨달았다. 처음에는 사면산에 있다가 만년에 오조산(五祖山)에 머물렀기 때문에 오조법연이라 한다. 문하에 극근(克勤), 혜근(慧勤), 청원(清遠) 등이 있다.

1435 불감혜근(佛鑑慧勤) : 1059-1117. 서주(舒州, 安徽省) 출신으로, 속성은 왕(汪) 씨다. 오조법연(五祖法演)의 법을 이었고, 서주 태평산(太平山) 흥국선원(興國禪院)에 머물렀다. 송(宋) 휘종(徽宗) 정황(政和: 1111-1118) 초년에 칙명을 받아서 동도(東都)의 지해사(智海寺)에 머물렀고, 그 후에는 장산(蔣山)에 머물렀다. 정화 7년에 목욕재계하고 옷을 갈아입은 뒤에 단정하게 앉은 채로 입적하였다. '불감(佛鑑)선사'라는 시호가 내렸다.

하에서 나와 불감(佛鑑)[1435]과 불안(佛眼)[1436] 세 사람이 결사(結社)[1437]하여 참선하였는데, 지금 벌써 허물[1438]이 드러나는 것이 보인다. 불감 밑에는 강아지 울음소리와 비둘기 울음소리를 내어서 웃음거리가 되는 사람들이 있고, 불안 밑에는 등롱(燈籠)과 노주(露柱) 혹은 동쪽을 가리키거나 서쪽을 가리키지만 눈으로는 귀신을 보는 것과 같은 무리가 있다. 나의 여기에는 그런 부류의 병통은 없다.'

내가 말씀드렸다.

'병통이 없어서 참 좋으시겠습니다.'

선사께서 말씀하셨다.

'무슨 말이냐?'

내가 말씀드렸다.

'부싯돌을 치고 번갯불을 일으키는 듯이 하여, 수많은 사람이 업식(業

1436 불안청원(佛眼淸遠) : 1067-1120. 송대(宋代)의 스님으로 임제종 양기파(楊岐派)이다. 용문청원(龍門淸遠)이라고도 알려져 있는데, 용문은 주석한 절 이름이다. 속가의 성은 이(李) 씨고, 촉(蜀, 四川省) 임앙현(臨卬縣) 출신이다. 출가하여 14세에 구족계를 받고, 율(律)과 법화경(法華經)을 배우고 나서 선을 참구하였다. 강회(江淮)의 여러 선사(禪寺)를 두루 편력한 후, 서주(舒州, 安徽省) 태평사(太平寺)의 오조 법연(五祖法演)에게 참구하여 그의 법을 이었다. 서주의 천녕(天寧) 만수사(萬壽寺)에서 개당하고, 용문사(龍門寺), 화주(和州)의 포산사(褒山寺) 등에 머물렀다. 등순무(鄧洵武)가 상주(上奏)하여 자의(紫衣) 및 '불안선사(佛眼禪師)'라는 칙호를 내렸다. 태평혜근(太平慧勲)·원오극근(圜悟克勤)과 더불어 동산(東山)의 3불(三佛), 또는 동산의 2근1원이라 일컬어졌다. 선화(宣和) 2년 동지 전날 입적하였는데, 그때 세수가 54, 법랍은 40이었다. 선오(善悟)가 『불안선사어록(佛眼禪師語錄)』 8권을 편집하였다.
1437 결사(結社) : 불교 수행 혹은 참선 수행이라는 공동의 목적을 위하여 단체를 조직함.
1438 누두(漏逗) : ①새다. ②터져서 드러나다. ③불완전하다. 미숙하다. 허물이 드러나다.

識)을 희롱하여 말하자마자 곧 이해하도록 하는[1439] 것이 어찌 불법(佛法)의 커다란 소굴이 아니겠습니까?'

선사께선 자기도 모르게 혀를 내두르고는 말씀하셨다.

'그것은 상관하지 마라. 나는 다만 깨달아 진리에 들어맞는[1440] 것만을 약속할 뿐이다. 만약 깨달아 진리에 들어맞지 않는다면, 결단코 눈감아 주지[1441] 않는다.'

내가 말씀드렸다.

'깨달아 진리에 들어맞는다고 하시면 되었습니다만,[1442] 염려스러운 것은 후생들이 단지 그렇게 전하여 말하자마자 곧 이해하여 온통[1443] 부싯돌을 치고 번갯불을 일으키는 일만을 주장한다면, 드넓은 업식이 끝날 날이 없을 것입니다.'

선사께선 깊이 긍정하셨다.

今時學者出這幾路不得. 向他道不在言語上, 便去機境上作解會. 又向道不在機境上, 便去擧起處承當, 不是心, 不是佛, 不是物, 擧了便會了. 圜悟先師常說: '近來諸方盡成窠窟. 五祖下, 我與佛鑑·佛眼三人, 結社參禪, 如今早見漏逗出來也. 佛鑑下有一種作狗子叫鵓鳩鳴取笑人, 佛眼下有一種燈籠露柱, 指東畫西, 如眼見鬼一

1439 인득(引得) : —를 야기하다.

1440 계증(契證) : ①자신의 증거가 들어맞는 것. ②제자의 깨달음이 스승의 깨달음과 들어맞는 것. ③깨달아 진리에 들어맞는 것. =증계(證契).

1441 방과(放過) : ①여유가 있다. 여유를 두다. ②눈감아 주다. 보아 주다. 용서해 주다. 놓아 주다.

1442 제(第) : 그러나. 그런데. 다만.

1443 경(硬) : 매우. 전혀. 온통. 극히. 무리하게. 억지로. 고집스러이.

454

般, 我這裏且無這般病痛.' 山僧曰: '大好無病痛.' 先師曰: '何謂?' 山僧曰: '擊石火閃電光, 引得無限人弄業識, 擧了便會了, 豈不是佛法大窠窟?' 先師不覺吐舌, 乃曰: '莫管他. 我只以契證爲期, 若不契證, 斷定不放過.' 山僧曰: '說契證卽得, 第恐後來只恁麼傳將去, 擧了便會了, 硬主張擊石火閃電光, 業識茫茫未有了日.' 先師深以爲然.

또 한 부류는 말하기를, 고요함이 뿌리이고 깨달음은 가지나 잎과 같아서 오래도록 고요할 수 있으면 저절로 깨달을 수 있다고 한다. 나는 감히 그들이 도(道)를 어지럽힌다고 말한다. 또 지극히 깨끗한 빛에 통달하는 것을 깨달음이라고도 하는데, 잘못 알지 않는 것이 좋을 것이다. 옛 성인이 어쩔 수 없이 지극히 깨끗한 빛에 통달함을 말하고 고요한 비춤 속에 허공을 품고 있다고 말한 것은, 비유하자면 좋은 의사가 병에 따라 약을 처방하는 것과 같은 것이다. 지금 묘한 깨달음이 있음을 믿지 않는 자가 도리어 깨달음은 만들어진 것이라고 말하니, 이 어찌 약을 병으로 여기는 것이 아니랴?

更有一般底, 說靜是根本, 悟是枝葉, 靜得久, 自然悟去. 山僧敢道他亂道. 又引淨極光通達爲證, 且莫錯會好. 先聖不奈何說箇淨極光通達, 寂照含虛空, 譬如良醫應病與藥. 如今不信有妙悟底, 返道悟是建立, 豈非以藥爲病乎?

세간의 문장(文章)과 기예(技藝)도 오히려 깨달음의 문을 지난 뒤에야 그 정밀하고 오묘함을 얻는데, 하물며 세간을 벗어난 법을 단지 이렇게 깨닫겠느냐? 이곳의 1,200납자(衲子)들이 각자 조금이라도 알아차리면 매번 실중(室中)으로 찾아와 말하고는 합당함을 살피는 자가 매우 많으나, 두 번 정도 뛰어 달아난 뒤에 다시 한 번 밀어붙이면 곧 발걸음을 떼지 못하니, 대개 아직 몸과 목숨을 내버릴 수 없기 때문이다. 그러므로 말한다. '절벽에 매달려 손을 놓아 버려야, 스스로 기꺼이 받아들일[1444] 것이다. 죽은 뒤에 다시 소생한다면, 그대를 속일 수 없을 것이다.'[1445] 이러한 일이 없다고 말하지 마라.

世間文章技藝, 尙要悟門, 然後得其精妙, 況出世間法, 只恁麼了得? 這裏一千二百衲子, 箇箇有一知半解, 每來室中道得諦當者甚衆, 跳得兩跳後, 更與一拶, 便去不得, 蓋卒未能抃身捨命. 所以道: '懸崖撒手, 自肯承當, 絶後再甦, 欺君不得.' 莫道無恁麼事.

일찍이 장무진(張無盡)[1446] 거사가 한 이런 말이 생각나는구나.

'앞서 부처님께서 하신 말씀은, 한 개 털끝에서 부처님[1447]의 국토를 드

1444 승당(承當) : 맡다. 담당하다. 받들어 지키다. 불조(佛祖)에게서 전해져 온 정법(正法)을 받아 지킨다는 뜻으로서, 종지(宗旨)를 깨달아 체득하는 것을 가리키는 말.

1445 『경덕전등록』 제20권 '소주영광원진선사(蘇州永光院眞禪師)'의 상당 법어 가운데 한 구절. 진선사(眞禪師)는 운거도응(雲居道膺)의 제자로서 청원행사의 6세손이다.

1446 무진(無盡) 거사 : 장상영(張商英; 1043-1121)이다. 장상영은 자는 천각(天覺)이며, 시호는 문충(文忠)이다. 촉(蜀: 四川省)의 신진(新津) 사람으로, 19세 때 과거에 응시하여 중책을 두루 역임하였으며, 재상까지 지냈다. 소식(蘇軾)과 교유가 있었고, 또 선종의 황룡파(黃龍派) 선승들과도 사귀었는데, 특히 원오극근과는 밀접한 관계를 맺었다. 선에 심취하여 깊이 이해하였으므로 무진(無盡) 거사라 불리었다.

1447 보왕(寶王) : 부처님. 보왕찰(寶王刹)은 부처님의 국토, 즉 불국토(佛國土).

러내시고 티끌먼지 속에 앉아서 큰 법바퀴를 굴리신 것이니, 이것이 진실한 뜻이다. 법화(法華)의 회상에서는 다보여래(多寶如來)[1448]께서 보탑 속에서 석가모니불과 자리를 나누어 함께 앉으셨다. 과거의 부처님과 현재의 부처님께서 함께 한자리에 앉으시니, 참으로 이와 같은 일이 있는 것이지 표법(表法)[1449]을 말하는 것은 아니다."[1450]

嘗記得張無盡有言: '先佛所說, 於一毛端現寶王刹, 坐微塵裏轉大法輪, 是眞實義. 法華會上, 多寶如來在寶塔中分半座與釋迦文佛. 過去佛現在佛同坐一處, 實有如是事, 非謂表法.'

천태지자(天台智者) 대사가 『법화경』을 읽다가 '이것이 참된 정진이니 이

1448 다보여래(多寶如來) : 동방 보정세계(寶淨世界)의 교주(敎主). 보살로 있을 때 "내가 성불하여 멸도한 뒤, 시방세계(十方世界)에서 『법화경』을 설하는 곳에는 나의 보탑(寶塔)이 솟아나와 그 설법을 증명하리라."고 서원한 부처님. 석존이 영산(靈山)에서 『법화경』을 설할 때도 그 탑이 솟아 나왔다고 함.

1449 표법(表法) : 법을 나타내다. 법신불(法身佛)을 나타내다. 천태지의(天台智顗)가 『법화경』을 주석하여 지은 『묘법연화경문구(妙法蓮華經文句)』 제8권 하(下) 「석견보탑품(釋見寶塔品)」에서 "다보여래(多寶如來)는 법신(法身)을 나타내는 표법불(表法佛)이고, 석가여래는 보신(報身)을 나타내는 표보불(表報佛)이고, 다보여래가 분신(分身)한 것은 응신(應身)을 나타내는 응신불(應身佛)이다. 이 세 부처가 비롯 셋이나 같지도 않고 다르지도 않다."(多寶表法佛, 釋尊表報佛, 分身表應佛. 三佛雖三, 而不一異.)고 말한 것에서 유래한 말이다. 다보여래는 법신을 나타내는 부처로서 곧 정(定)이고, 석가여래는 보신을 나타내는 부처로서 곧 혜(慧)이니, 다보여래와 석가여래가 법회회상에서 자리를 나누어 앉았다는 것은 정과 혜가 둘이 아니라는 뜻이다.

1450 표법(表法)이 아니라는 것은, 법신만 나타낸 것은 아니라는 말. 즉, 법계의 실상이 본래 삼신불이 따로 있지 않으니, 법신만 따로 나타날 수는 없다는 말.

름하여 참된 법으로 여래께 공양드린다고 한다.'는 구절에 이르러 법화삼매(法華三昧)를 깨닫고 보니, 영산(靈山)에 한 번 모인 법회가 엄연하여 아직 흩어지지 않고 있었다. 나는 늘 노고(老杲)[1451] 화상이 매번 이 이야기를 할 때마다 언제나 기뻐 날뛰고 손을 흔들며 '참으로 이러한 일이 있는 것이고, 표법(表法)은 아니다. 너희들 허풍선이[1452]들이 어디에서 알 수 있으랴?'라고 말하기를 좋아한다. 대개 저 근본 아래에서 밝으면, 다만 말로써 삼매를 드러내는 것에는 서툴지만 그 묘한 요체를 발휘함이 이와 같다. 이것이 이른바 오직 깨달아서 알 뿐, 헤아리기는 어렵다는 것이다.

天台智者大師讀『法華經』, 至 '是眞精進, 是名眞法供養如來', 悟得法華三昧, 見靈山一會儼然未散. 山僧常愛老杲和尚每提唱及此, 未嘗不歡喜踊躍, 以手搖曳曰: '眞箇有恁麼事, 不是表法. 爾輩冬瓜瓠子那裏得知?' 蓋他根本下明, 但拙於語言三昧, 發其要妙爾. 此所謂唯證乃知難可測.

오늘 정(鄭) 성충이 나에게 보설을 청한 뜻은 선승이 공부하는 도리를 듣고자 하는 것이다. 운문의 이 말을 보지 못했는가?

'말할 수 없을 때는 있고, 말하지 않을 때는 없다.[1453] 생각할 때는 있

1451 노고(老杲)란 이름의 선승이 당송대에는 발견되지 않는다. 아마도 이 말은 노승(老僧) 종고(宗杲)라는 말의 줄임말로 보이므로, 곧 대혜종고 자신을 가리키는 말일 것이다.

1452 동과호자(冬瓜瓠子) : 동과(冬瓜)는 박, 호자(瓠子)는 조롱박. 나물의 재료. 모두 속이 텅 빈 물건. 여기에서는 속이 빈 실속 없는 사람을 가리킨다. 허풍선이.

1453 불법(佛法)을 가리킴.

고, 생각하지 않을 때는 없다.[1454] 그러면 생각하지 않을 때는 또 무엇이냐?"[1455]

그대들이 알아채지 못할까 봐 염려하여 다시 이어서 말했다.

'또 무엇이냐?'[1456]

이러한 존숙은 자비롭기 때문에 사람을 위하는 것이 매우 또렷하다.[1457]

今日鄭成忠請山僧普說之意, 要聞禪和子做工夫底道理. 不見雲門道: '不可說時便有, 不說時便無. 思量時便有, 不思量時便無. 只如不思量時, 又是箇甚麼?' 怕爾不會, 又隨後道: '更是箇甚麼?' 這般尊宿, 慈悲之故, 爲人痛的的地.

나는 대중 속에서 공부할 때 위앙종(潙仰宗)·조동종(曹洞宗)·운문종(雲門宗)·법안종(法眼宗)의 문하에서 모두 공부해 보았으나, 임제종(臨濟宗) 문하에서 배워서 가르치게 된 뒤에야 비로소, 깨달으면 일의 성질이 같은 한 집안이요 깨닫지 못하면 만 가지로 달라지고 천 가지로 차이가 남을 알았다.[1458] 이미 같은 한 가지라면, 달마 조사는 또 어디에 여러 가지 차별이 있겠는가? 무엇이 부처인가? 똥 닦는 막대기다. 여기에 무슨 차별이 있는가? 덕산은 승려가 문으로 들어오는 것을 보면 곧 몽둥이질을

1454 세간사(世間事)를 가리킴.

1455 법을 가리키며 묻고 있음.

1456 『운문광진선사광록(雲門匡眞禪師廣錄)』중권(中卷)에 나오는 내용.

1457 통적적(痛的的) : 몹시 분명하다. 매우 또렷하다. 통(痛)은 '몹시, 매우'라는 부사.

1458 지도(知道) : 알다. 깨닫다. =지(知), 지유(知有).

했는데, 승려가 어찌할 바를 모르면 다시 말했다. '몽둥이질을 한다고 알아서는 안 된다.' 임제는 승려가 문으로 들어오는 것을 보면 곧 고함을 질렀는데, 이미 양손으로 나누어 준 것이니 다시 살펴보며 찾는다면[1459] 눈동자[1460]가 이미 땅에 떨어진 것이다.[1461] 하물며 다시 이치를 말하고 사실을 말하며 끊임없이 얽히고설킨다면,[1462] 바로 사자는 사람을 물고 미친 개는 흙덩이를 쫓는다는 것이다.[1463]

山僧在衆日, 潙仰 · 曹洞 · 雲門 · 法眼下, 都去做工夫來, 臨濟下則故是, 後來方知道, 悟則事同一家, 不悟則萬別千差. 旣同一箇, 達磨祖師又何處有許多般差別來? 如何是佛? 乾屎橛. 這裏有甚麼差別? 德山見僧入門便棒, 僧罔措, 復云 : '不得作棒會.' 臨濟見僧入門便喝, 已是兩手分付, 擬欲覷捕, 則眼睛落地了也. 況復說理說事, 絲來線去, 正是師子咬人, 狂狗趁塊.

세월은 재빠르고 살고 죽는 일은 크다. 손가락 한 번 퉁기는 사이에 곧 내생(來生)이 도래하니, 다만 마음을 비워 버리고 자세히 끝까지 파고들

1459 처포(覷捕) : 엿보며 찾다. 자세히 살펴보며 찾다.

1460 안정(眼睛) : 글자 그대로는 눈동자를 뜻하지만, 눈 전체를 가리키는 말이다. 선에서는 주로 본래면목을 알아보는 안목(眼目)을 뜻한다.

1461 안정낙지(眼睛落地) : 눈동자가 땅에 떨어지다. 안목이 없다.

1462 사래선거(絲來線去) : (일 따위가) 끊임없이 얽히고설키다. =사래사거(絲來絲去).

1463 한로축괴사자교인(韓獹逐塊獅子咬人) : 사람이 흙덩이를 던지면, 한나라 개는 흙덩이를 쫓아가지만, 사자는 몸을 돌이켜 흙덩이를 던진 사람을 문다는 말. 개가 흙덩이를 쫓는다는 것은 헛되이 언구(言句)의 뜻에 집착하여 그 말이 가리키는 진실을 보지 못한다는 말.

어라. 파고들고 또 파고들어 좋은 생각이 이미 이어지면, 나쁜 생각은 저절로 생겨나지 않는다.[1464] 다만 여실(如實)하게 수행하면 때가 되어 저절로 깨달을 것이다. 만약 깨닫지 못한다면, 미륵불[1465]이 하생(下生)할 때까지 말하여도 다만 말일 뿐이니 어떻게 수행하겠느냐? 게송 하나를 들어보아라.

'나쁜 생각이 이미 일어나지 않고

좋은 생각이 늘 이어지면

온갖 바라밀[1466]의 문을

모든 것들이 스스로 갖추고 있을 것이다.'"

無常迅速, 生死事大. 彈指便是來生到來, 但虛卻心, 子細推窮. 窮來窮去, 善念旣

相續, 惡念自然不生. 但如實修行, 時節因緣到來, 自然悟去. 若不悟, 說到彌勒佛

1464 좋은 생각 즉 선념(善念)은 망상(妄想)이 없는 마음이고, 나쁜 생각 즉 악념(惡念)은 망상으로 가득한 마음이다.

1465 미륵(彌勒) : Maitreya. 대승(大乘)의 보살. 매달려야(梅怛耶) · 매달례야(昧怛隸野)라 음역하고, 자(慈) 씨라 번역한다. 이름은 아일다(阿逸多)인데, 무승(無勝) · 막승(莫勝)이라 번역한다. 인도 바라내국의 바라문 집에 태어나 석존의 교화를 받고, 미래에 성불하리라는 수기를 받아, 도솔천에 올라가 있으면서 지금 그 하늘에서 천인들을 교화한다. 석가세존(釋迦世尊)이 입멸 후 56억 7천만 년을 지나 다시 이 사바세계에 출현하여 화림원(華林園) 안의 용화수(龍華樹) 아래서 성도하여, 3회의 설법으로써 석존의 교화에서 빠진 모든 중생을 제도한다고 한다. 석존의 업적을 돕는다는 뜻으로 보처(補處)의 미륵이라 하며, 현겁(賢劫) 천불의 제5불(佛)이다. 이 법회를 용화삼회(龍華三會)라 함.

1466 바라밀(波羅蜜) : pāramitā. 바라밀다(波羅蜜多) · 파라미다(播囉弭多)라고도 음역하고, 도피안(到彼岸) · 도무극(度無極) · 사구경(事究竟) · 도(度)라 번역. 번뇌를 벗어나 해탈을 얻는 것을 피안에 이른다고 한다.

下生, 只是說底, 且作麼生修行? 聽取一頌: '惡念旣不生, 善念常相續, 諸波羅蜜門,

一切自具足.'"

14. 손 통판이 청한 보설

손(孫) 통판(通判)[1467]이 보설을 청하자, 대혜가 말했다.

"법을 말함에 때에 응하지 않으면, 모두가 때에 알맞지 않은 말이 된다. 그러므로 말했다.

'도솔천을 떠나기 이전에 이미 왕궁에 내려오셨고, 어머니 뱃속에서 태어나기 이전에 이미 사람들을 모두 제도하셨다.'[1468]

이장자(李長者)[1469]가 지은 『화엄론(華嚴論)』에서 말했다.

'이 경은 분명 부처님이 도(道)를 이루시고 10일이 지난 이후에 말씀하신 것이다. 처음 정각산(正覺山) 앞에서 선정(禪定)에서 일어나 샛별을 보셨을 때 문득 도를 깨달으시고, 곧 자기의 본래면목을 보셨다.'[1470]

1467 손통판(孫通判): 대혜의 문인. 이름은 장문(長文). 통판(通判)은 벼슬 이름.

1468 『천성광등록』 제21권 '당주복안산혜순선사(唐州福安山慧珣禪師)'에 처음으로 인용되고 있으나, 본래 어디에서 나온 말인지는 알 수 없다.

1469 이통현(李通玄) 장자(長者): 당나라 사람. 고금의 학문을 연구, 유교·불교의 경전에 정통함. 719년 『신화엄경』을 해석한 『신화엄경론(新華嚴經論)』 40권을 지었다. 730년(개원 18년 3월) 나이 96세로 입적하였다. 저서로는 『신화엄경론』 이외에 『화엄회석(華嚴會釋)』, 『십문현의 배과석략』 등이 있다.

1470 이통현(李通玄)이 지은 『신화엄경론(新華嚴經論)』에는 이런 구절이 보이지 않고, 다만 『신화엄경론』 제9권에 다음의 내용이 있다. "둘째. 경전을 말한 때를 정하는 것은 대략 10 종류를 세워서 가르침을 말한 앞과 뒤가 같지 않다. 첫째, 역사경(力士經)에선 부처님이 처음 도를 이루시고 7일 동안 사유하신 뒤에 곧 녹야원에서 설법하셨다고 하였다. 둘째, 대품경(大品經)에선 부처님이 처음 도를 이루시고 녹야원에서 사성제(四聖諦)를 말씀하시니 헤아릴 수 없는 중생들이 성문(聲聞)의 마음이나 독각(獨覺)의 마음이나 큰 깨달음의 마음을 냈다고 말하였지만 시일을 말하진 않았다. 셋째, 법화경(法華經)에선 21일 이후에 녹야원을 방문하여 설법하셨다고 하였다. 넷째, 사분계(四分戒)와 살바다론(薩婆多

때가 이르면 그 이치가 저절로 밝아짐을 참으로 알겠다.

孫通判請普說, 師云: "說法不應時, 總是非時語. 所以道: '未離兜率, 已降王宮, 未出母胎, 度人已畢.' 李長者著『華嚴論』, 乃云: '此經決定是佛成道十日後說. 初於正覺山前從定而起, 因見明星, 忽然悟道, 便見自己本來面目.' 信知時節若至, 其理自彰.

나는 늘 '무진(無盡) 거사[1471] 한 사람이야말로 몇백 년인지 알 수 없는 세월 동안 반야를 배웠기 때문에 금생(今生)에 이와 같이 크게 누리게[1472] 되었구나.' 하고 생각한다. 그가 주석(註釋)한 『청정해안경(淸淨海眼經)』은 8가지 성취를 말하였는데, '이와 같이 나는 들었다. 한때 부처님께서 계

論)에선 42일 후에 비로소 설법하셨다고 하였다. 다섯째, 흥기행경(興起行經)과 출요경(出曜經)에선 49일 뒤에 비로소 설법하셨다고 하였다. 여섯째, 오분율(五分律)에선 56일 뒤에 비로소 설법하셨다고 하였다. 일곱째, 대지도론(大智度論)에선 57일 뒤에 비로소 설법하셨다고 하였다. 여덟째, 십이유행경(十二遊行經)에선 1년 동안 설법하지 않으셨다고 하였다. 아홉째, 우리 당(唐)나라의 길장(吉藏) 법사(法師)에 의하면 여래가 도를 이루고서 14일 뒤에 화엄경(華嚴經)을 말씀하셨다고 확실히 정하였다. 이상 본 것처럼 부처님이 설법한 앞뒤의 시기가 같지 않은 것은 대개 각자의 견해에 따르기 때문에 부처님이 처음 설법한 시기가 같지 않은 것이지, 근본 법계의 진실한 말씀에 따르기 때문은 아니다."(二. 定說經時分者, 略立十種, 說敎前後不同. 一如力士經說, 佛初成道一七日思惟已卽於鹿園說法. 二如大品經說, 佛初成道鹿苑轉四諦法輪無量衆發聲聞心乃至獨覺心大菩提心, 不言時日. 三如法華經說, 三七日詣鹿園說法. 四如四分戒及薩婆多論, 六七日方說法. 五如興起行經及出曜經, 七七日方說法. 六如五分律, 八七日方說法. 七如大智度論, 五十七日方說法. 八如十二遊行經說, 一年不說法. 九依今唐朝藏法師, 決定將如來成道定二七日說華嚴經. 已上見佛說法前後不同, 皆是隨自見佛說法前後不同, 非是依本法界成實之說.)

1471 무진거사(無盡居士) : 장상영(張商英; 1043~1121).

1472 수용(受用) : 누리다, 향유하다. 법을 얻어서 그 법을 누리고 향유한다는 말.

셨다〔여시아문일시불재(如是我聞一時佛在)〕.[1473]에 대하여 그는 주석하기를 '이(理)가 같지〔여(如)〕 않음이 없음을 일러 이것〔시(是)〕이라 하고, 사(事)가 이것〔시(是)〕이 아님이 없음을 일러 같다〔여(如)〕라 한다.'[1474]라 하였다. 지금까지 이와 같이 말한 사람이 없었다. 대개 그가 석가 노인의 골수를 꿰뚫어 보았기 때문에, 곁가지를 골라내고 그 근원과 만난 것이다.

부처님께서는 처음 탄생하셔서 한 손으로는 하늘을 가리키고 한 손으로는 땅을 가리키면서 말했다. '하늘 아래 하늘 위에 오직 나 홀로 존귀하다.'[1475] 그러므로 무진 거사는 주석한다. '삼계(三界)에 홀로 존귀한 것을 일러 나〔아(我)〕라 한다.' 〈나〉라고 하는 것은 나와 남이라 할 때의 나가 아니라, 맹자(孟子)가 〈만물이 모두 나에게 갖추어져 있다.〉[1476]고 할 때의

1473 여시아문일시불재(如是我聞一時佛在)는 모든 불경(佛經)에서 처음 시작하는 구절이다.

1474 여(如)는 '—와 같다'는 뜻이지만, 여기에서는 여여(如如)의 뜻으로 사용하였다. 시(是)는 '이, 이것'이라는 뜻이다.

1475 천상천하유아독존(天上天下唯我獨尊) : 온 우주에서 나만이 홀로 존귀하다. 『불본행집경(佛本行集經)』제10권 「사타문서품(私陀問瑞品)」제9에 다음의 내용이 있다. "또다시 대사(大師)여, 동자(童子)가 처음 태어날 때 부축해 주는 사람도 없이 땅에 일어서서 사방으로 일곱 걸음을 걸었는데 발 딛는 곳마다 모두 연꽃이 생겨났고, 사방을 돌아보면서도 눈도 깜짝이지 않았고 두려워하거나 놀라지도 않았다. 동쪽을 보고 서서 어린아이처럼 소리 내어 울지도 않으면서 단정한 목소리와 교묘한 말솜씨로 이렇게 말했다. '모든 세간에서 나만 홀로 존귀하고 나만 홀로 가장 뛰어났으니, 나는 이제 태어나고 늙고 죽는 일의 뿌리를 끊을 것이다.'"(復次大師, 童子初生, 無人扶持, 住立於地, 各行七步, 凡所履處, 皆生蓮花. 顧視四方, 目不曾瞬, 不畏不驚. 住於東面, 不似孩童呱然啼叫. 言音周正, 巧妙辭章, 而說是言: '一切世間, 唯我獨尊, 唯我最勝, 我今當斷生老死根.')

1476 『맹자(孟子)』「진심(盡心)」상(上)에 나오는 맹자의 말. 전체 말은 다음과 같다: 맹자가 말했다. "만물이 모두 나에게 갖추어져 있다. 자신을 돌이켜서 진실하면 즐거움이 이보다 더 클 수 없다. 용서함을 힘써 행한다면 어짊을 구함에 이보다 더 가까울 수 없

〈나〉와 같다.

(무진 거사는 주석한다.) '마음이 시방세계에 통함을 일러 듣는다(문(聞))라 한다.' 대개 세상 사람들은 모두 귀로써 모든 음성을 듣지만, 오직 보현보살만이 마음으로써 듣는다. 그러므로 경에서 말하기를 〈마음이 시방세계의 모든 것을 다 들으니, 커다란 인력(因力)[1477]을 낳는다.〉[1478]고 한다.

(무진 거사는 주석한다.) '여럿이 비롯되는 근원을 일러 하나(일(一))라 한다.' 마치 앞에 있는 1,000명의 대중을 수좌로부터 헤아리듯이, 하나로부터 백으로 나아가고 백으로부터 천으로 나아간다. 그러므로 말하기를 〈하나는 여럿이 비롯되는 근원이다.〉라 한다.

(무진 거사는 주석한다.) '하나(일(一))가 시작하는 것을 일러 때(시(時))라 한다.' 이때는 곧 묘심(妙心) 거사[1479]가 나에게 대중설법을 해 달라고 청하는 때다. 이때는 시방삼세(十方三世)[1480]의 헤아릴 수 없이 많은 모든 부처와 육도사생(六道四生)[1481]의 범부나 성인이나 풀이나 나무나 유정(有情)이

다."(孟子曰: "萬物皆備於我矣. 反身而誠, 樂莫大焉. 強恕而行, 求仁莫近焉.") 자신에게 진실하고 남을 용서하여 인(仁)에 가까울 수 있는 것은 모두 자신이 하기에 달렸다는 뜻으로 맹자는 만물이 나에게 갖추어져 있다고 말한 것이다. 그러므로 맹자의 말이 '삼계에 오직 존귀한 것을 일러 나라고 한다.'는 말과 일치하는 내용이라고 보기에는 무리가 있다.

1477 인력(因力) : 사물이 생겨나는 데에 원인이 되는 사물 자체에 있는 힘. 연력(緣力)의 반대. 연력은 외부에서 도와주는 힘.

1478 『수능엄경』 제6권 게송에 나오는 구절.

1479 이 보설을 청한 손통판(孫通判)을 가리킨다.

1480 시방삼세(十方三世) : 시방은 상하사방의 공간, 삼세는 과거·현재·미래의 시간.

1481 육도사생(六道四生) : 육도(六道)는 중생의 업인(業因)에 따라 윤회하는 길을 6으로 나눈 것. 지옥도(地獄道)·아귀도(餓鬼道)·축생도(畜生道)·아수라도(阿修羅道)·인간도(人間道)·천상도(天上道). 사생(四生)은 육도(六道)에 살고 있는 모든 중생을 가리키는데, 태어나는 방식에 따라 넷으로 나뉘므로 사생이라 한다. 모태에서 태어나는 태생(胎

나 무정(無情)을 모두 갖추고 있음을 알아야 한다."

妙喜常思:'無盡居士這一箇人, 不知幾百生中學般若來, 今生如此得大受用.' 所註
『淸淨海眼經』, 說八成就. 謂'如是我聞. 一時佛在', 云:'理無不如之謂是, 事無不是
之謂如.' 自來不曾有人如此說. 蓋爲他見徹釋迦老子骨髓, 所以取之左右逢其源.
佛初生下, 一手指天, 一手指地云:'天上天下, 唯我獨尊.' 所以云:'三界獨尊之謂
我.' 所謂我者, 非人我之我, 如孟子所謂萬物皆備於我也. '心洞十方之謂聞.' 蓋世
間人皆以耳聞一切音聲, 唯普賢菩薩乃以心聞. 故經云:〈心聞洞十方, 生于大因
力〉'多之所宗之謂一.' 且如現前一千大衆, 從首座數起, 自一而之百, 自百而之千.
所以言:〈一者, 多之所宗也.〉'一之所起之謂時.' 這箇時, 便是妙心居士請妙喜爲
大衆說法之時也. 當知此時能該括十方三世, 乃至塵沙諸佛, 六道四生, 若凡若聖,
若草若木, 若有情若無情."

이어서 불자(拂子)로 선상(禪床)을 한 번 내리치고는 말했다.
"모두들 여기에서 등정각(等正覺)을 성취하니, 이때를 벗어나지 않았도
다."

乃以拂子擊禪床一下云:"盡向這裏成等正覺, 無出此時也."

다시 말했다.

___

生), 알에서 태어나는 난생(卵生), 습기 가운데서 태어나는 습생(濕生), 과거의 자신의 업
(業)에 의해 태어나는 존재인 화생(化生)이 그것이다. 인간과 짐승은 태생이고, 천인(天
人)과 지옥(地獄)의 중생은 화생이다.

"(무진 거사는 주석한다.) '시각(始覺)[1482]이 본각(本覺)에 합함을 일러 부처〔불(佛)〕라 한다.' 말하자면, 지금 시각이 본각에 합한다. 흔히 삿된 스님들은 말없이 묵묵히 있는 것을 시각으로 삼고, 위음왕나반(威音王那畔)[1483]을 본각으로 삼으나,[1484] 결코 이런 이치는 아니다. 이런 이치가 아니라면, 무엇이 깨달음〔각(覺)〕인가? 만약 전부 깨달음이라면, 어찌 다시 어리석음〔미(迷)〕이 있겠는가? 만약 어리석음이 없다고 한다면, 석가 노인께서 샛별이 나타났을 때 문득 자기의 본명원진(本命元辰)[1485]이 원래 여기에 있음을 깨달아 안 것은 어쩌겠는가? 그러므로 말하기를 '시각으로 말미암아 본각에 합한다.'고 한다. 마치 선객(禪客)이 문득 코[1486]를 만져 보는 것

1482 시각(始覺) : ↔ 본각(本覺). 『대승기신론(大乘起信論)』에 나오는 말. 본각(本覺)은 본래부터 깨달아 있다는 것이고, 시각(始覺)은 지금 비로소 깨닫는다는 것이다. 본각과 시각의 본체는 다르지 않으나, 다만 지위가 같지 않으므로 본각과 시각이라는 이름으로 구분한다. 비유하면, 땅속에 묻힌 금덩이는 본각이고 그 금덩이를 노력하여 파내면 시각이다. 금덩이는 동일한 금덩이이다.

1483 위음왕나반(威音王那畔). 위음왕불이 출세하기 이전. 나반(那畔)은 저쪽이라는 뜻. 과거장엄겁(過去莊嚴劫)의 최초불을 위음왕불이라 함. 부모미생전(父母未生前), 천지미분전(天地未分前)이란 말과 같이 태초(太初)를 표시하는 말. 『조정사원(祖庭事苑)』에는 위음왕 이전은 실제이지(實際理地)를 밝힌 것이고, 위음왕 이후는 불사문중(佛事門中)을 밝힌 것이라 하였음.

1484 묵조선(黙照禪)의 주장이다.

1485 본명원진(本命元辰) : 본명(本命)은 태어난 해의 간지(干支). 원진(元辰)은 사람의 운명을 좌우한다는 음양(陰陽)의 두 별. 선가(禪家)에서는 본명원진을 본래의 자기, 본성, 본래면목이라는 뜻으로 사용한다.

1486 비공(鼻孔) : 코. 콧구멍. 비공(鼻孔)은 글자 그대로는 콧구멍이라는 뜻이지만, 콧구멍을 포함한 코 전체를 가리키는 말이다. 파비(把鼻)라는 말이 손잡이를 붙잡는다는 뜻이듯이 코는 손잡이를 뜻하거나, 혹은 비조(鼻祖)라고 하듯이 근원이나 시초를 가리키는 뜻이 있다. 선승들의 어록에서 비공(鼻孔)이라는 말은 근원이나 시초라는 뜻으로서 우리

이 바로 이런 도리임과 같다. 그러나 이 일은 사람마다 모두 스스로 갖추고 있지 않음이 없다.

又云: "'始覺合本之謂佛.' 言以如今始覺合於本覺. 往往邪師輩以無言默然爲始覺, 以威音王那畔爲本覺, 固非此理. 旣非此理, 何者是覺? 若全是覺, 豈更有迷? 若謂無迷, 爭奈釋迦老子於明星現時, 忽然便覺知得自家本命元辰元來在這裏? 所以言: '因始覺而合本覺.' 如禪和家忽然摸著鼻孔, 便是這箇道理. 然此事人人分上無不具足.

어제 묘심 거사가 말하기를 영숙(令叔)[1487]인 상서(尙書)[1488]의 문장과 학문은 유림(儒林)의 종공(宗工)[1489]이라 할 만한데, 다만 이 도(道)[1490]를 듣고는 스스로 어렵게 여긴다고 하였다. 흔히 사대부들은 단순히 부처라는 것을 알기를, 천겁(千劫) 동안 위의(威儀)[1491]를 배우고 만겁(萬劫) 동안 상호

의 본래면목을 가리킨다. 예컨대, 『경덕전등록』에 나오는 "부모가 아직 낳지 않았을 때 코는 어디에 있는가?(父母未生時鼻孔在什麼處)" 혹은 "납승이라면 모름지기 바로 납승의 코를 밝혀내야 한다.(衲僧直須明取衲僧鼻孔)" 등의 말에서 코(鼻孔)는 본래면목을 가리킨다.

1487 영숙(令叔) : (숙부의 경칭). (당신의) 숙부님.

1488 상서(尙書) : 벼슬 이름.

1489 종공(宗工) : 종장(宗匠). 근본을 잘 아는 뛰어난 사람.

1490 여기서 말하는 도는 공맹(孔孟)의 도가 아니라 불도(佛道)이다.

1491 위의(威儀) : 위엄 있는 용모. 곧 손을 들고 발을 내딛는 것이 모두 규칙에 맞고 방정하여 숭배할 생각을 내게 하는 태도.

(相好)[1492]를 닦는다 하고, 나아가 삼대아승기겁(三大阿僧祇劫)[1493]동안 수행한 뒤에야 성취한다고 알고 있으니, 어떻게 범부에게 드러나 있는 무명(無明)을 바꾸겠는가?[1494]또 부귀에게 굴복하여 괴로워하면서 언제 도(道)와 만나겠는가? 이러한 생각을 하자마자 곧 마음속에 한 개 수미산이 솟아나니,[1495] 이 한 개 장애물이 도를 보는 눈을 가로막아서 본지풍광[1496]과 본래면목을 밝게 볼 수 없는 것이다. 말하자면, 아는 것이 장애가 아니라 이렇게 만든 장애물이 아는 것을 가로막는다고 하는 것이다.

昨日因與妙心居士說令叔尙書文章學問, 可謂儒林宗工, 但聞於此道, 自以爲難. 往往士大夫只知所謂佛者, 千劫學威儀, 萬劫修相好, 乃至三大阿僧祇劫修而後成,

---

1492 상호(相好) : 용모 형상. 상(相)은 몸에 드러나게 잘 생긴 부분, 호(好)는 상(相) 중의 세밀한 모습에 대하여 말함. 이 상호가 모두 완전하여 하나도 모자람이 없는 것을 불신(佛身)이라 함. 불신에는 32상(相)과 80종호(種好)가 있다 함.

1493 삼대아승기겁(三大阿僧祇劫) : 아승기겁(阿僧祇劫)은 셀 수 없을 정도로 큰 무한한 세월이며, 이를 세 배 해서 '삼대아승기겁'이라 한다. 보살이 최초에 보리심(菩提心)을 일으킨 때로부터 성불(成佛)할 때까지는 삼아승기백대겁(三阿僧祇百大劫)의 수행을 요한다고 한다. 보살의 오십위(五十位)의 수행 가운데서, 제1아승기겁에는 십신(十信)·십주(十住)·십행(十行)·십회향(十廻向)의 사십위를, 제2아승기겁에는 십지(十地) 중의 초지(初地)에서 제칠위를, 제3아승기겁에서는 제팔위부터 제십지까지를 수행하고, 이상 세 아승기겁에 걸친 바라밀의 수행 후에 다시 백대겁의 기간 동안 32상의 상호(相好)를 획득하기 위해 수행을 한다고 한다.

1494 박(博) : 바꾸다.

1495 자기의 생각으로 자기의 마음을 가로막아 장애물을 만든다.

1496 본지풍광(本地風光) : 본분사(本分事), 본래면목(本來面目)과 같은 말로서 곧 견성처(見性處)를 가리키고, 본성(本性), 자성(自性), 불성(佛性), 본심(本心) 등과도 같은 말이다.

云何博地凡夫現行無明? 爲富貴所折困, 何時與道相應? 纔作是念, 便是於心意識中推出一座須彌山, 一障障了道眼, 不能明見本地風光, 本來面目. 正所謂所知不是障, 是障障所知.

요즈음의 사대부들은 왕왕 이러한 견해를 지으니, 한자창(韓子蒼)[1497]같은 사람도 나와 함께 임천(臨川)에 있으면서 코와 맞서 버티기를[1498] 반년이 되었지만 역시 스스로 믿지 않았다. 매번 이 일을 말할 때마다, '우리들은 다만 돌아갈 곳만 알면 되니 어떻게 곧장 손을 써야[1499]할까?'라고 하니, 역시 스스로 가로막는 장애[1500]를 만들고 있었다. 어떤 사람은 또 앞서 부처님께서 말씀하신 '대통지승불(大通智勝佛)은 10겁을 도량에 앉아 있었으나 불법(佛法)이 나타나지 않아서 불도(佛道)를 이룰 수가 없었다.'[1501]는 말을 오해하여, 불도를 이루기 어려움이 이와 같다고 한다. 이

1497 한자창(韓子蒼) : 이름은 구(駒), 자는 자창(子蒼), 호는 능양(陵陽). 선정감(仙井監; 지금의 사천성 능수현(四川省陵壽縣)) 사람. 정화(政和) 연간에 소시(召試)되어 사진사출신(賜進士出身)으로 중서 사인 등을 거쳐 지강주(知江州)까지 지냈다. 문장에 뛰어나고 시에 대한 이해도 깊었다. 『능양집(陵陽集)』이 있다.

1498 시주(廝拄) : 지탱하다. 서로 맞서 버티다. =시애(廝崖). 시(廝)는 '서로'라는 뜻의 부사. 코는 본래면목을 가리킨다. 코와 맞서 버틴다는 말은 깨닫기 위하여 이 문제를 짊어지고 버티고 있다는 말. 곧 공부하고 있다는 뜻.

1499 입수(入手) : 착수하다, 손을 대다. 손에 넣다.

1500 장난(障難) : 가로막는 재앙. 장애물. 여기에선 자기의 생각을 가지고 자기의 마음을 가로막는 장애를 만든다는 것.

1501 『법화경』「화성유품(化城喩品)」에 나오는 이야기다. 대통지승불(大通智勝佛)은 과거 한량없고 끝없는 불가사의 아승기겁의 부처님이다. 처음 도량에 있으면서 마군을 물리치고 최상의 깨달음을 얻으려 했지만 쉽지 않았다. 이에 대통지승불은 10소겁 동안 가부좌를 틀고 앉아 몸과 마음을 움직이지 않았으나 불법을 이루지 못했다. 그때 도리천에서

들은 '한순간에 헤아릴 수 없는 겁(劫)을 두루 보니, 가는 일도 없고 오는 일도 없고 머무는 일도 없으며, 이와 같이 과거·현재·미래의 일을 밝게 알고, 모든 곳을 벗어나 곧장 십력(十力)[1502]을 이룬다.'[1503]는 것은 전혀 모르는 사람들이다.

近世士大夫多作此見, 如韓子蒼與某在臨川, 鼻孔廝拄著半年, 亦不自信. 每言此一段事, '吾輩但知歸向則可, 如何便要入手?' 亦是自作障難. 或者更錯會先佛所言 '大通智勝佛, 十劫坐道場, 佛法不現前, 不得成佛道', 謂佛道之難成如此, 殊不知一念普觀無量劫, 無去無來亦無住, 如是了知三世事, 超諸方便成十力.

석가모니께선 본래면목을 보자마자 말씀하셨다.

'기이하구나! 모든 중생에게 여래의 지혜와 공덕의 모습이 모두 갖추어져 있지만, 다만 망상에 집착하기 때문에 깨닫지 못할 뿐이로구나.'[1504]

대통지승불을 위해 사자좌를 보리수 아래에 폈다. 그 자리에서 10소겁 동안 다시 부동자세로 앉아 선정에 든 뒤 최상의 깨달음을 이루게 되었다. 그리고 『법화경』을 듣고 믿고 행하는 한편 각기 법석을 열고 이 경을 널리 설했다. 모두 6백만억 나유타 중생들을 교화하여 위없이 바르고 평등한 깨달음을 얻게 하였고, 현재 시방의 국토에 출현하여 있다고 『법화경』「화성유품」에서는 말하고 있다. 석가모니불은 과거 대통지승불의 16왕자 중 막내였으며 그때부터 항상 석가모니불이라는 부처님으로 출현하여 『법화경』을 말하게 되었다고 한다. 따라서 대통지승불은 모든 여래의 어버이가 되는 부처님이다.

1502 십력(十力) : 보살에게 있는 열 가지 지력(智力). ①심심력(深心力). ②증상심심력(增上深心力). ③방편력(方便力). ④지력(智力). ⑤원력(願力). ⑥행력(行力). ⑦승력(乘力). ⑧신변력(神變力). ⑨보리력(菩提力). ⑩전법륜력(轉法輪力). 『화엄경(華嚴經)』 제39권, 『신역화엄경』 제56권에 있음.

1503 『대방광불화엄경』 제13권 「광명각품(光明覺品)」 제9에 나오는 게송.

1504 배휴(裵休)가 쓴 『주화엄법계관문서(注華嚴法界觀門序)』에 나오는 구절.

망상에 집착한다는 말이 바로 오늘날 사대부의 병통을 말한 것이다. 선덕(先德)께선 그 까닭에 가리키기를, 모든 사람의 발아래에 두루 성취되지 않음이 없으며 모두 갖추어지지 않음이 없다고 하였다. 그 때문에 아버지가 아들에게 전해 줄 수 없고 신하가 임금에게 올려드릴 수 없다는 말이 모두 스스로 증명하고 스스로 깨닫도록 하는 것이니, 남에게서 얻지 못하기 때문이다.

그러므로 가명(假名)을 없애지 않고 실상(實相)을 말한다. 조(肇) 법사(法師)가 말했다.

'고요함이여, 쓸쓸함이여, 드넓음이여, 텅 빔이여, 구분됨이여, 나누어짐이여! 위에는 임금이 계시고, 아래에는 신하가 있고, 아버지와 자식이 가까이 거주하고, 귀족과 평민은 그 지위를 달리하고, 일어나는 일은 그 원인을 드러낸다. 그런 뒤에 국가는 그 경계를 나누고, 사람은 그 집을 나누며, 각자는 그 지위를 지킨다.'[1505]

이 어찌 법(法)이 법의 자리에 머물러 있는 것이 아니겠으며, 세간의 모습도 늘 변함없이 머물러 있는 것이 아니랴?[1506]

부처님도 말씀하시지 않았는가?

'부처의 몸을 가지고 제도[1507]해야 한다면 부처의 몸을 나타내어서 법을 말하고, 관원(官員)의 몸 내지 장자(長者)나 거사나 바라문이나 비구

1505 승조(僧肇)가 지은 『보장론(寶藏論)』 「광조공유품(廣照空有品)」 제1에 나오는 구절.

1506 "是法住法位, 世間相常住."는 『묘법연화경』 「방편품(方便品)」 제2의 게송에 나오는 구절.

1507 득도(得度): 도(度)는 범어 바라밀(波羅蜜, pāramitā)을 번역한 말. 이 생사의 고해를 건너 이상향인 열반에 이르는 것. 제도(濟度)와 같다.

나 비구니의 몸을 가지고 제도해야 한다면 그러한 몸을 다 나타내어서 법을 말한다.'[1508]

釋迦老子纔瞥地後, 便言: '奇哉! 一切衆生具有如來智慧德相, 但以妄想執著而不證得.' 所謂妄想執著者, 正說著今時士大夫病痛. 先德所以指示, 一切人脚跟下無不圓成, 無不具足. 故有父不可以傳子, 臣不可以獻君之說, 蓋使自證自悟, 匪從人得. 所以不壞假名, 而談實相. 肇法師云: '寂兮寥兮, 寬兮廓兮, 分兮別兮! 上則有君, 下則有臣, 父子親其居, 尊卑異其位, 起教敍其因. 然後國分其界, 人部其家, 各守其位.' 豈非是法住法位, 世間相常住者耶? 佛不云乎? '應以佛身得度者, 卽現佛身而爲說法, 應以宰官身, 乃至長者 · 居士 · 婆羅門 · 比丘 · 比丘尼身得度者, 悉現其身而爲說法.'

또 말했다.

'눈에 응할 때는 마치 천 개의 태양과 같아서 삼라만상이 그 비추인 모습[1509]에서 벗어날 수 없다.'[1510]

'귀에 응할 때는 마치 깊은 골짜기와 같아서 크고 작은 음성을 모두 수용하지 않음이 없다.'[1511]

법문(法門)이 이미 이와 같이 뛰어난데도, 어찌하랴? 배우는 자들이

1508 『묘법연화경』「관세음보살보문품(觀世音菩薩普門品)」제25에 나오는 문장을 간략히 정리한 것이다.

1509 영질(影質) : 마음속의 영상(影像)을 근거로 하여 인식되는 외계의 사물.

1510 영명연수(永明延壽)의『종경록(宗鏡錄)』제28권에 나오는 구절.

1511 앞 책 제44권에 나오는 구절.

흔히 이때 깨닫지[1512] 못하고 이처럼 스스로 물러나는 마음을 내니, 바로 자기의 뛰어남을 믿지 않고 즐겨 못난 사람이 되는 것이다. 영리한 사람이 곧장 여기에서 집어 들 수 있다면,[1513] 바야흐로 한 개 티끌이 일어나자마자 대지를 모두 수용하고 한 개 털끝에 있는 사자(獅子)가 백억 개의 털끝에 나타남을 알[1514] 것이다. 천 개 만 개에서 다만 한 개를 알 뿐이니, 어느 것이 한 개인가? 보지 못했는가? 남대(南臺) 화상이 판(版) 두드리는 소리를 듣고는 게송을 지었다.

'좋구나, 세 번 판을 두드림이여
선지식들이 모두 찾아오는구나.
이미 때를 잘 안다면
나는 이제 두 번 세 번 말하지 않으리.'[1515]"

又曰: '應眼時, 若千日, 萬象不能逃影質.' '應耳時, 若幽谷, 大小音聲無不足.' 法門旣如此殊勝, 奈何? 學者多不向此時節領覽, 乃爾自生退屈, 正是不信自殊勝, 甘

1512 영람(領覽) : 깨닫다. 이해하다. 납득하다. =영회(領會).

1513 제득(提得) : ①말하다. 말해 내다. 말할 수 있다. ②끄집어내다. 집어 들다.

1514 지도(知道) : 알다. 깨닫다. =지(知), 지유(知有).

1515 『오등회원(五燈會元)』 제15권 '청원(靑原) 하 6세, 설봉의존(雪峰義存) 선사 법사(法嗣), 남악반야사계유선사(南嶽般若寺啓柔禪師)'에 다음의 내용이 있다. 법당에 오르자 대중이 나무판 치는 소리를 듣고서 모였는데, 선사는 이로 말미암아 게송을 지어 보였다. "묘하구나, 세 번 판을 두드림이여, /선지식들이 모두 찾아오는구나. /이미 시절을 잘 분별한다면, /나는 이제 두 번 세 번 말하지 않으리. (上堂, 衆聞板聲集, 師因示偈曰: "妙哉三下板, 知識盡來參. 旣善分時節, 吾今不再三." 便下座.)

為下劣人. 若是靈利漢, 便向這裏提得去, 方知道一塵纔起, 大地全收, 一毛頭師子,

百億毛頭現. 千頭萬頭, 但識取一頭, 且那箇是一頭? 不見? 南臺和尙聞版聲有頌

云 : '善哉三下版, 知識盡來參. 旣善知時節, 吾今不再三.'"

다시 불자로 선상을 한 번 내리치고는 말했다.

"아까 말했던, 모두가 여기에서 평등하고 바른 깨달음을 이루었다는

것은 진실한 뜻이다. 그러므로 소(韶) 국사[1516]가 말했다.

'여래께선 모든 곳에서 평등하고 바른 깨달음을 이루시니, 칼산의

칼날 숲 위에서 평등하고 바른 깨달음을 이루시고, 끓는 기름솥과 시

뻘건 숯불 속에서 평등하고 바른 깨달음을 이루시고, 내리치는 방망이

아래에서 평등하고 바른 깨달음을 이루시고, 커다란 고함소리 밑에서

평등하고 바른 깨달음을 이루신다.'[1517]

비록 이와 같지만, 마치 사람이 물을 마셔서 차가운지 따뜻한지를 스

스로 아는 것과 같다.[1518] 어찌 보지 못했는가? 선재 동자가 비로자나의

커다란 누각 앞에 이르러 온몸을 땅에 던졌다가 일어나 이렇게 생각하였

다.

'이 커다란 누각은 공(空)을 알고 모습이 없고 원하는 것이 없는 자가

1516　소국사(韶國師) : 천태덕소(天台德韶; 891~972). 당말(唐末) 송초(宋初) 스님. 법안종
　　　(法眼宗). 천태산(天台山)에 머물렀다. 법안문익(法眼文益)의 법을 이어받음. 천태산에 들
　　　어가서 지자대사(智者大師) 지의(智ŋ)의 도량 수십 곳을 부흥함. 북송 개보 5년 6월 28일
　　　입적.

1517　『연등회요』제27권 '천태덕소국사(天台德韶國師)'에 이 구절이 인용되어 있으나, 마지
　　　막 '於喝下成等正覺'은 없다.

1518　『달마혈맥론』에 나오는 구절.

머무는 곳이며, 모든 법에서 분별이 없는 자가 머무는 곳이며, 한 겁(劫)에서 모든 겁에 들어가고 모든 겁을 가지고 한 겁에 들어가면서도 그 모습을 무너뜨리지 않는 자가 머무는 곳이며, 한 부처로써 모든 부처에 들어가고 모든 부처로써 한 부처에 들어가면서도 그 모습을 무너뜨리지 않는 자가 머무는 곳이며, 나아가 모든 세간의 거처[1519]에 집착하지 않는 자가 머무는 곳이로구나."[1520]

무엇을 일러 세간의 거처라 하는가? 바로 위없는 도(道)에서 스스로 가로막는 장애를 만드는 것이다. 만약 모든 세간의 거처에 집착하여 버리고 떠날 수 없다면, 우리들 이른바 장로들도 사원에 머물지 말아야 할 것이다. 한결같이 세간을 막고 끊기 때문에 이 도를 행할 수 있다면, 세간의 모습을 무너뜨리고 진실한 모습을 말하는 것이니, 무슨 도가 있겠는가?

復以拂子擊禪床一下, 云: "適來所謂盡向這裏成等正覺, 是眞實義. 所以韶國師云: '如來於一切處成等正覺, 於刀山劍樹上成等正覺, 於鑊湯鑪炭裏成等正覺, 於棒下成等正覺, 於喝下成等正覺.' 然雖如是, 如人飲水, 冷煖自知. 豈不見? 善財童子至毘盧遮那大樓閣前擧體投地, 從地而起, 作是念言: '此大樓閣, 是解空·無相·無願者之所住處, 是於一切法無分別者之所住處, 是以一劫入一切劫, 以一切劫入一劫而不壞其相者之所住處, 是以一佛入一切佛, 以一切佛入一佛而不壞其相者之所住處, 乃至不著一切世間窟宅者之所住處.' 何謂世間窟宅? 便是於無上道自作

1519   굴택(窟宅) : 거처. 집.
1520   『대방광불화엄경』제77권 「입법계품(入法界品)」제39-18에 나오는 내용을 중간에 생략하여 발췌한 것.

障難者. 若執一切世間窟宅不能捨離, 則吾輩所謂長老者亦莫住院. 一向杜絶世故,

乃可得行此道, 如此則是壞世間相而談實相, 何道之有?

늘 동파(東坡)¹⁵²¹를 좋아하는데, 그의 문장이 대체로 도(道)에 통달함에

가깝기¹⁵²² 때문이다. 비록¹⁵²³ 아직 도에 이르지는 못했으나 언어삼매(言

語三昧)¹⁵²⁴로서는 참으로 도에 가깝다. 사람들이 말하기를, 그는 오조계

(五祖戒)¹⁵²⁵ 화상의 후신(後身)¹⁵²⁶인데 어떤 까닭에 그 사이 이 뜻을 잊어버

렸는지는 알지 못한다고 한다.¹⁵²⁷ 우선¹⁵²⁸ 잠시 알맞지는¹⁵²⁹ 않지만, 그가

1521 동파(東坡) : 소동파(蘇東坡). 1036~1101. 중국 북송(北宋) 때 정치가·문학자. 이름
      은 식(軾). 자는 자첨(子瞻), 호는 동파(東坡) 거사. 사천성(四川省) 미산현(眉山縣) 출생.
      소식(蘇軾)은 송나라 때뿐만 아니라 중국의 근세를 대표하는 사대부이며 당송팔대가의
      한 사람으로, 이지적 학자이면서 섬세한 감각의 시인이었다. 작품 「적벽부(赤壁賦)」를 써
      내어 동파 거사라는 호를 받았다. 저서로 『동파칠집』이 있다.

1522 서기(庶幾) : ①―를 바라다. ②거의―(할 것이다). 대체로―(할 것이다). ③괜찮다. 근
      사하다. ④당대의 뛰어난 인재.

1523 종사(縱使) : 비록 ―이지만. 설사 ―라 하더라도.

1524 언어삼매(言語三昧) : 삼매(三昧)를 나타내는 언어.

1525 오조계(五祖戒) : 오조사계(五祖師戒). 송대(宋代)의 사람이며 운문종(雲門宗) 스님이
      다. 출가한 후에 쌍천사관(雙泉師寬)에게 참학하고 그의 법을 이었다. 호북성(胡北省) 오
      조산(五祖山)에 머물며 교화를 펼쳤다. 만년(晩年)에는 강서성(江西省) 대우산(大愚山)에
      머물렀고, 거기서 입적하였다.

1526 후신(後身) : 환생하여 다시 몸을 받고 태어난 몸.

1527 '이 뜻'이란 곧 도(道)를 말함이니, 오조계(五祖戒)의 도를 동파(東坡)가 잊어버렸다는
      말이다.

1528 제(第) : ①그러나. 그런데. ②다만. 오직. ③우선. 잠시.

1529 착편(着便) : ①편의(便宜: 이익, 적절함, 좋음)를 얻다. ②적당하다. 알맞다. ③편안하
      다. 안정되다. ④마음대로 되다

478

지은 「유마화상찬(維摩畫像讚)」이 처음부터 끝까지 언어 아래에서 죽지는 않았음을 살펴보자.

그 글[1530]에서 말했다.

'내가 보건대 뭇 의원들은 한 가지에 뛰어난 의원이어서

이 사람들은 한 개 약을 가지고 한 가지 병을 치료한다.

풍로(風勞)[1531]로 한기(寒氣)가 들려 하면 기운을 따뜻하게 하려 하고

허파·간과 위장·신장은 또 서로 상극(相剋)[1532]으로 다룬다.

처방전[1533]을 겨드랑이에 끼고 약을 산더미처럼 쌓아 놓아도

마침내 하나의 약도 쓸 수 없네.

1530   사(詞) : 곧 소동파(蘇東坡)가 쓴 「유마화상찬(維摩畫像讚)」을 가리킨다. 사(詞)란, 중국 당(唐)나라 때 싹트고 송나라 때 전성기를 이룬 가요문학으로서, 장구(長句)·단구(短句)가 뒤섞인 구격(句格)을 가진 정형시이다.

1531   풍로(風勞) : 기허풍로(氣虛風勞). 기운이 허약해져 한기가 들고 피로한 병.

1532   상극(相剋) : 중의학(中醫學)에서 오장(五臟)과 육부(六腑)의 실(實)과 허(虛)가 서로 상반(相反)됨을 가리킨다. 간과 허파는 오장(五臟)에 해당하고, 위장과 신장은 육부에 해당한다. 장(臟)은 내부가 충실한 기관이고, 부(腑)는 반대로 공허한 기관이라는 뜻이다. 고대 중국의 의서인 『황제내경(黃帝內經)』의 「소문(素問)」에는 "오장은 정기(精氣)를 장(藏)하되 사(瀉)하지 않고, 만(滿)하되 실(實)할 수 없으며, 육부는 소화물(消化物)을 전(傳)하되 장(藏)하지 않고, 실(實)하되 만(滿)하지 못한다. 그 이유는 수곡(水穀)이 입안으로 들어가면 위는 실(實)하되 장(腸)은 허(虛)하고, 음식물이 내려가면 장은 실하되 위는 허하다. 그러므로 실하되 만하지 않고, 만하되 실하지 않는다고 한다."라고 쓰여 있다. 오장은 정기를 지니고 있지만 그 이상으로 밀어 넣을 수가 없고, 육부는 음식물을 전도(傳導)하기 때문에 속이 채워지지만 곧 다른 곳으로 전도하여 속이 비게 되므로 장기 자체가 가득 차 있는 일이 없다.

1533   처방전(處方箋) : 약 처방의 내용을 적은 종이.

대의왕(大醫王)이 박수를 치고 웃으며

감사하게도 뭇 의원들을 쫓아내니 병이 드디어 낫는구나.'

그 의왕(醫王)에 관하여 말하자면, 의왕이 뭇 의원을 쫓아내면서 말했다. '너희들이 약을 쓰는 것은 전혀 옳지 않다.' 뭇 의원들이 사라지고 병이 드디어 낫자, 어떤 이가 의왕에게 물었다. '당신은 무슨 약을 썼기에 병이 나은 것입니까?' 의왕이 말했다. '뭇 의원들이 쓰는 것과 다르지 않소. 다만 그들은 약을 잘 쓰지 못했을 뿐이오.' 그러므로 (소동파가 그 사(詞)에서) 말했다.

'대의왕에게 무슨 약을 쓰느냐고 물으니

도리어 뭇 의원들이 쓰는 것이더라.

내가 보건대 서른두 분의 보살이

각각 뜻을 가지고 불이문(不二門)을 말하였지만

유마힐이 입을 다물고 묵묵히 있음에

서른두 개의 뜻은 일시에 무너졌도다.

내가 보건대 이들 뜻 역시 무너지지 않았으니

유마가 애초에 언어를 떠난 것이 아니기 때문이다.'[1534]

이것이 바로 비록 죽은 뱀이지만 놀릴 줄만 알면 다시 살아난다는 것

1534 소동파의 「유마화상찬」 앞의 내용에 이어지는 내용. 마지막 줄 '維摩初不離是說.'는 「유마화상찬」에는 '維摩初不離言說.'로 되어 있다.

이다. 만약 저 32인이 말한 것이 참으로 잘못하여 무너진 것이라면, 말 없는 것이 말 있는 것보다 나을 것이다. 옛사람의 뜻이 결코 이와 같지 않음을 확실히 알기[1535] 때문에 (소동파가 그 사(詞)에서) 비유를 들어 말했다.

'비유컨대 기름과 밀랍으로 등불과 촛불을 만들지만
불을 붙이지 않으면 끝내 밝아지지 않는 것과 같도다.
묵묵히 말 없는 곳을 문득 보면
서른두 개의 말은 모두 빛나는 불꽃이다.
불제자가 만약 유마경을 읽는다면
응당 이렇게 생각해야 바른 생각이 된다.
내가 보건대 유마는 사방 일장(一丈)의 방에서
구백만 분의 보살과
삼만 이천 개의 사자좌(獅子座)를
모두 수용하고도 좁지 않았다.'[1536]

常愛東坡, 爲文章庶幾達道者也. 縱使未至於道, 而語言三昧實近之矣. 人謂是五祖戒和尙後身, 而不知以何因緣, 中忘此意. 第亦暫時不著便者, 觀其作維摩畵像讚, 從始至終不死在言下. 其詞曰: '我觀衆工工一師, 人持一藥療一病. 風勞欲寒氣欲煖, 肺肝胃腎更相剋. 挾方儲藥如丘山, 卒無一藥堪施用. 有大醫王拊掌笑, 謝遣衆工病隨愈.' 言其醫王, 遣去衆醫曰: '爾輩用藥, 都無是處.' 衆工旣去, 其病隨愈,

---

1535　정지(情知): 확실히 알다.
1536　소동파의 「유마화상찬」 앞의 내용에 이어지는 내용. 마지막 줄 '皆悉容受不迫窄.'는 「유마화상찬」에는 '皆悉容受不迫迮.'로 되어 있으나 뜻은 같다.

或問醫王: '君以何藥而病損乎?' 曰: '不出衆工之所用者, 但彼不善用耳.' 故曰: '問
大醫王以何藥, 還是衆工所用者. 我觀三十二菩薩, 各以意談不二門, 而維摩詰黙
無語, 三十二義一時墮. 我觀此義亦不墮, 維摩初不離是說.' 這箇雖是死蛇, 解弄却
活. 若彼三十二人所論眞箇負墮時, 卽是無言勝有言. 情知古人之意決不如此, 所
以立箇喩云: '譬如油蠟作燈燭, 不以火點終不明. 忽見黙然無語處, 三十二說皆
光燄. 佛子若讀維摩經, 當作是念爲正念. 我觀維摩方丈室, 能受九百萬菩薩, 三萬
二千師子座, 皆悉容受不迫窄.'

경에 실려 있는 내용으로는, 이것이 곧 유마 거사의 불가사의한 대해
탈의 신통한 힘이다. 그 때문에 수미등왕(須彌燈王)에게 사자좌를 빌리고,
향적불(香積佛)에게 밥을 얻고, 묘희세계(妙喜世界)를 손아귀에 움켜쥐기를
도공이 물레 돌리듯 하고, 바늘로 대추나무 잎을 찔러 들 듯이 하는 것이
다.[1537] 그러니 진실한 도리는 슬기로움으로써 알 수 없고, 지식으로써 이
해할 수 없다. 그러므로 (소동파가 그 사(詞)에서) 말했다.

'또 한 그릇 발우의 밥을 잘 나누어 주어
온 우주의 헤아릴 수 없는 중생들을 배불리 먹이네.
묘희불(妙喜佛)의 세계를 손아귀에 움켜잡기를
마치 바늘로 대추나무 잎을 찌르듯이 한다.
이것을 일러 보살이 불가사의하게
대해탈에 머무는 신통한 힘이라 한다.

1537 모두 『유마경』에 나오는 구절들이다.

482

내가 보건대 석자(石子)의 한 처사[1538]는

짚신을 신고 떨어진 모자를 쓰고 두 팔꿈치가 드러난 누더기를 걸쳤지만

붓끝에서 유마를 잘 그려 내니

그 신통한 힘 또한 유마힐에 못지않다.

이 그림에 실상(實相)이 없다고 한다면

비야리 성 속에도 역시 실상은 없다.

불제자가 만약 유마상(維摩像)을 본다면

응당 이렇게 보아야 바로 보는 것이다."[1539]

이것이 동파가 말하는 선(禪)이니, 어찌 언어로써 지극함에 도달한 것이 아니겠는가? 만약 전생부터 훈습(熏習)되어 오지 않았다면, 어떻게 이러한 도(道)를 알겠는가? 그러므로 나의 뜻도 상서(尚書) 공(公)이 이 일에 믿음을 가지게 하려는 것이다. 묘심 거사에게 부탁하노니, 이 말을 가지고 돌아가 영숙(令叔)에게 그대로 전하시오. 아마도 내 말로 인하여 곧장 믿음을 가지게 되어, 뒷날 문득 단번에 확 깨달아[1540] 곧장 삶과 죽음의 흐

1538　유마힐의 초상(肖像)을 그린 화가.

1539　소동파의 「유마화상찬」 앞의 내용에 이어지는 내용으로서, 「유마화상찬」의 마지막까지 전체가 인용되어 있다.

1540　분지일발(噴地一發) : 깨달음을 체험하는 순간을 표현하는 말. 단번에 확 깨닫다. 단번에 확 통하다. 한 번 확 뚫리다. 앗 하고 한 번 열리다. 사용되는 형태는 분지일하(噴地一下), 분지일발(噴地一發), 화지일하(㕧地一下), 화지일성(㕧地一聲), 폭지일성(爆地一聲) 등이 있다. 분(噴)은 '뿜다.' '뿜어내다.'는 뜻이고, 화(㕧)는 '놀라서 별안간 소리를 내지르다.'는 뜻으로서 돌(咄)과 같고, 폭(爆)은 '폭발하다.' '터지다.'는 뜻이다. 모두 어떤

름을 끊게 되면, 조사와 부처의 지위에 서서 세간을 벗어난 몰량대인(沒量大人)[1541]이 될 것이니, 그때야 비로소 내가 기약한 뜻을 저버리지 않을 것입니다.

經中所載, 此是維摩居士不思議大解脫神通之力. 所以借座燈王, 取飯香積, 斷取妙喜世界如陶家輪, 如持鍼鋒擧一棗葉. 蓋眞實之理不可以智知, 不可以識識, 故曰 '又能分布一缽飯, 饜飽十方無量衆. 斷取妙喜佛世界, 如持鍼鋒一棗葉, 云是菩薩不思議, 住大解脫神通力. 我觀石子一處士, 麻鞋破帽露兩肘, 能使筆端出維摩, 神力又過維摩詰. 若言此畵無實相, 毘耶城中亦非實. 佛子若見維摩像, 應作是觀爲正觀.' 此是東坡說底禪, 豈不是言語到? 若非前世熏習得來, 爭解恁麼道? 所以妙喜之意, 亦欲尙書公於此事信得及. 妙心居士請持此語歸, 擧似令叔. 恐因妙喜之言直下信得及, 異日忽然噴地一發, 便乃截生死流, 據祖佛位, 做箇出世間沒量大人, 始不負妙喜相期之意.

___

상황을 나타내는 말이다. 접미사 지(地)는 어떤 상황을 나타내는 단어에 붙어 동사, 형용사를 수식하는 부사를 만든다. 그러므로 분지(噴地)는 '확 뿜어내듯이.' 화지(団地)는 '앗 소리 지르듯이.' 폭지(爆地)는 '펑 터지듯이.'는 정도의 뜻이 된다. 한편 일하(一下)는 '단번에 내려놓다.' 일발(一發)은 '단번에 쏘다.' 일성(一聲)은 '단번에 소리 지르다.'는 뜻으로서, 문득 일이 이루어진다는 뜻이다. 따라서 분지일하(噴地一下)는 '확 뿜어내듯이 단번에 내려놓다.' 분지일발(噴地一發)은 '확 뿜어내듯이 단번에 쏘다.' 화지일하(団地一下)는 '앗 소리 지르듯이 단번에 내려놓다.' 화지일성(団地一聲)은 '앗 하고 고함치듯이 단번에 소리 지르다.' 폭지일성(爆地一聲)은 '펑 하고 터지듯이 단번에 소리 지르다.'는 정도의 뜻이 되겠지만, 이 모두는 깨달음의 체험이 별안간 단번에 이루어짐을 나타내는 말이다.

1541 　몰량대인(沒量大人) : 헤아릴 수 없이 큰 사람이라는 말이니, 철저하게 깨달아서 범부의 분별이나 헤아림을 넘어선 사람을 가리킨다.

묘심 거사가 최근에 선정(禪定)에 들어 있는 관음을 그렸는데, 내가 옛날 지었던 찬(讚)을 그 위에 적었다. 형양(衡陽)에 있을 때 도우(道友) 인정언(藺庭彦)이 청하여 그 당시 마음대로 붓을 한번 놀려서 썼는데, (동파의) 유마찬(維摩讚)과 언구는 비록 같지 않으나 대의(大意)는 서로 비슷하다. 그 내용이 이러하다.

'세간의 여러 가지 종류의 음성을
중생들은 귀로써 듣고 눈으로 보는 것이 아니다.
모든 음성을 모름지기 귀로써 들어야 하지만
관음은 도리어 눈으로써 보는구나.'[1542]

그러므로 오직 이 보살[1543]의 눈으로만 볼 수 있다고 하니, 어떻게 볼 수 있는가?

'눈을 감고서 잘 보는 것이 불사(佛事)다.'
여기에 이르러 곧 바꾸었다.

'눈의 경계에서 취할 것이 없다.
눈의 경계를 이미 취할 수 없다면
눈의 경계는 사라진다.

1542 관세음(觀世音)을 풀이한 말.
1543 대사(大士) : 마하살(摩訶薩)의 번역. 보살(菩薩)과 같은 뜻.

눈의 경계가 이미 사라졌다면

귀의 경계도 사라지지 않을 수 없다.'

그러므로 '귀·코·혀·몸·의식도 그러하다.'고 한다.

'훌륭하도다! 마음이 시방의 허공을 꿰뚫는구나.

육근(六根)¹⁵⁴⁴이 서로 상대를 드러내는 것도 이와 같은 뜻이다.

관음보살은 눈으로 듣고

보현보살은 마음으로 듣는다.

이것이 곧 서로 상대를 드러낸다는 뜻이다.

서로 상대를 드러낸다고 하는 것은

눈이 귀의 불사(佛事)¹⁵⁴⁵를 행하고

귀가 코의 불사를 행하고

코가 혀의 불사를 행하고

혀가 몸의 불사를 행하고

1544　육근(六根) : 대상을 인식하는 여섯 가지 기관, 즉 눈(眼)·귀(耳)·코(鼻)·혀(舌)·살
　　　갗(身)·의식(意) 등을 가리킨다. 이들은 각각 색깔(色)·소리(聲)·냄새(香)·맛(味)·감
　　　촉(觸)·법(法) 등의 육경(六境)과 대응하는데, 안식(眼識; 색을 봄)·이식(耳識; 소리를 들
　　　음)·비식(鼻識; 냄새를 맡음)·식(舌識; 맛을 봄)·신식(身識; 촉감을 느낌)·의식(意識; 생각
　　　으로 알아차림) 등의 육식(六識)이 나타날 때는 육근과 육경이 만난다고 이해한다. 육근·
　　　육경·육식을 합하여 십팔계(十八界)라 하여, 우리가 경험하고 알아차리는(識) 세계를 종
　　　합적으로 나타낸다.
1545　불사(佛事) : 깨달음의 일, 곧 깨달음. 혹은 깨달은 자인 부처님이 잘하는 일인 교화
　　　(敎化)를 가리키니, 여러 가지 일을 통하여 불법을 열어 보이는 것.

486

몸이 의식의 불사를 행하고

의식세계 속에서 헤아릴 수 없고 가없는 드넓은 불사를 행한다.[1546]

이렇게 자재하게 법을 수용하게[1547] 되면

눈은 예전처럼 색을 보고

귀는 예전처럼 소리를 듣고

나아가 코·혀·몸·의식

하나하나가 자기의 본분을 지킨다.'

그러므로 말한다. '눈과 색, 귀와 소리, 코와 냄새, 몸과 촉감, 의식과 생각에 차별이 없다.' 아까 말한 '법(法)은 법의 자리에 머물러 있고, 세간의 모습도 늘 변함없이 머물러 있다'[1548]는 것이 바로 이것이다. 마땅히 이렇게 보는 것을 가지고 이렇게 보아야 하지만, 이것을 취하여 진실하다고 여기면 망상이 된다. 여기에 이르러 다시 바꾸었다.

1546 이 부분은 『대방광불화엄경』(80권) 제46권 「불불사의법품(佛不思議法品)」 제33–1에 나오는 다음의 내용을 가리킨다 : 모든 부처님은 눈으로써 귀의 불사(佛事)를 행할 수 있고, 귀로써 코의 불사를 행할 수 있고, 코로써 혀의 불사를 행할 수 있고, 혀로써 몸의 불사를 행할 수 있고, 몸으로써 의식(意識)의 불사를 행할 수 있고, 의식으로써 모든 세계 속에서 세간 출세간의 온갖 경계에 머물고 하나하나의 경계 속에서 헤아릴 수 없이 드넓은 불사를 행할 수 있다. 이것이 모든 부처님의 여덟 번째 자재법(自在法)이다. (一切諸佛, 能以眼處, 作耳處佛事, 能以耳處, 作鼻處佛事, 能以鼻處, 作舌處佛事, 能以舌處, 作身處佛事, 能以身處, 作意處佛事, 能以意處, 於一切世界中, 住世出世間種種境界, 一一境界中, 能作無量廣大佛事. 是爲諸佛第八自在法.)

1547 수용(受用) : 누리다, 향유하다. 법을 얻어서 그 법을 누리고 향유한다는 말.

1548 『묘법연화경』「방편품(方便品)」 제2의 게송에 나오는 구절.

'만약 망상을 떠나 진실한 법을 취한다면
더욱 어리석고 시끄럽게 되어 본래 마음을 잃는다.
본래 마음을 잃으면 뒤집어진 것을 따라가니
보살의 묘한 색신(色身)[1549]을 보지 못한다.'

무엇을 일러 뒤집어진다고 하는가? 눈이 색을 보면 색을 따라가고, 귀가 소리를 들으면 소리를 따라가니, 이것을 일러 중생이 뒤집어져 자기를 잃고 사물을 뒤쫓는다고 한다. 사물을 뒤쫓기 때문에 보살의 묘한 색신을 보지 못한다.

'눈 · 귀 · 코 · 혀 · 몸 · 의식이 없다'[1550]는 것은 경전 가운데 분명한 문장이 있다. 눈 · 귀 · 코 등이 이미 그 바탕이 없다면, 서로 상대를 드러낸다는 뜻이 어디에 근거하여 성립하겠는가? 그러므로 말했다.

'서로 상대를 드러낸다는 뜻도 사라지고
보살의 묘한 색신도 없고
여러 가지 음성의 모습도 없다.
불제자가 이와 같이 볼 수 있다면
영원히 세간에서 살고 죽는 고통을 벗어나리.'

妙心居士近日畫得入定觀音, 且以妙喜昔年所作讚題其上. 蓋在衡陽時, 因道友藺

1549 색신(色身) : 지수화풍(地水火風)의 사대(四大)로 이루어진 육체.
1550 『반야심경』 가운데 한 구절.

庭彦所請, 當時信意一筆寫成, 與維摩讚言語雖不同, 大意相似. 曰: '世間種種音聲相, 衆以耳聽非目睹. 一切音聲須以耳聽, 觀音卻以眼觀.' 故曰: '唯此大士眼能觀, 如何見得?' 曰: '瞑目諦觀爲佛事.' 到這裏, 便轉了, 曰: '於眼境界無所取. 眼境界旣取不得, 卽眼界寂滅. 眼界旣寂滅, 不可耳界不寂滅.' 所以云: '耳鼻舌身意亦然.' '善哉心洞十方空! 六根互顯如是義. 觀音菩薩以眼聞, 而普賢菩薩以心聞, 卽此是互顯之義. 所謂互顯者, 眼處作耳處佛事, 耳處作鼻處佛事, 鼻處作舌處佛事, 舌處作身處佛事, 身處作意處佛事, 於意界中作無量無邊廣大佛事. 得恁麼受用自在了, 眼依舊觀色, 耳依舊聽聲, 乃至鼻舌·身·意, 一一依本分.' 故曰: '眼色耳聲鼻嗅香, 身觸意思無差別.' 適來所謂是法住法位, 世間相常住'是也. 當以此觀如是觀, 取此爲實成妄想. 到這裏又轉了, 曰: '若離妄想取實法, 展轉惑亂失本心. 本心旣失隨顚倒, 不見大士妙色身.' 云何顚倒? 眼見色隨色轉, 耳聞聲隨聲轉, 是謂衆生顚倒, 迷己逐物. 以逐物故, 不見大士妙色身. '無眼耳鼻舌身意' 此乃敎有明文. 眼耳鼻等旣無其體, 互顯之義依何而立? 故曰: '互顯之義亦寂滅, 亦無大士妙色身, 亦無種種音聲相. 佛子能作如是觀, 永離世間生死苦.'

일반적으로 문자로써 가르쳐야 한다면 말을 해야 한다. 만약 말을 하지 않으면 문장이 이루어지지 않는다. 아까 때에 관하여 말했기 때문에 이제 말한다.[1551]

선재가 바야흐로 미륵의 누각 앞에 섰을 때, 이미 여러 가지 뛰어난 일들을 찬탄하였으나, 아직 누각에 들어가지 못하고 있었다. 이에 미륵보

1551　아래에 인용된 미륵과 선재 동자의 이야기는 『대방광불화엄경』(80권 화엄) 제79권 「입법계품」 제39-20에 나오는 이야기다.

살에게 아뢰었다. '제발 대성(大聖)께서 누각의 문을 열어 주셔서 제가 들어갈 수 있도록 해 주소서.' 그때 미륵보살은 앞서 누각에 도착하여 손가락을 튕겨 소리를 내니, 그 문이 곧 열렸다. 선재더러 들어오라고 하자, 선재가 마음으로 기뻐하며 들어가니 다시 문이 닫혔다. 닫힌 때는 어떤 것인가? 곧 관음이 흐름에 들어가, 있는 곳이 없어진 소식이다.

그 후에 선재가 누각 속에서 백억의 사천하(四天下)[1552]와 백억의 도솔타천(兜率陀天)[1553]을 보니, 하나하나에 모두 미륵보살이 강신(降神)[1554] 탄생하여 사방으로 일곱 걸음을 걷고서 시방세계를 살펴보고, 동자가 되어서는 궁전에 머물고, 일체지(一切智)[1555]를 위하여 출가하여 고행하고, 모든 마귀를 항복시켜 평등하고 바른 깨달음을 이루고, 범왕(梵王)[1556]이 청하여 바른 법바퀴를 굴리고, 하늘의 궁전으로 올라가 법을 두루 말하고, 무한한 세월 동안 살면서 대중 법회를 건립(建立)[1557]하고, 국토를 깨끗하게 하

1552 사천하(四天下) : 사대주(四大洲). 사주(四洲). 수미산을 중심으로 하는 사방의 4개 대륙. 즉 동쪽의 승신주, 서쪽의 우화주, 남쪽의 섬부주, 그리고 북쪽의 구로주. 사람이 사는 사바세계는 남섬부주(南贍部洲)라고 한다.

1553 도솔타천(兜率陀天) : 도솔천. 불교에서 말하는 욕계(欲界) 6천(六天) 중의 제4천. 그 가운데 내원(內院)은 장차 부처가 될 보살이 사는 곳이라고 하며, 석가도 전세에 머물렀으며 현재 미륵보살(彌勒菩薩)이 설법하고 있다고 함.

1554 강신(降神) : 부처님이 흰 코끼리의 모습을 하고 내려와 이 세상에 태어난 것.

1555 일체지(一切智) : 모든 법의 전체 모습을 개괄적으로 아는 지혜. 천태(天台)에서는 성문·연각(緣覺)의 지혜라 하고, 구사(俱舍)에서는 부처님의 지혜라 함.

1556 범왕(梵王) : 범왕천(梵王天). 범어 brahma의 음역으로 몰라함마(沒羅含摩). 범마(梵摩)라 번역하며 범왕(梵王)·대범천왕(大梵天王)이라고도 한다. 색계초선천(色界初禪天)을 다스리는 임금으로서 부처님의 출세하실 때면 항상 제일 먼저 설법을 청한다 하며, 언제나 부처님을 오른 편에 모시고 손에는 흰 불자(拂子)를 들고 있다고 한다.

1557 장엄(莊嚴) : ①건립하다. 배열하다. 배치하다. ②장식하다. 좋고 아름다운 것으로 국

고, 행원(行願)[1558]을 닦고, 교법(敎法)을 지키는데,[1559] 모두가 제각각 같지가 않았다.

선재는 미륵보살이 한 차례 불사를 두루 행하는 것을 보고, 또 스스로 그 몸이 저 모든 여래께서 계신 곳에 있음을 보고, 또 그 모든 대중 법회의 모든 불사를 행함에 해인삼매[1560]로써 한번 도장을 찍어 다시는 털끝만큼의 어긋남[1561]도 없음을 보았다. 헤아릴 수 없이 뛰어나고 모든 것을 건립하는 이러한 자재한 경계를 보고 나자, 미륵보살은 곧 신통력을 모아서 누각 속으로 들어가 다시 손가락을 튕겨 소리를 내고는 선재에게 말했다.

'선남자여, 일어나라. 법성(法性)은 이와 같다. 이것은 보살이 온갖 법지(法智)[1562]를 아는 것이니, 인연이 모여서 나타나는 모습이다. 이와 같이 자성(自性)은 환상 같고 꿈 같고 그림자 같고 영상 같아서, 전혀 성취되지 않는다.'

토를 꾸미고, 훌륭한 공덕을 쌓아 몸을 장식하고, 향과 꽃들을 부처님께 올려 장식하는 일.

1558 행원(行願) : 몸으로 하는 행(行)과 마음으로 바라는 원(願). 곧 실천과 바람.

1559 주지(住持) : 보호하다. 머물러 떠나지 않다. 지키다.

1560 해인삼매(海印三昧) : Sāgaramudrā-samādhi. 해인정(海印定)이라고도 함. 부처님이 『화엄경』을 설하려 할 때 들어간 선정(禪定)의 이름. 바다에 풍랑이 쉬면, 삼라만상이 모두 바닷물에 비치는 것같이, 번뇌가 끊어진 부처님의 안정된 마음 가운데는 과거·현재·미래의 모든 법이 밝게 나타나므로 해인정(海印定)이라 한다.

1561 투루(透漏) : ①뚫고 새나가다. 드러나다. 폭로되다. 허점이 드러나다. ②어긋남. 허점(虛點). 허물.

1562 법지(法智) : 10지(智)의 하나. 욕계 4제(諦)의 이치를 관하여, 이 4제의 이치에 어두워 일어난 번뇌를 끊는 지혜. 즉, 법의 본성을 잘 아는 지혜

그때 선재는 손가락 튕기는 소리를 듣고서 삼매에서 일어났다. 이러한 때 문득 망상의 포대[1563]를 잃어버린 뒤에야 미륵은 위와 같은 경계를 가지고, 갈 곳도 없고 머물 곳도 없고 적멸도 아니고 항상(恒常)도 아니고 모든 것에서 멀리 벗어남을[1564] 보여 주었다."

大凡文字須敎說得行. 若說不行, 不成文章. 適來因論時節因緣, 所以說. 善財方立于樓閣之前, 早已讚歡許多殊勝之事, 然未能得入. 乃白彌勒菩薩言: '唯願大聖開樓閣門, 令我得入.' 時彌勒菩薩前詣樓閣, 彈指出聲, 其門卽開. 命善財入, 善財心喜, 入已還閉. 閉時如何? 便是觀音入流亡所底消息. 然後善財於樓閣中見百億四天下, 百億兜率陀天, 一一皆有彌勒菩薩降神誕生, 遊行七步, 觀察十方, 現爲童子, 居處宮殿, 爲一切智, 出家苦行, 降伏諸魔, 成等正覺, 梵王勸請, 轉正法輪, 升天宮殿而演說法, 劫數壽量, 衆會莊嚴, 所淨國土, 所修行願, 住持敎法, 皆悉不同. 善財非但見彌勒菩薩一周佛事, 又自見其身在彼一切諸如來所, 亦見於彼一切衆會一切佛事, 以海印三昧一印印定, 更無秋毫以爲透漏. 旣見如是無量殊勝一切莊嚴自在境界已, 彌勒菩薩卽攝神力入樓閣中, 又彈指作聲, 告善財言: '善男子! 起. 法性如是. 此是菩薩知諸法智, 因緣聚集所現之相. 如是自性, 如幻如夢, 如影如像, 悉不成就.' 爾時, 善財聞彈指聲, 從三昧起. 於此時節, 忽然打失布袋, 然後彌勒示以

1563 중생심은 망상이라는 포대를 뒤집어쓰고 있다.
1564 이 부분의 『화엄경』의 원문은 이렇다 : 선재가 물었다. "이렇게 건립한 일은 어디로 갑니까?" 미륵이 답했다. "온 곳으로 간다." "어디에서 왔습니까?" "보살의 지혜의 신통한 힘 속에서 왔다. 보살의 지혜의 신통한 힘에 의지하여 머물면, 갈 곳도 없고 머물 곳도 없고 모여 있는 것도 아니고 항상한 것도 아니고 모든 것으로부터 멀리 벗어난다."(善財問言: "此莊嚴事, 何處去耶?" 彌勒答言: "於來處去." 曰: "從何處來?" 曰: "從菩薩智慧神力中來. 依菩薩智慧神力而住, 無有去處, 亦無住處, 非集非常, 遠離一切.")

492

如上境界, 無有去處, 亦無住處, 非寂非常, 遠離一切."

대혜가 대중을 부르고는 말했다.

"이미 왔는데 온 곳이 없고 가지만 간 곳이 없다면, '운문대사(雲門大師)의 손안에 있는 부채가 풀쩍 뛰어 33천으로 올라가, 제석천의 코를 쥐어박고, 동해의 잉어를 한 방망이 때리자 물동이를 쏟아붓듯이 비가 내리는 것이다.'[1565] 다시 무슨 허물이 있는가? 이때는 헤아릴 수 없이 드넓은 지혜의 문 · 헤아릴 수 없는 신통의 문 · 헤아릴 수 없는 언어의 문 · 헤아릴 수 없고 말할 수 없는 모든 부처님과 보살님이 자재하게 수용하는 문이 갖추어져 있음을 알아야 한다. 여러분이 만약 이와 같이 믿을 수 있고 이와 같이 들어갈 수 있다면, 비로소 앞선 성인께서 말씀하신 '과거의 모든 시간을 미래와 현재에 놓아두고, 미래와 현재의 시간을 과거에 되돌려 놓는다.'[1566]는 말씀을 알게 될 것이다."

師召大衆云: "旣是來無所從, 去無所至, 則'雲門大師手中扇子跨跳上三十三天, 築著帝釋鼻孔, 東海鯉魚打一棒, 雨似盆傾.' 又有甚麼過? 當知這箇時節具無量廣大智慧門 · 無量神通門 · 無量言詞門 · 無量可不說又不可說一切佛菩薩自在受用門. 諸人若能如是信, 如是入, 方知先聖道: '過去一切劫, 安置未來今; 未來現在劫, 回置過去世.'"

1565 『운문광진선사광록(雲門匡眞禪師廣錄)』 중권(中卷)에 나오는 운문문언(雲門文偃)의 말.

1566 『대방광불화엄경』(80권 화엄) 제59권 「이세간품(離世間品)」 제38-7에 나오는 게송의 구절.

이어서 "악!" 하고 한 번 고함을 지르고는 말했다.

"만약 큰 소리로 꾸짖지[1567] 않는다면, 갈등이 내일까지 이를 것이
다."[1568]

선상(禪床)을 두드리고는 자리에서 내려왔다.

乃喝一喝, 云 : "若不喝住, 打葛藤直到明朝."

擊禪床, 下座.

1567 할주(喝住) : 큰 소리로 꾸짖다. 큰 소리로 불러 세우다.
1568 한 번 고함을 질러 자신이 지금까지 말한 모든 말을 깨끗이 쓸어 없앴다.

대혜보설

초판 1쇄 발행 2021년 2월 26일

지은이 김태완

펴낸이 김윤
펴낸곳 침묵의향기
출판등록 2000년 8월 30일, 제1−2836호
주소 10401 경기도 고양시 일산동구 무궁화로 8−28,
    삼성메르헨하우스 913호
전화 031) 905−9425
팩스 031) 629−5429
전자우편 chimmukbooks@naver.com
블로그 http://blog.naver.com/chimmukbooks

ISBN 978−89−89590−88−0 03220

*책값은 뒤표지에 있습니다.